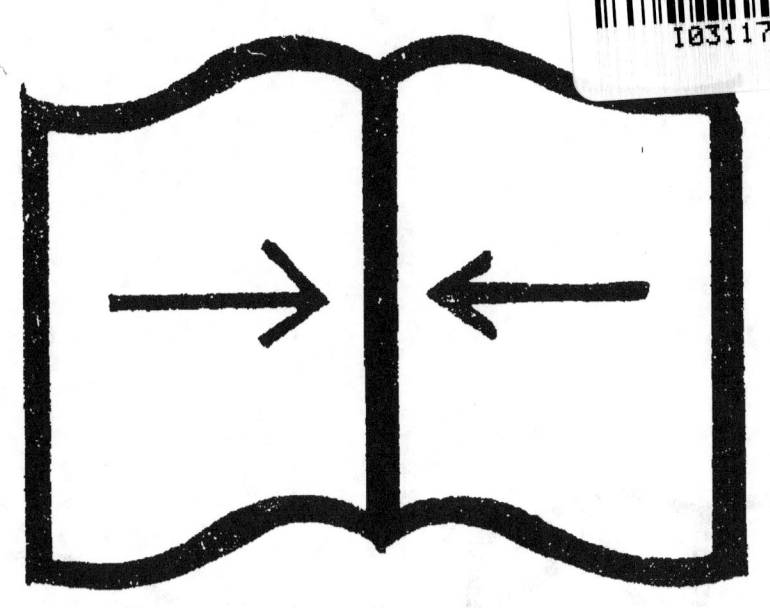

RELIURE SERREE
Absence de marges
intérieures

Valable pour tout ou partie
du document reproduit

Couverture inférieure manquante

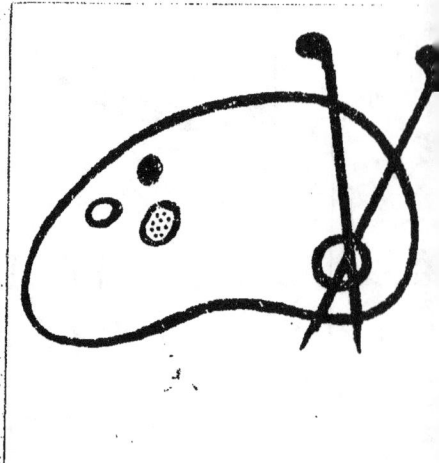

Original en couleur

NF Z 43-120-8

244 DICTIONNAIRES : 20 VOLUMES ILLUSTRÉS

POLYLEXIQUE
MÉTHODIQUE

PAR

E. DESORMES	ADRIEN BASILE
Directeur de l'École Gutenberg, Officier de l'Instruction publique.	Professeur à l'École Gutenberg, Officier d'Académie.

DICTIONNAIRE DES ARTS GRAPHIQUES

COMPRENANT

8 VOCABULAIRES

1° Technologie générale,
2° Gravure, Lithographie et procédés,
3° Matériel et outillage,
4° Chimie photographique, 5° Technique photographique,
6° Personnages ayant illustré les Arts graphiques,
7° Bibliographie graphique et photographique,
8° Dictionnaire industriel

3e ET 4e SECTIONS

TOME 1

PARIS
77, RUE DENFERT-ROCHEREAU, 77

SOUS PRESSE :

5ᵉ Section du Polylexique méthodique : Dictionnaire de l'Ancien français.

DES MÊMES AUTEURS :

1ʳᵉ Section du Polylexique méthodique : Dictionnaire des Sociétés secrètes et des Sciences occultes, 1 volume de 180 pages. — Prix 2 fr. 25. — En vente, 77, rue Denfert-Rochereau, Paris.

2ᵉ Section du Polylexique méthodique : Dictionnaire Moderne, 1 volume de 400 pages. — Prix 3 fr. 75. — En vente, 77, rue Denfert-Rochereau, Paris.

Notions de Typographie, précédées d'un Avant-Propos sur l'origine de l'imprimerie, par E. Desormes, Directeur technique de l'école Gutenberg. — Un volume de 500 pages in-8° raisin, 8 fr. — En vente, 77, rue Denfert-Rochereau, Paris.

Le Livre du Bon Français, Instruction morale et civique enseignée par la théorie et des exemples, par Adrien Basile. — Prix 1 fr. 25. — Gustave Guérin, éditeur, 22, rue des Boulangers.

Le Livre du Bon Soldat, par Jules Maurie et Adrien Basile. — Prix 0 fr. 75, chez Baudoin, 30, rue Dauphine, Paris.

L'Alcoolisme, *ses dangers pour l'individu, la famille et la société.* — Prix 0 fr. 50, au *Moniteur de la Jeunesse,* avenue La Motte-Piquet, 31, Paris.

DICTIONNAIRE

DES

ARTS GRAPHIQUES

214 DICTIONNAIRES : 20 VOLUMES ILLUSTRÉS

POLYLEXIQUE
MÉTHODIQUE

PAR

E. DESORMES | **Adrien BASILE**
Directeur de l'École Gutenberg, | Docteur en médecine,
Officier de l'Instruction publique. | Officier d'Académie.

DICTIONNAIRE DES ARTS GRAPHIQUES

COMPRENANT

8 VOCABULAIRES

1° Technologie générale,
2° Gravure, Lithographie et procédés,
3° Matériel et outillage,
4° Chimie photographique, 5° Technique photographique,
6° Personnages ayant illustré les Arts graphiques,
7° Bibliographie graphique et photographique,
8° Dictionnaire industriel.

3° ET 4° SECTIONS

TOME 1

PARIS
77, RUE DENFERT-ROCHEREAU, 77

HOMMAGE

A François COPPÉE

DE L'ACADÉMIE FRANÇAISE

En réponse à la lettre qu'ils avaient adressée à l'auteur du *Passant*, des *Jacobites*, etc., pour lui offrir la dédicace du **Polylexique méthodique** — après lui avoir communiqué les grandes lignes de cet ouvrage — MM. Desormes et Adrien Basile ont reçu de l'éminent académicien la lettre suivante :

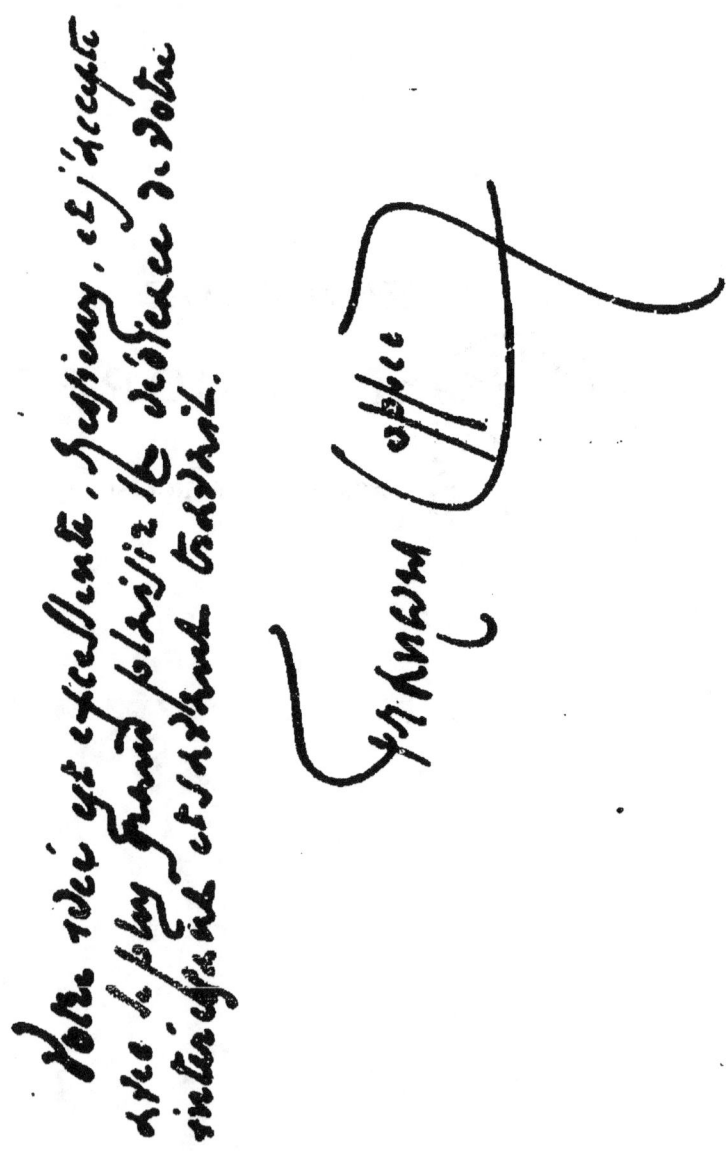

PRÉFACE

> Qu'est-ce que l'homme de lettres ? Un ouvrier dont les mots sont les outils; il ne saurait vraiment en avoir trop à sa disposition.....
> FRANÇOIS COPPÉE.

Le présent ouvrage continue la série, **en 20 volumes in-18 jésus,** *entièrement terminés,* des **214 Dictionnaires spéciaux,** dont l'ensemble va constituer le **Polylexique méthodique.**

Le **Polylexique méthodique** n'a pas été écrit pour remplacer les savantes, mais coûteuses encyclopédies. Son cadre est plus restreint; son but, tout autre. Cependant, avec les avantages du dictionnaire classique, il offre ceux du livre d'étude, par le groupement des matières en *Sections indépendantes*; présentant, pour chaque branche de connaissances, *plusieurs vocabulaires spéciaux.*

Tel qu'il est conçu, il sera à la fois le Manuel indispensable de l'homme de lettres, et le Guide pratique de quiconque s'intéresse aux sciences, aux arts et métiers.

Les exigences impérieuses de la vie active ne laissent pas toujours aux studieux le temps matériel de se livrer aux investigations nécessaires pour se tenir au courant des questions multiples agitées à notre époque.

Aussi avons-nous réparti en catégories rationnelles les éléments dispersés, au hasard de l'ordre alphabétique, dans les dictionnaires tels qu'ils ont été compris jusqu'ici.

En dépit de nos efforts, et malgré le concours aussi précieux que dévoué de praticiens autorisés, peut-être relèvera-t-on dans le **Polylexique méthodique** quelques omissions.

Mais en ce siècle de progrès continu, où se créent chaque jour des choses nouvelles exigeant des termes nouveaux, en même temps qu'elles relèguent au second plan des faits et des mots rapidement démodés, qui peut se flatter d'être assez parfait pour défier toute critique ? Cela est si vrai, que les grandes encyclopédies doivent avoir recours à des suppléments périodiques ou permanents pour se compléter.

Nous nous sommes attachés à classer et à condenser les idées de façon à permettre, à celui qui sait, de se les remémorer en une revision rapide ; et, à celui qui veut s'instruire, de trouver en quelques pages ce qu'il n'obtiendrait qu'au prix de longues recherches dans les ouvrages spéciaux des bibliothèques.

A ce titre, le **Polylexique** est appelé, croyons-nous, à rendre de réels services aux candidats pour la préparation de leurs examens ; aux professeurs, aux écrivains, aux journalistes, obligés d'avoir immédiatement, sur un sujet donné, des notions précises ; aux artistes, commerçants, industriels, ouvriers, militaires, mathématiciens, pédagogues, théologiens, philosophes, etc.

Veuille le public réserver un bienveillant accueil à la pensée qui nous a inspirés : Faciliter l'étude et abréger le travail, pour contribuer au progrès intellectuel.

E. DESORMES & Adrien BASILE.

NOTE DES AUTEURS

Jusqu'en ces derniers temps, l'apprentissage reposait sur la pratique, basée elle-même, le plus souvent, sur la routine et l'empirisme.

Mais, depuis que l'industrie est devenue tributaire de la science, chacun doit s'assimiler les notions théoriques qui donnent la clef de certains problèmes regardés comme insolubles par trop d'excellents ouvriers, à qui l'éducation du technicien a manqué.

Aujourd'hui, l'apprentissage n'est efficace que s'il procède, non seulement de l'expérience manuelle de ceux qui enseignent, mais aussi des connaissances acquises par les livres dans lesquels la pratique est rattachée à la technique.

Celui qui veut devenir véritablement habile est donc obligé d'avoir, à côté de l'outil, un guide raisonné qui, tout en lui facilitant l'exercice de sa profession, le rendra plus apte à en suivre les perfectionnements journaliers.

La qualité primordiale des ouvrages didactiques doit être la clarté et la sobriété. Pas n'est besoin, pour se faire bien comprendre, d'entrer dans des développements de détail qui font perdre de vue le sujet principal. Notre avis est qu'il est préférable d'aller droit au but en présentant brièvement des démonstrations et des explications aussi nettes que possible.

C'est ce que nous croyons avoir fait dans le *Dictionnaire des Arts graphiques*, que nous avons subdivisé en *huit* parties, afin de rendre immédiatement accessibles aux recherches les matières que chacune de ces parties renferme.

Veut-on retrouver un terme technique oublié ? s'initier à l'argot du métier ? Il suffira de feuilleter le *Dictionnaire de Technologie générale*, par lequel débute cet ouvrage.

Veut-on connaître les différents termes de gravures directes ou chimiques connues sous le nom de *procédés ?* Le *Dictionnaire de Gravure, Lithographie et Procédés* vous fera connaître en quelques heures tous les secrets du vocabulaire en usage.

Il en sera de même pour l'outillage et les productions qui en dérivent. Sous le titre *Dictionnaire du Matériel et de l'Outillage*, nous avons en effet réuni toute une collection de documents aussi utiles que précieux.

Certes, le classement des mots — étant donné la nuance inappréciable qui distingue certains d'entre eux — n'a pas toujours été facile à opérer ; mais cela est d'une importance relative, attendu que ce que l'on ne trouvera pas sous une rubrique se rencontrera certainement sous une autre.

Les quatrième et cinquième subdivisions sont représentées par un *Dictionnaire de la Photographie*, à laquelle les arts graphiques font aujourd'hui de si nombreux emprunts.

La sixième, *Dictionnaire des Personnages ayant illustré les Arts graphiques*, se rattache aux hommes qui ont, à un titre quelconque, appartenu à ces arts.

La septième, une nouveauté dans toute l'acception du terme,

est représentée par un *Dictionnaire de Bibliographie graphique et photographique.*

Et enfin la huitième par un *Dictionnaire industriel,* dans lequel on trouvera le nom et l'adresse des principaux fournisseurs de l'imprimerie avec l'énumération de leurs produits.

Il nous a paru que le *Dictionnaire des Arts graphiques* serait incomplet s'il ne renfermait la nomenclature des industriels avec lesquels le monde de l'imprimerie entretient des rapports obligés.

Ainsi compris, le troisième volume du *Polylexique méthodique* devient, incontestablement, le *Manuel moderne,* dans lequel sont exposés tous les sujets intéressant à la fois les Travailleurs de la Pensée et les Travailleurs du Livre.

LES AUTEURS.

DICTIONNAIRE
DE
TECHNOLOGIE GÉNÉRALE[1]

ABA

Abatage n. m. Vifs reproches, réprimande sévère faite par un p ote ou un patron à un ouvrier.

Abréviations n. f. Pour que les abréviations soient rendues intelligibles, il est indispensable que leur exécution soit uniforme, de manière à en permettre la lecture par la grande habitude de les voir. Voici, par ordre alphabétique, la liste des principales :
adj., adjectif.
adv., adverbe.
affl., affluent.
anat., anatomie.
anc., ancien.
ant., antiquité.
ap. J.-C., après Jésus-Christ.
archit., architecture.
arr., arrondissement.
art., article.

ABR

astr., astronome, ie.
atl., atlas.
av. J.-C., avant Jésus-Christ.
bas., basane.
b^{on}, baron.
bot., botanique.
cap., capitale.
caract. rom., caractère romain.
caract. ital., caractère italique.
cart., cartonné.
cart. n. r., cartonné non rogné.
cent., c., centime.
cor., corinthien.
centim., centimètre.
centigr., centigramme.
c.-à-d., c'est-à-dire.
ch., chant.
Cf., conférer.
chap., chapitre.
Ch^{er}, chevalier.
Chev.-v., cheval-vapeur, vaux.

[1] Pour la gravure, la lithographie, les procédés et la photographie, voir les dictionnaires spéciaux qui figurent dans ce volume.

chiff., chiffrée, chiffre.
ch.-l., chef-lieu.
ch.-l. d'arr., chef-lieu d'arrondissement.
chir., chirurgie.
ch.-l. de c., chef-lieu de canton.
Cie, Comp., Compagnie.
C°, Compagnie (en anglais).
comp., comparatif.
com., commun.
conj., conjonction.
Cte, comte.
C^{sse}, comtesse.
confr., confrérie.
cour., couronne.
décal., décalitre.
décagr., décagramme.
décam., décamètre.
décigr., décigramme.
décil., décilitre.
déc., décime.
décim., décimètre.
dép., département.
demi-b., demi-basane.
demi-ch., demi-chagrin.
demi-m., demi-maroquin.
doub.-j., double-jésus.
demi-r., demi-reliure.
demi-v., demi-veau.
d., dernier.
d°, dito.
D^r, docteur.
d. s. tr., doré sur tranche.
doub.-c., double-carré.
doub.-cour., double-couronne.
doub.-r., double-raisin.
dor., dorique.
dyn., dynamomètre.
1°, primo.
2°, secundo.
3°, tertio.
4°, quarto.
5°, quinto.
6°, sexto.
7°, septimo.

8°, octavo.
9°, nono.
10°, décimo.
1er, premier.
2e, deuxième, etc.
éb., ébarbé.
éc., écaille.
écon. pol., économie politique.
ellipt., elliptique, ment.
emp., empereur, empire.
E., est.
E.-S.-E., est-sud-est.
E.-1/2-O., est-demi-ouest.
ex., exemple.
extens., extension.
f. à fr., fers à froid.
f. feuillet.
ff., feuillets.
f., féminin.
f. pl., féminin pluriel.
fr., f., franc.
franç., français.
fr.-maç., franc-maçonnerie.
fig., figure.
fil. tr. d., filets tranche dorée.
fil., filigrane, grané.
fl., fleuve.
fol., f°, folio.
front., frontispice.
fut., futur.
géol., géologie.
géom., géométrie.
gr -cr., grand-croix.
gramm., grammaire.
gr. m., grandes marges.
gr., gramme.
gr.-off., grand-officier.
goth., gothique.
hab., habitants.
hect., hectare.
hectogr., hectogramme.
hectol., hectolitre.
hectom., hectomètre.
h., ^{h}, heure.
hist., historien.

hist. nat., histoire naturelle.
ib., ibid., ibidem.
id., idem.
imp., impr., imprimerie, impression, imprimé.
imparf., imparfait.
impér., impératif.
impers., impersonnel.
indic., indicatif.
inf. infinitif.
interj., interjection.
inus., inusité.
inv., invariable.
irr., irrégulier.
ion., ionique.
in-pl°, in-plano.
in-f°, in-folio.
in-4°, in-quarto.
in-8°, in-octavo.
in-12, in-douze.
in-16, in-seize.

La suite de ces sortes d'abréviations se met toujours en chiffres, sans lettres supérieures.

jurispr., jurisprudence.
kilogr., kilo, kilogramme.
kilol., kilolitre.
kil., kilomètre.
lat., latin.
lig., l., ligne.
livr., livraison.
LL. AA., Leurs Altesses.
LL. AA. II., Leurs Altesses Impériales.
LL. AA. RR. Leurs Altesses Royales.
LL. AA. SS., Leurs Altesses Sérénissimes.
LL. ÉÉm., Leurs Éminences.
LL. EExc., Leurs Excellences.
LL. GG., Leurs Grandeurs.
LL. GGr., Leurs Grâces.
LL. HH. PP., Leurs Hautes Puissances.
LL. MM., Leurs Majestés.

LL. MM. II., Leurs Majestés Impériales.
LL. MM. RR., Leurs Majestés Royales.
lit., litre.
liv., livre.
liv. st., livre sterling.
loc., locution.
loc. adv., locution adverbiale.
loc. conj., locution conjonctive.
Mme, Madame.
Mmes, Mesdames.
Mlle, Mademoiselle.
Mlles, Mesdemoiselles.
M^e, Maître (pour les avocats, les notaires, les avoués, etc.).
M^s, m^s, ms, manuscrit.
M^{ss}, m^{ss}, mss, manuscrits.
M^d, marchand.
mar., marine.
m., masculin.
m. s., masculin singulier.
math., mathématique.
mar., maroquin.
mar. bl., maroquin blanc.
mar. r., maroquin rouge.
mar. citr., maroquin citron.
mar. jans., maroquin janséniste.
mar. o., maroquin olive.
mar. or., maroquin orange.
mar. v., maroquin vert.
Mis, marquis.
M^{ise}, marquise.
m. pl., masculin, pluriel.
méc., mécanique.
méd., médecin.
mét., métagramme.
m., ^{m}, mèt. mètre.
m. q., m^2, ^{mq}, mètre carré.
m. c., m^3, ^{mc}, mètre cube.
Mgr, Mgr, Monseigneur.
Mgrs, M^{grs}, Messeigneurs.
M., Monsieur.
MM., Messieurs.
milligr., milligramme.

mill., millimètre.
μ. millième de millimètre.
mus., musique.
monogr. monogramme.
monol., monolithe.
myr., myriamètre.
myriagr., myriagramme.
N.-S. J.-C., Notre-Seigneur Jésus-Christ.
nom., nominatif.
N. B., Nota bene.
N.-D., Notre-Dame.
n°, n^{os}, numéro, numéros.
nég., négation.
Nst, négociant.
n., neutre.
n. r., non rogné.
obl., oblong.
or., orange.
orn., ornement.
O., ouest.
O.-N.-O., ouest-nord-ouest.
p., page ; pp., pages.
pap., papier.
pap. holl., papier de Hollande.
par., paragr., paragraphe.
parch., parchemin, é.
P.-L.-M., Paris-Lyon-Méditerranée.
part., partie.
p. p., participe passé.
p. prés., participe présent.
p. déf., passé défini.
per., percal., percaline.
p. f., petits fers.
p. p. c., pour prendre congé.
pers., personne.
phil., philosophie.
phys., physique.
p., piastre.
p^t, pied.
pp^t, pieds.
pl., planche.
pl., pluriel.
poét., poétique.

poss., possessif.
P.-S., Post-scriptum.
p°, pouce.
pp°, pouces.
PP., Pères de l'Église (les).
prép., préposition.
pr., principal.
pron., pronom.
prov., province.
ps., psaume.
qq., quelques.
rb., rouble.
r°, recto.
r. pl., reliure pleine.
rel., relié, reliure.
rel. anc., reliure ancienne.
rép., répons.
R., Révérend.
R. P. Révérend Père.
rhét., rhétorique.
riv., rivière.
rom., roman, manc.
roy., royaume.
S. G., Sa Grandeur.
S. Gr., Sa Grâce.
S. H., Sa Hautesse.
S., S^t, saint.
S^{te}, sainte.
S^{tes}, saintes.
S. P., Saint Père.
SS. PP., Saints Pères.
S. M., Sa Majesté.
S. M. B., Sa Majesté Britannique (Angleterre).
S. M. C., Sa Majesté Catholique (Espagne).
S. M. T. C., Sa Majesté Très Chrétienne (France).
S. M. T. F., Sa Majesté Très Fidèle (Portugal).
s. d., sans date.
s. l., sans lieu.
s. l. n. d., sans lieu ni date.
S. R., Sa Révérence.
S. S., Sa Sainteté.

S. Seign., Sa Seigneurie.
sch., schelling.
sect., section.
sept., septentrional.
sign., signature.
sing., singulier.
S. A., Son Altesse.
S. A. Ém., Son Altesse Éminentissime.
S. A. I., Son Altesse Impériale.
S. A. E., Son Altesse Électorale.
S. A. R., Son Altesse Royale.
S. A. S., Son Altesse Sérénissime.
S Ém., Son Éminence.
S. Exc., Son Excellence.
subj., subjonctif.
s. f. substantif féminin.
s. m., substantif masculin.
S., Sud.
S.-E., sud-est.
S.-S.-E., sud-sud-est.
sup., superlatif.
syn., synonyme.
T. C. F., Très Cher Frère.
TT. CC. FF., Très Chers Frères.
tête d., tête dorée.
tête jasp., tête jaspée.
tit. gr., titre gravé.
tr. j., tranches jaspées.
tr. m., tranches marbrées.
tr. r., tranches rouges.
tr. rog., tranche rognée.
t., tome.
typ., typographie.
v., veau.
v. br., veau brun.
v. f. a., veau fauve antiqué.
v. gr., veau granité.
v. m. veau marbré.
v. r., veau rouge.
v., vélin.
v. a., verbe actif.
v. n., verbe neutre.
v. r. verbe réfléchi.

V. M., Vierge Marie.
vge, village.
vol. volume.
V. Ém. Votre Éminence.
V. Exc., Votre Excellence.
V. G., Votre Grandeur.
V. Gr., Votre Grâce.
V. P. Votre Puissance.
voy., voyez.

SYSTÈME MÉTRIQUE
Mesures de surface

Kilomètre carré : Kmq. — Hectomètre carré : Hmq. — Décamètre carré : Dmq. — Mètre carré : mq. — Décimètre carré : dmq. — Centimètre carré : cmq. — Millimètre carré : mmq.

Mesures agraires

Hectare : ha (1,000,000 mq. ou 100 ha). — Are : a (10,000 mq. ou 100 a). — Centiare : ca (100 mq ou 1 a).

Mètre carré : 1 mq ou 0 a 01. — Décimètre carré : 0 mq 01. — Centimètre carré : 0 mq 0001. — Millimètre carré : 0 mq 000001.

Mesures de volume

Mètre cube (stère, lorsqu'on évalue un volume de bois) : mc ou 1 mc. — Décimètre cube : dmc ou mc 001 dmc. — Centimètre cube : cmc ou 0 mc 000001 cmc. — Millimètre cube : mmc ou 0 mc 000000001 mmc.

Mesures de capacité

Hectolitre : Hl ou 0 mc 1 ou 100 dmc. — Décalitre : Dl ou 0 mc 01 ou 10 dmc. — Litre : l ou 0 mc 001 ou 1 dmc ou 1000 cc. — Décilitre : dl ou 0 dmc 1 ou 100 cc. — Centilitre : cl ou 0 dmc 01 ou 10 cc. — Millilitre : ml ou 0 dmc 001 ou 1 cc.

Mesures de poids
Myriagramme : Mg ou 10 kg.
— Kilogramme : Kg ou 1 kg. —
Hectogramme : Hg ou 0 kg 1.
— Décagramme : Dg ou 0 kg 01.
— Gramme : g ou 0 kg 001. —
Décigramme : dg. — Centigramme : cg. — Milligramme : mg.

ÉLECTRICITÉ
Capacité
Megafarad, mf.
Kilofarad, kf.
Farad, f.
Millifarad, mf.
Microfarad, µf.

Force
Megadyne, md.
Kilodyne, kd.
Dyne, d.
Millidyne, md.
Microdyne, µd.

Pression
Megabarie, mb.
Kilobarie, kb.
Barie, b.
Millibarie, mb.
Microbarie, µb.

Puissance
Megawatt, mw.
Kilowatt, kw.
Watt, w.
Milliwatt, mw.
Microwatt, µw.

Travail (unité absolue)
Megerg, me.
Kiloerg, ke.
Erg, e.
Millierg, me.
Microerg, µe.

Travail (unité pratique)
Megajoule, mj.
Kilojoule, kj.
Joule, j.
Millijoule, mj.
Microjoule, µj.

Force électro-motrice
Megavolt, mv.
Kilovolt, kv.
Volt, v.
Millivolt, mv.
Microvolt, µv.

Intensité du courant
Mégampère, ma.
Kiloampère, ka.
Ampère, a.
Milliampère, ma.
Microampère, µa.

Quantité d'électricité
Megacoulomb, mc.
Kilocoulomb, kc.
Coulomb, c.
Millicoulomb, mc.
Microcoulomb, µc.

Résistance électrique
Megohm, mω.
Kilohm, kω.
Ohm, ω.
Milliohm, mω.
Microhm, µω.

GÉOMÉTRIE
Coséc., cosécante.
Cos., cosinus.
Colog., cologarithme.
Cot., cotangente.
C. Q. F. D, ce qu'il fallait démontrer.
Log., logarithme.
Q. E. D., *quod erat demonstrandum* : Ce qui était à démontrer.
Séc., sécante.
Sin., sinus.
Tang., tangente.

ASTRONOMIE
A., austral.
B., boréal.
AM., avant le passage au méridien.

PM., après le passage au méridien.
Asc. dr., ascension droite.
Déclin. ou D., déclinaison.
Lat., latitude.
Long., longitude.

COMMERCE

A., accepté.
A. P., à protester.
A. S. P., accepté sous protêt.
A. S. P. P. C., accepté sous protêt pour compte.
B. P. F., bon pour francs.
C. O., compte ouvert.
M/O., mon ordre.
P., protêt.
R., Reçu.
S/C., son compte.
V/C., votre compte.
V/O., votre ordre.

MÉDECINE

A, AA, *ana*, de chaque.
Ad, *Adde*, ajoutez.
B. A., *balneum arenæ*, bain de sable.
B. M., bain-marie.
B. V., bain de vapeur.
Cochleat., *cochleatim*, par cuillerées.
Coq., *coque*, faites cuire.
Dec., décoction.
D^r, docteur.
D. M., docteur-médecin.
D. M. P., docteur-médecin de la Faculté de Paris.
F. S. A., *fac secundum artem*, faites selon l'art.
Gt., Gutt., *gutta*, goutte.
Inf., *Infundatur*, qu'on fasse infuser.
M., *misce*, mêlez.
M. S. A., *misce secundum artem*, mêlez selon l'art.
Man., *manipulus*, poignée.

P. Æ., *partes æquales*, parties égales.
Pug., *pugillus*, pincée.
Q. P., *quantum placet*, à volonté.
R., *recipe*, prenez.
S. A., *secundum artem*, selon l'art.
♃., placé au commencement d'une formule, indique qu'il faut prendre. On regarde ce signe comme une déformation de l'R initial de *Recipe*, prenez.
N° 1, n° 2, expriment le nombre d'objets.

CHIMIE

Symboles des corps simples

Aluminium, Al.
Antimoine, Sb.
Argent, Ag.
Argon, Ar.
Arsenic, As.
Azote, Az.
Baryum, Ba.
Bismuth, Bi.
Bore, B.
Brome, Br.
Cadmium, Cd.
Cæsium, Cs.
Calcium, Ca.
Carbone, C.
Cérium, Ce.
Chlore, Cl.
Chrome, Cr.
Cobalt, Co.
Cuivre, Cu.
Didyme, Di.
Erbium, Er.
Etain, Sn.
Fer, Fe.
Fluor, Fl.
Gadolinium, Gd.
Gallium, Ga.
Germanium, Ge.
Glucinium, Gl ou Be.

Hélium, He.
Holmium, Ho.
Hydrogène, H.
Indium, In.
Iode, I ou Io.
Iridium, Ir.
Lanthane, La.
Lithium, Li.
Magnésium, Mg.
Manganèse, Mn.
Mercure, Hg.
Molybdène, Mo.
Néodidyme, Ne.
Nickel, Ni.
Niobium, Nb.
Or, Au.
Osmium, Os.
Oxygène, O.
Palladium, Pd.
Phosphore, P. ou Ph.
Platine, Pt.
Plomb, Pb.
Potassium, K.
Praséodyme, Pr.
Rhodium, Rh.
Rubidium, Rb.
Ruthénium, Ru.
Scandium, Sc.
Sélénium, Se.
Silicium, Si.
Sodium, Na.
Soufre, S.
Strontium, Sr.
Tantale, Ta.
Tellure, Te.
Terbium, Terb.
Thallium, Tl.
Thorium, Th.
Thulium, Tm.
Titane, Ti.
Tungstène, W.
Uranium, U.
Vanadium, V.
Ytterbium, Yb.
Yttrium, Y.

Zinc, Zn.
Zirconium Zr.

Abréviature n. f. Nom donné autrefois aux abréviations.

Absolutum n. m. Indication qui veut dire : *achevé d'imprimer* et qui se mettait à la fin des ouvrages importants avec la date et le lieu où ils avaient été imprimés.

Abzug n. m. Oxyde pelliculeux qui se forme au-dessus du plomb en fusion.

Accolure n. f. Ligature de la reliure d'un livre.

Addition marginale. (V. Manchette.)

Adorné adj. Orné, flórituré.

Affiche n. f. Feuille imprimée et pourvue d'un timbre, que l'on colle sur les murailles, un tableau, etc. Les affiches doivent être tirées sur papier de couleur, le papier blanc étant réservé aux communications de l'administration. Elle doivent en outre être pourvues d'un timbre dont le coût est : affiches quart colombier, $0^m30 \times 0^m40$, 0 fr. 06 ; demi-colombier, $0^m40 \times 0^m60$, 0 fr. 12 ; colombier, $0^m60 \times 0^m80$, 0 fr. 18 ; pour le double colombier ou les dimensions au-dessus, la taxe est uniforme et s'élève à 0 fr. 24.

Affiner v. C'est coller sur des feuilles de papier ou de carton trop mince d'autres feuilles de papier ou de parchemin pour leur donner de la consistance.

Affleurer v. Rapprocher le cylindre de la platine, dans une machine à papier.

Ailes de moulin (Imposition en). Cette imposition se compose de 4 pages appartenant à deux ouvrages différents : par exemple deux factures, deux circulaires de même format. Lorsque chacun de ces ouvrages comporte une page blanche, les pages de texte se placent en chicane : l'une quelconque de ces pages figure la *une* et l'autre la *trois*. Une page blanche figure la *deux* et l'autre page blanche la *quatre* d'une imposition in-4°. (V. Imposition.)

Ajouté n. m. Addition faite à un manuscrit, une épreuve, un placard, etc.

Albuminage n. m. Procédé d'émaillage du papier, qui conserve à celui-ci sa souplesse et donne aux couleurs, dans les tirages polychromes, une grande fixité. La mixture se fait dans la proportion de 100 cent. cubes pour 7 ou 8 gr. d'albumine d'œufs desséchée, réduite en poudre, le tout convenablement mélangé.

Aldine n. f. Nom donné quelquefois à l'italique, dont on attribue la création à Alde Manuce, qui se serait, paraît-il, inspiré de l'écriture de Pétrarque avec qui il était en correspondance.

Aldins (Caractères). Ceux dont les Alde se servirent pour l'impression de leurs livres. Nom sous lequel certains bibliophiles désignent *l'italique*.

Aller à Saint-Jacques. Se disait autrefois d'un compositeur dont la copie était surchargée de bourdons. On l'envoyait à Saint-Jacques... sonner le bourdon.

Alloué n. m. Nom que l'on donnait autrefois, dans les ateliers typographiques, à une sorte d'ouvrier qui devait, toute sa vie, travailler à la journée sans jamais pouvoir parvenir à la maîtrise. Celui qui était engagé comme *apprenti* pouvait devenir maître, mais cette perspective était fermée à celui qui avait été engagé comme *alloué*.

Amalgame n. m. S'emploie quelquefois dans le sens *d'imposition par mariages*.

Amélanotypie n. f. Impression sans encre, qui se fait généralement sur étoffes, à l'aide de précipités métalliques.

Amour n. m. L'amour est l'attraction qu'ont les rouleaux pour l'encre et la lettre. Cette attraction est due à la mince pellicule qui se forme à la surface des rouleaux lorsqu'ils sont entièrement refroidis. Un rouleau sec et vieux n'a plus d'amour ; s'il est trop frais, il y a excès d'amour, ce qui occasionne souvent l'extraction de lettres dans les compositions mal justifiées ou les formes insuffisamment serrées, et, conséquemment, la destruction des rouleaux.

Amphibie. On donne le nom d'amphibie au typographe qui exerce plusieurs professions, principalement celles de typo et d'imprimeur. Autrefois, il n'était pas rare de voir des ouvriers travailler indistinctement à la casse et à la presse à bras. Depuis, on a étendu ce mot à quiconque, ne s'occupant pas exclusivement de typographie, fait de la correction, du rognage, du paquetage, etc.

Anaglyptique adj. et n. f. Nom donné au mode d'impression en relief à l'usage des aveugles. Cette impression s'opère sur une feuille de papier suffisamment épais que l'on place dans un appareil ayant les dimensions d'une ardoise et pourvu d'une plaque métallique à réglure en relief ; à l'aide d'un poinçon, l'aveugle écrit de droite à gauche, et, quand il a terminé, il retourne sa feuille et lit de gauche à droite, en promenant les doigts sur le pointillé.

Anépigraphe n. m. Ouvrage sans titre.

Angle d'un polygone régulier (Calcul rapide de l'). Cette notion, très utile pour la coupe des filets, est ainsi formulée, page 210 des *Notions de Typographie* de E. Desormes :

Pour connaître la grandeur de l'angle intérieur d'un polygone régulier, il suffit de diviser 360 par le nombre des côtés et de retrancher de 180 le chiffre obtenu.

En voici la démonstration mathématique :

Démonstration. — Soit un polygone régulier de n côtés, par conséquent de n angles, dont l'angle intérieur est a.

La somme S des angles intérieurs est égale à autant de fois deux droits qu'il y a de côtés moins deux. D'où :

$S = 2 \text{ droits} \times (n-2) = 180° \times (n-2) = 180 n - 360$

Chaque angle intérieur $a = \dfrac{S}{n} =$

$\dfrac{180 n - 360}{n} = \dfrac{180 n}{n} - \dfrac{360}{n}$

$180 - \dfrac{360}{n}$

Appliquant cette formule on a :
Pour l'hexagone :

$180 - \dfrac{360}{6} = 180 - 60 = 120°$

Pour l'octogone :

$180 - \dfrac{360}{8} = 180 - 45 = 135°$

Pour le décagone :

$180 - \dfrac{360}{10} = 180 - 36 = 144°$

Cette formule simple a l'avantage de n'exiger qu'une division et une soustraction, sans avoir à faire le calcul de la somme des angles du polygone.

Anglet n. m. C'est le biseau d'un filet de cadre ou autre, fait à la lime ou au coupoir. L'anglet du carré ou du rectangle a 45°, soit la moitié de l'angle droit ; celui du triangle, 30 ; de l'hexagone, 60 ; de l'octogone, 67 1/2 ; du décagone, 72 ; du dodécagone, 75 ; du polygone de 16 côtés, 79 1/2, du polygone de 20, 81°.

Annonce anglaise. Ces sortes d'annonces que, par abréviation, on appelle simplement *anglaises*, sont celles que l'on voit dans les journaux avec cette forme :

ON DEMANDE un bon compositeur typographe, très au courant des .....

Annonces (Page d'). Se dit de la 4e page des journaux quotidiens.

Annoncier n. m. L'annoncier est l'ouvrier qui, dans un journal, est chargé de confectionner la page d'annonces ou 4e page. L'annoncier ne participe pas à la pige, et, lorsqu'il a terminé sa besogne, il prend généralement une cote ou de la correction.

Antilambda n. m. Dans les anciens manuscrits, on se servait d'une sorte de sigle ou guillemet ayant la forme d'un *lambda* renversé (< >) pour indiquer les citations. Cela semble être l'origine des guillemets, par déformation, comme le signe √ semble n'être que l'*r* déformé, sous lequel les anciens arithméticiens plaçaient les quantités dont ils voulaient indiquer une extraction de racine.

Antisigma n. m. L'empereur Claude essaya d'introduire l'usage de *l'antisigma*, qui avait l'aspect de deux signes uniformes adossés ()() et la valeur du *p* et de l'*s*. L'*antisigma* (): constitue, en paléographie, un signe qui se met avant les vers dont il faut changer l'ordre. L'*antisigma ponctué* est employé pour indiquer deux vers dont le sens est le même, quand on ignore celui auquel on doit accorder la préférence.

Appel de note. Chiffre, astérisque ou lettre, qui se met auprès d'un mot appelant une note. L'appel doit être reproduit au commencement de la note dans la forme même qu'il a dans le corps du texte.

Apprenti n. m. Celui qui apprend la typographie. Autrefois, celui qui était engagé comme apprenti pouvait parvenir à la maîtrise, contrairement à l'*alloué*, à qui cette faculté était interdite.

Apprêt n. m. Indépendamment du revoyage, de l'épluchage, du satinage et du glaçage, qui font partie de l'apprêt, le papier subit l'opération du laminage. Tel qu'il sort de la machine, il est rugueux et ne pourrait servir ni à l'impression ni à l'écriture ; on en fait donc des paquets de 20 à 25 feuilles, que l'on encarte une à une entre des plaques de zinc, et l'on porte le tout sous le laminoir, qui a pour fonction d'écraser le grain. — Action de débarrasser les lettres des bavures qu'elles peuvent garder après la fonte.

Approche n. f. Terme de fonderie qui sert à qualifier la position que la lettre fondue doit occuper par rapport aux lettres qui l'avoisineront. C'est ainsi que le blanc qu'une lettre comporte sur chacun de ses côtés doit être égal dans les deux sens, la lettre étant supposée rigoureusement droite. Comme pour *la ligne*, c'est la justification de la matrice qui doit donner cette régularité absolue.

Arang. (V. Hareng.)

Archi-Imprimeur. Titre donné à Christophe Plantin par Philippe II.

Arpète n. m. Syn. d'attrape-science ou apprenti.

Art divin. Nom donné par l'évêque d'Aléria, Jean André, à l'imprimerie, peu après l'invention de celle-ci.

Article 4 (Payer son). Voici ce que dit, à ce mot, le regretté Eugène Boutmy dans son *Argot des typographes* : « Dans le temps où les compositeurs portaient l'épée, chaque imprimerie formait une sorte de confrérie ou *chapelle* régie par un règlement. Ce règlement stipulait le nombre d'exemplaires que les éditeurs et les auteurs devaient laisser à la chapelle. Ces exemplaires étaient vendus, et l'argent qu'on en retirait consacré à fêter la Saint-

Jean-Porte-Latine et la Saint-Michel. L'article 4 de ce règlement, le seul qui soit par tradition resté en vigueur, déterminait tous les droits dus par les typographes. On ajoute quelquefois, en parlant de l'article 4 les mots verset 20, qu'il faut traduire : *versez vin.* Dans le nord de la France, on dit *payer ses 4 heures* ou *payer son article 4.* » Cette expression est devenue commune à presque tous les corps d'état et indique que le nouveau venu doit payer sa bienvenue.

Assemblage n. m. Opération consistant à réunir entre eux, après le pliage, tous les exemplaires d'une même feuille, la signature desdits exemplaires en dehors, pour éviter les erreurs. L'assemblage est l'opération préliminaire du brochage et de la reliure.

Assembleur n. m. Celui qui assemble les feuilles d'un même ouvrage.

Assortiment n. m. C'est la commande que fait un imprimeur à un fondeur pour réappareiller une fonte dans laquelle manquent différentes sortes.

Atlantique n. m. Ancien nom de l'imposition in-plano.

Atlas (Imposition en). Celle qui se fait en bande, à la manière d'un atlas.

Atromarginé adj. Bordé de noir, à la manière des lettres de décès.

Attrapage n. m. Se dit d'une observation virulente faite à un ouvrier par le metteur en pages, le prote ou le patron.

Attrapance n. f. Querelle, dispute entre plusieurs ouvriers.

Attraper v. Faire des reproches, réprimander avec plus ou moins de violence. Chercher querelle à quelqu'un dont on a ou dont on croit avoir à se plaindre.

Attrape-Science n. m. Nom donné par dérision aux apprentis typographes et lithographes.

Attribut n. m. Vignette symbolique.

Autorité n. f. Nom que portaient les chartes de cession ou de donation royale.

Avaro n. m. Ce mot paraît provenir d'*avarie*, car il s'applique généralement aux accidents qui se produisent dans le travail. Il a aussi le sens d'avatar, d'avanie et d'attrapage.

Avatar n. m. Accident, grave ennui ; attrapage sérieux du prote ou du patron.

B

Bachat n. m. En papeterie, cavité qui se trouve sous le pilon.

Balai neuf (Faire). Changer de conduite, quand celle-ci laisse à désirer.

Balle (Enfant de la). Expression qui est passée de l'imprimerie dans la langue populaire. Elle signifie que celui à qui elle s'adresse est parti de rien, qu'il est fils de ses œuvres et ne doit qu'à lui-même la situation qu'il occupe. Autrefois, avant l'invention des rouleaux typographiques, on encrait les formes à l'aide de balles de cuir bourrées de filasse ; les apprentis étaient chargés, quand les balles étaient vieilles, de les défaire et de carder la filasse avec leurs ongles. D'où leur nom d'*enfant de la balle*.

Bambochage n. m. Cette expression s'applique à un genre d'imposition spéciale consistant à ne pas faire tomber les pages l'une sur l'autre. Cela se produit pour certains travaux de ministères, les circulaires par exemple, qui comportent une manchette dans la première page. Cette manchette représente un blanc plus ou moins fort qui se reproduit à toutes les pages, soit à gauche, soit à droite, selon que celles-ci sont impaires ou paires. Ces impositions sont disgracieuses en ce qu'elles donnent comme fond un grand blanc et un petit blanc.

Banque n. f. Paye des typographes. Dans l'imprimerie, le prote ne paie que les chefs d'équipe, lesquels payent à leur tour les ouvriers sous leurs ordres. Parmi ces chefs d'équipe on comprend : le chef de conscience et les metteurs en page. La banque se fait généralement le samedi, tous les huit ou quinze jours.

Banque blèche. Celle où l'ouvrier, pour des raisons quelconques : absence, remboursement de salé, etc., n'a rien à toucher. On dit que la *banque a fouaillé* quand le patron n'est pas en mesure de payer son personnel.

Barbe n. f. Un typographe a la barbe quand il laisse au fond du verre une partie de sa raison ; il a une *barbe indigne* ou *carabinée* quand il ne sait plus ce qu'il dit ni ce qu'il fait et flageole sur ses jambes.

Barboter v. Profiter de ce que les camarades sont absents pour piller leurs casses ou leurs réserves.

Bardeaude (Casse). Celle dans laquelle la proportion des sortes dominantes à employer a cessé d'exister. Cette expression vient de *bardeau*, grande casse dans laquelle on met les sortes surabondantes et celles qui arrivent de la fonderie.

Barreau (Coup de). Dans les tirages à la presse à bras, le coup de barreau est la pression exercée sur la forme par la platine de la presse quand l'imprimeur tire le barreau.

Bas de casse. Nom donné aux minuscules, dont la place est dans la partie inférieure de la casse ; cette partie elle-même.

Batiau (Jour du). Celui où le typographe fait son bordereau et arrête son compte. Le *batiau* tombe généralement le jeudi pour la paie du samedi suivant. *Parler batiau*, c'est causer des choses de sa profession.

Batt adv. Très bien, très agréable, tout ce qui fait plaisir : *C'est batt !...*

Battage n. m. Opération qui consiste, pour le relieur, à battre avec un marteau spécial, le dos des feuilles assemblées d'un ouvrage avant de les brocher ou de les relier. On bat également le corps de l'ouvrage pour que les feuillets soient parfaitement plans ; mais cela ne doit se faire que si les feuilles sont bien sèches au point de vue de l'impression, autrement on provoquerait le maculage.

Battage n. m. Plaisanterie, exagération, mensonge. Syn. de *montage*.

Battage en deux temps. Cette sorte de battage demande des feuilles légèrement humides ; c'est une espèce de lissage qui a pour objet de faire disparaître les rides du papier, les plis d'étendage, les froncis, etc.

Battées n. f. Lorsque le volume est d'une certaine importance, il se bat par fractions ; en terme de reliure, ces dernières prennent le nom de battées.

Batteur n. m. Celui qui se complaît à faire des battages. Homme peu sérieux.

Bê ! bê ! Sorte de bêlement que poussent, à quatre heures, dans les ateliers où il est permis de sortir, les imprimeurs et conducteurs. Ce cri sert à indiquer que ces messieurs ont soif.

Belle page n. f. Page impaire ou recto d'un feuillet. On dit de quelqu'un qui tombe sans se faire de mal, sur son postérieur par exemple, *qu'il est tombé en belle page*.

Béquet n. m. Composition de quelques lignes seulement. Hausse en papier que l'imprimeur met sous un cliché ou ajoute à la mise en train.

Bercer v. En terme de reliure, se dit d'un mouvement qui consiste à balancer de droite à gauche et de gauche à droite, un volume que l'on va rogner. Ce mouvement a pour objet de donner aux flancs de l'ouvrage une forme concave régulière des deux côtés, sans laquelle on ne pourrait obtenir la gouttière.

Bibasse (La). Nom sous lequel on désignait autrefois la Société typographique de Lyon.

Bibassier n. m. Se dit de celui qui a pris la mauvaise habitude de boire. Homme qui a toujours soif ; ivrogne.

Bibasson n. m. Vieux typo radoteur et gourgousseur. Homme d'âge mûr, sans caractère et sans valeur.

Bibelot n. m. Travail de peu d'importance ; bilboquet.

Bibelotier n. m. Ouvrier qui est occupé à la confection des menus travaux appelés bilboquets. Le bibelotier est un ouvrier précieux, à qui l'on peut généralement confier toutes sortes de travaux.

Bibi. Abréviation de Bicêtre, où l'on envoie les pallasseurs et les gens de nature ennuyeuse : *à bibi, le raseur*.

Bibiâtrique n. f. L'art de restaurer les livres.

Bibliognostie n. f. Connaissance des livres.

Bibliographe n. m. Écrivain qui analyse et critique les livres et autres écrits.

Bibliographie n. f. Étude critique des livres et autres écrits. Science, connaissance des livres.

Biblioguiancie, Bibliguiancie n. f. Art de réparer les livres.

Bibliolathe n. m. Celui qui possède un grand nombre de livres sans les connaître.

Bibliolytie n. f. Destruction volontaire des livres.

Bibliomanie n. f. Amour passionné et parfois peu raisonné des livres. — Recherche d'ouvrages qui se distinguent par une singularité quelconque.

Bibliomappe n. m. Ouvrage géographique contenant à la fois des cartes et du texte.

Bibliopée n. f. L'art de faire des livres.

Bibliophile n. m. Amateur éclairé de livres rares et curieux.

Bibliophobe n. m. Celui qui a horreur des livres.

Bibliopole n. m. Marchand de livres.

Bibliosophe n. m. Amateur de livres, très expert en la matière. Celui qui se connaît en livres.

Bibliotaphe n. m. Celui qui, possédant une collection de livres, se refuse à en donner communication, et, souvent, ne les consulte pas lui-même.

Bibliotechnie, Bibliothéconomie n. f. Organisation, installation, administration des bibliothèques.

Bilboquet n. m. Travail de peu d'importance : menu, facture, carte de commerce, etc.

Bissection de l'angle. La coupe des filets reposant sur ce principe : *l'anglet est la moitié de l'angle*, il est indispensable que le typographe sache comment se divise un angle en deux parties égales. Trois procédés sont en usage.

1º *Procédé au compas*. Du centre C avec un rayon CM, on décrit l'arc MN entre les côtés de l'angle MCN. Des points M et N, avec un rayon plus grand que la moitié de la corde MN, on décrit deux autres arcs, et on joint leur intersection au sommet C. La droite CK est la bissec-

trice cherchée. En effet, les triangles CMK et CNK sont égaux comme ayant leurs trois côtés égaux chacun à chacun : CK est commun ; CM = CN et KM = KN comme rayons de même longueur respective. Donc les angles MCK et NCK sont égaux, comme opposés à des

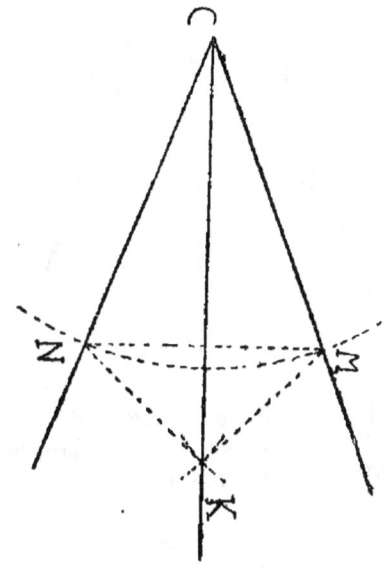

côtés égaux, dans des triangles égaux, et CK est bien la bissectrice de l'angle MCN.

2º *Procédé à la règle*. Sur les côtés de l'angle on porte des longueurs respectivement égales ; OC = OE, et CD = EF. On joint C et F puis D et E. Le point d'intersection P de ces lignes, joint au point O, donne la droite OP, qui est la bissectrice demandée.

Démonstration. Les deux triangles DOE et COF sont égaux, comme ayant l'angle AOB compris entre côtés égaux chacun à chacun : OD = OF et OC = OE.

D'où égalité des angles ODE et OFC; des angles OCF et OED, et des angles DCP et PEF.

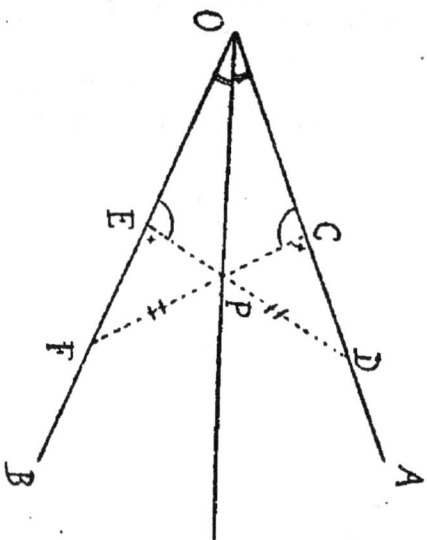

Il s'ensuit, en raison de EF = CD, que les deux triangles CDP et EPF sont égaux, et que PF = PD.

Mais alors les deux triangles OPD et OPF sont égaux comme ayant leur trois côtés égaux et il en résulte que l'angle POB, opposé à PF, est égal à l'angle POA, opposé au côté égal DP.

La droite OP est donc la bissectrice de l'angle AOB.

3º *Procédé matériel.* En vertu du principe de géométrie : *Tout point pris sur la bissectrice d'un angle est à égale distance des côtés de cet angle,* il est facile de diviser rapidement un angle en deux parties égales.

Il suffit de découper une feuille de papier fort suivant les côtés de l'angle, puis de replier celle-ci de façon que les côtés de l'angle coïncident : *la ligne de plicature est la bissectrice.* On n'a qu'à transporter la figure ainsi pliée sur un coupoir à flèche mobile, en appliquant l'un des côtés du demi-angle sur la glissière, et en amenant la flèche en contact de l'autre côté. On a ainsi *reporté* l'anglet cherché sur le coupoir. Il ne reste qu'à substituer au papier un filet de plomb dont la section par le rabot donnera l'angle demandé.

Black letter. Nom anglais des caractères gothiques.

Blanchiment n. m. Opération qui consiste pour le conducteur à fondre, en les adoucissant, les épaisseurs trop apparentes dans le tirage des gravures; on se sert pour cela d'une sorte de grattoir à lame moins flexible que le couteau à découper. — Action de blanchir les pâtes, dans la fabrication du papier.

Blancs (V. Fonds). On appelle également *blancs* tout le matériel typographique qui n'est pas de la hauteur de la lettre, tel que cadrats, cadratins, interlignes et lingots.

Blèche adj. Sans valeur, sans caractère, laid, affreux, hideux. *Faire blèche.* (V. Jeu des cadratins.)

Blocage n. m. Action de bloquer, c'est-à-dire de substituer provisoirement une lettre à une autre, quand celle dont on a besoin manque dans les casses.

Blutage n. m. Déchiquetage et trituration des chiffons ou du bois dans la fabrication du papier.

Bœuf n. m. Gober son bœuf, c'est se mettre en colère, entendre mal la plaisanterie et y répondre violemment. *Le bœuf carabiné* est le suprême degré de la colère; on a vu des bœufs durer plusieurs jours et même plusieurs mois. On dit aussi : *avoir son bœuf.*

Bœuf (Faire un). C'est travailler à la place d'un camarade occupé provisoirement à autre chose. Les bœufs se font surtout dans les journaux. On décide, par exemple, de faire une loterie; pendant qu'un piéton organise celle-ci, le remplaçant en faveur de qui la loterie est organisée, fait un bœuf à l'organisateur, afin de le maintenir à hauteur de pige.

Bœufier n. m. Celui qui gobe facilement son bœuf.

Bœuf (Pièce de). Mise en pages de longue haleine, près de laquelle les autres mises en pages ne sont considérées que comme des appoints.

Boire de l'encre. Situation faite à un camarade attendu chez le mastroquet, mais qui arrive quand la ou les bouteilles sont vides. Il s'écrie alors : « Je ne suis pas venu ici pour boire de l'encre », ce qui équivaut à : Il faut faire revenir quelque chose.

Boitage n. m. Un cliché boite quand il manque d'assise, c'est-à-dire lorsqu'il n'est pas d'aplomb.

Boîte n. f. Mauvaise et petite imprimerie. On dit pourtant, même en parlant des grandes maisons : Je vais à la boîte. On appelle aussi *boîte* la casse du compositeur.

Bon à tirer. La dernière épreuve corrigée par l'auteur d'un ouvrage. Le bon à tirer doit toujours être daté, signé, et mentionner le chiffre du tirage.

Bon (C'est du). Se dit de la composition destinée à l'impression, par opposition à *distribution*. Il arrive également que dans certains travaux mis en distribution, on retrouve des parties qui doivent repasser, par exemple, dans des périodiques, des annuaires, etc. On dit alors *c'est du bon*, et l'on met de côté les parties en question.

Bonhomme (Faire). Se dit quand un cadratin, dans le jeu de ce nom, reste debout. Comme on joue habituellement avec des cadratins de *neuf* ou de *dix*, on fait bonhomme très rarement, aussi celui à qui cela arrive gagne-t-il sur tous les autres coups.

Bon leveur. Ouvrier compositeur habile à lever la lettre et dont les compositions sont peu chargées de corrections.

Bonne feuille. Celle qui est tirée après la revision. On appelle également *bonnes feuilles* celles qui sont envoyées à la critique avant l'apparition d'un ouvrage ou sa mise en vente en librairie.

Bonnet n. m. Sorte de ligue offensive et défensive que forment certains compositeurs employés depuis longtemps dans une maison, et qui ont tous, pour ainsi dire, la tête sous le même *bonnet*. Rien de moins fraternel que le bonnet. Il fait la pluie et le beau temps dans un atelier, distribue les mises en pages et les

2.

travaux les plus avantageux à ceux qui en font partie d'abord, et, s'il en reste, aux ouvriers plus récemment entrés qui ne lui inspirent pas de crainte. Le bonnet est tyrannique, injuste et égoïste, comme toute coterie. (*Dictionnaire de l'argot des typographes.*) Le bonnet a en partie disparu des ateliers ; on fait aujourd'hui de *l'égoïsme individuel* au lieu d'*égoïsme collectif*.

Bonnet de papier. Coiffure en forme de bonnet de police, dont les typographes se couvraient le chef. Cette coiffure n'est plus guère en usage et ne se voit que dans quelques imprimeries de province.

Bordure de deuil et couchage. Verser quelques gouttes d'acide acétique sur une petite quantité de noir de fumée *non calciné*, puis mélanger à la molette ; quand le mélange est opéré, on y ajoute, petit à petit, du noir qu'on humecte avec quelques gouttes d'eau acidulée à l'acide acétique ; on obtient ainsi une pâte compacte qu'on délaye dans une solution de gélatine (1/3 gélatine et 2/3 eau) maintenue entre 30 et 40 degrés ; le délayage fait, ajouter 1/2 pour 100, soit 0 gr., 5 d'alun de chrome ou de bichlorure de potasse par 100 grammes.

Bouche-Trou n. m. Le bouche-trou est une composition quelconque, annonce, fait divers, bibliographie, qui sert à combler un vide dans la mise en pages des journaux ou revues périodiques.

Bouillon n. m. Se dit des exemplaires invendus d'une édition quelconque ou d'un journal. Les bouillons sont fréquents dans certains journaux qui tirent plus qu'ils ne peuvent vendre, ce qui leur permet d'avoir des annonces dont le prix compense, quelquefois avec bénéfice, la perte occasionnée par les bouillons.

Bouler v. Mal accueillir, rejeter ; ne pas recevoir dans une réunion, une société, celui qui s'y présente.

Bouquet n. m. On donne quelquefois ce nom aux parties empâtées d'un tirage.

Bouquet de lettres. On appelle ainsi la réunion de plusieurs lettres destinées à être intercalées dans un cliché pour y faire une correction.

Bouquiner v. Fouiller dans les vieux bouquins pour y trouver des livres rares ou curieux, soit par le texte qu'ils renferment, soit par la reliure.

Bouquineur n. m. Chercheur, amateur de vieux livres.

Bouquiniste n. m. Celui qui vend de vieux livres.

Bouquins n. m. Vieux livres sans valeur. Bouillons de librairie.

Bourdon n. m. Mot, phrase ou membre de phrase oubliés par le compositeur dans une composition. Son opposé est *doublon*.

Bourdonniste, **Bourdonneux** n. m. Celui qui a la spécialité des bourdons.

Bourreur de lignes. Mauvais ouvrier ; celui qui ne sait faire que des lignes, qu'il compose généralement mal.

Boustrophédon n. m. Écriture qui se lit de gauche à droite et de droite à gauche.

Boutons n. m. Petits points blancs qui, lorsque le raffinage est imparfait, restent dans la pâte à papier, et que l'on fait disparaître par l'affleurage.

Braie n. f. Sorte de frisquette mobile que l'on pose sur une forme lorsqu'on veut obtenir à la presse à bras une épreuve quelque peu soignée.

Branches d'accolade. On appelle ainsi la partie ouverte de l'accolade. Les branches d'une accolade doivent toujours être tournées du côté où il y a le plus de lignes, puisqu'elles servent à embrasser celles-ci. La pointe de l'accolade, à laquelle aboutissent généralement des gros points, doit donc, par opposition, être tournée du côté où il y a le moins de lignes. Les branches d'une accolade doivent embrasser strictement les lignes voulues et ne les dépasser en aucun cas.

Brassée n. f. Terme de reliure qui sert à qualifier un groupe de feuilles plus considérable que la poignée.

Brevet d'imprimeur. La Révolution ayant rendu libres toutes les industries, les imprimeurs furent autorisés à s'établir aux mêmes conditions que les autres industriels. Le premier Empire fixa le nombre des imprimeurs dans chaque ville et leur imposa l'achat d'un brevet dont la valeur moyenne était de 30,000 francs. Nul ne pouvait s'établir sans ce brevet, qui conférait seul l'autorisation d'exercer. Le gouvernement du 4 septembre 1870 supprima les brevets d'imprimeurs et rendit la liberté à l'imprimerie; mais les imprimeurs brevetés ne furent jamais indemnisés, ce qui constitua une spoliation qui n'a pas encore été réparée, malgré les multiples réclamations des intéressés.

Briquet (Battre le). Frapper la lettre contre le bord extérieur du composteur au lieu de la placer directement et posément dans celui-ci. Il y a là une perte de temps d'autant plus considérable que cette mauvaise habitude est généralement accompagnée d'un mouvement tremblotant du bras qui porte la lettre au composteur et qui nuit considérablement à la rapidité du travail.

Brisure n. f. L'heure à laquelle on arrête la pige d'un journal. Dans les journaux qui commencent de bonne heure et finissent tard, il y a généralement, vers 7 heures du soir, une brisure d'une heure ou d'une demi-heure, pendant laquelle l'équipe prend son repas. Quand le journal est terminé, le metteur prononce ce mot : *brisez*. Tout le monde est alors libre de s'en aller, sauf pourtant les *malheureux*.

British typographia. Association professionnelle typographique anglaise dont le but est d'encourager l'éducation technique et artistique de ses membres.

Bronzeur, Bronzeuse. Nom donné aux divers appareils mécaniques qui servent à bronzer les impressions. Ouvrier, ouvrière employés au bronzage.

Broyage des encres. Le broyage consiste à mélanger intimement les matières servant à la fabrication des encres d'imprimerie. Ces matières sont, pour les encres noires, le noir de fumée et le vernis, obtenu par la cuisson de l'huile de lin. Pour les encres de couleurs, le vernis et les divers colorants. Le broyage se fait mécaniquement, à l'aide de cylindres jouissant d'une force de compression considérable.

Brunissage n. m. On brunit la tranche d'un livre en la frottant avec un brunissoir jusqu'à ce qu'elle ait atteint le luisant désiré.

C

Cadratin n. m. Chapeau haut de forme, que l'on appelle vulgairement *tuyau de poêle*. On donne aussi le nom de cadratin à un pâté de belles maisons : Je voudrais bien être le propriétaire de ce cadratin.

Cadratins (Jeu des). Les cadratins sont des prismes rectangulaires, dont la grosseur varie selon le corps auquel ils appartiennent. On joue, sur un coin de marbre, avec les cadratins que l'on jette comme on ferait avec des dés. Chaque cadratin est pourvu d'un cran, et, pour gagner, les crans doivent être tournés en-dessus. Lorsque deux cadratins sont à cheval l'un sur l'autre, on dit qu'ils *tapent* et le coup se recommence, on joue trois fois de suite, les crans s'additionnent et celui qui en a le plus est le gagnant. Trois *blèches*, c'est-à-dire trois coups sans amener un seul cran dessus ont la priorité, même sur les dix-huit crans, car on joue avec six cadratins. *Bonhomme* a, de son côté, la priorité sur trois *blèches*.

Cadre n. m. Les filets de plomb ou de cuivre qui entourent une gravure, un tableau de chiffres ou de texte.

Cadrer v. Faire joindre les filets de cadre dans les tableaux qui en comportent. Se dit également des choses qui s'accordent ou concordent entre elles.

Cage n. f. Page blanche, faite avec des lingots assemblés, de telle sorte que le milieu de la page reste vide.

Caisse des rouleurs, de secours, des voyageurs, etc. Comme on le voit, cette caisse porte des noms différents, mais qui tous ont à peu près le même sens. Elle est alimentée par un prélèvement hebdomadaire ou bi-hebdomadaire — selon que la banque a lieu tous les huit ou quinze jours — de 0 fr. 05 ou 0 fr. 10 sur la banque de chacun, et qui sert à secourir les ouvriers dans le besoin à qui l'on n'a pas de travail à donner, quand ils cherchent *mèche*. Dans certaines villes, le patron verse lui-même à cette caisse.

Calance n. f. Situation du *caleur*, c'est-à-dire de l'ouvrier qui manque de copie. L'époque des calances est, pour les typographes, celle des grandes vacances.

Calandrage. (V. Glaçage.)

Calandrer v. Glacer le papier à l'aide du laminoir dit calandre.

Calculs n. m. Syn. d'opérations ou tableaux sans filets. Les calculs se nomment aussi *formules*; ils appartiennent à l'algèbre et à la chimie.

Caler v. Manquer de copie, c'est-à-dire de travail.

Calibrage n. f. Action de se rendre compte de la quantité de lettres qui entrent dans une ligne. On procède à cette opération en composant un ou plusieurs alphabets consécutifs, selon la longueur de la justification. Si, dans la ligne calibrée, on peut faire entrer une apostrophe, celle-ci compte pour une lettre, ainsi que l'interligne quand la composition est interlignée.

Cambrure n. f. Opération qui consiste, dans la reliure, à ramener à l'aide du fer à polir les feuilles de l'ouvrage pour qu'il y ait adhérence aussi parfaite que possible.

Canard n. m. Nom sous lequel on désigne les journaux quotidiens dans l'imprimerie.

Canardier n. m. Compositeur qui s'est fait une spécialité des journaux. Cette expression est l'opposé de labeurier.

Caneton n. m. On comprend sous ce nom les journaux sans importance et les revues périodiques qui ne se tirent qu'à un petit nombre d'exemplaires.

Carton n. m. Partie qui, dans une imposition en plusieurs cahiers, se coupe dans la feuille imprimée pour s'intercaler dans un des cahiers. Les cartons se composent généralement de quatre ou de huit pages ; ils sont indiqués au brocheur par une signature placée au bas de la page qui commence le carton. En réalité, le carton n'est autre chose qu'un encart.

Carton (De). Expression qui signifie incapable, inhabile : compositeur, imprimeur de carton.

Cartonnage à la Bradel. Du nom de l'inventeur. C'est une sorte d'emboîtage qui tient le milieu entre la reliure et le cartonnage.

Cartonnage emboîté. Sorte de reliure économique et légère

Tarif approximatif du cartonnage des livres et des registres

NATURE des CARTONNAGES	FORMATS des PAPIERS	FORMATS des REGISTRES OU VOLUMES		
		In-8°	In-4°	In-f°
		fr. c.	fr. c.	fr. c.
Cartonnage a la Bradel, filets sur le dos, couverture en papier de couleur, fin, lissé ou glacé,	Colombier...	2 25	3 75	8 »
	Jésus......	1 75	3 »	6 »
	Raisin......	1 50	2 50	4 »
	Carré.......	1 25	2 25	3 »
	Écu.........	1 »	2 »	2 75
	Au-dessous..	» 75	1 50	2 »
Cartonnage simple, sans dorure, couverture en papier de couleur fin ordinaire.	Colombier...	1 75	2 50	5 »
	Jésus.......	1 25	2 »	4 »
	Raisin......	1 »	1 75	3 »
	Carré.......	» 80	1 25	2 »
	Écu.........	» 70	1 »	1 50
	Au-dessous..	» 50	» 75	1 »

dont on habille les ouvrages de peu d'importance. Dans ce cartonnage, les ficelles tiennent au dos et aux plats de la couverture, tandis que dans le cartonnage simple ou ordinaire, les feuillets sont seulement maintenus par le dos et les gardes auxquelles ils sont collés.

Cartonnier n. m. Ouvrier qui fait des couvertures en carton.

Casse à tétons. Se dit d'une casse très pleine, dont les lettres rebondissent au-dessus des cassetins.

Casse (Mettre en). C'est placer dans les casses les caractères qui arrivent de la fonderie.

Casser une ligne. Remanier pour faire entrer, par exemple, une queue d'alinéa dans les lignes précédentes, afin d'éviter une ligne boiteuse.

Cassetin au diable. Cassetin situé à droite de la partie inférieure du *haut de casse* de la casse à deux compartiments, dans lequel on jette les lettres étrangères au corps sur lequel on travaille, et que l'on trouve accidentellement en composant. On a essayé de supprimer le cassetin au diable dans un grand nombre de maisons. Nous croyons que l'on a eu tort, car il permettait de retrouver certaines sortes manquantes qui vont aujourd'hui directement à la caisse à fonte.

Cassetin aux apostrophes (Ch... oir dans le). Locution triviale servant à indiquer que celui qui a ch... u dans le cassetin aux apostrophes a trouvé une situation plus lucrative que celle de typographe, qu'il vit de ses rentes à la suite d'un héritage ou le gain d'un gros lot.

Caver un cuir. L'imprimer en creux à l'aide de fers spéciaux.

Cercle de la Librairie. Le cercle de la Librairie, où se réunissent tous les syndicats patronaux se rattachant à l'industrie du livre, est situé boulevard Saint-Germain, 117. Le somptueux hôtel dans lequel se trouvent réunis tous les services a été construit par Charles Garnier et inauguré le 4 octobre 1879. En 1896, le Cercle a été considérablement agrandi par une nouvelle construction édifiée en façade de la rue Grégoire-de-Tours.

Chagriner v. Donner à une peau quelconque, en la travaillant, l'apparence de la peau de chagrin.

Chaînette n. f. Sorte de boucle faite en tête et en queue des volumes avec le fil servant à coudre les cahiers.

Changement (Travail par). Se dit des compositions qui ne sont pas à établir entièrement et dans lesquelles on trouve *du bon*. Lorsque ces sortes de travaux sont faits aux pièces, les prix se débattent de gré à gré entre le prote et le compositeur.

Chantonné adj. Se dit du papier rendu défectueux par des rugosités.

Chaostypie n. f. Nom donné par les Anglais à la plombotypie.

Chapeau n. m. On appelle ainsi les réflexions qui précèdent un article, une lettre, etc., que l'on a extraits d'un journal pour les insérer dans un autre organe.

C'est en quelque sorte la présentation de la partie extraite. Si, au lieu de placer ces réflexions en tête on les place en pied, elles prennent le nom de *queue*.

Chapeau ! Chapeau ! Autrefois il était d'usage, dans les imprimeries, de prendre une voix d'outre-tombe ou de chien hargneux pour crier : *Chapeau ! Chapeau !* lorsqu'un étranger entrait sans se découvrir dans un atelier. Un vieux typo, du nom de Guyon, que nous avons connu chez Best, en 1876, et qui avait alors 84 ans, nous racontait que la première fois qu'il vit Victor Hugo, ce fut chez Pankoucke, en 1826, où le père Guyon travaillait alors. Le futur grand poète était accompagné d'un ami, et tous deux avaient gardé leur coiffure. Tout à coup, le cri *Chapeau ! Chapeau !* retentit. Les deux hommes se regardèrent et comprirent aussitôt ; ils retirèrent de très bonne grâce leurs couvre-chefs, sourirent, et ne gardèrent pas rancune aux typos de cette apostrophe.

Chapeauder v. Dans l'industrie du papier peint, c'est garnir de petites lamelles de feutre formant pinceaux les rouleaux distributeurs.

Chapelain n. m. Celui qui tenait les copies et archives de la chapelle. Sa fonction équivalait également à celle de chef de la confrérie.

Chapelle (Copie de). Les exemplaires que les auteurs ou les éditeurs donnaient aux compositeurs en vertu du droit de chapelle depuis supprimé. Il existe pourtant encore une coutume qui se rattache aux chapelles : elle consiste à donner au conducteur un exemplaire de tous les ouvrages qu'il tire, ainsi qu'au metteur qui a mis l'ouvrage en pages.

Chapelle (Droit de). Il était d'usage, autrefois, de donner à l'équipe qui avait exécuté un ouvrage pour le compte d'un libraire ou d'un particulier, un ou deux exemplaires de cet ouvrage. Le patron, à qui les volumes étaient remis, les transmettait au chapelain, qui était chargé d'en opérer la vente et d'en garder le produit jusqu'aux banquets de la Saint-Jean-Porte-Latine et de la Saint-Michel, dont il servait à payer tout ou partie.

Chaperon. (Voir feuille de passe.)

Chasse n. f. En terme de reliure, c'est la partie de la couverture qui déborde en tête et en queue des livres reliés. En typographie, excédent de composition provenant d'ajoutés ou de remaniements quelconques.

Chasser v. Interligner, espacer aussi largement que possible une composition afin d'augmenter le nombre des lignes ou des pages. On dit qu'une composition chasse quand elle donne un plus grand nombre de lignes que n'en comporte la copie.

Chauffer de l'eau chaude (Faire). Lorsqu'un compositeur reste longtemps au marbre pour exécuter une correction chargée, on dit qu'il fait chauffer de l'eau chaude.

Chef de matériel. Comme

son nom l'indique, le chef de matériel est préposé à la garde des caractères, filets, interlignes, etc. Ces fonctionnaires sont devenus légendaires par suite de la facilité avec laquelle ils répondent, d'une manière qui ne souffre pas de réplique : *il n'y en a pas*, aux malheureux typos qui vont leur demander des *sortes*, mais qui leur en font aussi très souvent.

Chef de rang. Nom donné, à l'imprimerie Nationale, au compositeur qui se trouve placé au fond du rang, du côté des fenêtres. Il dispose de deux places, dont une est favorisée d'un tiroir. Dans l'imprimerie de l'Etat, tous les rangs se composent de trois places, la dernière, celle qui est située du côté des marbres, est occupée par le compagnon, qui est généralement un ouvrier nouvellement embauché.

Cheval n. m. Dans l'argot typographique, nom donné anciennement aux pressiers. Depuis, le cheval s'est changé en ours. (V. ce mot.)

Chevaucher v. Se dit des lettres qui débordent la justification et se promènent sur le flanc des pages. Lettres qui ne tiennent pas dans la forme ou n'y sont pas à la place régulière qu'elles devraient occuper.

Cheveu (Travail à). Travail difficultueux et peu rémunérateur. Cette expression a également le sens de désagrément, d'ennui. On dit : Ah! quel cheveu, comme on dirait *quelle tuile*.

Chèvre n. f. Expression qui est un diminutif de *bœuf*. Avoir *sa chèvre* signifie être mécontent, légèrement en colère.

Chevrotin n. m. Se dit d'un individu pointilleux, qu'un rien mécontente ou indispose. Celui qui comprend mal la plaisanterie.

Chien n. m. Lettre qui se trouve sur le marbre au moment où l'on s'apprête à y placer une forme; lettre qui tombe de celle-ci.

Chien perdu. Nom donné, dans les équipes de journaux, au reporter chargé de recueillir les petites nouvelles. On donne également ce nom aux nouvelles diverses que l'on garde toujours en réserve pour combler les lacunes de la mise en pages.

Chiffres de finance. Nom donné autrefois aux lettres minuscules i, j, v, x, qui servaient à la pagination des préfaces. Cette manière de folioter les préfaces n'a pas entièrement disparu.

Chiquer (Se). Se battre, se donner des coups.

Chopin n. m. Travail avantageux.

Chou pour chou (Aller). Suivre la copie ligne pour ligne et sans rien y changer. On dit aussi : *aller ligne pour ligne*.

Choux (Être dans les). N'avoir plus d'argent, être dans les dettes. Se dit également, dans les journaux, pour indiquer que le canardier n'est pas à *hauteur* de pige, en d'autres termes, qu'il n'a fait que tant de lignes quand il devrait en avoir tant.

Chromotypie n. f. Impression en plusieurs couleurs exécutée sur des planches en relief. Le résultat de cette impression.

Chromotypographie n. f. Impression typographique en plusieurs couleurs.

Chute n. f. En terme de reliure, c'est ce que l'on retranche d'un livre quand il est soumis au rognage. Tout ce que le rogneur enlève à des imprimés, quels qu'ils soient.

Cicéro. Dénomination aujourd'hui démodée du corps *onze* et qui paraît provenir d'un *ouvrage de Cicéron* imprimé avec ce caractère. Aujourd'hui on dit un *douze*, ce corps ayant presque partout remplacé le cicéro comme étalon.

Clichage. Le clichage, ou stéréotypage, consiste à prendre, à l'aide d'un flan préparé, l'empreinte d'une composition typographique, et, après avoir fait sécher cette empreinte, à couler dessus de la matière d'imprimerie afin d'obtenir un bloc en relief sur lequel on puisse tirer à la manière ordinaire. Les premiers essais de stéréotypage semblent remonter à 1735, époque à laquelle Valleyre imprima sur stéréotype le calendrier d'un livre d'heures. Il obtenait ses clichés en enfonçant l'œil de la lettre dans une couche d'argile sur laquelle il coulait du cuivre.

En 1739, Ged, orfèvre à Edimbourg, publia une édition de Salluste, imprimée en *planches solides*, mais son système étant trop imparfait, il abandonna ses tentatives. Enfin, en 1785, un imprimeur de Toul, nommé Carez, inventa également un procédé qu'il délaissa bientôt en raison des difficultés qu'il présentait.

Un an plus tard, Hoffmann, imprimeur à Schlestadt, trouvait le principe du clichage au plâtre, remplacé depuis par le clichage au papier.

Clichage au papier. (V. Lottinoplastie.)

Clichage au plâtre. Ancien procédé de clichage qui donnait un flan en plâtre au lieu du flan actuellement en usage. Ce genre de clichage avait de nombreux inconvénients, parmi lesquels la nécessité d'avoir des blancs hauts (espaces et cadrats), car avec les blancs ordinaires, le plâtre entrait trop profondément dans les creux qu'ils produisent et l'on ne pouvait pas sortir l'empreinte sans l'écailler ou la briser.

Clous (Petits). Nom donné aux caractères d'imprimerie par les typographes. *Lever des petits clous* pour *lever des lettres*.

Coiffe n. f. Rebord qui surmonte le dos des livres reliés et qui se voit en tête et en pied de ceux-ci.

Coliques saturnines, Coliques de plomb. Ces coliques, peu fréquentes chez les typographes, sont produites par l'oxyde de plomb et les poussières de celui-ci. D'une statistique récemment publiée par un médecin allemand, il résulte que la quantité de poussière ou d'oxyde de plomb qu'un compositeur peut absorber journellement est tellement infime, s'il se tient proprement, qu'elle est insuffisante pour occasionner la moindre colique.

Collage n. m. Opération ayant pour objet, dans la fabrication du papier, de mêler à la pâte les ingrédients adhésifs qui permettent l'emploi de toutes sortes d'encres sans crainte de les voir s'étaler comme cela se produit sur les papiers non collés. Les matières le plus généralement employées pour le collage des pâtes à papier sont l'alun, la gélatine, la fécule, la résine, le sel de soude, le sulfate de zinc ou couperose blanche.

Collationnement n. m. Opération qui, pour le relieur ou le brocheur, consiste à s'assurer que les feuilles sont à leur place respective.

Collecte n. f. Quête au chapeau que l'on fait au profit des ouvriers de passage besogneux dans les imprimeries où le service du *viaticum* n'est pas organisé, ou dans lesquelles il n'existe pas de *caisse des rouleurs*.

Colophon n. m. Note finale reproduisant ou complétant les énonciations d'un livre.

Coloriste n. m. Ouvrier qui peint les gravures à l'aide de patrons découpés ou exécute à la main, d'après un modèle donné, des peintures sur papier à contours. Les gravures de modes se font au *coloris*. La chromolithographie et la chromotypographie ont détrôné cette industrie qui ne fait plus que végéter aujourd'hui.

Colorito n. m. Nom d'un traité publié au XVIIᵉ siècle par l'Allemand Le Blond, et dans lequel est décrit un procédé d'impression en trois couleurs. Le Blond opérait sur des planches gravées, alors que l'on opère aujourd'hui sur des clichés obtenus par la photographie. (V. Triplice.)

Comète n. f. Nom donné à une tranchefile préparée d'avance et que l'on coupe au fur et à mesure des besoins, dans la reliure commune.

Comma n. m. Ancien nom du deux points.

Commandite n. f. Association de typographes pour la confection en commun des travaux. Il y a deux sortes de commandites : la *commandite égalitaire* et la *commandite au prorata*. Dans la première, chacun doit fournir une somme égale de travail pour avoir droit au même salaire ; dans la seconde, on touche proportionnellement au nombre de lignes fournies à la commandite. Le calcul, pour l'égalitaire, se fait ainsi : le travail exécuté vaut tant et il a nécessité tant d'heures d'établissement, donc le prix de l'heure est de tant. Rien de plus simple et de plus pratique. Presque tous les journaux quotidiens se font sous le régime de la commandite égalitaire.

Commentaires n. m. pl. Nom des notes lorsqu'elles sont très étendues.

Compagnon n. m. Camarade de rang ; celui avec qui on travaille côte à côte. Le toucheur, dans l'impression à la presse à bras.

Composer v. Placer dans le composteur les lettres dans l'ordre normal qui leur permet de former des mots, des phrases et des lignes.

Composeuse n. f. Nom donné à l'ouvrière qui compose les lettres pour les mettre en paquets au sortir de la machine à fondre ; on dit aussi *compositrice*.

Compositeur n. m. Typographe qui travaille à la casse.

Composition interlinéaire. Nom donné au mode de composition nécessité par une traduction placée en regard du texte original. Ce genre de composition présente de grandes difficultés, en ce qu'il oblige à espacer les mots ou les lettres de l'original ou de la traduction, pour les faire concorder exactement avec leurs équivalents. L'expression *juxtalinéaire* conviendrait mieux à ce genre de composition.

Composition lardée. Celle qui contient beaucoup de caractères étrangers par rapport au texte adopté. L'italique, les petites capitales, la normande, l'égyptienne sont des *lardons*.

Compositrice n. f. Femme qui exerce la profession de typographe en travaillant à la casse. Celle qui, dans une fonderie typographique, compose les caractères et les met en paquets.

Composter v. Pour les conducteurs d'omnibus et de tramway, ainsi que pour les distributeurs de billets de chemin de fer, c'est l'action d'imprimer à sec, à l'aide du composteur mécanique, les correspondances et les billets.

Compteuse n. f. Ouvrière qui, dans une fabrique de papier, réunit les feuilles pour en faire des mains.

Concordance n. f. Tableau établissant les proportions entre le système typographique et le système métrique.

Concours Berthier. Concours typographiques de composition et d'impression organisés en 1883 par M. Berthier. Ils n'ont existé que pendant quelques années seulement et cédèrent la place aux concours Sédard.

Concours de la « Revue des Imprimeries du Sud-Ouest et du Midi ». Concours typographiques de composition et d'impression organisés en 1895 par le journal ci-dessus dénommé.

Concours des « Archives de l'Imprimerie ». Concours typographiques de composition et d'impression organisés à la fin de l'année 1897 par le journal genevois *Les Archives de l'Imprimerie*.

Concours de typographie grecque. Ces concours, institués en 1886, ont lieu à Paris et en province, soit à l'imprimerie Nationale, soit dans une imprimerie spécialement désignée, la maison Lahure, par exemple. Au début, ces concours, qui sont annuels, ne concernaient que les ouvriers, depuis on y a admis, dans une classe distincte, les apprentis.

Concours Sédard. Les concours auxquels M. Eugène Sédard a donné son nom ont été organisés en 1885. Ils ont été longtemps seuls en usage en France et jouissent d'une réputation méritée. Ils sont semestriels, comportent huit prix et huit mentions et traitent de la composition et de l'impression.

Conducteur n. m. Nom donné aux ouvriers imprimeurs qui conduisent une presse mécanique, quelle que soit l'importance et la nature de celle-ci. Ce nom s'applique aussi, dans la fabrication du papier, à l'ouvrier ayant pour fonction de conduire le travail d'une machine marchant à la vapeur. C'est lui qui est chargé d'ouvrir le robinet par lequel doit s'écouler la pâte, ainsi que le robinet d'eau, de façon que la densité du mélange ainsi obtenu corresponde au poids du papier que l'on veut fabriquer.

Conjonction n. f. Nom donné quelquefois aux ligatures, c'est-à-dire à la réunion de plusieurs lettres en un seul groupe, comme cela se voit souvent dans le grec ancien.

Conscience (Homme de). (V. Consciencieux.)

Conscience (La). Dans une imprimerie, la conscience est l'équipe chargée des ouvrages de ville et travaillant à la journée. Cette équipe est commandée par un homme qui prend le nom de chef de conscience. *Être en conscience*, c'est travailler à l'heure, à la journée.

Consciencieux n. m. Ouvrier qui travaille à la journée. On dit aussi *homme de conscience*.

Conservation, Conserve n. f. Composition qui passe et repasse dans certains travaux, à des époques déterminées, et que l'on garde pour n'être pas obligé de la rétablir. On dit aussi *repassage*.

Cope n. f. Copie, dans l'argot typographique.

Copie n. f. Le texte d'un travail de composition. Réimpression ou manuscrit à faire littéralement ou autrement; en un mot, tout ce que le typographe est appelé à composer.

Copies de Chapelle. (V. Chapelle (Copie de.)

Coquille n. f. Substitution d'une lettre à une autre. Les coquilles constituent des fautes qui proviennent, le plus souvent, d'une mauvaise distribution, c'est-à-dire de lettres n'ayant pas été mises dans le cassetin qui leur est afférent. On donne par extension le nom de coquilles à toutes les fautes d'impression qui prêtent à un mot un sens différent de celui qu'il doit avoir.

Coquille n. f. Lorsqu'on a mis au bain l'empreinte en gutta-percha, qui donne en creux la composition moulée, les sels de cuivre viennent se déposer, sous l'action du courant électrique, sur la couche plombaginée, dont ils prennent la forme. C'est cette couche de cuivre, sur laquelle doit se faire l'impression, qui prend le nom de *coquille galvanoplastique*.

Corbillard n. m. Nom donné par les typographes au petit panier d'osier dans lequel on met le vieux vin, lorsqu'on le sert sur des tables que les typos n'ont guère l'habitude de fréquenter. C'est peut-être pour cela qu'ils ont donné ce nom macabre à un appareil qu'ils ne voient qu'en de rares circonstances.

Cordelière n. f. Rang de vignettes légères servant d'encadrement à une composition artistique.

Corps n. m. Dénomination dont le sens est synonyme d'épaisseur. Corps 6, 7, 8, 9, 10, etc., signifie que ces caractères ont 6, 7, 8, 9, 10 points d'épaisseur sur champ.

Corps hétéroclites. Ceux qui ne sont pas systématiques, en d'autres termes ceux qui ne procèdent pas d'un nombre pair. Les corps 13, 15, 17, 21, 25, qui n'existent plus guère, sont dits hétéroclites. Les petits caractères de nombre impair, jusqu'au corps *onze*, ne sont pas dits hétéroclites, étant donné qu'ils sont d'un usage courant.

Corps (Mettre par). Expression dont se sert l'assembleur pour indiquer qu'il réunit toutes les parties ou tous les volumes d'un ouvrage.

Corps systématiques. Ceux qui tombent sur un nombre pair, comme le 6, le 8, le 10, le 12, etc. Opposé d'hétéroclite.

Correcteur n. m. Celui qui lit les épreuves. Le *correcteur en première* lit la composition des typographes telle qu'elle sort des mains de ceux-ci. Le *correcteur en seconde* lit les épreuves en placards ou en pages, c'est-à-dire quand la *typographique* a été expurgée de ses fautes. Le *correcteur en bon* lit après l'auteur. Si le bon à tirer est trop chargé en corrections, on corrige d'abord et l'on refait une épreuve pour le correcteur en bon.

Correction des épreuves. Il y a généralement quatre sortes d'épreuves, savoir : en *première typographique*, en *première d'auteur*, en *bon à tirer*, et en *revision*.

L'*épreuve d'auteur* est celle qui doit être ue soit par l'éditeur, soit par l'auteur pour y faire les changements de texte qu'il n'appartient pas aux correcteurs d'exécuter.

Le *bon à tirer* est encore une épreuve d'auteur ; celui-ci, après lecture, doit *dater, signer* et *indiquer le chiffre du tirage*.

La lecture des épreuves est un travail très ardu, et il n'est pas rare que le correcteur laisse passer les fautes les plus grossières si elles lui ont échappé une première fois : la fatigue cérébrale que provoque la lecture attentive d'un ouvrage ayant pour effet d'habituer à ces fautes l'œil et la pensée elle-même.

OBSERVATIONS GÉNÉRALES

Les degrés de température s'écrivent : 30°, mais ils peuvent se mettre au long quand ils ne se rencontrent qu'accidentellement et ne sont pas suivis de minutes ou de secondes.

Dans les ouvrages scientifiques, les degrés, minutes et secondes de latitude et de longitude s'écrivent : 30° 5' 9", et non 30° 05' 09" ; tandis que les heures, minutes, secondes et tierces s'indiquent par des lettres supérieures : $5^h\ 10^m\ 15^s\ 3^t$.

Dans un travail divisé par *articles*, l'article premier se met au long (*article premier*), et les suivants en abrégé et en chiffres arabes (*art. 2.*)

L'abréviation *etc.* ne se mettra jamais au commencement d'une ligne. Dans une citation en italique, le mot *etc.* doit être du même caractère que celui de la citation, s'il y est rattaché par le sens :

L'esadre se composait de dix vaisseaux, dont *le Duguay-Trouin*, *le Jean-Bart*, *le Dupetit-Thouars*, etc.

De l'italique.

Tous les mots latins, les noms des journaux, de vaisseaux, les œuvres d'art, les titres d'ouvrages se mettent en italique.

L'article *le*, *la*, *les* qui précède ces noms ne se met en italique que s'il fait partie intégrante du titre :

Le vaisseau *le Vengeur*; le journal *le Temps*; le tableau de Neuville : *la Bataille de Champigny*.

Dans tous les autres cas, il se met en romain :

Le *Bisson* est un vieux garde-côtes ; le *Matin* est un journal bien renseigné.

Quand les conjonctions *et*, *ou* font partie d'un titre d'ouvrage, elles doivent être en italique :

Victor ou l'Enfant de la Forêt.

MODÈLE DE CORRECTIONS

des *Règles de la Composition typographique*, par — A sortir.

DÉSIRÉ GREFFIER

(Arnold Muller, éditeur, Paris)

———

L'annonce de l'apparition d'un *Annuaire de l'Imprimerie* a dû causer quelque surprise à plusieurs de nos confrères, et une grande satisfaction chez d'autres. Et pourtant, y avait-il lieu d'être surpris d'une telle publication ? — A commencer

— A ajouter.

Nous croyons que l'absence seule d'un Annuaire dans notre métier a dû provoquer des regrets, et, si la nécessité pour l'industrie du livre de posséder un recueil qui jusqu'alors faisait défaut, l'empressement qu'ont apporté de très nombreux confrères à répondre à l'appel de l'appel de l'auteur, notre camarade Arnold Muller, prouve surabondamment que son *Annuaire* vient remplir une vide qui avait déjà été sentie parmi les travailleurs du livre en France. L'extension rapide des relations industrielles, la complication des phénomènes économiques et le développement énorme de nouveaux procédés techniques dans l'industrie du livre laissent la typographie, aussi bien que les ouvriers des autres métiers, dans un isolement, dans un abandon et, dans une ignorance de détails et de connaissances générales contre lesquels il faut absolument réagir. De grands efforts sont faits dans ce sens : publications professionnelles, écoles, groupements syndicaux sont créés ; il devenait — A retourner

Mots oubliés (bourdon).

Lettres à changer (coquilles)

Mots à supprimer.

Mots à changer

Alinéa à faire

Mauvaise division

A rapprocher

Espacement à rectifier

Lettres à ajouter

Lettres à enlever

dans le cas contraire, elles seront mises en romain :

Quel ouvrage voulez-vous : l'*Histoire de la Révolution* ou *le Consulat et l'Empire* ?

Des capitales ou lettres majuscules.

Lorsqu'un nom commun est mis par antonomase à la place d'un nom propre, et réciproquement, il prend la capitale :

Aristarque mis pour critique ; l'Orateur romain mis pour Cicéron ; l'Apôtre, mis pour saint Paul ; le Chantre de Vaucluse, mis pour Pétrarque.

Prennent toujours la capitale :

1º les allégories personnifiées :

La Mort, la Fortune, la Haine, le Désespoir, l'Amour, la Vengeance.

2º Les noms des constellations :

Le Capricorne, le Taureau, le Bélier, le Lion, le Sagittaire, la Balance, le

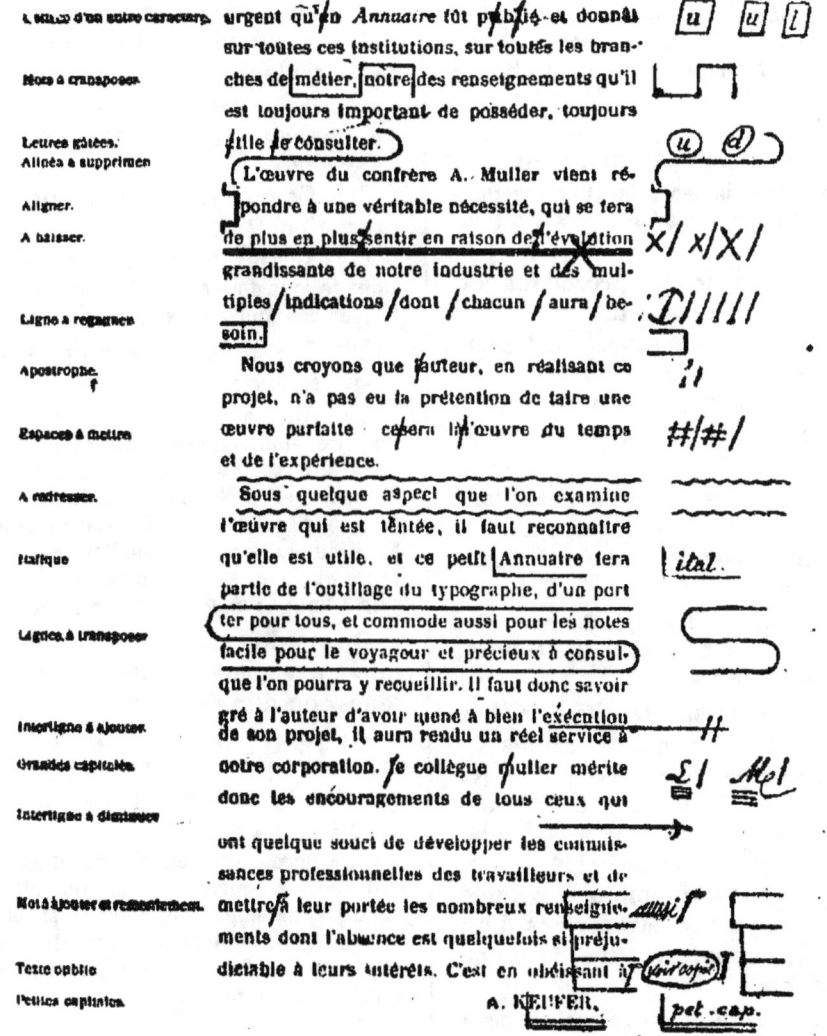

Scorpion, le Verseau, les Poissons, la Vierge, l'Ecrevisse, les Gémeaux.

3° Les noms des planètes, quand elles sont personnifiées.

Le Soleil, Vénus, Mercure, la Terre, Mars, Vesta, Junon, Pallas, Cérès, Jupiter, la Lune, Saturne, Herschel, Uranus.

4° Les noms des ordres militaires, civils ou monastiques :

La décoration de Juillet ou la croix de Juillet, la Légion d'honneur, le Mérite agricole, la croix de Fer, l'Aigle noir, la Toison d'or, la Jarretière, Saint-Grégoire-le-Grand, la croix de Saint-André, l'ordre de Saint-Dominique du Mont-Carmel.

5° Les noms patronymiques :

Les Mérovingiens, les Carlovingiens ou Carolingiens, les Capétiens, les Pharaons.

6° Les adjectifs précédant ou suivant un substantif dans certaines dénominations astronomiques ou géographiques :

La Grande Ourse, la Petite Ourse, l'Arabie Pétrée, les Grandes Antilles, les Hauts Plateaux.

7° Tous les adjectifs précédant ou suivant un nom propre auquel ils sont associés par un trait d'union.

La Grande-Bretagne, la Nouvelle-Zélande, le Bas-Empire, la Basse-Terre, les Petites-Maisons.

8° Tous les substantifs et adjectifs employés comme surnoms :

Pindare, le Prince des poètes lyriques grecs, Guillaume le Conquérant, Pline le Naturaliste, Berthe au Grand-Pied, Diane Taurique, Guise le Balafré.

9° Les adjectifs employés comme noms propres et ceux formés d'un nom d'homme, de ville, de montagne, etc.

Le pont Neuf, le pont Royal, le mont Blanc, le fleuve Rouge, la voie Appienne, le bibliothèque Mazarine, la bibliothèque Nationale, l'imprimerie Nationale, la colonne Trajane, l'Arlésienne, les Français, les Russes, le Lorrain.

10° Les noms marquant de grands événements historiques :

Les Vêpres siciliennes, la Saint-Barthélemy, la Jacquerie, la Révolution, le 10 Août, le conseil des Cinq-Cents, les Cent Jours, la Commune.

11° Les noms de peuples anciens, même lorsqu'ils appartiennent à la mythologie :

Les Dives, les Péris, les Bannians, les Issédons, les Hyperboréens, les Laurentins.

12° Ceux des fêtes religieuses ou nationales :

Les Rameaux, la Toussaint, l'Assomption, le jour de l'An, la fête Nationale, le jour des Morts, des Rois.

13° Les titres honorifiques ou respectueux :

Son Altesse Royale, Impériale, Sa Majesté, Monseigneur, Votre Excellence, Sa Hautesse, Sa Sainteté, Monsieur, Mademoiselle, Monsieur le Président, Monsieur le Directeur, Monsieur l'Abbé, Monsieur le Ministre, que l'on met toujours *au long*, et que l'on n'abrège que s'ils n'ont pas une affectation directe.

On ne doit pas mettre la capitale aux noms d'auteurs, d'éditeurs, ou d'imprimeurs de livres, non plus qu'aux œuvres de grands artistes, quand ces noms sont simplement employés par métonymie :

On a découvert, dans la province de Valence, un murillo qui croupissait là depuis longtemps ; cet elzévir est bien conservé ; ce manuce est superbement relié ; ce rembrandt n'est pas contestable ; cet ouvrage a été tiré sur une marinoni.

Comme on écrit :

Le lebel remplace avantageusement le chassepot; le bolivar est un gibus amplifié.

Ici, une distinction s'impose ; si l'on dit : *le fusil Lebel, les canons Hotkiss sont préférables aux canons Maxim*, on doit mettre la capitale au nom des inventeurs, car c'est comme si l'on disait : *le fusil de Lebel, les canons de Maxim, les machines de Marinoni*.

S'il s'agit d'un nom directement appliqué à un titre d'ouvrage ou d'un nom d'auteur servant à déterminer la nature de ses travaux, il doit prendre la capitale ; toutefois, dans ce dernier cas, il ne se met pas en italique :

Le Télémaque et les Emile que vous m'avez envoyés étaient en mauvais état; il n'en était pas de même des Cuvier et des Buffon, qui ne laissaient rien à désirer.

Dans les documents de jurisprudence, on met toujours la capitale à *Cour* et à *Tribunal*. Elle se met, dans tous les ouvrages, dans les cas suivants :

Cour de cassation, des comptes, conseil d'Etat, Code civil, Consistoire des protestants, des israélites, Conservatoire de musique, Eglise catholique, Confession d'Augsbourg, Sénat, Chambre des députés, les Halles centrales, Préfecture de la Seine, Hôtel de Ville.

Le mot école est particulièrement embarrassant. Doit-on écrire *École des chartes*, *école des Chartes* ou *École des Chartes* ? *École polytechnique*, *école Polytechnique* ou *École Polytechnique* ?

Conformément à la marche adoptée pour *bibliothèque Mazarine* et *Nationale*, nous nous prononçons pour la capitale à l'adjectif ou au substantif qui fait le sujet de l'action, car nous considérons les mots *école* et *bibliothèque* comme impropres à déterminer, par leur vulgarité, le caractère des institutions auxquelles ils s'appliquent. Nous écrirons donc :

L'école des Chartes, des Mines, Polytechnique, des Arts-et-Métiers, des Beaux-Arts, de Rome, Centrale ou des Arts-et-Manufactures, Normale supérieure.

Absolument comme on écrit :

Le collège Rollin, Chaptal, de France, le lycée Saint-Louis, Charlemagne.

Ne dit-on pas : *il sort de Polytechnique, de Centrale, de Chaptal?* sans faire précéder ces mots de leurs déterminatifs : *école* ou *collège?*

Le mot *Faculté*, s'il a le sens de *corps constitué*, prend toujours la capitale, qu'il soit ou non suivi d'un déterminatif :

La Faculté de médecine ; Ces questions ne sont pas du ressort de la Faculté ; l'Académie des sciences, et, pour ne pas confondre avec les diverses classes de l'Institut : l'académie des Jeux-Floraux, l'académie de Montpellier.

On remarquera que, dans ces deux derniers cas, *académie* ne prend pas la capitale.

Autrefois, on mettait la minuscule aux articles *le*, *la*, *les* qui précèdent certains noms propres : *la Bruyère*, *la Fontaine*, ce qui empêchait de distinguer les noms français des noms italiens en *le* et en *la*, et aussi des noms peu estimés que certaines femmes ont légués à l'histoire :

le Corrège, le Titien, le Caravage, la Brinvilliers, la Pompadour.

La même confusion avait lieu avec les actrices ou les danseuses, l'habitude étant de mettre l'article devant un assez grand nombre de ces noms : *la Clairon, la Cambardi, la Dugazon.*

En conséquence, nous écrirons les noms de villes et les noms d'hommes de la manière suivante :

La Rochelle, La Roche-sur-Yon, La Bourdonnais, Le Long, Le Borgne.

Quelques correcteurs ont l'habitude de mettre la capitale à la préposition *de* ou aux articles contractés *du* et *des* quand ils précèdent, comme particules, des noms propres. Logiquement cela devrait être, ne fût-ce que pour enlever toute espèce de doute au sujet de l'écriture des noms :

Si l'on dit, par exemple : *c'est l'avis de de La Peyre, de de Marnay*, on se demande s'il n'y a pas là un doublon. Quoi qu'il en soit, cela choque l'œil, et la capitale à la particule serait préférable, mais l'usage ne l'admet pas et demande la minuscule à toutes les particules en *du, de* ou *des*.

Bas de casse ou minuscules.

S'écrivent avec la minuscule, excepté dans les ouvrages spéciaux et sur la demande de l'auteur :

1° Les noms des mois et des jours, ainsi que ceux des quatre points cardinaux, sauf lorsque ces derniers sont mis en abrégé ou désignent une région géographique ;

2° Les noms servant à désigner les dignités de souverains ou de grands personnages :

Le bey, le dey, le calife, le czar, l'émir, le sultan, le doge, le schah, le kniaz, le mandarin, le suffète, l'éphore.

3° Les noms des fêtes païennes :

Les agranies ou agrianies, les bacchanales, les saturnales.

4° Les noms des diverses divinités de l'air, des eaux, des bois, des montagnes ou du foyer :

Les sylphes, les naïades, les sirènes, les dryades, les sylvains, les lares ou pénates.

5° Les noms des diverses sectes religieuses et ceux de leurs membres :

L'arianisme, les ariens, le luthéranisme, les luthériens ; le calvinisme, les calvinistes.

6° Ceux qui s'appliquent aux prêtres ou aux prêtresses du paganisme ou des religions existantes :

Les chaviris, les flamines, les druides, le pape, les cardinaux, le grand rabbin.

7° A des divisions ou à des jours marquants du calendrier païen, aux jours ou aux mois du calendrier républicain :

Les calendes, les ides ; primidi, duodi, tridi, quartidi, quintidi, sextidi, septidi, octidi, nonidi, décadi ; vendémiaire, brumaire, frimaire, nivôse, pluviôse, ventôse, germinal, floréal, prairial, messidor, thermidor, fructidor.

Il n'en est pas de même si ces noms marquent une date historique. On écrira donc le *10 Août*, le *9 Thermidor*.

8° Les adjectifs servant à déterminer la position géographique d'un département, d'un Etat, par rapport à un autre Etat, et ceux employés comme simples qualificatifs :

La haute Égypte, l'Afrique équatoriale, le haut Nil, la Gaule transalpine, la dynastie carlovingienne, les provinces transcaspiennes.

Orthographe des noms arabes.

Lorsque les mots arabes *beni, ben, bel, bou, ed, el, en, er, ma, les, es, mta, ou, ouled, oum* sont placés, dans les noms de lieux, entre deux autres mots, ils refusent la capitale :

Djebel-beni-Ouersine, Sidi-ben-M'rad, Sidi-bel-Abbès, Bordj-bou-Arréridj, Ouerz-ed-Din, Ras-el-Oued, Abd-en-Nour, Sidi-Abd-er-R'bbou, Falaat-es-Souk, Littré-les-Aribs, Haouch-Khima-mta-Derrouia, El-ma Berd, Kherbet-ouled-Arif, Ahmed-ou-Moussa, Illissen-oum-el-Lil.

Mais si ces mots sont directement placés devant un nom au lieu de se trouver au milieu, ils doivent prendre la capitale :

Bel-Abbès, Ben-N'choud, Beni-Mansour, Bou-Sâada, El-Hâad, Er-Rhamen, Ed-Din, Es-Souk, Les-Aribs.

Les noms arabes d'hommes sont soumis aux mêmes règles, avec cette différence que, pour les distinguer des noms de villes ou de lieux, ils ne prennent pas la division.

Ali ben Ahmed el Haddad, Sidi Mohammed ben Sidi Sefra, Ben Msila Sidi Marouf.

Mais quand les mots désignent une tribu, ils doivent prendre la division :

Les Beni-Hadjila, les Beni-Kdine, les Beni-Salado.

Une observation doit être faite au sujet des mots *oued* (rivière), *bir* (puits), *djebel* (montagne), *chott* ou *sebkha* (lac salé), *aïn* (source), *ksar* (château), *bordj* (habitation), *henchir* (ruines), *gomphi* (borne). Tous ces noms sont communs, et, comme tels, prennent la minuscule lorsqu'ils sont employés seuls ; mais, par dérogation, ils veulent la capitale lorsqu'ils précèdent un nom propre :

L'Oued-Rehan, Bir el-Afou, Djebel el-Abia, Chott el-Hadjila, Aïn-Sultan, Ksar Sebaâ-Rgoud, Bordj bou-Arréridj, Henchir Bir-el-Afou, Gomphi el-Kdine.

On remarquera que ces mots prennent la division après *el* seulement ; mais on peut voir aussi qu'ils la prennent partout quand ce nom est lui-même précédé d'un autre mot de même nature : *Henchir Bir-el-Afou*, parce qu'alors le deuxième mot fait corps avec le nom propre. Il est évident que si ces mots réunis désignent une ville, une station, ils forment des noms composés et prennent partout la division.

Des guillemets.

Dans un passage guillemeté au long, s'il se trouve une citation qui ait également besoin d'être guillemetée, elle doit être en *italique*, avec mise en *romain* des mots en italique qui pourraient s'y rencontrer :

« Je suis heureux de la découverte
« d'une inscription qui jette de la lu-
« mière sur un point déjà traité. *Dans*
« *un mémoire sur les* Collèges familiers,
« *dit M. Dubief, j'ai interprété en ce*
« *sens les génitifs pluriels.* »

Reste le cas où la *citation* de *citation* commencerait par un ou plusieurs des mots d'italique que l'on doit mettre en romain ; dans ces conditions, on aura recours au *moins* qui fermera ladite citation :

« *Dans un mémoire sur les* Collèges familiers, *dit* M. Dubief *dans une de ses lettres, j'ai interprété en ce sens les génitifs pluriels.* — « C'est un appui précieux... »

Lorsque dans une phrase, pour mieux faire ressortir certains mots, on emploie des guillemets, la ponctuation appartient à la *question posée*, à la *proposition*, et non aux mots guillemetés ; c'est donc après le guillemet qu'elle doit être placée :

Dans *Iphigénie*, Racine ne fait-il pas dire à Doris : « Que pourrait contre elle une impuissante haine » ?

Il en est de même quand la citation ne forme pas un sens complet et que la ponctuation appartient à la phrase et non au passage cité :

C'est Abner qui, dans *Athalie*, prononce ces paroles devenues classiques : « Oui je viens dans son temple adorer l'Eternel », et auxquelles Joad répond...

Quand le guillemet boucle une phrase complète, la ponctuation se met immédiatement après le dernier mot, le guillemet vient ensuite :

« Il faut donc croire que la Chine n'a pas toujours été l'empire de la barbarie et de l'ignorance. »

Dans les citations qui ne sont pas guillemetées au long, les *alinéas* seuls ont le guillemet, qui se ferme après la ponctuation quand la citation est terminée ; celle-ci doit alors commencer par un *alinéa* et se terminer de même.

Si une composition guillemetée au long revêt la forme d'un dialogue et se trouve *lardée* de *moins* ou *tirets*, on ne met pas de guillemets aux interlocuteurs, excepté au commencement et à la fin du dialogue. Dans ce cas, le premier guillemet se place avant le moins et le dernier après la ponctuation :

« — Arrête, dit-elle, et ne m'approche pas. — Agamemnon m'envoie et je dois obéir. — Va dire au roi ton maître... »

Quand un dialogue est intercalé dans un dialogue, les guillemets se placent *après* et *avant* chaque citation, et le moins se met au milieu :

— « Il manque à ce ragoût un assaisonnement. » — D'où vient que vous avez négligé de l'y mettre ? » — Il y manque, seigneur, les bains de l'Europas. »

Dans un passage guillemeté, l'indication de la source se met entre parenthèses, après le guillemet, lequel appartient à la citation :

« Le tombeau de Byrsa ne devait pas être, à l'origine, entièrement caché sous le sol. » (A.-L. Delattre, *Antiquités africaines*, t. III, p. 246.)

De la parenthèse.

Quand la première ou la dernière partie d'une intercalation entre parenthèses est en *italique* et le reste en *romain*, les parenthèses doivent être prises dans ce dernier caractère ; par contre, si les mots sont en *italique*, elles obéiront à cette exigence.

Il n'en est pas de même si l'intercalation ou l'indication est placée après une phrase complète, parce qu'alors *deux* signes de *ponctuation* sont nécessaires, un à la fin de la phrase et l'autre après l'indication, avant la dernière parenthèse :

D'après les renseignements fournis, la mosaïque avait 3ᵐ56 de long. (Voir la Revue archéologique, t. XXII, chap. IX, pl. II. p. 41.)

Des moins ou tirets.

Nulle ponctuation ne doit précéder ou suivre des *moins* faisant fonction de parenthèses ou de virgules. Il n'en est pas de même si la réflexion qui les nécessite n'est pas placée entre deux moins et constitue à elle seule une phrase entière :

L'auge funéraire renfermait un squelette — cette découverte est importante — dont le crâne semblait avoir assez de consistance pour être recueilli et conservé. — Simple trompe-l'œil, car il s'émietta entre mes doigts...

Dans les dialogues, les moins se mettent au commencement des *interlocuteurs* ; mais si ces dialogues, au lieu d'être en alinéas détachés n'en forment qu'un seul, on devra *aller à la ligne* chaque fois que le dialogue sera interrompu pour laisser place aux observations de l'auteur.

Des chiffres arabes.

On ne met les nombres en *chiffres* que quand ils présentent la *forme d'une statistique*, c'est-à-dire lorsqu'il s'en trouve une certaine quantité à la suite les uns des autres ; mais il est des exceptions qui s'appliquent à une catégorie toute spéciale de nombres que nous devons signaler. Se mettent toujours en chiffres arabes les *distances*, la *population*, les *dates*, les *poids*, les *mesures*, les *heures*,

les *dyes*, les *numéros des régiments*, les *sommes*, les *degrés astronomiques* ou de *température*, les *numéros des catalogues*, des *rues*, les *pages d'un livre*, les *millésimes*, les *quantièmes*, et d'autres encore qu'indique le simple bon sens :

Paris compte aujourd'hui 2,569,023 habitants. — Je dois 125 fr. 75. — Ce marbre a 3ᵐ80 de long. Je fis la campagne avec le 42ᵉ de marche. — 50 kilogr. — 20 déc. — Il est 3 h. 1/2 (et non 3 heures et demie). — 2 kil. 6 hect. — Cet enfant n'a que 12 ans

Quand une somme est ronde, le mot *franc* se met au long (125 francs), mais si elle est suivie de centimes, il s'abrège. Même observation pour les mètres, les kilogrammes, les kilomètres, etc.

Dans les exemples cités, nous avons mis en *bas de casse* les abréviations, mais on est libre de les mettre toutes en *lettres supérieures* ; alors le mot *franc* ne prend pas l'*r*, mais l'*f* seulement, et toujours sans le point abréviatif. On peut de même abréger les *mètres*, les *kilomètres* et les *kilogrammes*.

L'*effectif d'une armée*, les *années* et autres dénombrements disséminés dans le cours d'un ouvrage se mettent en toutes lettres ; on peut même y mettre les *siècles* si une marche établie ne les exige pas en petites capitales :

L'armée du traître Bazaine comptait cent quarante mille hommes. — Il prit sa retraite après vingt-cinq années d'exercice.

Dans les *états* et les *polices* de

compagnies d'assurances, les *procès-verbaux*, les *actes notariés* et tout ce qui touche à la procédure, les *sommes*, les *dates*, les *âges* se mettent généralement en toutes lettres, afin d'éviter les grattages et aussi, dans le premier cas cité par exemple, *pour que cela passe plus facilement inaperçu*. Il arrive aussi que, dans certaines pièces, la somme se trouve reproduite en chiffres placés entre parenthèses ; dans cette circonstance, le mot *francs* doit se mettre en abrégé :

Je lègue à ma vieille servante une somme de dix mille cinq cents francs (10,500 fr.)

Les *dates* s'écrivent *sans virgules*, ainsi que les *articles du code* et les *pages d'un livre* ; mais dans tous les autres nombres, sauf dans les opérations avec chiffres décimaux, on met une virgule entre les millions, les mille et les unités, et non un *point*, comme plusieurs le font.

Du trait d'union.

Tous les mots qui servent à désigner un département, une ville, une rue, prennent la division ; il en faut donc à *Basses-Pyrénées*, rue de l'*Arbre-Sec*, de l'*Hôtel-de-Ville*. Lorsqu'il est question de ce monument et non de la *rue* ou de la *place*, il ne faut pas de trait d'union.

On le met également à tous les mots français commençant par la préposition latine *ultra* : *ultra-royaliste*, excepté à *ultramontain*, qui s'écrit en un seul mot.

Quasi prend aussi le trait d'union lorsqu'il est suivi d'un substantif : *quasi-délit*, *quasi-contrat*, ainsi que la particule négative *non*, quand elle est suivie d'un verbe ou d'un substantif : *non-recevoir*, *non-valeur*.

Quand l'adjectif *même* sera lié à un pronom personnel, on emploiera le trait d'union : *eux-mêmes*, *lui-même*. Semblable obligation pour joindre les prénoms d'un même nom : *Jean-Jacques Rousseau*.

Le trait d'union s'adapte aussi aux prénoms lorsque, par décision ministérielle, certaines familles sont autorisées à joindre à leur nom patronymique un prénom illustré par un de leurs membres : *Alfred Firmin-Didot*. On joint de même ceux du mari et de la femme quand le premier adopte cette forme de signature.

Corrigeur n. m. Le corrigeur est le typographe chargé d'exécuter sur le plomb, en forme, en placard ou en paquets, les corrections indiquées sur les épreuves soumises aux auteurs ou aux correcteurs en seconde.

Cote n. f. Dans un journal, on appelle cotes les copies que chacun doit prendre. Pour n'occasionner aucun retard dans la mise en pages, le metteur coupe la copie aux alinéas, en fractions de 15 à 20 lignes chacune. Ces fractions ou cotes sont numérotées d'après le titre de l'article. Par exemple, la chronique est cotée 1, 2, 3, 4 *ch.*; les nouvelles 1, 2, 3, 4 *n*, et ainsi de suite pour le reste de la copie. Les cotes sont mises sous un poids et doivent être prises en suivant, sans les choisir.

Côté de deux ou **de seconde.** La seconde forme, renfermant la page *deux*, dans une imposition composée de deux formes.

Côté de première. La première forme, autrement dit celle qui renferme la page *une* dans une imposition composée de deux formes.

Couchage n. m. On appelle ainsi le plomb ou l'interligne que l'on couche le long d'une justification que l'on a réduite pour économiser du matériel. Supposons une colonne de tableau sur quatre douzes et qui ne comporterait que deux chiffres à la ligne ; inutile de composer sur quatre douzes puisqu'il faudrait mettre des cadrats à droite et à gauche des chiffres. On composera sur *douze*, par exemple, et l'on couchera de chaque côté la différence, soit un douze et demi à droite et à gauche de la colonne, sur toute la hauteur de celle-ci.

Coucher de fond. C'est, dans l'industrie du papier peint, étendre une couleur sur un papier de tenture avant de l'imprimer.

Coucheur n. m. Ouvrier papetier chargé de coucher ou d'étendre sur un flôtre la feuille de papier que l'ouvreur vient de fabriquer.

Coucheur d'or. Celui qui est chargé, dans les grands ateliers de reliure, de coucher les feuilles d'or sur le dos, le plat ou la tranche des livres et que le doreur a pour fonction de fixer.

Coulé adj. On dit que la pâte est coulée quand elle forme dans le papier des masses plus ou moins compactes provenant d'une mauvaise distribution de matière.

Couleur (Être en). On est en couleur quand le conducteur a obtenu la teinte définitive dans laquelle l'ouvrage doit être tiré. Cette teinte s'obtient par la mise en train et surtout le réglage de l'encrier.

Coulisses n. f. Ondulations résultant de la dilatation de la coquille du galvano qui, formant une ou plusieurs cavités, laisse pénétrer le métal de doublage sur l'œil du cliché. Cette dilatation, qui se remarque surtout dans les parties faibles du galvano, est produite par la différence de température existant entre la coquille et le métal en fusion.

Coup de feu. Commencement de barbe. Il est toutefois d'heureux hommes qui sont toujours en coup de feu et n'ont jamais connu la barbe ; ceux-là sont des privilégiés qui savourent le *bonheur de boire ;* ils sont généralement d'un caractère plaisant et enjoué.

Coup de main. Être embauché pour un coup de main, c'est être occupé à titre temporaire

Couper v. Croire une baliverne, un mensonge : couper dans un montage, couper dans le pont. Cette expression est aujourd'hui commune à un grand nombre de corps d'états.

Coupure n. f. On appelle ainsi l'endroit où se séparent un titre, une formule chimique ou algébrique. Dans un titre, la coupure ne doit jamais se terminer par un article ou une préposition :

histoire des... hypogées, mais elle peut commencer une ligne : *histoire... des hypogées ; une chasse... dans.. la forêt Noire.* Les formules chimiques et mathématiques se coupent de manière à ce que les signes des termes —, =, ×, etc., se trouvent au commencement de la ligne suivante.

Court (Être). (V. Long (Être.)

Cousage n. m. Opération consistant à coudre le dos des volumes destinés à la reliure. Parmi les diverses manières de coudre, les principales sont : à point devant, à point arrière, à un ou plusieurs cahiers.

Couvrure n. f. La couvrure consiste à recouvrir de peau le dos et les plats d'un livre en enduisant ceux-ci de colle de pâte. C'est une opération délicate qui demande, pour que la peau soit bien tendue, beaucoup de soins et d'habileté de la part de l'ouvrier.

Crachoir (Tenir le). Parler d'abondance et plus souvent qu'il ne convient : C'est toujours lui qui tient le crachoir.

Cran n. m. Petite entaille que porte chaque lettre et qui indique le sens dans lequel elle doit être placée. Autrefois, avec les moules à mains, le cran se faisait après la fonte, à l'aide d'un rabot ; aujourd'hui, grâce à la *machine à tout faire*, il se fait en même temps que la lettre elle-même. Le cran se trouve sous le champ de la lettre ; mais il arrive quelquefois que celle-ci a plusieurs crans et en comporte même dessus, pour aider à distinguer entre eux des caractères de même force mais d'œil différent : dans ce cas, ces crans supplémentaires se font au rabot.

Cran (Avoir son). Synonyme d'avoir son bœuf ou sa chèvre.

Cran dessus (Composer). Composer à l'envers, faire de mauvais travail, rempli de coquilles.

Crénure n. f. On appelle ainsi les mortaises qui se voient dans les barres des châssis ; elles ont pour objet de permettre aux pointures fixées dans ou sur le cylindre de s'y loger sans risquer de s'écraser sur la barre du châssis. En fonderie, on appelle crénure ou crénage l'action de former à la lime ou au rabot la boucle supérieure des lettres dites crenées, *f* et *ff*. Cette boucle elle-même.

Crevance n. f. Action de crever, état de celui qui a été crevé.

Crever v. Renvoyer, débaucher un ouvrier. *Crever à balle*, débaucher sans retour. La crevance à balle vous ferme pour toujours ou tout au moins pour très longtemps l'entrée de l'atelier d'où l'on a été renvoyé.

Cristallotypie n. f. Procédé d'impression qui donne à la production l'apparence du givre. On opère de plusieurs manières, mais principalement avec des sels chimiques ; les imprimés ainsi obtenus s'appliquent surtout à la fabrication de papiers dont on fait des boîtes ou autres objets de même nature.

Cuisine (La). La cuisine consiste, pour le secrétaire de la rédaction ou *cuisinier* d'un journal, à préparer pour le metteur l'ordre dans lequel doit se faire la mise en pages.

Culbuter v. L'imprimeur culbute sa feuille lorsqu'il met en retiration sur une même forme.

Cursif n. m. Nom donné par les Italiens aux caractères italiques.

D

Danser v. On dit qu'une composition danse quand elle manque d'aplomb et que les lettres ou les lignes ne s'alignent pas. Une lettre danse quand elle joue dans la ligne où elle est intercalée : ce qui se produit toujours lorsqu'on met, sans les parangonner, une ou plusieurs lettres d'un corps inférieur dans un mot de corps supérieur.

Dates n. f. Dans les livres anciens, les dates sont indiquées de telle sorte qu'elles constituent souvent de véritables rébus. Nous donnons celles qui nous sont connues.

VIIII ou IX	9
XXXX ou XL	40
XXC ou LXXX	80
XC ou LXXXX	90
CCCC ou CD	400
D ou IƆ	500
DC	600
DCCCC ou CM	900
MccccIxjij	1463
MccccLxxz	1472
Mcccc7z	1472
Mcccc. II et LXX	1472
Mccccxxc	1480
MCCCCmjXXVIII	1488
Miiiic iiii x Vlij	1488
MCD XCV	1495
M.VD	1495
MiiijD	1496
MjjjD	1497
MIII.D	1497
MCCCCXCviii	1498
MID	1499
McDXcIX	1499
MccccID	1499
MCCCCXVCViiij	1499
MCDXCIX	1499
MD	1500
M cccc iCi	1500
MCDCII	1502
M.DXLIX	1549
MIƆL ou MDI	1550
M.D.LIV	1554
⳽DLXVI	1566
⳽DLXX	1570
&C.LXX	1570
CIƆ IƆL xxvi	1576
cIɔIɔLXXX	1580
CIƆ IƆ XXC	1580
CIƆ IƆ XXCI	1581
⳽DXXCII	1582
MCCCCCLXXXIII	1583
cIɔ Iɔ xxcvI	1586
⳽D XXIIX	1588
ƆIC IƆ XXCIIX	1588
MDCX	1590
CIƆ IƆCC	1700
CIƆIƆCCL.CIƆDCCL.	1750
CIƆ IƆCCC	1800
M D CCC	1800
cIɔ.Iɔccc	1800

Débaucher v. Renvoyer quelqu'un d'un atelier.

Débinance n. f. Action de dire du mal de quelqu'un.

Débrochage n. m. Lorsqu'on donne un livre à relier, le relieur commence par le débrocher et le recollationner.

Décartonner (Se). Devenir poitrinaire, s'affaiblir, *filer un' mauvais coton*.

Décembre (Père). Il y a quelques années seulement, avant que l'imprimerie ne fût dans le marasme qui l'afflige aujourd'hui, il y avait une catégorie de *trimardeurs* qui ne travaillaient pour ainsi dire que l'hiver. Ils roulaient tout l'été, vivant de collectes, de coups de main, ne songeant à se mettre à l'abri que lorsqu'ils voyaient apparaître la neige. Ces indépendants, qui étaient presque toujours de fort braves gens, connaissaient les habitudes de certaines maisons et s'y présentaient avec la quasi-certitude d'être embauchés. Il y avait Décembre Ier, Décembre II, Décembre III ; ils égayaient les ateliers par leurs *sortes* ou leurs manies et prenaient régulièrement la barbe le samedi soir, le dimanche et le lundi.

Décharge. (V. Feuille de décharge).

Décharger v. Retirer l'encre d'un rouleau en le promenant sur une maculature.

Déclaration de journal. Celle que doit faire au parquet du tribunal de la ville qu'il habite le gérant d'un journal que l'on veut créer.

Décognoir n. m. On appelle ainsi, dans les imprimeries, les nez proéminents, du nom de l'outil en buis utilisé pour le desserrage des formes.

Décoller v. Détacher le texte d'un filet, d'une accolade, etc., en couchant le long de ceux-ci une interligne ou un lingot.

Décoller (Se). Se dit de deux ou plusieurs typos qui, après s'être réciproquement posé un *ours* de grande taille, finissent par regagner leurs places ; on dit d'eux qu'ils ont fini par se décoller.

Découpages n. m. Travail consistant à découper dans une feuille de mise en train les parties d'une gravure qui viennent trop noires et à coller des épaisseurs sur celles qui viennent grises, de façon à donner au dessin les teintes qui lui conviennent. Cette opération est très délicate et demande chez le conducteur qui l'exécute une entente complète des nuances, une grande sûreté d'œil et de main.

Découpages sur bois. M. Beaumont, de Mantes, est le créateur d'une méthode typographique qui consiste à découper dans une planche de bois bien unie et mise de hauteur de lettre, des figurines, des dessins, des lettres et tous autres objets, dont on peut agrémenter certaines compositions. Ce procédé est très pratique, peu coûteux, original et donne d'excellents résultats.

Défets n. m. Se dit des feuilles incomplètes qui restent après l'assemblage. Supposons qu'un ouvrage tire à 1,000 exemplaires et fasse 15 feuilles, il n'y aura pas de défets si chaque feuille comporte les 1,000 exemplaires, mais si l'une d'elles n'a que 998 feuilles de papier, il s'ensuit que toutes les autres perdront chacune 2 exemplaires, soit, en tout, 28 feuilles de papier, qui prendront le nom de défets.

Défilage n. m. Dans la fabrication du papier, déchiquetage des chiffons à l'aide de cylindres pourvus de lames d'acier.

Défouettage n. m. Dans la reliure, enlèvement du fouettage.

Dégarnir v. Enlever le châssis et les garnitures d'une forme. — Déshabiller une machine.

Déléatur n. m. Signe de correction qui signifie supprimer, effacer. (V. Correction (Modèle de.)

Délissage n. m. Terme employé dans la fabrication du pa-

Tarif approximatif des demi-reliures (V. page 56).

NATURE de DEMI-RELIURES	IN-8°			IN-4°		
	Jésus	Raisin	Carré	Jésus	Raisin	Carré
	fr. c.	fr. c.	fr. c.	fr. c.	fr. c.	fr. c.
Dos et coins en maroquin, à nerfs, papier maroquiné ou papier satiné sur les plats, dos doré en plein, filets sur les plats, tranche de couleur............	5 50	4 »	3 50	8 »	6 30	5 25
Dos et coins en veau, papier marbré ou satiné sur les plats, tranche de couleur, dorure à l'anglaise............	3 80	2 75	2 »	5 25	4 15	5 30
Dos en basane, papier de couleur sur les plats, tranche de couleur, dorure ordinaire............	3 »	1 75	1 25	*4 25	3 70	2 50
Dos toile chagrin, plats en papier, tranche jaspée............	1 25	1 »	» 90	2 25	2 »	1 75
Idem dos basane............	1 50	1 25	1 »	3 25	2 75	2 25
Idem dos maroquin............	2 25	1 75	1 50	4 »	3 50	3 »

Dos toile chagrin, plats en papier, tranche jaspée, in-12, 0 fr. 75; in-18, 0 fr. 60; in-32, 0 fr. 50.

Dos basane, plats en papier, tranche jaspée, in-12, 0 fr. 85; in-18, 0 fr. 70; in-32, 0 fr. 75.

Dos maroquin, plats en papier, tranche jaspée, in-12, 1 fr. 15; in-18, 0 fr. 90; in-32, 0 fr. 75.

Pour les plats en toile des formats in-12, in-18 et in-32, 0 fr. 25; in-8°, 0 fr. 50; in-4°, 1 fr. en plus sur les prix des demi-maroquin.

Pour les dos en demi-veau des in-12, in-18 et in-32, 0 fr. 25; in-8°, 0 fr. 50; in-4°, 1 fr. en plus sur le prix des demi-maroquin.

Pour la tranche dorée ou la tranche peigne des in-12, in-18 et in-32, 0 fr. 50; in-8°, 0 fr. 75; in-4°, 1 fr. en plus des prix ci-dessus.

La reliure en toile pour les volumes des collections formats Dentu, Michel Lévy, Charpentier, etc., est payée de 0 fr. 60 à 0 fr. 75.

pier, et qui signifie : amener les chiffons à une dimension déterminée.

Demi-Reliure n. f. Celle dont le dos seul est en peau. (V. le tarif page précédente.)

Dentelle n. f. Nom que l'on donnait autrefois aux découpures exagérées que faisaient, pour leur mise en train, les imprimeurs à la presse à bras, et dont la plupart, ne repérant pas ou repérant mal, étaient plutôt nuisibles qu'utiles. Cette expression a subsisté et s'applique aux découpures des conducteurs, qui procèdent trop souvent à la manière des anciens imprimeurs. Ornement fin, frappé sur la couverture des livres et imitant la dentelle.

Dépôt. En vertu de la loi sur la presse du 29 juillet 1881, sous peine d'une amende de 16 à 300 fr., l'imprimeur doit faire, au profit des collections nationales, un dépôt de deux exemplaires de tout imprimé qui n'est pas considéré comme bibelot ou travail de ville. En conséquence, il ne peut imprimer aucune brochure ou volume sans se conformer à la loi. Le dépôt est fait, à Paris, au ministère de l'intérieur ; à la préfecture pour les départements ; à la sous-préfecture de l'arrondissement dans lequel l'ouvrage a été imprimé.

Dérompage n. m. Triage et préparation des chiffons.

Désimposition n. f. Action de désimposer, c'est-à-dire de sortir les pages du châssis, soit pour les corriger quand les corrections sont trop nombreuses, soit pour les réimposer si l'imposition a été mal faite, soit enfin pour les distribuer ou les mettre en réserve.

Désinterligner v. Enlever les interlignes dans une composition.

Désosser v. Enlever, dans une forme tirée, tout ce qui est étranger au caractère que l'on veut mettre en distribution ou en paquets, soit les cadrats, interlignes, filets, italique, petites capitales, normandes, etc.

Dessaler (Se). S'acquitter envers le metteur en pages des lignes comptées d'avance pour compléter la banque qui, sans le *salé* aurait risqué d'être *blèche*.

Détendage n. m. Dans la papeterie et l'imprimerie, opération qui consiste à descendre, à l'aide de l'étendoir ou ferlet, les feuilles mises au séchage. On dit aussi *relevage*.

Dévidage n. m. Dans la fabrication du papier à la mécanique, opération consistant à dérouler la bobine de papier pour faire subir à celui-ci le revoyage, l'épluchage et la mise en format.

Devis n. m. Chaque imprimerie a sa façon particulière d'établir les devis, il est pourtant entre les diverses méthodes des points de contact qui ne diffèrent que par les prix d'établissement, car plus les moyens de production sont grands et plus il est facile à la maison qui en dispose d'atténuer l'importance de ses prix de revient. Contrairement à ce que l'on croit généralement, l'élévation des frais généraux d'une maison n'a rien à voir, dans certains cas, avec le bon marché des prix qu'elle peut consentir aux clients.

Supposons, par exemple, la mise en adjudication d'un travail considérable, c'est, dans la plupart des cas, l'imprimerie qui disposera du plus grand nombre de *machines inactives* qui, invariablement, offrira les prix les plus bas, attendu que, si elle a 20 machines inactives sur 40 qu'elle peut posséder, ses frais généraux portent sur les 40 machines, absolument comme si elles étaient toutes en marche. Or, si elle ne réalise aucun bénéfice sur l'adjudication qu'elle convoite, elle n'en diminue pas moins ses frais généraux de la part afférente aux machines qu'elle s'apprête à mettre en mouvement. En d'autres termes, si chaque machine au repos lui fait perdre 20 francs, en les faisant marcher, elle perd 20 francs de moins par machine, soit 200 francs par jour si elle en met 10 en activité.

Sans doute, ce n'est point un signe de prospérité, mais comme il est toujours plusieurs maisons qui se trouvent dans le cas précité parmi celles qui participent aux adjudications, il n'y a pas lieu de s'étonner des énormes rabais qui, de temps à autre, signalent la plupart de ces dernières.

Les maisons de moyenne importance, et plus particulièrement les petites maisons qui ont le souci de leur avenir, n'ont donc point à tenir compte de ces phénomènes économiques ; elles devront toujours se baser sur leurs seuls moyens de production.

A cet effet, elles auront à leur disposition des fiches tout établies d'après la méthode suivante :

Devis n° 101

Nombre de lettres à la ligne	52
Nombre de lignes à la page	37
Surcharges par pages. .	20
Prix de la page in-8°, à 0 fr. 65 le mille . . .	1 f. 25
Surcharges, 20 à 1/2 cent. l'une	» 10
TOTAL. . .	1 f. 35
Prix de la feuille . . .	27 f. 60
Mise en pages	1 75
Epreuves	» 50
Frais d'envoi	» 10
Total du prix de la feuille.	23 f. 95
20 feuilles à 23 fr. 95. .	479 f. »
Etoffes, 33 °/°	158 »
Tirage à 2,000 ex. = 80 rames à 10 fr.	800 »
Papier, 80 rames à 8 fr.	640 »
Passe à 5 °/° sur 40,000 ex. = 4 rames	32 »
TOTAL. . .	2,109 f. »

Cette fiche sera placée, à son ordre, dans le carton des travaux en cours, et son contenu reporté sur un registre *ad hoc*. Ce registre devra mentionner : la date de la commande, le format du papier, son poids et sa qualité, la nature de l'ouvrage, le chiffre du tirage, le nom et l'adresse du client.

Si la maison se charge du brochage ou de la reliure, une fiche spéciale sera annexée à la première. Elle comportera le prix du pliage, du brochage, du façonnage, emballage compris, et du port s'il n'est pas convenu qu'il est à la charge de l'imprimeur.

Si le papier doit être glacé et ensuite satiné, le prix par *mille* devra être ajouté au total de la *première fiche*, si le brochage n'incombe pas à l'imprimeur; on l'annexera à la *seconde fiche* si au contraire le brochage lui incombe.

Enfin une troisième fiche mentionnera les frais de gravure, de clichage, de galvanos, etc., si l'ouvrage en comporte.

Pour éviter des recherches, des erreurs, et faciliter le contrôle, le registre de réception des commandes devra être établi de telle sorte que la nomenclature complète et *imprimée* de toutes les opérations tienne sur une seule page.

La série des indications que nous venons de donner constitue un *minimum* de précautions commerciales et non un maximum, attendu que l'on n'en saurait trop prendre.

L'imprimeur doit prélever un bénéfice sur le papier ; ce bénéfice varie d'après la qualité du produit et peut osciller entre 2 et 5 %. Pour l'impression, les étoffes sont comprises dans le prix du tirage *à tant la rame*. Ce prix augmente naturellement selon la nature des travaux. Plus il y a de gravures nécessitant une mise en train soignée, et plus ce prix est élevé. Dans tous les cas, il diminue en raison de l'importance du tirage, et, si l'on prend 10 fr. la rame pour 1,000 ou 2,000 exemplaires, on peut descendre à 8, 7, 6 et même 5 fr. si l'on tire à 25 ou 30,000. C'est du reste à l'imprimeur à se rendre compte du temps que devra lui prendre l'impression par rapport au prix qu'il doit établir en se basant sur les frais généraux afférents à chaque machine.

Pour les tirages en couleurs, en raison des pertes de papier qu'ils peuvent occasionner, des difficultés qu'ils présentent, des recherches qu'ils nécessitent et des aléas de toute nature dont ils menacent l'imprimeur, les prix sont sensiblement plus élevés que ceux des tirages en noir. Afin d'éviter tout mécompte, ils devront être basés, autant que possible, sur l'expérience, sur les précédents s'il y en a, et mûrement étudiés avant d'être définitivement établis.

Diacritique n. m. Signe de ponctuation spécial à la langue hébraïque.

Distribuer v. Remettre les lettres dans le cassetin qui leur est propre. A cet effet, on prend une poignée de distribution que l'on tient dans la main gauche, pendant que la droite s'empare des mots et remet chaque lettre à sa place avec une rapidité surprenante. Pour gagner sa vie, un compositeur aux pièces doit distribuer 10 à 12,000 lettres par jour et en lever un nombre égal. — Étendre l'encre sur la table au noir à l'aide du rouleau.

Distribuer à sec. Ne pas mouiller sa distribution pour la remettre dans la casse.

Distribution n. f. Action de distribuer. Composition provenant d'un tirage et destinée à être remise en casse.

Diviser v. Couper un mot en deux à l'aide d'une division ou trait d'union. Séparer, à l'aide de l'outil appelé diviseur, deux clichés coulés en même temps.

Division n. f. Nom du trait

d'union en typographie. Action de diviser un mot ; la coupure du mot elle-même.

Dix-Huit (Les). L'équipe du *Journal officiel* est partagée en deux fractions : les *dix-huit*, qui sont les propriétaires — en vertu d'un contrat particulier passé entre eux et le Gouvernement — du matériel avec lequel le journal s'imprime sous le régime de la mise en régie. Cette fraction de l'équipe travaille toute l'année. La seconde fraction est dénommée *les quarante;* elle travaille en commandite, comme la précédente, mais pendant les sessions législatives seulement.

Dominator n. m. Ouvrier dont la fonction consiste à marbrer le papier.

Dominotiers n. m. Le premier nom donné aux graveurs sur bois.

Dorer sur tranche. Couvrir, avec de l'or en feuille ou en poudre, la tranche des livres. Les livres communs sont *dorés* avec du bronze en poudre.

Doreur sur cuir. Celui qui dore les plats et le dos des volumes.

Dorure n. f. Application sur le cuir, le métal, le marbre, etc., de l'or en feuille ou en poudre. Il y a de nombreuses sortes de dorures, parmi lesquelles : la dorure au feu, à l'huile, à la grecque, au livret, au mercure, au trempé, mate, galvanique, etc.

Dos n. m. La partie bombée d'un livre, à laquelle adhèrent les nerfs, les ficelles, la colle, qui maintiennent le pli des marges intérieures.

Doublage de la coquille. Action de couler de la matière dans une coquille galvanoplastique pour la consolider et lui donner, s'il y a lieu, la hauteur de lettre. Pour permettre au plomb d'adhérer au cuivre, on étame préalablement la coquille, puis, après coulage et refroidissement, on porte sur le tour pour donner l'aplomb que le galvano doit comporter.

Doublante (Ligne). Celle qui, dans la composition des vers, n'entre pas dans la justification et nécessite un crochetage.

Douillard n. m. Distribution renfermant de l'italique, des petites capitales, des fantaisies, etc. Cette expression s'emploie surtout dans les journaux.

Douze (Système). Le système douze a remplacé dans toutes les imprimeries le système onze, qui a l'inconvénient de donner à la division des fractions de points, tandis que le système douze donne 6, 3, 2, et 1 points.

Drapeau n. m. Nom donné aux signes que tracent les auteurs sur leur copie pour indiquer qu'il y aura une intercalation à l'endroit où flotte le drapeau.

Drapeler v. Défiler les chiffons destinés à la fabrication du papier.

Dressage n. m. Opération qui a pour objet de mettre d'aplomb les galvanos avant de les monter. Elle se pratique en retournant l'œil du galvano sur un marbre bien plan et en frappant au dos du cliché avec un petit taquoir en bois dur ou un poinçon, selon les cas. Les clichés se dressent de la même manière que les galvanos. — Mise de hauteur des pierres lithographiques.

Droit de chapelle. (V. Chapelle.)

Droit de chevet. Droit de 6 livres que devait payer autrefois à ses camarades le compagnon imprimeur qui se mariait s'il voulait avoir sa part du *bon* réalisé en son absence.

Droit de tablier. Autrefois, les apprentis imprimeurs devaient, à leur entrée dans l'atelier, verser un droit de 6 livres qui servait à l'agape de bienvenue.

Dub n. m. Nom donné en Amérique aux compositeurs à qui leur âge ne permet plus de faire la pige et que l'on charge de composer les annonces pendant la journée.

Duernion n. m. Ancienne dénomination de l'in-4°.

Dur (Être dans son). Travailler avec ardeur et ne se laisser déranger par personne. Naguère, il y avait des typos qui ne commençaient à se mettre dans leur dur que le jour du batiau. On en rencontre malheureusement encore quelquefois aujourd'hui.

E

Ébarber v. Enlever avec les ciseaux les barbes d'un volume relié ou broché.

Échange n. m. L'échange consiste dans la reconstitution d'une porse nouvelle en prenant alternativement une feuille de deux porses différentes et en les superposant dans un ordre contraire au premier, de façon que les feuilles placées aux extrémités inférieures et supérieures de chaque porse se trouvent réunies au centre de celle que l'on reconstitue et *vice versa*. L'échange a pour effet de donner au papier plus de finesse et de ténuité. — Entre rédactions et administrations de journaux ou de publications périodiques équivalentes, l'échange consiste dans l'envoi gratuit et réciproque de ces journaux ou publications.

Échelle n. f. Signe de correction indiquant ce qu'il faut faire passer, par suite de doublon ou de bourdon, dans les lignes suivantes ou précédentes. L'expression *escalier* serait beaucoup plus propre que celle d'échelle, attendu que le signe de correction a plutôt la forme d'un escalier. (V. Correction (Modèle de).

Échelle de Fournier. Division systématique des forces de corps établie par Fournier. Cette échelle, par rapport au point Fournier, correspond au typomètre actuel basé sur le point Didot. (V. *Dictionnaire du Matériel et de l'Outillage.*)

Echopper v. C'est enlever d'un cliché, avec l'échoppe, les épaisseurs produites par les blancs de la forme et qui pourraient *venir* à l'impression.

Échoppage n. m. Action d'échopper.

Écoles professionnelles typographiques. La première école professionnelle française, non dépendante d'une imprimerie, a été fondée à Paris le 1er janvier 1886 par M. G. Jousset, alors président de la Chambre des imprimeurs. Cette institution, qui prit le nom d'école Gutenberg, fut placée sous le patronage de la Chambre des imprimeurs et subventionnée par le Ministère du commerce.

Elle reçoit des élèves payants et non payants. Pour être admis, les premiers doivent avoir 13 ans révolus. Ils sont astreints à trois années d'apprentissage ; quand celui-ci est terminé, les élèves qui ont satisfait aux examens de sortie sont placés dans les ateliers par les soins de la Chambre des imprimeurs. Les élèves payants sont, pour la plupart, des fils de patrons ou des jeunes gens qui se destinent à le devenir ; pour eux, la durée minimum de l'apprentissage est de une année et la rétribution de 25 fr. par mois. La direction technique de l'école Gutenberg a été confiée à M. E. Desormes. En 1889, l'école Gutenberg est devenue la propriété exclusive de la Chambre des imprimeurs, quoique toujours subventionnée par le Ministère du commerce. C'est M. G. Chamerot, président actuel de la Chambre des imprimeurs, qui est chargé de la direction générale, assisté de deux membres que la Chambre délègue mensuellement.

Le seconde école indépendante a été fondée 3 ans plus tard, sous le nom d'école Estienne, par le Conseil municipal de Paris. Cette institution, qui porte également le nom d'école du Livre, enseigne tout ce qui touche à l'industrie typographique, reliure, gravure, clicherie, lithographie, galvanoplastie, etc. La durée de l'apprentissage est de 4 années. La direction de l'école Estienne a été confiée, à la fin de 1897, à M. Fontaine, qui succédait à M. Frayssinet, lequel avait lui-même remplacé M. Magnuski. Parmi les autres écoles typographiques municipales de la ville de Paris, citons celle de Montévrain, qui reçoit des pupilles du département de la Seine.

La plus ancienne école fondée dans les imprimeries est l'école Chaix (1862), dont la réputation n'est plus à faire. Après elle, signalons l'école Claye, plus tard école Quantin, aujourd'hui école Motteroz. Puis viennent les écoles Lahure et Blot.

Il existe également en province plusieurs écoles de perfectionnement, dans lesquelles se font, après la journée, des cours que suivent ouvriers et apprentis. La plus importante et la plus remarquable est l'école Jean de Tournes, de Lyon, dirigée par M. Maillet, et fondée en 1894 par l'Union des Syndicats du papier de cette ville.

A l'étranger, on compte également plusieurs écoles, celle de Vienne, qui est la plus ancienne, celle de Bruxelles, fondée en 1887 et très habilement dirigée depuis cette époque par M. Jean Dumont. Et enfin, celle de Lausanne, créée tout récemment, à l'instigation de M. Inderbitz, qui en est le directeur.

Ecrenage n. m. Action d'enlever la matière qui se trouve en surabondance sur le flanc ou le haut des lettres crenées ff, Σ́ É

É, etc., afin de dégager la boucle de l'*f* et les *accents*. Cette opération se fit d'abord à la lime, et, plus tard, à l'aide d'une machine inventée par le fondeur Colson et perfectionnée depuis par différents constructeurs.

Ecrivain public n. m. Celui qui se charge, moyennant salaire, de rédiger pour le public ce qu'il plaît à celui-ci de lui confier. Avant le développement de l'instruction, cette industrie était très prospère, et bien que les écrivains se tinssent dans des échoppes, à la manière des savetiers, la plupart d'entre eux étaient satisfaits de leur sort.

Eculeux n. m. Les leveurs de lignes ; ceux qui travaillent quand il y a de la copie et se promènent quand il n'y en a pas. Cette expression vient sans doute de ce que la plupart de ces déshérités marchent avec des souliers qu'ils éculent à force de se promener.

Editer v. Publier, faire paraître pour son compte ou celui d'un tiers un ouvrage quelconque.

Editeur n. m. Celui qui fait profession d'éditer des ouvrages. Quand l'auteur fait les frais de l'impression, l'éditeur prélève tant sur la vente. Quand l'éditeur fait ces frais, il donne tant à l'auteur par ouvrage vendu, et, comme bien on pense, la redevance est rarement élevée.

Edition compacte. Edition dans laquelle on s'est servi de petits caractères pour réduire le nombre des pages.

Edition princeps. Première édition d'un ouvrage ancien.

Editorial adj. Se dit d'un numéro de journal dans lequel se trouve un article de fond rédigé mais non signé par le rédacteur en chef, ou tout autre article dont le journal prend la responsabilité. Ce mot vient de l'anglais *editor*, qui s'applique aux rédacteurs en chef.

Effleurage n. m. Se dit du papier, qui, lorsque l'encre est trop forte, adhère à la lettre, sur laquelle il s'arrache.

Egayer la dorure. En terme de reliure, c'est faire de la mauvaise besogne, en ne mettant pas les filets à leur place, en les faisant rentrer sur le dos, en les éloignant des nerfs qu'ils devraient toucher, etc.

Égouttage n. m. Action de mettre à égoutter les feuilles de papier qui sortent de la forme, dans la fabrication du papier à la main.

Élavage n. m. Dernier lavage de la pâte à papier. Comme l'élissage, l'élavage se pratique avec des cylindres laveurs jusqu'au moment où l'élissé est devenu assez mince pour que l'on ait à craindre de voir la pâte passer à travers les mailles du tambour. On arrête alors les cylindres et l'on brasse avec la spatule.

Électrotype n. m. Nom scientifique de la coquille galvanoplastique.

Électrotypie n. f. La galvanoplastie.

Élève n. m. Nom donné, à l'imprimerie Nationale, aux apprentis. On appelle également ainsi les apprentis typographes des écoles professionnelles.

Embaucher n. Donner de l'occupation à un ouvrier.

Emboire v. Terme de fonderie qui signifie graisser un moule pour empêcher la matière d'adhérer.

Emboire (S') v. Devenir terne en parlant des couleurs.

Emboîtage n. m. Action d'emboîter un livre dans sa couverture. Couverture mobile et supplémentaire qui enveloppe certains ouvrages de luxe. Les emboîtages se font en carton ou en papier parcheminé.

Embranchement n. m. Nom donné à une superposition d'accolades séparées entre elles par une interligne ou un blanc quelconque placé en dessous. On doit embrancher toutes les fois que cela est possible, car ce procédé donne à la composition une rectitude et une solidité qu'elle ne saurait avoir sans cela.

Embrayer v. Desserrer le frein d'une machine pour la mettre en mouvement.

Emendanda n. m. Autrefois, corrections à exécuter dans un texte.

Emendateur, trice. Correcteur d'un texte.

Emendation n. f. Correction.

Emonder v. Terme de fonderie qui signifie enlever à la lime les bavures des caractères.

Empreinte n. f. L'empreinte est la reproduction en creux d'une composition, d'une gravure, faite à la brosse ou à la presse à mouler. C'est dans l'empreinte que l'on coule la matière qui donne les clichés, et c'est l'empreinte que l'on plombagine pour obtenir la coquille d'un galvano.

Empreintes flexibles. Celles qui servent à couler les clichés cylindriques pour rotatives. Lorsque la forme est moulée, on place l'empreinte sur un berceau ayant le même diamètre que le cliché à obtenir et on la met sécher dans un four spécial. Ce n'est que quand cette empreinte est bien sèche (il faut environ 10 minutes) que le clichage s'opère.

Empreintes sigillaires. Celles qui s'obtiennent à l'aide d'un sceau ou cachet. Quand on veut produire des empreintes à deux couleurs, on plonge le cachet dans l'une d'elles et l'on essuie la surface, de façon que l'encre reste dans les creux. On touche et l'on recommence avec l'autre couleur, en ayant soin de n'encrer que la surface lisse du cachet.

Encart n. m. Carton ou groupe de plusieurs pages qui, dans les impositions en plusieurs cahiers, s'emboîte dans l'un quelconque de ceux-ci.

Encartage n. m. Action d'encarter, c'est-à-dire d'intercaler à leur place respective les diverses parties d'une feuille en plusieurs cahiers. Action de placer une à une des feuilles de papier imprimé entre des plaques de zinc ou de carton pour les satiner et enlever le foulage produit par l'impression ; on porte le tout sur une presse hydraulique ou autre, et l'on soumet à la pression. On appelle également encartage l'action d'intercaler dans un journal, une revue, etc., des planches détachées ou des prospectus afin d'éviter les frais afférents aux envois spéciaux. Pour être recevable à la poste, la feuille encartée doit porter en tête : *supplément du* (le nom du journal et la date du numéro contenant l'encartage.)

Encartonnage. Se dit pour encartage en ce qui concerne les opérations relatives au satinage.

Encollage n. m. Opération qui consiste à enduire de colle le dos d'un livre avant d'y fixer la couverture. Cette expression s'applique surtout aux livres brochés.

Encrage irisé. Mode d'encrage nouvellement inauguré pour les impressions typographiques irisées et décoratives, dont on est redevable à M. Steinheil, de la maison Berger-Levrault, et à M. E. Müh, prote des machines de cette imprimerie.

Endossage à la française. Ce mode d'endossage consiste à faire un tas ou paquet de 8 à 10 volumes pour les endosser d'un seul coup. Cette opération se fait à l'aide d'une presse et d'un poinçon à endosser.

Endossage à l'anglaise. Ce mode d'endossage a pour objet d'empêcher les accidents aux volumes qui résultent souvent de l'emploi du poinçon par des relieurs inhabiles. Il est plus simple et plus pratique que l'endossage à la française, en ce qu'il offre plus de facilité pour faire les mors, surtout quand ils doivent contenir des couvertures plus ou moins épaisses.

Endosser v. C'est arrondir le dos d'un volume et y former la saillie appelée *mors*. On endosse à la française ou à l'anglaise. L'endossage au poinçon, en raison de ses multiples inconvénients, n'est plus pratiqué aujourd'hui.

Endossure n. f. L'encollage des livres devant être reliés.

Enfer n. m. Nom donné, à la bibliothèque Nationale, au local dans lequel on relègue les productions licencieuses.

Engueulance n. f. Dispute dans laquelle on se dit des choses désagréables : il a reçu une engueulance du prote.

Enligner v. C'est faire tomber bien en regard l'une de l'autre les lignes de réglure qui portent sur deux pages, comme cela se voit fréquemment dans les carnets et les registres. L'enlignage ne dépend pas du compositeur si ses blancs sont réguliers ; il ne concerne que l'imprimeur en ce qui touche les blancs de tête, et le relieur pour l'assemblage des feuilles.

Enquillé (Être). Être embauché.

Enveloppe n. f. L'enveloppe est la chemise, de dimensions variables, dans laquelle on place la correspondance ou les imprimés que l'on veut expédier. Les enveloppes se taillent, se plient et se collent à la machine ; celle-ci peut fabriquer, avec un seul ouvrier, 20,000 enveloppes dans une journée de dix ou onze heures.

En-Tête n. m. Ce qui s'écrit en tête d'une lettre, d'un tableau ; manchette qui se trouve à la gauche d'une lettre administrative ou commerciale. On dit aussi *tête de lettre*. Pl. des En-tête.

Enterrement n. m. Les typographes qui travaillent de nuit, sur les journaux par exemple, ont pris l'habitude, lorsqu'ils dînent au restaurant, de garder une partie de leur repas et de *l'enterrer* dans un morceau de pain qu'ils fendent en deux à la manière des sandwichs. L'enterrement se mange soit en cours de pige, soit pendant la brisure.

Entre-feuilleter v. Sauter deux pages à l'imposition, en les remplaçant par des cages, afin de réserver entre chaque feuillet imprimé une page blanche sur laquelle on puisse écrire. Cela se fait quelquefois pour certains travaux susceptibles d'importantes corrections. Divers ouvrages classiques ont été publiés de cette manière. L'entre-feuilletage se fait aussi chez le relieur, lequel intercale du papier de format entre chaque feuille imprimée ; mais le premier moyen est de beaucoup préférable au second, si le papier du tirage est collé, bien entendu. — Placer du papier de soie entre le texte et une gravure pour empêcher le premier de détériorer la seconde. On dit aussi *entrefeuiller*.

Entrelarder. (V. Lardée) (Composition).

Entre-Nerf n. m. La partie comprise entre deux nerfs ou nervures. C'est dans les entre-nerfs que se placent les titres d'ouvrages figurant au dos des volumes reliés.

Epair n. m. Nom de la pâte du papier après sa fabrication. Pour juger de la blancheur, de l'uniformité de cette pâte, on prend la feuille de papier et on la regarde par transparence à la lumière du jour. Moins il y a de taches, plus l'épair est beau, ce qui augmente la qualité du papier.

Epaisseurs n. f. pl. Nom donné aux feuilles découpées appartenant à la mise en train d'une gravure tirée typographiquement.

Epaulement n. m. En terme de fonderie, partie haute et évidée de la lettre sur laquelle repose l'œil de celle-ci. Le blanc qui dégage l'œil des filets. On dit aussi *talus*.

Epigraphe n. f. Sorte de pensée ou de sentence qui se met en tête d'un livre ou d'un chapitre pour en résumer l'esprit.

Epluchage n. m. Nettoyage du papier après sa fabrication.

Epointer v. C'est faire subir aux ficelles d'un livre qui sort des mains de la couseuse, une série de petites opérations qui leur permettent de passer carrément dans les trous de la couverture.

Epreuve n. f. Quand une composition est terminée, on en fait une épreuve à la brosse, au taquoir ou à la presse à bras, que l'on donne au correcteur pour qu'il la débarrasse des fautes qu'a pu faire le compositeur. Toute impression qui a pour objet un contrôle quelconque de la composition s'appelle une épreuve.

Epreuve du feu. Quand les cartons sont fabriqués par superposition avec de bonnes pâtes, il est quelquefois difficile de s'en apercevoir autrement qu'en leur faisant subir *l'épreuve du feu*. A cet effet on déchire un coin que

4.

l'on présente à la flamme d'une allumette ou d'une bougie ; si le carton n'est pas d'une seule pâte, les différentes couches se séparent et ne laissent plus aucun doute sur le mode de fabrication.

Equipe n. f. Le personnel dont dispose un metteur en pages, un chef de conscience, un conducteur de machine. La commandite des journaux, dans son ensemble, se nomme également équipe.

Erratum n. m. s. **Errata** pl. Faute, erreur que l'auteur signale au lecteur, généralement à la fin du livre dans lequel se trouve cette faute. Les *errata* enlèvent toujours de la valeur à un livre, mais néanmoins on ne devra pas hésiter à y recourir toutes les fois qu'il sera nécessaire et possible de le faire.

Espacement n. m. L'espacement consiste dans la séparation des mots à l'aide du petit rectangle de plomb appelé *espace* ; il doit être régulier et n'excéder en aucun cas la force du cadratin du corps employé.

Espacer v. C'est mettre entre chaque mot, et quelquefois entre chaque lettre, le blanc séparatif qui rend la lecture intelligible. L'espace, comme les cadrats et les cadratins étant plus basse que la lettre, ne marque pas à l'impression, c'est elle qui détermine le petit blanc que l'on remarque entre les mots.

Esperluète n. f. Nom que l'on donnait, dans les écoles élémentaires, au signe &, qui terminait l'alphabet et représentait le mot *et*. On disait aussi *perluète*.

Estampille n. f. Marque qui se mettait autrefois sur les livres dont le colportage était autorisé. Cachet dont on revêt les ouvrages des bibliothèques publiques.

Etamage de la coquille galvanoplastique. On délaye dans de l'eau la quantité de blanc d'Espagne nécessaire pour former une pâte compacte dont on enduit l'œil du galvano. On laisse sécher et l'on place sur le feu, en tenant avec des pinces la coquille, dans laquelle on verse de l'acide chlorhydrique que l'on porte à l'ébullition. C'est à cet instant que l'on épanche la soudure, qu'il faut avoir soin de promener dans tous les sens pour que l'étamage soit parfait. Il n'y a plus qu'à plonger le cuivre dans l'eau pour le laisser refroidir, et à le dégager du blanc d'Espagne que l'on enlève avec une brosse à poils semi-rudes.

Etendage n. m. Dans la fabrication du papier, l'étendage a pour objet de faire sécher le papier par trois ou quatre feuilles à la fois après sa sortie de la porse. Séchage des feuilles de papier imprimé, que l'on étend sur des tringles ou des cordes.

Etoffage. (V. Habillage.)

Etoffes n. f. pl. Ce que prélève un imprimeur sur les prix de composition ; si un journal vaut 150 fr. de composition, le patron majore ce prix de 20, 30, 40, 50 p. % et plus s'il le faut. C'est la différence existant entre le prix réel et le prix marchand qui prend le nom d'étoffes. Les étoffes ne se comptent pas sur les prix d'impression, ceux-ci étant fixés à tant la rame, tout compris.

Ex libris n. m. Marque personnelle que certains amateurs collent au verso de la couverture des livres qu'ils possèdent. Il y a des *ex libris* très curieux, représentés par des dessins remarquables et presque toujours originaux.

Expurgation n. f. Nom donné aux corrections, retranchements, ablations, que la Congrégation de l'Index, à Rome, fait subir aux livres qui sont soumis à son appréciation.

Expurger v. Corriger, retoucher, censurer, amender : expurger un livre de ses fautes.

Extraordinaires n. m. Les heures supplémentaires, à l'imprimerie Nationale. On dit également *huitièmes*.

F

Fabrication du papier. Voici, dans leur ordre successif, la série des opérations nécessitées par la fabrication du papier : 1º Triage des chiffons, 2º Délissage, 3º Blutage, 4º Lavage et lessivage, 5º Défilage et effilochage, 6º Egouttage, 7º Blanchiment, 8º Composition des pâtes, 9º Raffinage, 10º Collage, 11º Coloration, 12º Fabrication, 13º Apprêtage.

Faces n. f. pl. Argent, chez les typographes. *Avoir des faces*, c'est être sinon riche, du moins avoir momentanément de l'argent.

Façonnage n. m. Nom donné à l'ensemble des opérations qui suivent l'impression des ouvrages ou des bibelots pour les mettre en état d'être livrés au client.

Fade (Avoir son). C'est, aux heures de libation, être bien servi, avoir sa ration et plus que sa ration.

Fader v. Partager avec un camarade une ration de liquide, un repas, etc.

Faiblesse n. f. En parlant d'un tirage, on dit qu'il a des faiblesses quand il s'y rencontre des parties inférieures comme teinte à celles qui correspondent à l'idée générale que l'on s'en fait.

Faire la pige. Faire la pige à quelqu'un c'est le surpasser, être au-dessus de lui à un titre quelconque. *Faire une pige*, c'est faire un match de composition entre deux ou plusieurs typographes pour savoir quel est celui d'entre eux qui fera le plus grand nombre de lignes.

Falsification de textes. (V. Iode.)

Fantaisie (Caractères de). On comprend sous ce nom toute la série des caractères autres que ceux connus sous le nom de classiques. La nomenclature des caractères de fantaisie est innombrable, mais pour donner une idée des noms employés, nous citerons les maigrettes, les allongées, les grasses, les alsaciennes, les onciales, les grecques, etc. (V. pour la série des caractères, le *Dictionnaire du Matériel et de l'Outillage.*)

Fausse marge. Partie débordante d'une feuille imprimée et pliée conformément aux règles de l'art. Le conducteur doit éviter les fausses marges, que le relieur est obligé d'abattre aux ciseaux après le brochage. La fausse marge, qui réduit les marges dans la proportion de la chute, provient de ce que la feuille n'est pas exactement margée au milieu.

Fausse page. Page dont le folio est pair.

Fausse page (Tomber en). Dans la mise en pages, c'est tomber avec un titre en page paire quand celui-ci doit tomber en page impaire. Dans ce cas, le metteur doit remanier, et, au besoin, faire une page blanche.

Faux titre. Celui qui précède le frontispice ou grand titre. Il ne comprend que le titre de l'ouvrage, sans nom d'auteur ni d'éditeur. Il se compose en caractères d'une force inférieure de quatre points au moins à ceux du grand titre.

Feinte n. f. Dans une feuille imprimée, défaut provenant d'un manque de touche des rouleaux, ce qui fait que cette partie est plus faiblement encrée que les autres.

Ferrer la guêpe. Se dit, dans les équipes de journaux, des bonnes fortunes qui échoient à quelqu'un quand elles ont été couronnées d'un plein succès.

Feuille n. f. On donne le nom de feuille à l'ensemble de toutes les pages contenues dans un format donné. Si le format est in-octavo, la feuille comprend 16 pages ; 24 pages si le format est in-12 ; 36 pages s'il est in-18, etc. L'in-4º comprend naturellement 8 pages, l'in-folio 4 et l'in-plano une ou deux pages, selon qu'il est imprimé d'un seul côté ou des deux côtés. — Morceau de papier de dimensions variables, coupé d'après une longueur et une largeur déterminées.

Feuille de chou. Petit journal sans importance. Feuille de province qui tire à peu d'exemplaires.

Feuille de malheur. Autrefois, lorsqu'on se servait de lettres comme signatures des feuilles destinées à l'impression, on donnait à la feuille O le nom de *feuille de malheur*, car il était de tradition que cette feuille ne pouvait être tirée sans qu'il lui arrivât quelque accident. Dans le but d'y remédier, il était d'usage d'augmenter le nombre des feuilles de passe et, pour que la légende ne se perdît pas, les imprimeurs ne se faisaient pas faute de provoquer au besoin les accidents justificatifs de cette tradition dont l'origine est inconnue.

Feuille de mise. Abréviation de feuille de mise en train. Cette feuille est collée par le conducteur sur la feuille d'assise et c'est sur elle que repose la mise en train.

Feuille en blanc. Celle qui n'est encore imprimée que d'un seul côté alors qu'elle doit l'être au recto et au verso.

Feuille (Lever la). Recevoir la feuille imprimée derrière la machine. Cette fonction n'existe plus guère, toutes les machines étant pourvues de receveurs mécaniques d'une grande commodité

Feuilles de décharge. Dans les travaux soignés, on marge en décharge, autrement dit on passe en même temps que la bonne feuille une autre feuille de papier mince et légèrement spongieuse, laquelle doit prendre l'encre en excédent et qui, sans cette précaution, produirait du maculage. La décharge est passée par un second margeur, dont la place varie selon le genre de construction des machines.

Feuilles de passe. Celles que l'on met en supplément pour remplacer les déchets du tirage. Les feuilles de passe se donnent généralement dans la proportion de 3 à 5 p. º/o.

Feuille de support, à garnir ou **d'assise.** On donne ce nom à la feuille de papier que l'on colle immédiatement sur l'habillage du cylindre. Elle doit être de papier épais et pourvue d'un pli de 2 ou 3 centimètres, que l'on fait prendre dans la gorge du cylindre. Avant de l'encoller, on la mouille avec une éponge du côté qui doit recevoir la colle. C'est sur ce support que se colle ensuite la feuille dite de mise en train.

Feuilles huilées. Quand l'encre est trop fluide et peu siccative, le maculage est à redouter lors de la mise en retiration. Il suffit, pour éviter ce grave inconvénient, de recouvrir la mise en train d'une feuille de papier enduite d'huile, ou mieux encore, de pétrole, que l'on prépare d'avance pour qu'elle soit bien sèche. L'encre ne décharge pas sur cette feuille et le maculage est nul.

Feuillet n. m. Partie d'une feuille de papier contenant deux pages, le recto et le verso.

Feuillet de réclame. (V. Réclame.)

Feuilleton n. m. Nom donné quelquefois au cahier de huit pages d'une feuille in-douze ou in-dix-huit. — Roman inséré au rez-de-chaussée d'un journal. — Article de littérature.

Feuillure n. f. Nom donné aux rainures qui se voient aux deux extrémités de la barre intérieure des châssis et qui ont pour objet de loger les pointures lors de l'évolution du cylindre. — Entaille à mi-fer faite à la barre intérieure des ramettes ou châssis dits *à feuillure*.

Ficelle (Emprisonner la). C'est, lorsqu'on lie une page ou un paquet, arrêter la ficelle au lieu de former la boucle qui facilite le déliage. Cet inconvénient se produit surtout quand la ficelle est trop courte et que l'on cherche à faire un tour de plus. Un ouvrier soigneux doit toujours éviter d'emprisonner la ficelle, attendu que dans l'imposition ou la mise en pages sur le marbre — comme il en est pour les journaux quotidiens entre autres — cela occasionne des pertes de temps et de fréquentes mises en pâtes.

Filigrane, Filigramme n. m. Le filigrane est la marque que l'on voit imprimée dans certains papiers, comme par exemple les billets de banque ou les papiers timbrés. Il s'obtient à l'aide d'une plaque très mince de métal que l'on fixe dans la forme avec de petits fils de laiton et qui donne son empreinte à la pâte. Le plus ancien filigrane connu remonte à 1301 ; il figure sur un livre de compte conservé aux archives de La Haye qui porte cette date. Ce filigrane consiste en un cercle ou globe surmonté d'une croix. Plus tard, apparut la cruche ou pot, puis la tête de bœuf, le P et l'Y, qui étaient la marque du duc de Bourgogne et de sa femme Isabelle ; avant le mariage du duc, cette marque se composait du seul P (Philippe). Puis vint la licorne, et, sur les papiers de provenance allemande, une grappe de raisin, alors que ceux venant d'Italie portaient un échiquier ou une ancre cerclée. La marque dauphin et ancre est particulièrement célèbre, Alde Manuce s'étant toujours servi du papier portant cette marque pour l'impression de ses ouvrages.

Filigrane simple. S'obtient par la compression sur une feuille de papier d'un dessin gravé sur métal.

Filet n. m. Article de peu d'importance que l'on place, dans la mise en pages des journaux, entre deux filets de plomb appelés couillards ou deux filets anglais.

Étiquettes parcheminées (Fixation des). Pour fixer sur verre ou sur toute autre surface les étiquettes imprimées sur parchemin végétal ou sur papier parcheminé, on fait macérer dans un peu d'eau 30 grammes de gomme adragante ; quand cette gomme est fondue, on y mélange une solution de 120 grammes de gomme arabique, on passe ensuite sur un linge fin, puis on ajoute 120 grammes de glycérine dans laquelle on a fait dissoudre 5 grammes 1/2 d'huile de thym ; le volume est amené à un litre avec de l'eau distillée. Cette colle se conserve dans des flacons bien bouchés.

Fixation du parchemin sur des supports. On le fait ramollir dans de l'alcool à 90° et on l'applique encore humide sur les surfaces enduites de colle ou d'empois. Après séchage, l'adhérence est telle que le parchemin se déchire plutôt que de se détacher.

Flèche n. f. Ligne droite tracée par le correcteur sur une épreuve chargée. La flèche se fait dans tous les sens et sa pointe conduit dans les espaces libres de l'épreuve où l'on a indiqué la correction. On dit aussi *fusée*.

Fleuron. Marque d'imprimeur ou autre que l'on met sur les frontispices ou les couvertures des livres. On appelle quelquefois les fleurons culs-de-lampe.

Folio n. m. Le chiffre ou numéro qui donne l'état-civil d'une page. *Folioter* c'est mettre les folios aux pages, ou numéroter la copie.

Fonctionnaire n. m. Corrigeur, généralement attaché au metteur en pages. Ne pas confondre avec *homme de bois*.

Fonctions (Faire des). Corriger, distribuer, être attaché à un metteur en pages pour lui faciliter la tâche.

Fond n. m. Teinte ou dessin qui sert de support à une composition. On distingue les fonds de vignettes, les fonds de bois, généralement faits avec une planche de chêne parfaitement polie, les fonds de carton et les fonds irisés ou fonds Steinheil. Le papier couché sert aussi quelquefois de fond pour certains tirages en couleurs.

Fondeur en caractères. Ouvrier dont le nom indique la

fonction. Nom sous lequel on désigne les propriétaires de fonderies typographiques.

Fonds n. m. pl. Les fonds sont les blancs qui séparent les pages, dans les impositions. Les grands fonds fournissent les marges extérieures ; les petits fonds, les marges intérieures.

Fonte n. f. Nom générique sous lequel on désigne tous les caractères fondus. L'expression fonte de 6, de 7, de 8, etc., indique tous les caractères appartenant à l'un quelconque de ces corps. Caractères hors de service destinés à être refondus.

Fonte des caractères. Opération qui consiste à fondre les lettres dont on se sert en imprimerie. Autrefois, tous les caractères se fondaient au moule à main ; aujourd'hui, ce travail se fait à la machine, sauf pour les très gros caractères, qui se fondent toujours un à un avec des moules spéciaux.

Force de corps. Hauteur, par rapport au point, des lettres placées sur champ, c'est-à-dire dans la position normale qu'elles doivent occuper dans le composteur. La lettre qui a 6 points de hauteur sur champ est du corps 6, et ainsi de suite pour chacune des dénominations 8, 9, 10, 11, 12, etc.

Formaire n. m. Nom de l'ouvrier papetier qui travaille à la forme.

Format n. m. Ce mot s'applique tout à la fois aux papiers, aux livres, aux pages de composition et aux châssis. Lorsqu'il concerne les papiers, il indique les dimensions de ceux-ci par rapport aux noms qui leur ont été donnés. Lorsqu'il a trait aux livres, il signifie que la feuille de papier a été pliée en autant de fois que le nom donné l'indique : format in-8° veut dire qu'il y a 8 feuillets à la feuille, soit 16 pages d'impression ; format in-16, 16 feuillets donnant 32 pages d'impression, et ainsi de suite pour chaque dénomination. Lorsqu'il se rapporte aux pages de composition, il indique le nombre de pages qui doivent constituer la feuille. Et enfin, lorsqu'il s'applique aux châssis il signifie que l'on peut imposer dans ceux-ci du raisin, de l'écu, de la tellière, etc., si, bien entendu, on désigne par le terme employé un de ces formats.

Formats et dimensions des papiers français :

Petit à la main.. 0^{m}20 sur 0^{m}36
Cloche (Petite).. 0 29 » 0 39
Pot............. 0 31 » 0 42
Raisin (Petit)... 0 32 » 0 43
Tellière et Florette......... 0 34 » 0 44
Trois O .... 0 33 » 0 45
Aux Armes..... 0 35 » 0 445
Griffon .... 0 35 » 0 45
Couronne....... 0 36 » 0 46
Couron. du Midi 0 35 » 0 50
Cloche normande 0 35 sur 0 52
Double-Cloche... 0 39 » 0 58
Ecu .... 0 40 » 0 51
Serpente. ...... 0 42 » 0 55
Carré ou Coquille 0 45 » 0 56
Coquille (Grande) ou allemande.. 0 48 » 0 55
Cavalier. ...... 0 46 » 0 62
Double-Couronne 0 46 » 0 72

Médium	0 49	»	0 74
Raisin	0 49	»	0 64
Jésus (Petit)	0 52	»	0 68
Jésus ou Jésus Charpentier	0 55	»	0 70
Jésus (Grand) ou Partition	0 56	»	0 76
Double-Carré	0 56	»	0 90
Espagne ou Jésus Conservatoire	0 57	»	0 78
Petit Aigle	0 58	»	0 80
Pittoresque	0 60	»	0 62
Soleil	0 60	»	0 80
Colombier	0 61	»	0 82
Colombier (Gr.)	0 60	»	0 90
Journal ou Atlas	0 65	»	0 94
Double-Raisin	0 64	»	0 98
Grand-Soleil	0 69	»	1 00
Double-Jésus	0 70	»	1 10
Grand-Aigle	0 74	»	1 05
Double-Colomb.	0 84	»	1 22
Triple-Colombier	0 84	»	1 68
Petit-Monde	0 94	»	1 11
Grand-Monde	0 93	»	1 23
Papier de Chine	0 70	»	1 30
Grand-Univers	1 00	»	1 30
Quadrillé-Jésus	1 10	»	1 48

Formats et dimensions des papiers allemands :

Klein Médian	0m40	sur	0m51
Médian	0 42	»	0 54
Gross Médian	0 44	»	0 58
Klein Royal	0 48	»	0 63
Noten Royal (Pour la musique)	0 50	»	0 67
Gross Royal	0 52	sur	0 68
Super Royal	0 54	»	0 72
Imperial	0 58	»	0 76
Klein Adler	0 62	»	0 90
Eléphant	0 67	»	0 92

Formats et dimensions des papiers anglais :

Pott	0m 317	sur	0m395
Foolscap	0 343	»	432
Post	0 40	»	0 496
Crown	0 381	»	0 588
Demy	0 444	»	0 591
Medium	0 476	»	0 597
Royal	0 508	»	0 625
Super Royal	0 52	»	0 699
Imperial	0 559	»	0 762
Double-Post	0 364	»	0 625
Double-Foolscap	0 432	»	0 686
Double-Pott	0 466	»	0 40
Double Crown	0 508	»	0 762
Double-Demy	0 571	»	0 888
Double-Royal	0 625	»	1 816
Double-Super-Royal	0 699	»	1 04

Formats et dimensions des papiers belges :

Propatria	0m345	sur	0m43
Ruche	0 36	»	0 462
Médian (Petit)	0 40	»	0 533
Coquille	0 435	»	0 565
Médian (Grand) ou Carré	0 46	»	0 615
Raisin	0 50	»	0 65
Jésus	0 54	»	0 73
Jésus (Grand)	0 55	»	0 73
Aigle (Petit)	0 60	»	0 84
Eléphant	0 616	»	0 77
Colombier	0 62	»	0 85
Double-Propatria	0 69	»	0 43
Double-Carré	0 92	»	0 62
Double-Raisin	1 00	»	0 65
Aigle (Grand)	1 04	»	0 70
Double-Jésus	1 10	»	0 73
Monde (Grand)	1 10	sur	0 90
Double-Colombier	1 24	»	0 86

Formats et dimensions des papiers italiens :

Ottawina	0m135	sur	0m21
Sestina	0 20	»	0 225
Quartina	0 21	»	0 27
Mezzanella	0 23	»	0 36

Olandina.......	0 25	»	0 39
Quadrotta (français)	0 265	»	0 42
Quadrotta (italien).........	0 275	»	0 445
Quadrotta (allemand).......	0 29	»	0 48
Processo ou Notarile........	0 26	»	0 38
Protocollo ou Pellegrina	0 31	»	0 42
Rispetto	0 33	»	0 45
Stato ou Léona.	0 36	»	0 48
Bastarda.......	0 42	»	0 56
Realino ou Mezzana.........	0 45	»	0 60
Reale..........	0 50	»	0 65
Realone	0 52	»	0 69
Imperialino	0 54	»	0 76
Imperiale......	0 61	»	0 81
Elephante......	0 66	»	0 96
Aquila.........	0 70	»	1 00

Format Charpentier. Du nom de l'éditeur qui préconisa ce format. Nom donné à l'in-18 jésus, qui a remplacé en partie l'in-12 carré. La hauteur des pages de l'in-12 carré est la même que celle de l'in-18 jésus, mais leur largeur est inférieure de 0^m 015 à celle de l'in-18 jésus.

Format (Être du même). Expression pittoresque par laquelle les typos désignent des hommes qui se ressemblent comme taille et corpulence.

Formule. (V. Calcul.)

Fossoyeur. Nom donné au chauffeur de la machine à vapeur. Ce nom vient probablement de ce que le foyer des machines à vapeur est généralement placé en contre-bas, dans une fosse qui a, dans certains cas, jusqu'à 6 et 10 mètres de profondeur.

Fouet (Oter le). (V. Fouetter.)

Fouetter v. C'est placer un volume relié à nerf entre deux ais, mais de façon que le dos déborde. On prend ensuite une ficelle dite à fouet et l'on entoure le tout en s'arrangeant de manière à serrer les nerfs entre deux ficelles, ce qui détermine leur forme et donne la solidité voulue.

Foulage n. m. La pression exercée sur la feuille à imprimer par la platine d'une presse à bras ou le cylindre d'une machine. La marque, l'empreinte laissée par cette pression sur la feuille imprimée.

Frappe n. f. En fonderie, la frappe consiste à prendre l'empreinte de l'œil d'un poinçon sur un bloc de cuivre qui porte le nom de matrice. En France, la frappe se fait au marteau ; en Amérique, elle se fait au balancier, ce qui lui donne une régularité beaucoup plus grande et ménage mieux les poinçons. Nom donné à l'ensemble des matrices d'un même caractère.

Frisotter v. Doubler l'impression au tirage. Le frisottage est occasionné par le jeu du cylindre, le ballottement du chariot, la tension incomplète de la feuille, etc.

Froid (Cliché). Un cliché est froid quand la matière n'atteint plus la température exigée qui est de 350° environ. Dans ces conditions le cliché ne *vient* pas et l'opération doit se recommencer.

Frontispice n. m. Le grand titre, dans un ouvrage qui en comporte plusieurs.

Frotterie n. f. Avant l'invention des machines à tout faire, la frotterie était, dans la fonte des caractères, chose relativement importante. Elle demandait beaucoup de soin et une certaine habileté. Cette opération consistait à mettre les lettres sur une pierre d'émeri et à les frotter à la main jusqu'à ce que les bavures fussent toutes enlevées. Les machines à fondre laissant très peu de bavures, la frotterie a beaucoup perdu de son importance, bien qu'elle n'ait pas cessé d'exister.

Fusée. (V. Flèche.)

G

Galilée (Aller en). Cette expression, un peu démodée, signifie, lorsqu'on corrige au marbre, que l'on est obligé de se transporter à sa casse pour corriger ou remanier en galée, les corrections étant trop considérables pour être exécutées sur le marbre.

Galvano n. m. On désigne ainsi le cliché de cuivre obtenu par la mise au bain d'une empreinte en gutta-percha ou en cire, préalablement plombaginée du côté qui doit recevoir le dépôt produit par le sulfate de cuivre.

Galvanoplastie typographique n. f. L'art d'obtenir des galvanos destinés à servir à l'impression. C'est en 1838 que le russe Jacobi découvrit la galvanoplastie, et ce fut seulement en 1851 qu'il exposa à Londres les premiers résultats qu'il avait obtenus et qui consistaient en reproductions de poissons et d'insectes fossiles. Presque à la même époque, Spencer faisait de son côté des découvertes identiques; puis vinrent Becquerel, Elsner, Balard, Elkington, qui firent faire de grands progrès à la galvanoplastie, et enfin le comte de Ruolz, qui découvrit l'argenture à la pile, à laquelle il a donné son nom. Les prix de reproduction par la galvanoplastie sont : d'après une gravure sur bois, cuivre, zinc, etc. : 2 c. 1/2 le centimètre carré, si le galvano est monté sur bois ; 5 centimes s'il est monté sur matière.

Garde n. f. Feuille de papier que les relieurs placent dans les livres, après la couverture ; il y a deux gardes, celle du commencement et celle de la fin. On appelle aussi de ce nom les feuilles de papier que les clicheurs mettent au-dessus et au-dessous des équerres, au moment de la coulée, pour guider celle-ci.

Gare aux mains. Cri que doit pousser, sans l'exagérer, bien entendu, tout margeur qui met sa machine en mouvement. Il a pour but d'éviter les accidents qui surviendraient à tout instant sans cette indispensable précaution.

Garnir une forme. Disposer les blancs entre les pages avant de procéder au serrage.

Garnissage de la coquille galvanoplastique. Quand le galvano a subi l'étamage, on cloue, autour, des baguettes de bois et l'on garnit de pâte les creux et les blancs pour que le poids du plomb que l'on va couler ne produise dans ces parties aucun affaissement ; puis la pâte ayant été séchée au feu, on enlève avec un chiffon de laine les épaisseurs qu'elle aurait pu laisser sur l'œil, afin d'empêcher l'effet contraire à celui qui vient d'être exposé. Ainsi préparée, la coquille est transportée sur le marbre de la presse à mouler, que l'on a préalablement chauffé en versant dessus de la matière en fusion. L'œil du galvano ne doit pas reposer sur le marbre, mais sur une feuille de papier fort, parfaitement lisse. Le cuivre est alors maintenu d'aplomb par deux réglettes que le galvanoplaste tient de la main gauche pendant que, de la main droite, il prend un pochon plein de matière qu'il verse vivement dans l'intérieur du galvano, lequel sera rempli jusqu'au niveau des baguettes. Ceci fait, on pousse le marbre sous la platine et l'on donne un ou deux tours à la vis de pression pour égaliser la coulée. Cinq minutes plus tard, le plomb étant refroidi, on coupe les contours du *galvano* à la scie circulaire et l'on procède au nettoyage.

Garniture n. f. Nom donné à l'ensemble des pièces de bois et de plomb qui entrent dans la confection d'une forme pour participer à son encadrement et au serrage.

Gaufrage n. m. Action de donner aux papiers destinés à certains usages particuliers une empreinte en relief ou en creux. Le gaufrage se fait à chaud ou à froid, à l'aide de supports d'acier représentant le dessin à reproduire. La pression s'opère soit à la main, soit mécaniquement, soit à l'aide de la presse hydraulique.

Gaufrure n. f. L'empreinte laissée par le gaufrage. — Sorte d'ornementation dont le nom indique la nature, et qui sert à décorer le dos et les plats de certains livres. La gaufrure, qui paraît remonter à la fin du XVIIe siècle, est attribuée au relieur Courteval. Elle se fait aux fers, lesquels donnent à la fois, par la pression, des creux et des reliefs

Germanie (Aller en). Expression démodée qui signifiait *je vais remanier;* littéralement : *Je remanie.*

Gette en molle. Expression par laquelle on désignait, au XVe siècle, dans les Flandres, les impressions exécutées en caractères mobiles et qui signifie *fondu, jeté en moule.*

Glaçage n. m. Le glaçage se fait au laminoir, à l'aide de plaques de zinc polies, entre lesquelles on intercale une à une les feuilles de papier. Il a pour objet de rendre celui-ci glacé et luisant, ce qui donne à l'impression une jolie couleur ardoisée.

Glaceur n. m. Ouvrier chargé du glaçage des papiers.

Gober quelqu'un. Avoir de l'amitié, de la sympathie pour lui. Cette expression est passée dans le langage populaire.

Gommage n. m. Lorsqu'on vient d'obtenir un report lithographique, on couvre généralement la pierre d'une couche de gomme arabique qu'on laisse sécher. Cette opération, dont on peut se dispenser si l'on doit imprimer de suite, a pour objet de soustraire le dessin obtenu à l'action dissolvante de l'air humide. On gomme également, après tirage, les planches que l'on veut conserver quelque temps. Action de gommer mécaniquement ou à la main, les enveloppes, les timbres-poste, etc.

Gosier (Se donner une douche dans le). Boire un coup, se désaltérer. Cette pittoresque expression est attribuée à un typographe facétieux, mort il y a quelque dix ans de l'usage inconsidéré qu'il fit de ce genre de thérapeutique.

Gourgoussser v. Grommeler, parler tout seul avec un accent de colère.

Gouttière n. f. Petit cran qui se trouve au talon des lettres ; le creux qui forme l'œil des filets double-maigres ; la gorge ou tranche formée par la contre-partie du dos d'un volume.

Gouverneur n. m. Conducteur d'une machine à fabriquer le papier.

Grand titre. Le grand titre vient immédiatement après le faux titre, dont il est séparé par une page blanche. Il est la reproduction exacte de la couverture, moins l'encadrement, si cette dernière en comporte un.

Gras (Recevoir un). Recevoir une réprimande, une sérieuse admonestation.

Grate n. f. J'ai tant d'heures de grate, c'est-à-dire tant d'heures gratifiées.

Grebige, grebiche, gribiche n. f. Nom donné, dans quelques ateliers, à la ligne de pied dans laquelle se place le nom d'imprimeur, suivi ou non d'un numéro d'ordre.

Grecquage. (V. Reliure à la grecque.)

Grésillé (Cliché). Un cliché *vient* grésillé quand la matière est trop chaude. Il est alors parsemé de petites vésicules ou de petits trous qui obligent à recommencer l'opération.

Grisé n. m. On appelle ainsi la réglure des factures et autres travaux réglés typographiquement. Cette expression tient à ce que ces lignes doivent venir très légèrement, c'est-à-dire grises.

Gros canon (Tirer le). Imprimer des affiches à la presse à bras. Cette expression, qui n'est plus employée depuis longtemps, tirait son origine de ce que le gros canon était un caractère qui servait exclusivement aux affiches. C'était le plus important des caractères de plomb avec bas de casse.

Guetteurs n. m. Enfants chargés de surveiller la machine, dans la fabrication du papier.

Guillochis n. m. Ornement composé de lignes, de traits qui se croisent, droits, courbes ou ondulés : *Filets guillochés.*

H

H ! Exclamation ironique qui indique le contraire de l'étonnement. Dans les imprimeries, lorsqu'un typographe met en pâte, laisse échapper une bourde, se grise par habitude, etc., il est accueilli par un *h!* accentué qui part de tous les rangs et signifie : cela ne nous étonne aucunement.

Habillage n. m. Action d'encadrer un bois, un galvano, un zinc avec le texte qui accompagne le dessin. Dans les ouvrages à deux colonnes, l'habillage doit se faire du côté des marges intérieures ou extérieures et non le long du filet ou du blanc séparatif des colonnes. Pourtant, dans les dictionnaires, on peut enfreindre cette règle, afin de ne pas contrarier l'ordre alphabétique, ce qui arriverait souvent si l'on était obligé de rejeter le nom à définir derrière la figure qu'il décrit.

Habillage du cylindre. Les cylindres des machines à imprimer, sauf ceux des rotatives, sont recouverts d'un blanchet en flanelle, lequel est lui-même recouvert d'une toile, d'un calicot, d'une pièce de soie, suivant la nature et la délicatesse des travaux à imprimer ; quelquefois ils sont recouverts d'une simple feuille de papier glacé très épais. Sur l'habillage, quel qu'il soit, repose la mise en train, indispensable à toute impression soignée.

Habillage à sec. Celui qui est fait à l'aide d'une simple feuille de papier.

Hache (Composition en). Celle dont les marges de flanc extérieures et les marges de pied se trouvent encadrées par des notes. Cette disposition était très en faveur autrefois ; aujourd'hui elle ne se fait plus que dans les réimpressions d'ouvrages de ce genre.

Hard packing n. m. Nom donné, en Angleterre et en Amérique, à l'étoffage au papier.

Hareng n. m. Nom que donnaient autrefois les imprimeurs au compagnon qui faisait maigre besogne.

Hausse n. f. Epaisseur de papier que l'on met sous un cliché, une gravure pour les mettre de la hauteur des lettres. On donne également ce nom aux épaisseurs dans la mise en train.

Hauteur de pige. On comprend par là le nombre de lignes entrant dans une page ramenée en douzes ou en points à une longueur déterminée. Supposons que la page contienne 50 lignes de 9, la hauteur de pige sera de $50 \times 9 = 450$ points ou 37 douzes 6 points. — Etre à hauteur de pige, c'est, dans les journaux, avoir le nombre de lignes exigé par rapport au nombre d'heures écoulées depuis l'entrée en pige.

Hauteur en papier. (V. Ordonnance de 1723.)

Hebdomadaire adj. et n. Se dit d'une publication qui paraît toutes les semaines. On appelle bi-hebdomadaire celle qui paraît deux fois par semaine.

Heures en bois (Faire des). Travailler après la journée sans que les heures soient payées ou gratifiées.

Heures gratifiées. D'après le tarif parisien, la gratification du dimanche et des jours fériés, est de 0 fr. 25 par heure. La gratification de nuit, qui commence à partir de la 11e heure de travail, se paie 0 fr. 25 jusqu'à minuit, et 0 fr. 35 de minuit jusqu'à l'heure de la reprise du travail. A l'imprimerie Nationale, la gratification est invariablement fixée à 0 fr. 25, sauf le dimanche, où elle est de 2 fr. pour 10 heures.

Histoire de la Chine. Travail colossal imaginaire dont on attend, depuis la création de l'imprimerie, la transformation en travail réel : Enfin, la calance va cesser, on va mettre en mains l'*Histoire de la Chine*.

Homme de bois. Typographe attaché à la personne d'un metteur en pages ; il est le second de celui-ci et le supplée en cas d'absence ou de maladie. L'homme de bois est presque toujours en conscience ; il est payé par son metteur en pages.

Hors texte. On donne ce nom aux gravures, cartes, dessins qui n'ont pas été tirés en même temps que le texte dans lequel ils doivent être placés.

Huitièmes n. m. A l'imprimerie Nationale on donne le nom de huitièmes aux heures supplémentaires gratifiées. Cette expression vient de ce que la gratification du *dimanche*, qui est fixée à 2 francs pour 10 heures de travail, alors qu'elle est de 0 fr. 25 l'heure dans tous les autres cas, correspond à 8 heures gratifiées.

Huopan. Procédé chinois d'impression, qui consiste dans l'emploi de caractères mobiles en cuivre fondus ou gravés, ou en bois taillés ou découpés.

Hyalotypurgie n. f. Art de fabriquer des caractères typographiques en verre.

Hydroplastie n. f. Se dit, en général, de tous les procédés galvanoplastiques qui ont pour base la mise au bain, avec ou sans l'action de la pile.

I

Imagerie n. f. Se dit des images imprimées en couleurs, peintes ou enluminées à la main ou au patron. Par extension, gravure ou dessin quelconque.

Imagier n. m. Imprimeur d'images.

Impagination n. f. Nom donné par les Italiens à la mise en pages.

Imposition n. f. Art de placer les pages pour qu'en pliant la feuille imprimée elles se trouvent toutes à leur place respective. Les pages à imposer se mettent sur le marbre, dans un ordre déterminé ; on pose ensuite entre chacune d'elles le blanc réservé aux marges et l'on serre le tout dans un châssis. Les impositions, à partir de l'in-12 jusqu'à l'in-32, sont variables et peuvent se faire de différentes manières. On appelle imposition en un cahier celle dont tous les feuillets s'encartent les uns dans les autres ; en 2, 3 et 4 cahiers, celles dont les cahiers se mettent côte à côte, d'après le nombre indiqué.

Imposition composée. Se dit, par opposition à l'imposition simple, de celle dans laquelle se trouvent plusieurs cahiers ou cartons nécessitant des coupures. Dans les modèles que nous donnons comme exemples d'imposition, nous ne présentons pas l'in-32, qui, étant un multiple de l'in-8º s'impose tout naturellement en mariant entre eux les divers côtés des 4 feuilles in-8° qui forment l'in-32.

ne doit faire qu'un seul cahier. Supposons un in-8° encarté de 4 feuilles : on impose les 8 pre-

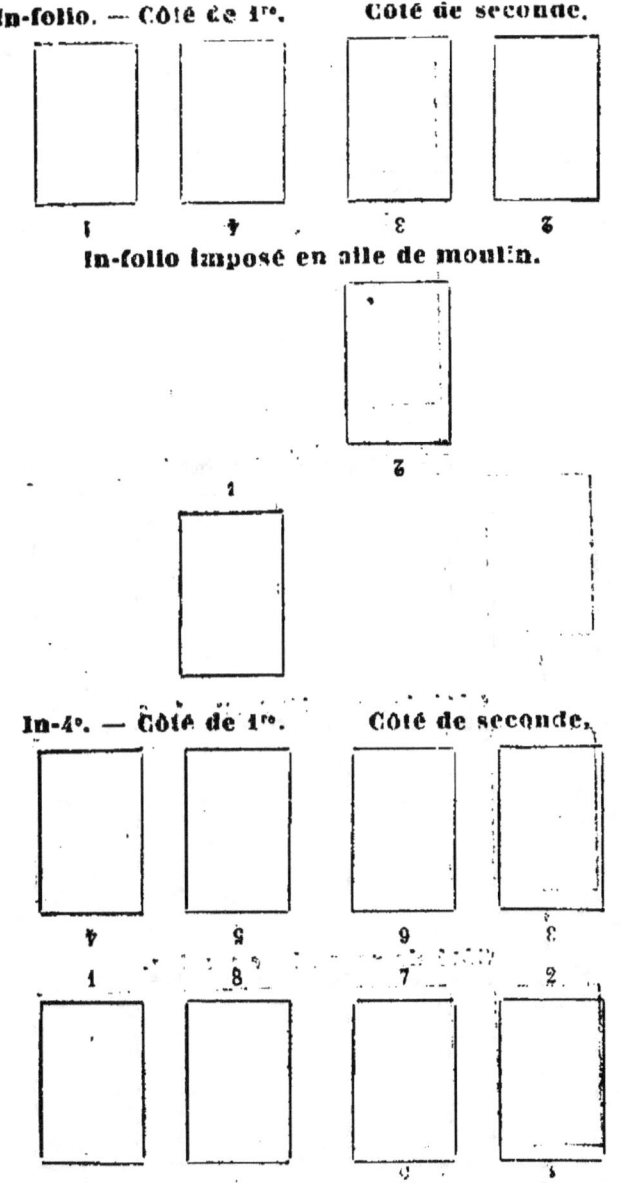

In-folio. — Côté de 1re.   Côté de seconde.

In-folio imposé en aile de moulin.

In-4°. — Côté de 1re.   Côté de seconde.

Imposition encartée. L'imposition encartée est celle qui, bien que formant plusieurs feuilles,

mières pages de la feuille *une* avec les 8 dernières de la feuille 4; les 8 dernières de la feuille *une*

— 80 —

avec les 8 premières de la feuille 4, et ainsi de suite pour les feuilles à 40, qui se suivent sans interruption.

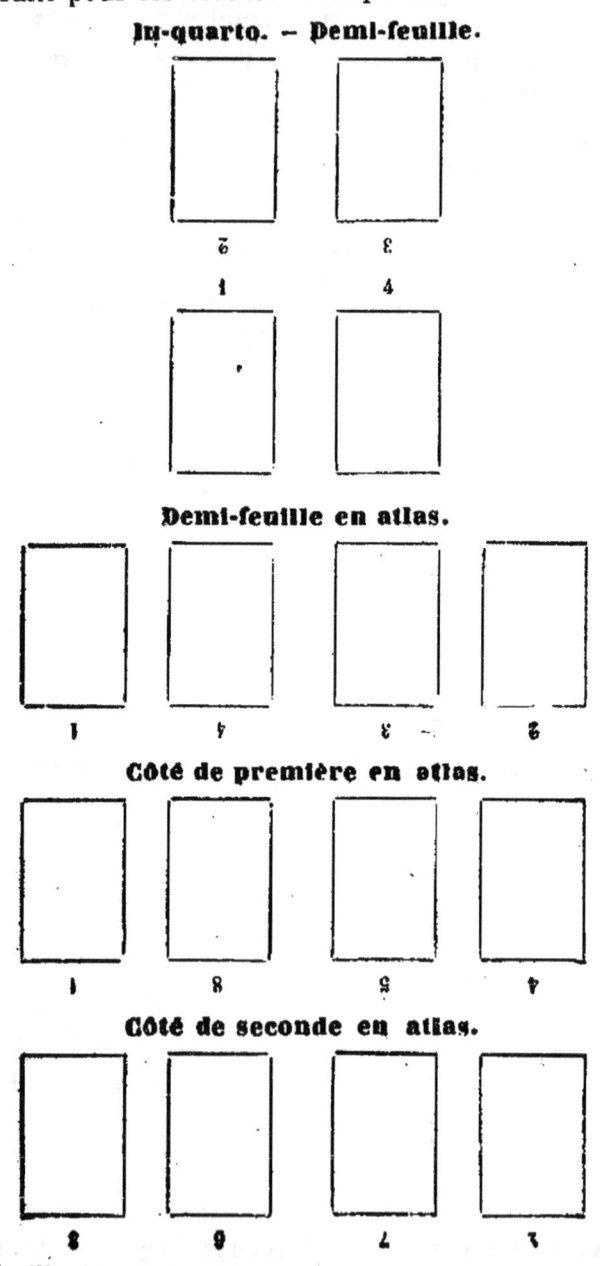

2 et 3; la feuille 4 seule est complète et se compose des pages 26 **Imposition roulée.** Celle qui, parmi les impositions dites

composées (in-12, in-18, in-24), s'impose en un seul cahier. Comme ces impositions ne nécessitent aucune coupure, on les dénomme aussi : *impositions sans coupures*.

Imposition simple. Celle qui ne comporte pas de grandes têtes, comme par exemple l'in-4° et l'in-8°.

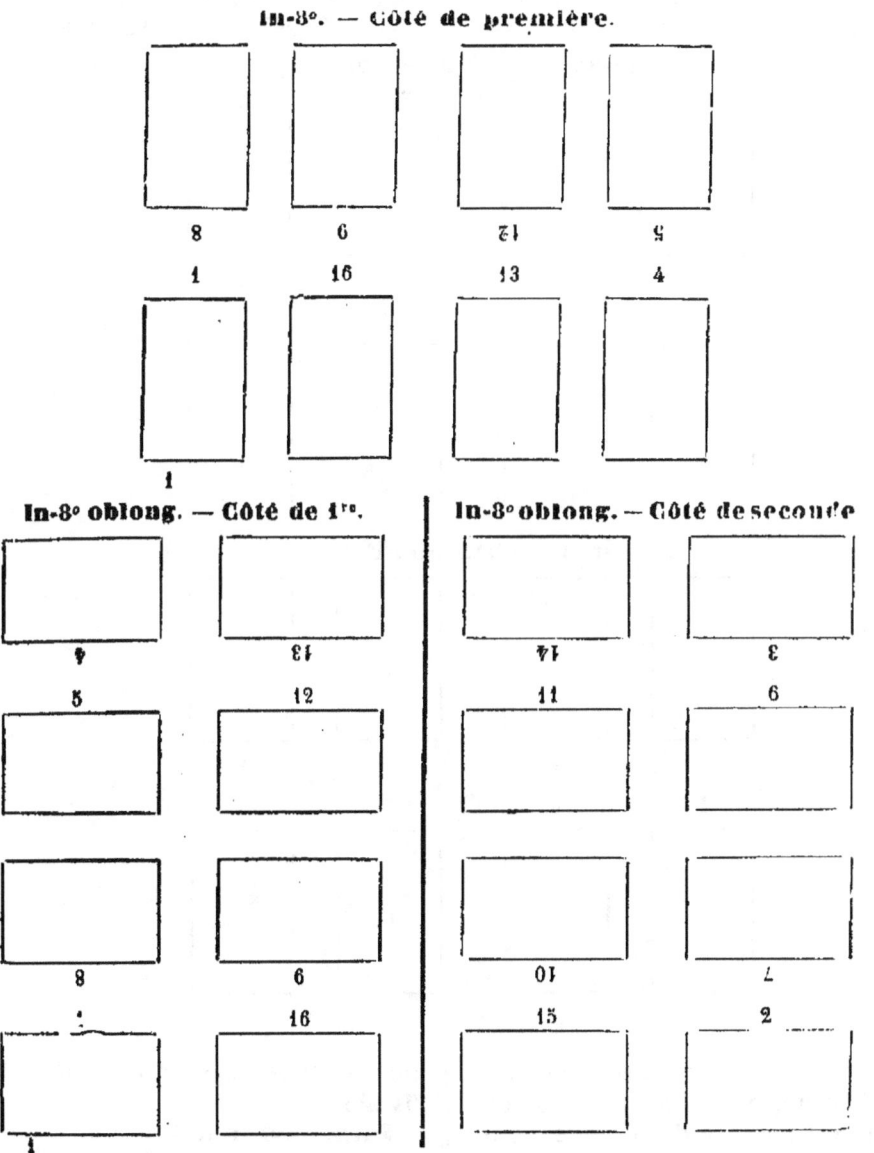

Impôt sur le papier. Cet impôt, qui frappait les papiers d'un droit de 10 % fut établi en

1872 par l'Assemblée nationale et supprimé en 1886. Il fut désastreux pour l'industrie typographique française en ce qu'il incita les éditeurs à se faire imprimer à l'étranger. Si l'on tient compte de la différence des prix de main-d'œuvre français par rapport à ceux de l'Allemagne, de l'Italie, de la Suisse, de l'Espagne et de la Belgique, étant donné que le *papier imprimé* ne payait aucun droit, on se rendra facilement compte des pertes énormes que supporta l'industrie typographique française par suite de l'application de cette inconcevable mesure fiscale.

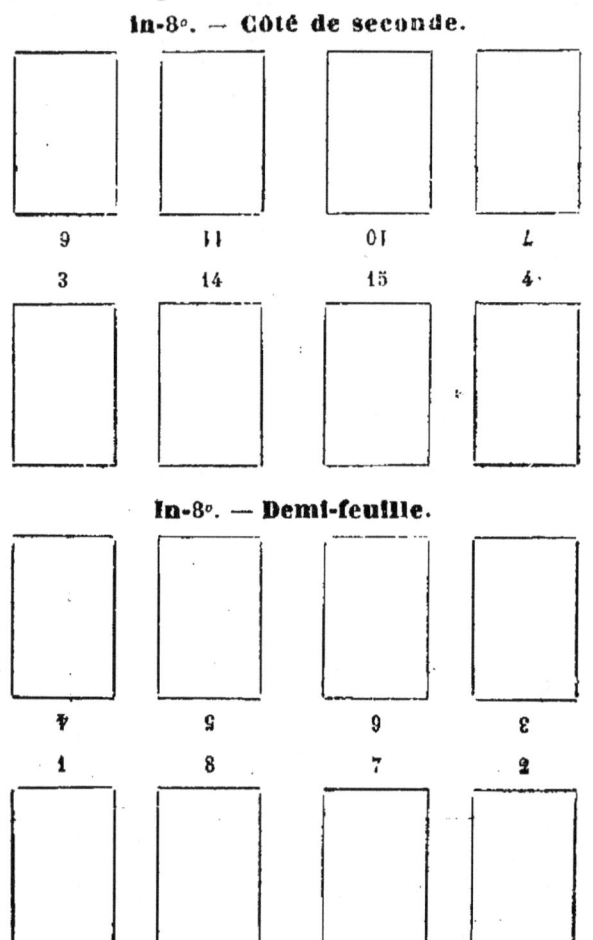

In-8°. — Côté de seconde.

In-8°. — Demi-feuille.

Impression n. f. Action d'imprimer. Le résultat de cette action.

Impression à la Congrève. Mode d'impression inventé par l'Anglais Congrève, il y a une cinquantaine d'années, pour la fabrication des bank-notes et des billets de banque. Ce procédé n'est autre qu'un mode de rentrures pratiqué à l'aide de deux planches, portant exactement le même dessin, et que l'on découpe de façon à ce qu'ils repèrent exactement *l'un dans l'autre*.

Impressions décoratives. Nom donné par la maison Berger-Levrault, de Nancy, à un mode d'impressions irisées et artistiques du plus charmant effet. Par des procédés typographiques purement mécaniques, cette maison peut imprimer, avec un seul cliché et d'un seul coup de presse, des teintes plates, harmonieusement fondues, malgré la délicatesse des nuances, très finement estompées. On peut obtenir ainsi une infinité de sujets filigranés ou ayant l'apparence d'un relief à contours parfaitement accentués. Le grand avantage de cette dé-

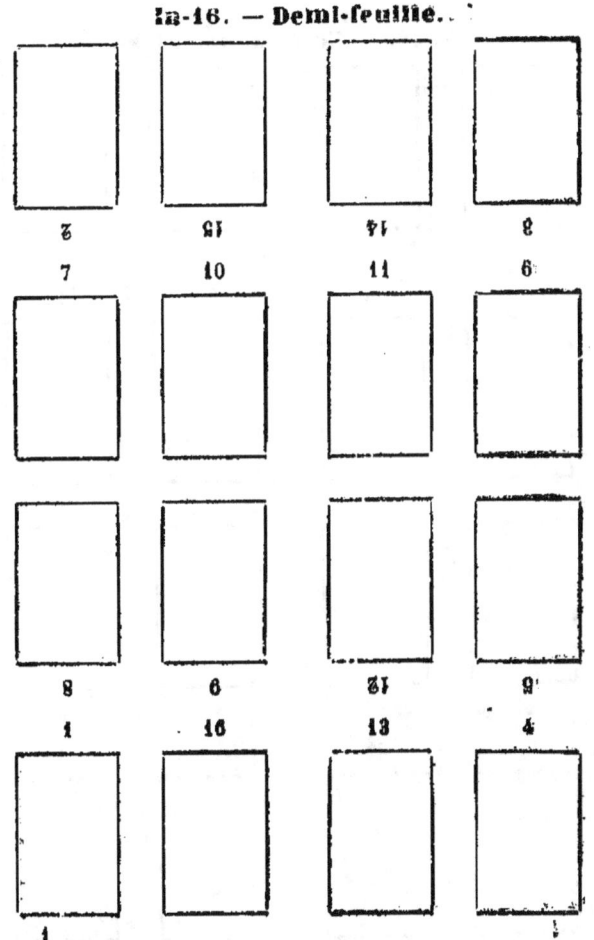

In-16. — Demi-feuille.

couverte est de ne paralyser en rien l'impression en noir, qui peut se faire simultanément, lors même qu'il se trouverait dans le texte des gravures en demi-teintes.

Celles qui concernent les papiers-monnaie.

Impressions irisées. Nom donné aux impressions qui réunissent les trois couleurs de l'arc-

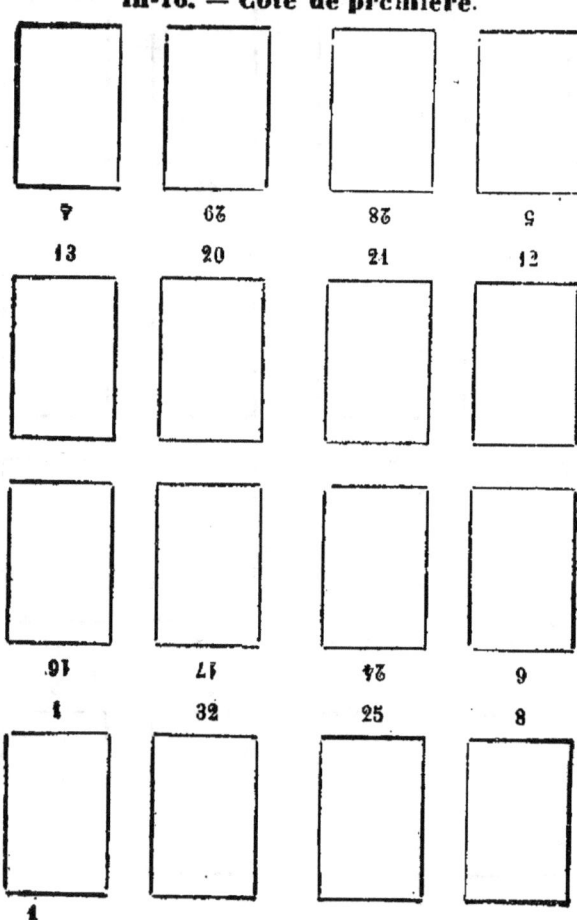

In-16. — Côté de première.

Impression en identique. Nom donné par M. L.-A. Monet à un genre d'impression qui consiste à reproduire identiquement, par décalque, le tirage du recto sur le verso.

Impressions fiduciaires.

en-ciel. Jusqu'à présent, ces impressions ne s'obtenaient que par la lithographie, avec le concours de la photographie lorsqu'on voulait des teintes claires. Grâce aux recherches couronnées de succès faites par la maison Berger-

Levrault, on les obtient aujourd'hui typographiquement, avec un seul cliché et d'un seul coup de presse.

Impressions mordorées.

primé et que l'autorité compétente mettait sur les manuscrits à l'époque où l'on ne pouvait rien confier à l'imprimerie avant d'avoir passé par la censure.

In-16. — Côté de seconde.

9	27	30	3
11	22	19	14
10	32	18	15
7	26	31	2

Faire dissoudre dans de l'alcool à 90°, 250 gr. de gomme-laque pour obtenir un vernis auquel on ajoute 100 gr. d'aniline. Laisser reposer pendant quelques heures et broyer avec le tout une petite quantité d'encre d'imprimerie.

Imprimatur n. m. Mot latin traduit par : *qui peut être im-*

Imprimé n. m. Nom générique sous lequel on désigne les circulaires, prospectus, catalogues, etc., imprimés typographiquement.

Imprimerie n. f. Atelier où s'exécutent les impressions, quelle que soit la nature de celles-ci.

Imprimerie Nationale. On attribue à tort la fondation de l'imprimerie Nationale à François Ier. Celui-ci fit en effet graver par Garamond, en 1531, des caractères grecs, hébraïques et romains dont il confia la garde à Robert Estienne, et que possède encore l'imprimerie Nationale, mais ce fait n'implique aucunement l'idée arrêtée de créer un établissement exclusivement consacré au service de l'Etat. Le véritable fondateur de l'imprimerie gouvernementale est Richelieu, qui l'installa au Louvre en 1640 et nomma son premier directeur, Jean Anisson. Sous la Révolution, l'imprimerie Nationale fut transportée à l'hôtel de Penthièvre, devenu la Banque de France, et, en 1809, installée à l'hôtel de Rohan où elle est encore aujourd'hui.

Imprimés transparents. Faire dissoudre de la résine de Dammar dans du benzol, filtrer et plonger la feuille de papier, bien satinée, dans le récipient con-

In-24 en 3 cahiers égaux. — Côté de première.

tenant la solution. On laisse à la pâte le temps de s'imprégner et l'on fait sécher. Satiner de nouveau s'il y a lieu. On peut encore diaphaniser le papier en le laissant séjourner pendant un certain temps dans une solution composée de : une partie en volume d'huile de ricin et de deux ou trois parties d'alcool à 90°.

Imprimeur en chambre. Celui qui travaille avec une minerve et quelques casses de caractères de fantaisie pour un public restreint. L'imprimeur en chambre n'a pas de boutique, et, comme son nom l'indique, ne peut exécuter que de menus travaux.

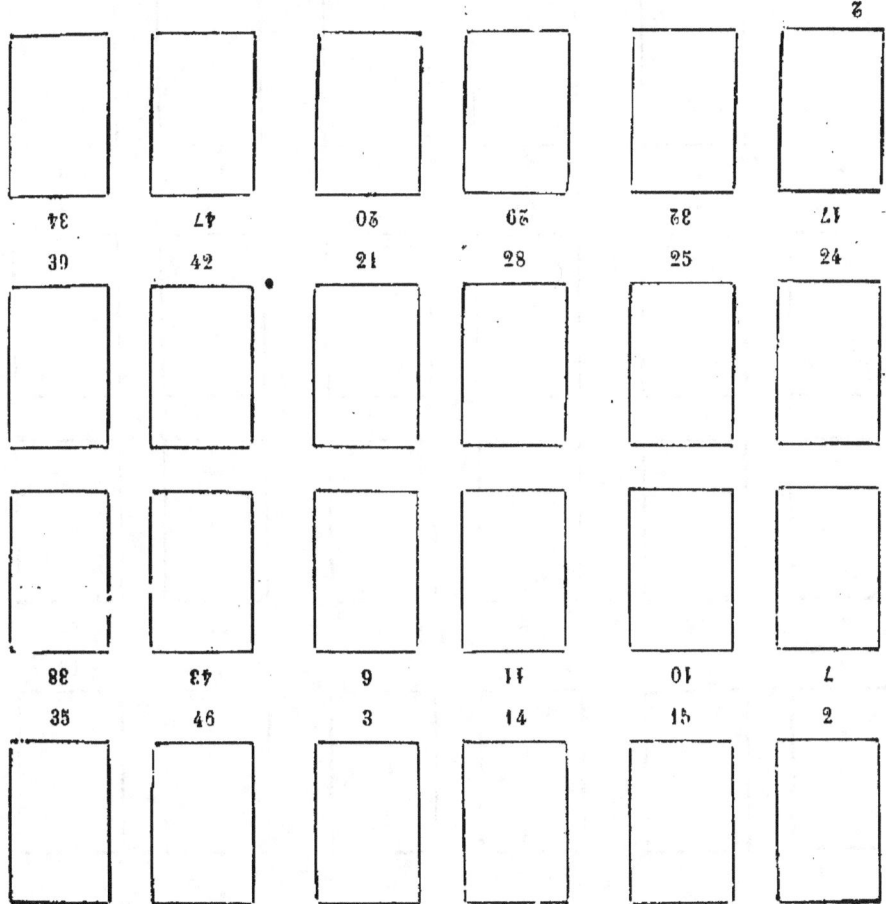

In-24 en 3 cahiers égaux. — Côté de seconde.

Incunable n. m. Nom donné aux premiers livres imprimés. Tous les livres antérieurs à 1500 sont des incunables. Ce mot vient du latin *incunabula* qui veut dire berceau, lieu de naissance.

Intercalation n. f. On nomme intercalation tous les caractères étrangers à la casse dans laquelle on compose, c'est-à-dire les petites capitales, l'italique, la normande, l'égyptienne, etc. Les intercala- donner de l'air, une ou plusieurs lamelles de plomb dénommées interlignes ; interligner à 2 points, 3 points, 4 points, c'est mettre

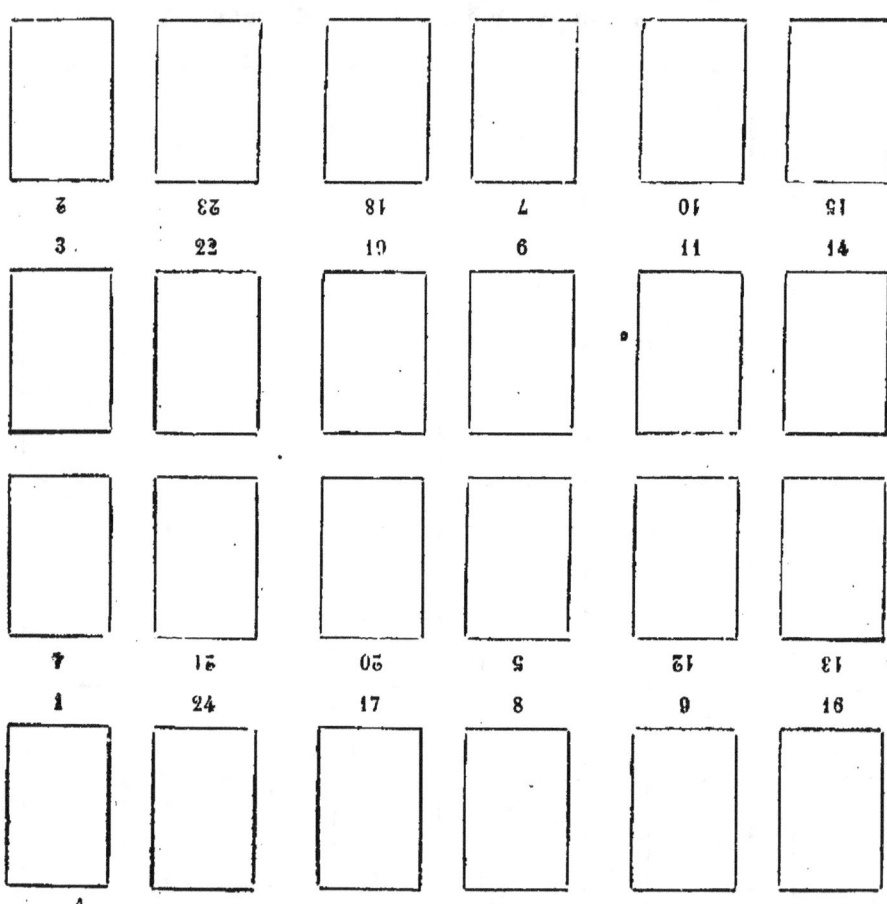

In-24, demi-feuille, en 1 cahier. — Sans coupure.

tions, au tarif parisien, sont payées 1/2 centime au compositeur.

Intercaler v. Introduire un passage dans un texte, une composition quelconque.

Interlignage n. m. Action d'interligner.

Interligner v. Mettre entre les lignes, pour les espacer, leur entre chaque ligne une interligne de 2, 3 ou 4 points.

Interpoler v. Syn. d'intercaler.

Interview n. f. Mot anglais, qui désigne *l'entrevue* d'un journaliste et d'un personnage en vue, à qui il vient demander son opinion sur les événements du jour.

Interviewer v. Prendre une interwiew.

Iode n. m. L'iode est un réactif puissant pour faire découvrir tout suppose falsifié ; tout trait effacé apparaît aussitôt en brun violacé. Il n'est pas jusqu'aux traces de doigts qui ne soient signalées.

In-24, demi-feuille oblong, en 1 cahier.

10	15	16	9
11	14	13	12

7	21	22	3
5	20	19	6

8	17	18	7
1	24	23	2

(Les numéros retournés indiquent l'impression au verso.)

changement opéré dans l'écriture d'un texte écrit sur papier quelconque. Il suffit pour cela de mettre pendant quelque temps au-dessus d'une soucoupe contenant de l'iode le papier que l'on

Italique adj. Dans l'argot typographique, italique signifie penché, tordu, mal d'aplomb : il a le nez, les jambes italiques ; signifie que celui dont on parle a le nez, les jambes tordues.

In-12 en 1 cahier, avec coupure. — Côté de première.

12	13	16	9
8	17	20	5
1	24	21	4

In-12 en 1 cahier, sans coupure. — Côté de première.

5	20	17	8
12	13	16	9
1	24	21	4

— 91 —

In-12 en 1 cahier, avec coupure. — Côté de seconde.

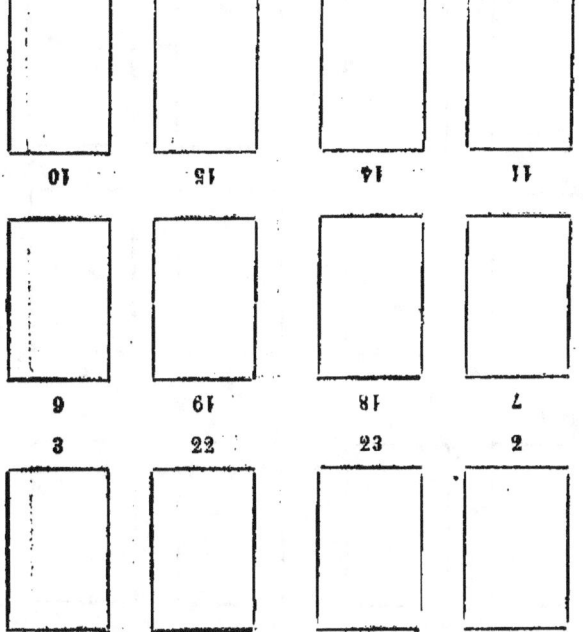

In-12 en 1 cahier, sans coupure. — Côté de seconde.

In-12 demi-feuille, en 1 cahier.

3	10	9	4
6	7	8	5
1	12	11	2

In-12 oblong. — Côté de première.

13	15	14	16
8	17	20	5
1	24	21	4

J

Jaspure n. f. **Jaspage** n. m. Opération consistant, pour le relieur, à imiter le jaspe sur la tranche des livres. Les Anglais, sous le nom de *marbrure au riz*, jaspent avec des grains de riz, du sable ou de la mie de pain.

Jet n. m. Tige de matière qui

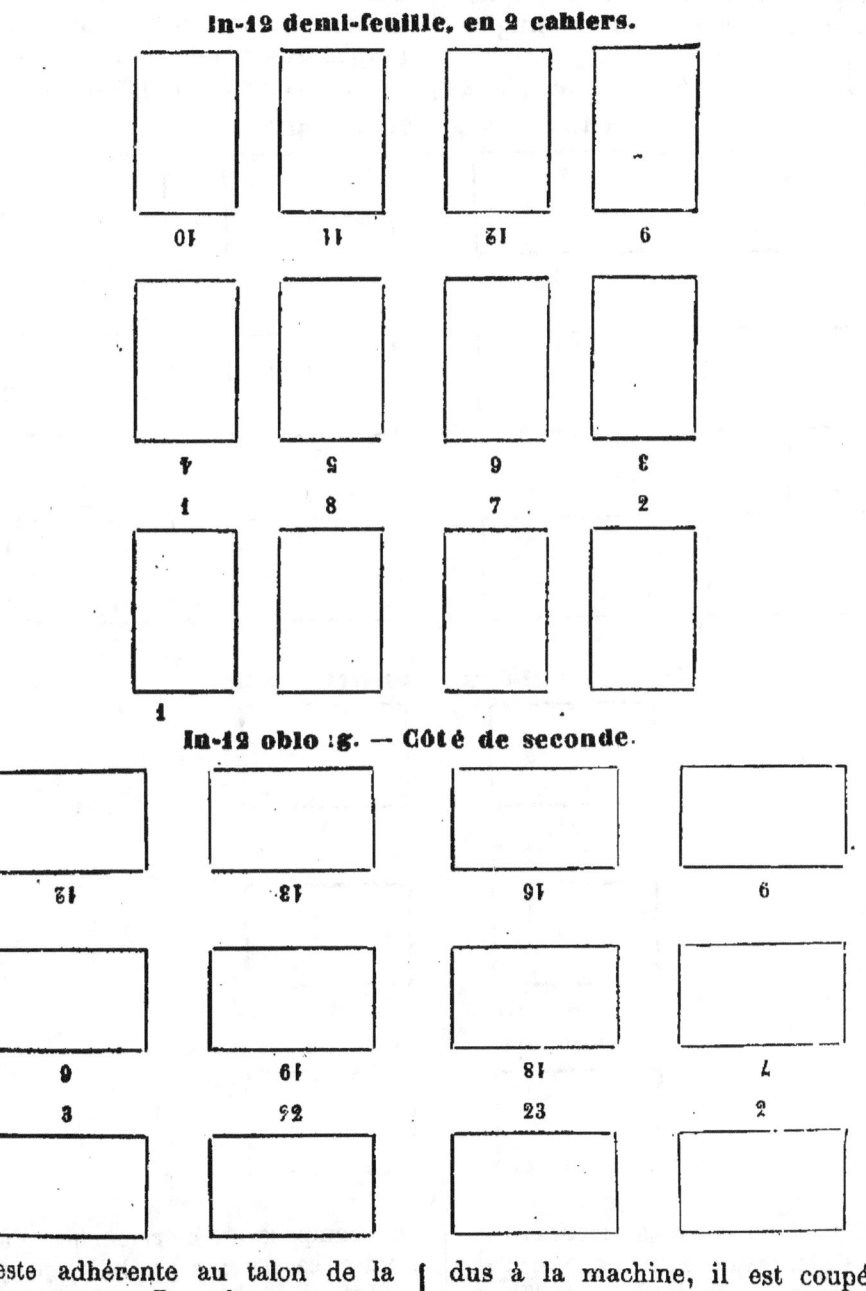

In-12 demi-feuille, en 2 cahiers.

In-12 oblong. — Côté de seconde.

reste adhérente au talon de la lettre fondue. Dans les caractères faits au moule, le jet se rompt à la main. Dans les caractères fon- dus à la machine, il est coupé mécaniquement à l'aide d'un couteau *ad hoc*. Le jet évite les soufflures qui se produiraient dans le corps de la lettre si l'air qui les occasionne ne pouvait se réfugier dans cette tige.

Jeu n. m. Nom donné à la poignée de feuilles destinées à être glacées ou satinées, et qui se compose habituellement de 20 ou 25 feuilles.

Jeu de casses. On appelle ainsi le nombre de casses dont dispose personnellement un typographe travaillant à demeure dans une imprimerie. Le jeu de casses se compose généralement de quatre casses : sept, huit, neuf et dix.

Jeu de filets. Collection de filets d'une même famille, fondus

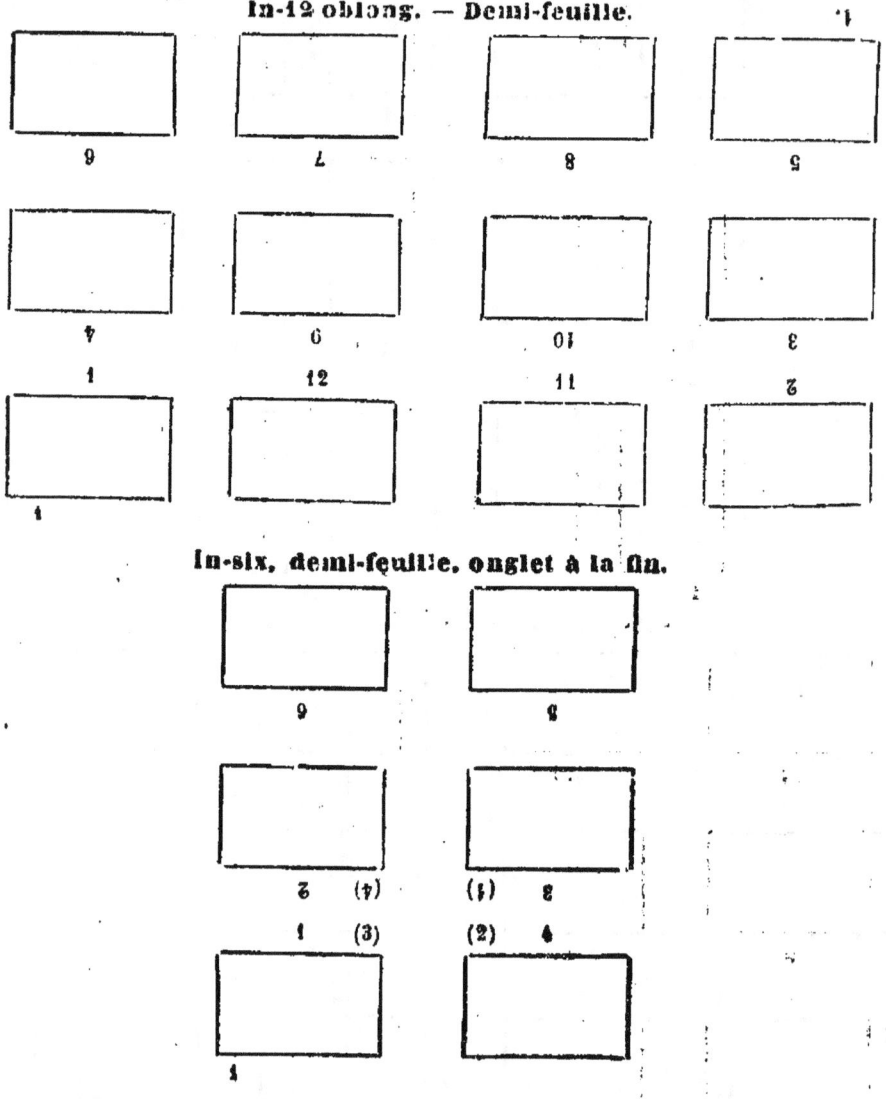

— 95 —

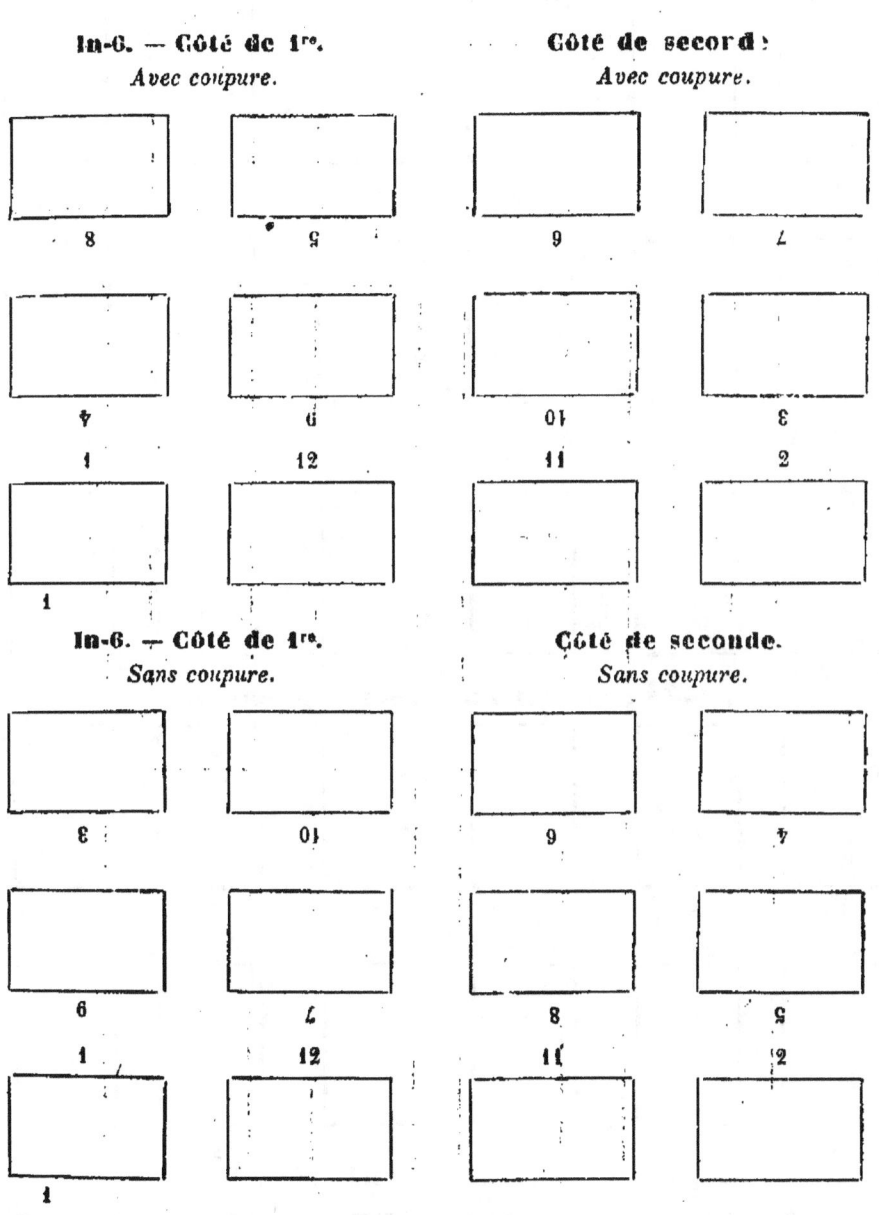

sur corps d'après des longueurs déterminées.

Jeu de rouleaux. La collection des rouleaux nécessaires au fonctionnement d'une machine à imprimer. Dans les machines ordinaires, le jeu se compose d'un *preneur*, plus court que les autres rouleaux, de 2 ou 3 *distributeurs* et 2 ou 3 *toucheurs*.

In-18 en 1 cahier. — Côté de première.

10	27	26	11	20	17
8	29	32	5	22	15
1	36	33	4	23	14

In-18 en 2 cahiers. — Côté de première.

12	13	16	9	32	29
8	17	20	5	28	33
1	24	21	4	25	36

1   2

— 97 —

In-18 en 1 cahier. — Côté de seconde.

81	61	ZI	SZ	8Z	9
91	IZ	9	IE	0E	L
13	24	3	34	35	2

1

In-18 en 2 cahiers. — Côté de seconde.

0E	IE	0I	SI	ÞI	II
ÞE	LZ	9	6I	8I	L
35	26	3	22	23	2

6

In-18 en 3 cahiers égaux. — Côté de première.

9	7	20	17	32	29

4	6	22	15	34	27
1	12	23	14	35	26

1

Demi-feuille in-18 pour machine à retiration. — Côté de première.

14	3	12	7

4	15	6

1   13

— 99 —

In-18 en 3 cahiers égaux. — Côté de seconde.

30	31	18	19	8	5
27	33	16	21	10	3
25	36	13	24	11	2

Demi-feuille in-18 pour machine à retiration. — Côté de seconde.

8	11	9	13
10		1	3
		7	2

Jeu (Faire le), Expression qui, dans la composition des journaux, signifie réunir les différentes cotes entre elles pour en faire des paquets de longueur. Quand la réunion des cotes forme plusieurs paquets, ceux-ci se coupent en *division*, afin de faciliter leur classement et d'éviter ainsi des erreurs. Il s'ensuit que tous les paquets terminés par un alinéa constituent la fin d'un article.

Journal (Formule de déclaration). Toute personne qui veut créer un journal est tenue d'adresser au procureur de la République de son ressort la demande *suivante :* « En exécution de l'article 7 de la loi du 29 juillet 1881, le soussigné (nom, prénoms, date et lieu de naissance, profession, domicile) déclare avoir l'intention de publier, comme gérant, un journal ayant pour titre..... lequel paraîtra (périodicité) et sera imprimé chez M..... Fait à..... le..... 18..... » Tout changement dans la formule ci-contre devra être notifié à qui de droit dans les cinq jours qui suivront.

Justification n. f. Action de justifier ; la largeur en points, en cicéros ou en douzes d'une composition, d'un tableau, etc.

Justification de la matrice. Quand la matrice a reçu l'empreinte du poinçon, elle demande à être rigoureusement justifiée pour lui permettre de correspondre exactement au *nez* de la machine à fondre. Cette opération se fait à l'aide d'une clef à main, faisant agir deux vis, dont l'une donne l'*épaisseur* et l'autre la *ligne*, c'est-à-dire un plan analogue pour toutes les lettres d'une même fonte. C'est par le nez que sort la matière qui doit frapper l'œil de la matrice pour former celui de la lettre.

Justifier v. C'est répartir entre chaque mot, lorsqu'une ligne est composée, le blanc voulu pour que cette ligne ait la longueur déterminée et puisse tenir dans le composteur sans tomber. Justifier son composteur c'est lui donner, à l'aide d'interlignes ou de cadrats, la dimension exigée par le travail de composition.

L

Labeur n. m. Nom donné aux ouvrages de texte, et plus particulièrement de longue haleine, par opposition aux travaux de ville.

Labeurier n. m. Ouvrier qui travaille sur les labeurs ; leveur de lignes.

Laminage n. m. Opération consistant à mettre *au point* les interlignes et les filets fondus sur de grandes longueurs. Le laminage doit se faire peu de temps après la coulée pour empêcher la matière de trop durcir sous l'action de l'air.

Laminer au refus. En parlant du papier, c'est laminer jusqu'à ce qu'il refuse la pression. Cette sorte de laminage se fait pour les papiers destinés à recevoir les impressions polychromes.

Lardée (Composition). Celle qui contient de l'italique, des petites capitales et autres caractères étrangers à la casse.

Lardon. (V. Composition lardée). On désigne aussi, dans l'argot typographique, les enfants sous le nom de *lardons*.

Larrons n. m. Morceaux de papier qui se collent quelquefois aux feuilles pendant l'impression; ils prennent naturellement l'encre au détriment de la bonne feuille et produisent ce que l'on appelle des moines.

Lavage n. m. Opération que son nom explique; dans la fabrication du papier, elle se fait après le blutage. — Quand les formes ont été imprimées, elles vont au lavage; frottées avec des brosses trempées dans l'eau de potasse ou de carbonate, elles sont ensuite rincées à l'eau claire. Les formes se lavent également à l'essence de térébenthine, au pétrole et même à la vapeur d'eau.

Lavage des blanchets. Il y a plusieurs modes de lavage des blanchets, parmi lesquels on peut recommander les suivants : Faire tremper pendant 20 ou 24 heures dans de bonne lessive ; laver ensuite avec du savon de Marseille, rincer à l'eau tiède. Enfin, pour leur conserver la souplesse voulue et les empêcher par la suite de prendre l'encre avec trop de facilité, les laisser séjourner pendant plusieurs heures dans une eau propre chargée de savon et faire sécher à l'air libre.

Lavage des rouleaux. Le lavage des rouleaux est une opération très délicate, qui demande beaucoup de soin. Autrefois, les rouleaux se lavaient exclusivement à la potasse, qui avait l'inconvénient de les gercer et de les priver de l'*amour* indispensable à une belle impression. Aujourd'hui, on lave des rouleaux avec du carbonate de soude, du pétrole et de l'essence de térébenthine. Il en est même qui ne se lavent pas du tout et que l'on se contente de décharger soigneusement à l'aide de maculatures. Les rouleaux des minerves, fabriqués avec des pâtes spéciales, supportent mal le lavage; on devra donc se contenter de les décharger.

Lavrons n. m. On donne ce nom aux coins formés par des feuilles repliées sur elles-mêmes, comme il s'en rencontre quelquefois dans les volumes reliés ou brochés. Ces coins, lorsqu'ils dépassent la hauteur des marges de tête ou de pied, c'est-à-dire quand ils portent sur le texte, produisent le même résultat que les *larrons*.

Lecteur d'épreuves. Nom donné, à l'imprimerie Nationale, aux correcteurs en première.

Lecture n. f. La lecture est le travail du correcteur en première.

Légalisation n. f. Formalité consistant, pour les journaux renfermant des annonces légales, à faire légaliser par le maire la signature du gérant sur deux exemplaires du numéro.

Légende n. f. On donne ce nom à la ligne qui se trouve placée sous une gravure pour en expliquer le sujet.

Levage n. m. On dit que les pages ou les lettres *lèvent* quand la forme, étant mal ou trop fortement serrée, les pages ou les lettres remontent au lieu de reposer d'aplomb sur le marbre. Le levage se produit également quand la lettre est couchée, principalement dans les travaux à deux colonnes. Pour y remédier, on desserre complètement et l'on secoue les pages avec l'extrémité des doigts afin de faire descendre les espaces qui remontent toujours dans ce cas, et aussi pour rendre aux lettres la position rectiligne qu'elles doivent occuper.

Lever la lettre. Syn. de composer.

Leveur n. m. Nom donné à l'ouvrier qui, après la mise en presse de la porse, est chargé de sortir de celle-ci les feuilles humides qu'elle renferme.

Leveur de lettres. Lignard, celui qui ne fait que des lignes.

Lessivage n. m. Action de débarrasser des matières qui les imprègnent les chiffons destinés à la fabrication du papier. Les produits le plus généralement employés pour le lessivage des chiffons dans la fabrication du papier, sont : la chaux caustique, les cristaux de soude en solution à 36°, les sels de potasse, le sel de soude à 80°.

Lézardes n. f. Raies blanches, en zigzag, produites sur la feuille imprimée par la rencontre inopinée d'espaces placées les unes au-dessous des autres ; on doit éviter les lézardes, qui sont toujours disgracieuses, et au besoin remanier la composition pour les faire disparaître.

Libraire n. m. Celui qui vend des livres.

Librairie n. f. Boutique de libraire.

Ligature n. f. En terme d'écriture et d'imprimerie, on donne ce nom à plusieurs lettres liées ensemble et ne formant qu'un seul mot, comme cela a lieu fréquemment dans les écritures grecque et arabe.

Ligature des paquets. Quand la copie est composée, on en fait des paquets de longueur variable que l'on maintient avec une ficelle ; celle-ci doit faire au moins trois fois le tour du paquet si l'on veut qu'il ne coure aucun risque de mise en pâte. La ficelle s'arrête, sans nœud, soit en tête, soit en queue du paquet, jamais sur le côté, en la faisant passer, à l'aide des pinces ou d'une interligne de trois points, entre la composition et les tours de ficelle. Cette ligature doit se terminer par une boucle afin que l'on n'ait plus qu'à tirer l'extrémité de celle-ci quand on veut délier le paquet.

Lignard n. m. Ouvrier compositeur qui ne fait que lever des lignes.

Ligne n. f. En fonderie, la ligne est la position rectiligne qui doit être donnée à la lettre fondue, par rapport au type auquel cette lettre appartient. Il ne suffit pas de fondre, en effet, pour que les lettres se trouvent exactement sur le même plan ; il est nécessaire, pour cela, de procéder à certaines opérations préliminaires, parmi lesquelles celle de la justification de la matrice.

Ligne à voleur. Lorsqu'un compositeur est sur le point de terminer une phrase formant un alinéa, il espace généralement les mots plus fortement que dans les lignes précédentes. Il espère toujours, par ce moyen, arriver à tirer une ligne dans laquelle ne se trouvera qu'un mot ou une fraction de mot. Cette ligne, qui se justifie avec des cadrats, est naturellement moins longue à composer que celles dans lesquelles il entre 40 ou 50 lettres, ce qui lui a valu le nom de *ligne à voleur*.

Ligne boiteuse. On appelle ainsi une queue d'alinéa, lorsqu'à la mise en pages elle tombe en tête de page. Cette disposition ne s'accepte pas et l'on doit remanier, casser une ligne, jeter ou enlever du blanc dans les titres pour chasser d'une ligne ou gagner celle-ci. Si le texte est plein et que l'on ne puisse procéder comme il vient d'être dit, on fait la page longue d'une ligne et l'on signale cette anomalie à l'auteur qui doit y remédier en changeant son texte.

Ligne (Bout de). Fin d'un alinéa terminé par des cadrats.

Ligne débordante. Celle qui empiète sur la marge, ce qui arrive fréquemment dans la composition des vers que l'on ne veut pas crocheter, ou dans celle de l'algèbre.

Ligne de pied. La ligne de pied est une ligne blanche qui termine les pages prêtes à être imposées. C'est dans cette ligne que s'intercalent la signature des feuilles et la réclame qui est susceptible de l'accompagner.

Ligne perdue. On donne ce nom, dans un titre, à une ligne qui marche seule alors que le mot ou les mots qui la composent pourraient faire partie de la ligne précédente ou suivante. Tel est, par exemple, le mot *par*, dans la désignation des noms d'auteurs : *Manuel d'héliogravure...* PAR... G. Bonnet. Si le mot *par* marche seul, il est composé en ligne perdue.

Ligne pour ligne (Aller). C'est suivre sa copie de manière à ne pas faire plus de lignes qu'elle n'en comporte. On ne va guère ligne pour ligne que dans la réimpression, cette marche étant à peu près impossible dans le manuscrit.

Liminaire adj. Qui est en tête d'un livre : épître liminaire.

Lire v. Syn. de corriger : *Lire en première*, *en seconde*.

Lithotypurgie. L'art de fabriquer des caractères typographiques en pierre. Des essais en ce genre furent faits il y a quelques années en Allemagne, mais il ne paraît pas qu'ils aient donné de bons résultats.

Logotypographie n. f. Composition exécutée à l'aide des logotypes.

Logotypes n. m. Nom donné à des graphies obtenues par la fonte et qui consistaient en des blocs formés de mots et de syllabes. Les logotypes furent créés, au siècle dernier, par le typographe anglais Henri Johnson. Le *Daily universal Register*, sur lequel fut greffé le *Times*, était imprimé en logotypes. Cet essai fut repris plus tard en France sous le nom de *polymatisme*, mais sans plus de succès qu'en Angleterre.

Long (Être). Expression qui, surtout dans les journaux, signifie qu'il y a un excédent de composition et qu'on ne peut tout faire tenir dans le nombre de pages adopté. Dans ces conditions, c'est au secrétaire de la rédaction ou *cuisinier* qu'il appartient d'indiquer ce qu'il faut supprimer.

Losange typographique (Théorème du). Nous désignons sous ce nom un théorème de géométrie sur lequel repose toute la coupe des filets.

Avant de l'exposer, disons, tout d'abord, que la coupe des filets ressort de la géométrie dans l'espace, puisqu'elle s'occupe de corps solides, dont les sections donnent des *angles dièdres;* mais elle se ramène facilement à une question de géométrie plane, *les angles dièdres ayant pour mesure les angles plans correspondants.*

Théorème. *Deux systèmes de parallèles équidistantes qui se coupent forment un losange.*

Démonstration. Soient les deux systèmes de parallèles AB, CD et EF, GH, séparées par des distances égales l. Leur intersection

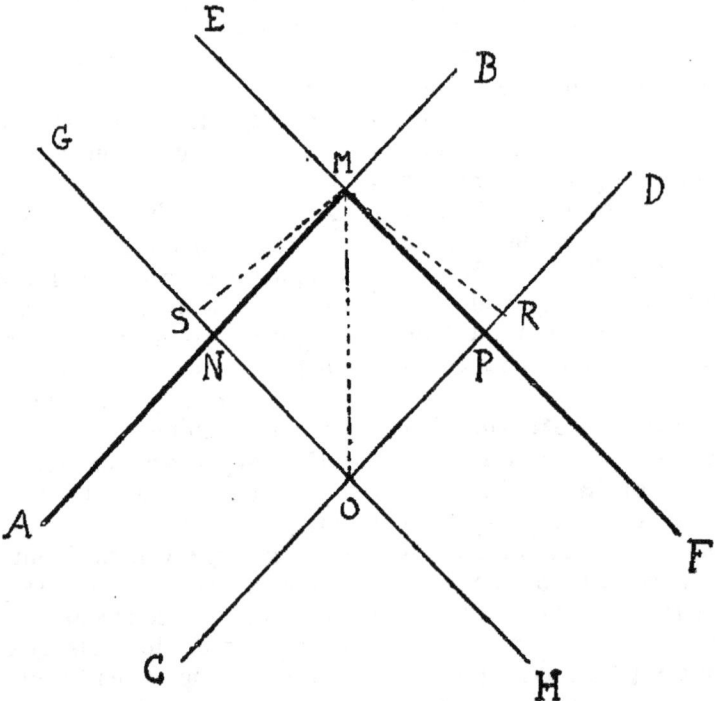

déterminera le parallélogramme MNOP, qui est un losange. Démontrons que les côtés MN et MP sont égaux; les deux autres, NO, OP, le seront aussi, puisque les côtés opposés d'un parallélogramme sont égaux. Abaissons donc, du point M, les perpendiculaires MR et MS, qui sont égales comme distance l de parallèles équidistantes. Les deux triangles MSN et MPR sont égaux comme ayant un côté égal MR $=$ MS $= l$, adjacent à deux angles égaux : MRP $=$ MSN comme droits et PMR $=$ SMN, comme angles aigus ayant leurs côtés perpendiculaires. Il s'ensuit que MN $=$ MP $=$ PO $=$ NO, et que *le parallélogramme MNOP est un losange.*

Or, le point M appartient aux deux filets, puisqu'il est l'intersection de leurs bords extérieurs ; le point O y appartient également comme intersection de leurs bords intérieurs. La face de rencontre des filets sera dirigée suivant MO, diagonale du losange. Mais celle-ci divise les angles intérieurs en M et en O, en deux parties égales. Les anglets NMO et PMO sont donc la moitié de l'angle formé par la rencontre des deux filets, et comme cet angle est quelconque, il s'ensuit que :

COROLLAIRE. *L'anglet est la moitié de l'angle.*

Cette conséquence de la proposition que nous venons d'établir en fait donc le *principe fondamental* de la coupe des filets.

Lot n. m. A l'imprimerie Nationale, on appelle ainsi la distribution payée. Les lots se composent d'un certain nombre de pages dont le prix est évalué, selon les cas, au quart ou au sixième du prix de la composition. Les lots sont accompagnés d'un bordereau mentionnant leur valeur, et qui sert pour la *banque*, de pièce justificative.

Loterie n. f. La loterie, qui se pratique dans les journaux, a pour objet de faire travailler un camarade dans le besoin ou un remplaçant qui n'a pas fait sa semaine. On met dans un chapeau les noms de ceux qui veulent y participer : le dernier sortant est gagnant. Il peut quitter l'atelier, sa journée ou sa nuit lui étant payée en partie par ceux qui ont couru la chance. Exemple : La journée vaut 10 fr. et l'équipe compte 20 hommes. Si chacun prend un billet, la valeur de celui-ci est de 50 centimes. Les perdants devront donc chacun 50 centimes au remplaçant, qui les touchera le jour de la banque, et le gagnant percevra ses 10 fr., comme s'il avait travaillé, mais il devra lui-même donner 50 centimes à son remplaçant.

Lottinoplastie n. f. Procédé de moulage au papier inventé par le grand chimiste, peintre, sculpteur, explorateur et littérateur Lottin de Laval. Le clichage au papier, qui n'est autre qu'une application de la lottinoplastie, fut mis pour la première fois en pratique par Pierre Leroux, ami de Lottin de Laval, dans son imprimerie de Boussac, en 1850.

Lustrage. (V. Glaçage.)

M

Machurat n. m. Mauvais imprimeur.

Machurer v. Imprimer sans goût, gâcher du papier.

Macrostiche adj. Se dit d'une composition faite en longues lignes.

Maculage n. m. Défaut de ce qui est maculé ; action de maculer.

Maculature, Macule n. f. Feuille de décharge hors de service et maculée d'encre. On donne quelquefois ce nom au papier goudron qui sert aux emballages.

Maculer v. On dit que l'impression macule quand l'encre décharge sur les feuilles imprimées, ce qui arrive lorsqu'elle n'est pas assez siccative ou qu'on superpose un nombre trop considérable de feuilles imprimées. Dans ce cas, les feuilles du fond, sous l'action du poids qu'elles ont à supporter, seront toutes maculées.

Main n. f. La main de papier est composée de 25 feuilles, elle constitue donc la 20e partie d'une rame, puisque celle-ci compte 500 feuilles. Lorsqu'on veut calculer la valeur d'une ou plusieurs rames et d'un certain nombre de mains, il suffit de faire le raisonnement suivant : la main valant 1/20 ou 5 centièmes de rame, j'écris à droite du nombre des rames celui des mains multiplié par 5 ou réduit en centièmes de rame, et je multiplie par le prix de la rame. Ainsi, 5 rames 9 mains équivalent à 5 rames 45 (5,45). A 11 fr. 75 la rame, le prix est donc de 11 fr. 75 × 5,45.

Malheureux n. m. Nom donné aux morassiers, de ce qu'il leur faut rester pour terminer le journal quand le reste de l'équipe quitte l'atelier.

Malheureux (Tour de). La corvée que doit faire le malheureux quand son tour arrive.

Mal-nommés n. m. Nom donné ironiquement par les piécards aux hommes de conscience qui, paraît-il, *ne suent que quand il fait très très chaud*.

Manchette n. f. Addition marginale.

Manger un lapin. Aller à l'enterrement d'un camarade. Cette expression a pris son origine dans ce fait qu'autrefois, après l'enterrement, on se réunissait dans un restaurant pour *pleurer le défunt* en mangeant un ou plusieurs lapins, arrosés de nombreuses bouteilles de *blanc* et de *rouge*.

Manuscrit n. m. Nom donné à la copie quand elle est écrite à la main. Son opposé est réimpression. Toutefois on considère comme manuscrit et l'on paie comme tel, l'alinéa comportant des ajoutés, ou la copie qui nécessite une marche nouvelle.

Manuscrit belge. Réimpression. Ce nom vient de ce qu'autrefois les Belges, très nombreux en France, déchiffraient avec peine la copie manuscrite : on ne leur donnait que de la réimpression, d'où le nom de *manuscrit belge* donné à celle-ci.

Marblotypie, Marbrotypie n. f. Un des noms de la plombotypie, de ce que celle-ci imite les veines et les dessins du marbre.

Marbre n. m. Dans les journaux, on appelle marbre les articles qui, faute de place, n'ont pu passer et sont remis à un autre jour.

Marbreur n. m. Ouvrier relieur plus spécialement chargé de marbrer la tranche des livres ou la basane qui sert de couverture à ces derniers. Dans la papeterie, ouvrier chargé de marbrer ou de raciner les papiers.

Marbrure n. f. La marbrure se fait quand la peau — presque toujours de la basane — a été collée sur les cartons de la couverture. Elle a pour objet de rompre l'uniformité de cette peau par des enjolivements imitant le marbre ou les racines d'arbre. Dans ce dernier cas elle prend le nom de *racinage*.

Marche à suivre. Dans les ouvrages compliqués, il est de règle de composer préalablement un certain nombre de lignes dans lesquelles on a réuni les difficultés à vaincre ; on en fait ensuite autant d'épreuves qu'il y a de compositeurs sur le travail, pour qu'ils aient à se conformer au modèle donné.

Marcher v. Opiner du bonnet ; être de l'avis de quelqu'un. *Je marche*, c'est-à-dire, j'en suis, j'approuve.

Marcheur n. m. Gobeur, crédule ; celui qui se laisse facilement entraîner.

Marge n. f. Les blancs qui encadrent les pages d'un livre. Pour qu'une imposition soit faite d'après les règles admises, la marge de pied et la marge extérieure doivent comporter 1/2 cinquième de plus que la marge de tête et la marge de fond.

Marge au taquet. Cette sorte de marge s'applique surtout aux travaux qui ne vont pas en retiration. Elle consiste à bien aligner la feuille le long des taquets placés sur la table de marge, et qui sont à la machine ce que le composteur est à la justification.

Marge coulante. Nom donné à une disposition mécanique inventée par M. Marinoni, et qui permettait, dans les primitives machines cylindriques, de conduire aux mêmes cylindres d'impression, à l'aide de cordons, toutes les feuilles passées par les différents margeurs, dont le nombre alla jusqu'à six.

Marge en dessous ou **marge anglaise.** Système de marge appliqué à certaines machines, dans lequel les pinces saisissent la feuille quand le mouvement de rotation du cylindre l'a amenée à la partie inférieure.

Marge (Faire la). C'est, pour le conducteur, prendre ses mesures dans le placement de la feuille à imprimer pour que celle-ci ait exactement le blanc qui convient aux marges.

Marger v. Passer les feuilles sur le cylindre d'une machine pour obtenir leur impression.

Marger en décharge. C'est passer, en même temps que la feuille à imprimer, une autre feuille dite de décharge, pour empêcher le maculage. La marge en décharge se fait à l'aide de deux margeurs, l'un passant la bonne feuille, l'autre la décharge.

Marger en pointure. C'est se servir de l'ardillon appelé pointure pour obtenir une retiration irréprochable. Dans les travaux soignés, le papier est perforé d'avance et le pointeur n'a qu'à introduire l'ardillon dans le trou de pointure. On comprend que la feuille, ainsi maintenue, ne subisse pas les variations inhérentes à la marge au taquet.

Margeur n. m. Celui qui passe la feuille sur la machine à imprimer. Beaucoup de margeurs sont en même temps pointeurs.

Mariage n. m. Imposition de travaux disparates, factures, têtes de lettres, circulaires, etc., qui se tirent sur une seule et même feuille de papier et s'imposent dans le même châssis.

Mariole n. m. et adj. Se dit d'un typographe habile aussi bien que de celui qui est né malin et ne se laisse pas facilement tromper.

Marron n. m. Typographe qui travaille pour son propre compte chez un imprimeur, lequel fournit le matériel moyennant un tant pour cent sur le travail exécuté chez lui.

Mastic n. m. Discours embrouillé, confus, dans lequel l'orateur se perd. Erreurs graves dans la composition, les remaniements, l'imposition, le foliotage, etc.

Mastiqueur n. m. Mauvais orateur, celui qui s'exprime mal et ne sait pas émettre ses idées. Ouvrier inhabile, coutumier des mastics.

Mata n. m. de **Matamore.** Nom donné, à l'imprimerie Nationale, aux metteurs en pages, qui sont dans cet établissement, plus que partout ailleurs, des personnages importants et privilégiés. Les matas constituent une sorte de caste qui se mélange rarement aux *éculeux* ou bourreurs de lignes.

Mèche n. f. A l'imprimerie Nationale, association de deux ou de quatre ouvriers au plus pour l'exécution d'un travail. Cette expression paraît prendre son origine dans ce fait qu'autrefois, lorsqu'on travaillait la nuit à la chandelle, la lumière de celle-ci servait souvent à éclairer deux compositeurs, d'où travailler à mèche, c'est-à-dire avec la mèche commune.

Mèche-d'affût. Avant l'abolition des maîtrises, la mèche-d'affût était une sorte de commandite qui se pratiquait dans beaucoup d'imprimeries. Le prote remettait la copie de l'ouvrage à un ancien et celui-ci choisissait ses collaborateurs pour l'exécuter en commun.

Mèche (Demander). C'est se présenter dans une imprimerie et y offrir ses services au prote ou au patron. *Chercher mèche*, c'est n'avoir rien à faire et chercher du travail.

Mèche (Etre de, travailler à). C'est travailler en association pour l'exécution d'un travail quelconque. *La mèche* ne se compose généralement que de deux ou quatre associés au plus. Cette expression s'est glissée depuis quelques années dans le langage politique et financier, à la suite de la déconfiture d'un banquier qui avait déclaré *être de mèche* avec le garde des sceaux d'alors. L'imprimerie Nationale, où cette expression est fréquemment employée, relevant du ministère de la justice, et les titulaires de ce ministère étant souvent les hôtes du directeur de l'imprimerie Nationale, on s'explique comment *être de mèche* est passé de la rue Vieille-du-Temple au péristyle de la Bourse et de là au palais Bourbon.

Mécheux n. m. Associé d'une mèche.

Memorandum n. m. Mot latin qui veut dire *chose qu'on doit se rappeler*. Les mémorandums sont très employés dans les maisons de commerce, sous forme de note à en-tête imprimé.

Mensuelle adj. Se dit d'une publication qui paraît tous les mois. Elle est bi-mensuelle si elle paraît deux fois par mois.

Métallochromie n. m. Procédé d'impression directe polychrome sur plaques métalliques, qui n'est autre que l'impression sur tôle.

Metteur en pages. Ouvrier typographe chargé de préparer les pages pour l'imposition. Le metteur est un chef d'équipe ; il répartit le travail entre tous les hommes qu'il occupe et leur fait lui-même la banque. Après la fonction de prote, celle de metteur est la plus recherchée, et souvent même la plus lucrative. Il y a seulement 25 ou 30 ans, il n'était pas rare de voir des metteurs gagner 6, 7, 8 et jusqu'à 1,500 fr. par quinzaine.

Mettre en casse. C'est mettre les caractères dans leurs compartiments respectifs quand ils arrivent en paquets de chez le fondeur.

Mettre sous presse. C'est mettre la forme sur le marbre d'une machine, ou le cliché, sur le cylindre de celle-ci, si l'on a affaire à une rotative, pour procéder à un tirage.

Meubles (Dans ses). On dit d'un journal qu'il est dans ses meubles quand il ne s'imprime pas chez un imprimeur attitré, mais dans des locaux appartenant à l'administration du journal ou loués par elle. Il suffit même que la composition se fasse dans ces locaux et le tirage chez un imprimeur pour qu'on dise d'un journal qu'il est dans ses meubles.

Mie de pain. Chose de peu d'importance : *metteur mie de pain*, c'est-à-dire inhabile, ne connaissant pas son métier ; ou encore metteur de peu de crédit, à qui l'on ne donne que des ouvrages sans importance.

Mille n. m. Les typographes aux pièces comptent leur travail au mille de lettres. Les prix varient selon les localités. Voici ceux en usage à Paris d'après le tarif de 1878 : *Corps 5*, manuscrit 85 cent., réimpression 80 cent. ; latin, m. 90 c., r. 88 c. ; anglais, italien, espagnol, allemand, m. 93 c., r. 88 c. *Corps 6*, m. 77 c., r. 72 c. ; latin, m. 82 c., r. 77 c. ; anglais, italien, etc., m. 85 c., r. 80 c. ; grec, m. 1 fr. 05, r. 98 c. *Corps 7*, m. 69 c., r. 64 c. ; latin, m. 74 c., r. 69 c. ; anglais, etc., m. 77 c., r. 72 c. ; grec, m. 95 c., r. 88 c. *Corps 8, 9, 10, 11*, m. 65 c., r. 60 c. ; latin, m. 70 c., r. 65 c. ; anglais, etc., m. 73 c., r. 68 c. ; grec, m. 90 c., r. 83 c. *Corps 12*, m. 69 c., r. 64 c. ; latin, m. 74 c., r. 69 c. ; anglais, etc., m. 77 c., r. 72 c. ; grec, m. 95 c., r. 88 c. *Corps 13*, m. 71 c., r. 66 c. ; latin, m. 76 c., r. 71 c. ; anglais, etc., m. 79 c., r. 74 c. ; grec, m. 1 fr., r. 93 c. *Corps 14*, m. 73 c., r. 68 c., latin, m. 78 c., r. 73 c. ; anglais, etc., m. 81 c., r. 73 c. ; grec, m. 1 fr., r. 93 c. *Corps 16*, m. 77 c., r. 72 c. ; latin, m. 82 c., r. 77 c. ; anglais, etc., m. 85 c., r. 80 c. ; grec, m. 1 fr. 05, r. 98 c.

Tous ces corps se comptent au calibrage sur l'alphabet, sauf le grec qui se compte sur les v.

Millésime n. m. Le chiffre indiquant la date de la publication d'un livre. En librairie, quand un ouvrage ne porte pas de millésime, on l'indique ainsi : (S. M.)

Mince adj. Pris adverbialement, signifie beaucoup, avec excès. *Mince de veine*, veut dire beaucoup de veine, beaucoup de chance.

Mise au bain galvanoplastique. Quand l'empreinte est entièrement terminée, on en graisse, avec du suif, les bords et les côtés, pour que le dépôt de cuivre ne recouvre pas ces parties, puis on répand sur l'œil du moule de l'alcool à 36° et l'on met au bain. L'empreinte devra plonger dans ce dernier et être recouverte par 0m 04 environ de liquide saturé.

Mise-Bas n. f. Nom de la grève, chez les typographes.

Mise en pages. Action de mettre les pages d'égale longueur pour les rendre propres à l'imposition et à l'impression. A cet effet, le metteur place sous son rang les paquets de composition, les délie sur une galée appelée *violon*, au fur et à mesure qu'il en a besoin, et procède à la mise en pages, mettant les titres et les blancs où ils sont nécessaires et indiquant les feuilles par les signatures qui leur sont propres.

Mise en placards. La mise en placards consiste, lorsque les compositeurs ont corrigé leur travail typographique, à faire une mise en pages en colonnes, dont la longueur varie selon la nature du travail. Ces colonnes s'imposent côte à côte et se tirent en épreuves sur du papier à grandes marges. La mise en placards a pour objet de permettre à l'auteur de faire les ajoutés et les suppressions nécessaires, sans obliger à des remaniements de mise en pages, ce qui arriverait si l'on commençait par celle-ci.

Mise en train n. f. La mise en train consiste dans les dispositions à prendre par le conducteur pour obtenir un tirage aussi parfait que possible. Elle se fait à l'aide de découpages dans les parties qui viennent trop noires ; de hausses ou béquets sous celles qui viennent grises, ainsi que sous les gravures ou clichés qui se comportent mal ; dans le réglage de l'encrier ; la mise en couleur ; la répartition du blanc des marges extérieures, etc.

Mobile n. m. Nom donné à la composition non clichée.

Mobile (Tirer sur). Imprimer sur une composition non clichée.

Modèles de blancs. Nom des travaux administratifs dans lesquels se trouvent réservés des blancs qui doivent être remplis à la main. Leur opposé est *modèles pleins*.

Moine n. m. Endroit, sur une feuille de papier imprimée, non touché par le ou les rouleaux, ce qui occasionne une tache blanche appelée moine, qui oblige à mettre la feuille au rebut.

Moletage n. m. Cette opération, comme son nom l'indique, se fait à l'aide de molettes ; elle a pour objet de former l'œil des filets moletés, ombrés et autres du même genre.

Monotypage n. m. Mot que l'on a voulu, mais sans succès, substituer à *clichage*.

Monotypie n. m. Un des noms de la dactylographie.

Monotypopolychromie n. f. Mode d'impression polychrome qui consiste à encrer la planche à l'aide d'un seul rouleau comportant toutes les couleurs du dessin à reproduire. Ce procédé, étant peu pratique, n'est pas employé.

Montage n. m. Action, pour les clicheurs et les galvanoplastes, de clouer sur bois un cliché ou un galvano. — Ensemble des moyens employés pour faire croire à quelqu'un une chose qui n'existe pas. Abréviation de montage de coup.

Montage des tableaux. Action de mettre debout un tableau après avoir préalablement composé toutes les têtes et les parties accoladées qui peuvent entrer dans les colonnes. Il est de règle, en effet, de ne procéder au montage que quand tout est composé, sauf les colonnes de chiffres qui peuvent s'établir au fur et à mesure que le montage s'opère. Dans le travail à mèche, l'un des associés monte et les autres composent, même les colonnes de chiffres.

Monter sur matière. Action, pour les clicheurs, de souder un cliché sur un bloc de plomb destiné à remplacer le bois, et,

pour les galvanoplastes, de couler du plomb dans la coquille étamée à cet effet. Dans ce dernier cas, on dit plutôt doublage.

Morasse n. f. L'épreuve d'un journal en pages. C'est sur elle que le secrétaire de la rédaction ou cuisinier fait les corrections de la dernière heure, lesquelles sont exécutées par les morassiers.

Morassiers n. m. Lorsque la pige est achevée et que le metteur a donné l'ordre de briser, l'équipe d'un journal met bas le composteur et quitte l'atelier. Pourtant, le travail n'est pas terminé, il reste à faire un peu de mise en pages, à corriger la morasse et à serrer les formes ; c'est ce travail qui incombe aux morassiers ou malheureux, et qui dure quelquefois plus d'une heure. On comprend qu'il est inutile de garder toute une équipe pour une besogne qui ne peut être faite par plus de trois ou quatre personnes, lesquelles sont appelées à tour de rôle, d'après une liste établie à cet effet.

Mordre v. Une frisquette mord quand elle porte sur la lettre par suite d'un mauvais découpage ou de trop de jeu dans les charnières qui réunissent la frisquette au tympan. — L'acide mord quand il attaque le zinc, le cuivre, etc.

Morrionotypurgie n. f. Art de fabriquer des caractères en porcelaine pour la composition des affiches. Ce genre de fabrication, connu des Chinois depuis des siècles, n'a été tenté en Europe qu'à partir de 1878.

Mors n. m. Nom donné à la saillie qui se voit, de chaque côté du dos, sur les plats d'un volume en cours de reliure, et qui est destinée à recevoir la couverture en carton. On apppelle également *mors* des charnières en cuir qui permettent aux livres doublés de moire de s'ouvrir plus facilement.

Mort (Il est). Il y a quelque trente ans, dans plusieurs imprimeries de Paris, on jouissait d'une liberté absolue, et il n'était pas rare que certains typos s'absentassent pendant cinq ou six jours. On disait alors de l'absent : *Il est mort*. Quand il reparaissait, on le guettait au passage et on lui *posait un ours* dans quelque coin de l'atelier. Pendant ce temps, les camarades entouraient sa casse de bougies allumées ; on faisait un drap mortuaire d'une blouse noire, et l'on chantait les prières des morts jusqu'à ce que le *défunt* vînt débarrasser sa place des objets macabres qu'on y avait rassemblés.

Mosaïque chromatique. (*Mosaic chromatic heat process*). Nom donné par les Anglais à un nouveau mode d'impression des couleurs, par un seul coup de presse, sans le secours d'aucun rouleau. L'impression se fait à chaud, en disposant les couleurs sur une table qui prend l'aspect d'une mosaïque, au moyen d'une presse lithographique ordinaire, mais à laquelle on a fait subir un certain nombre de modifications de circonstance.

Mouche à bœuf n. m. Mouchard, chez les typographes. Cette expression tend à disparaître des ateliers depuis qu'elle s'est acclimatée dans les faubourgs.

Mouiller v. L'eau, distribuée en petite quantité, à l'aide d'une éponge, sur la composition que l'on veut distribuer, jouit de la propriété d'agglomérer les lettres et de les empêcher de se mettre en pâte, tout en leur permettant de glisser plus facilement entre les doigts.

Moulage n. m. Opération par laquelle le clicheur prend l'empreinte d'une page ou d'une forme. A cet effet, on place sur cette dernière un flan humide et l'on frappe dessus à l'aide d'une brosse en poils de sanglier, pourvue d'un long manche. Au fur et à mesure que la lettre s'enfonce dans l'œil du flan, on double celui-ci avec du papier pour empêcher les déchirures. — Action de prendre l'empreinte d'une gravure, d'une composition mobile à l'aide de cire ou de gutta-percha pour obtenir un galvano. L'empreinte se prend au moyen d'une presse spéciale dite *presse à mouler*.

Moulage à la cire. Dans la galvanoplastie, on se sert de cire vierge, concurremment avec la gutta-percha, pour le moulage des gravures. En été, la cire remplit toutes les conditions désirables, mais en hiver, comme elle est susceptible de se contracter et de se fendiller, on y ajoute 4 à 5 p. 0/0 de térébenthine. Le coulage de la cire se fait en deux ou trois fois, dans des boîtes plus grandes que les pièces à mouler. On porte ensuite sous presse et l'on soumet à une forte pression. Le reste des opérations se fait comme pour le moulage à la gutta-percha.

Moulinet n. m. Mouvement que fait l'imprimeur à la presse à bras en rabattant la frisquette sur le tympan et celui-ci sur la forme, ce qui se fait presque simultanément. La rapidité et la bonne exécution de ce mouvement sont des qualités très appréciables chez les imprimeurs à la presse à bras.

Mulet n. m. Ouvrier qui seconde momentanément un metteur en pages. On le désigne aussi sous le nom de fonctionnaire.

Musée du Livre. Musée en formation, à Paris, et dont l'initiative est due à M. Arnold Muller.

Musée Plantin. Ce musée a été créé à Anvers en 1877, dans la maison qu'habita le célèbre imprimeur et ses descendants, dont le dernier fut Édouard-Joseph Moretus, qui mourut en 1880. Ce musée, curieux entre tous, est constitué par le matériel typographique, casses, caractères, presses, etc., ayant servi à Plantin lui-même, et qui est resté à la place qu'il occupait depuis la fondation de l'imprimerie. La chambre des correcteurs, entre autres, est absolument intacte et l'on y voit encore des épreuves corrigées par Juste Lipse. Des tableaux d'une grande valeur, dus aux pinceaux de Rubens, de Rembrandt et autres grands maîtres de l'époque, ornent les différentes salles du musée et font l'admiration des nombreux visiteurs.

Musicien n. f. Ouvrier dont les compositions sont chargées de corrections.

Musique n. f. Composition chargée de corrections. Groupe de mauvais compositeurs à qui l'on ne donne du travail que si l'on est dans l'impossibilité de faire autrement.

N

Naïf n. m. Nom donné par Balzac au patron d'une imprimerie. Ce mot, peu connu, est rarement employé.

Naturotypie n. f. Procédé consistant dans la reproduction des choses de la nature par les moyens qui caractérisent la sélénotypie ou plombotypie.

Néaumoins (*Nez en moins*). Nom donné par dérision, dans les ateliers typographiques, à ceux qui ont de petits nez, peu en rapport avec la largeur de leur face. L'opposé de *nez en moins* est *nez faste*, mais plus vulgairement *décognoir*.

Nerf (Reliure à). (V. Nervures.)

Nervures n. f. Saillies produites par les ficelles qui se remarquent au dos de certains livres reliés. Cette expression vient de ce qu'autrefois les ficelles étaient remplacées par des nerfs.

Nettoyage de la coquille galvanoplastique. Quand le galvano a été ramené à ses proportions naturelles, on le met dans un récipient rempli d'eau et on laisse la pâte se détremper (V. Etamage de la coquille); on prend ensuite une brosse rude et l'on frotte l'œil jusqu'à ce qu'il ne reste plus trace de blanc d'Espagne. On donne alors le brillant en astiquant avec une brosse semi-douce, enduite d'un mélange de poudre de charbon de bois et d'eau du bain ; on sèche à la sciure de bois blanc et l'on enlève à la brosse les parcelles encore adhérentes.

Nez n. m. Nom donné par les relieurs à une imperfection qui fait que les feuilles ne sont pas exactement alignées par la tête, lorsqu'un volume est cousu.

Noix n. f. Bosses produites par le godage des feuilles et qui se remarquent dans certains volumes dont on a fait sécher le dos trop vite.

Nom de plume. Syn. peu employé de pseudonyme.

Nom d'imprimeur. Aux termes de la loi sur la presse du 29 juillet 1881, tout ce qui est imprimé doit porter le nom de l'imprimeur ; la loi ne fait aucune distinction, mais il va sans dire qu'elle n'a pas voulu viser les impressions commerciales, et si l'imprimeur met son nom sur ces dernières, c'est bien plus pour faire connaître sa maison que pour obéir à la loi.

L'origine des firmes sur les livres remonte à Henri II, qui, par un arrêt rendu le 11 décembre 1547, prescrivit que le nom et le surnom de celui qui fait imprimer un livre, fussent exposés au commencement du livre, ainsi que ceux de l'imprimeur, avec l'enseigne de son domicile.

Nomenclature n. f. On donne ce nom, dans les tableaux, à la colonne de texte qui commande toutes les autres, qu'elle soit placée dans la première colonne, au milieu ou à la fin du tableau.

Les lignes des nomenclatures se terminent généralement par des gros points qui conduisent à des chiffres ou à des pointes d'accolades.

Nonpareille n. f. Ancien nom du corps 6 ; il vient de ce que le cicéro ayant une valeur de onze points, donne à la division 5 1/2. Or, autrefois, il n'y avait pas de lingots fondus sur ce corps, les moins épais comportaient 6 points, ce qui fait qu'ils étaient *non pareils* avec la seconde partie du cicéro qui valait 5 points.

Note n. f. Explication, remarque qui se met au bas des pages d'un livre pour éviter une digression en cours de texte. La note est indiquée par un appel.

Note de note. Note complémentaire d'une note. Elle se met au bas de celle-ci dans un caractère inférieur.

Note de sous-note. Note complémentaire d'une *note de note* ; elle se met également dans un caractère inférieur à celui de cette dernière.

O

Œil n. m. Partie d'une lettre qui représente l'image de celle-ci. *L'œil d'un flan* est le côté que l'on couche sur la lettre lorsqu'on veut prendre une empreinte pour le clichage. Le côté opposé s'appelle *dos* ou *revers*.

Onglet n. m. Bandelette de parchemin ou de toile dont se sert le relieur pour fixer dans un livre les gravures ou cartes hors texte. — Le pli d'une feuille de papier cousue dans l'intérieur d'un livre, comme cela arrive pour l'imposition d'une demi-feuille in-18. Il y a en effet dans ce genre d'imposition deux pages qui vont seules et se collent forcément sur l'onglet que l'on emprunte à la marge. Ces deux pages prennent également le nom *d'ong et*.

On pave. Locution typographique ironique qui s'applique à quelqu'un qui, ayant une dette dans une rue quelconque, n'y passe plus dans la crainte d'y rencontrer son créancier. Pourquoi ne passes-tu plus dans telle rue ? *On pave*, répond le débiteur à qui la question s'adresse.

Onze (Système). Autrefois, le cicéro ou corps *onze* était l'étalon typographique, et la force des caractères procédait de ce corps. Dans les imprimeries modernes ou celles qui ont été transformées, le système *onze* a été remplacé par le sytème *douze*, plus commode que le premier, puisqu'il donne 6 points à la division, alors que le onze donnait 5 points et demi.

Opération n. f. C'est ainsi que l'on nomme les tableaux non encadrés qui se rencontrent dans le cours d'une composition. On dit aussi calcul.

Opistographie n. f. Tout ce qui est écrit ou imprimé des deux côtés, au *recto* et au *verso*.

Ordonnance de 1723. Avant la publication de cette ordonnance, la hauteur des caractères dépendait exclusivement de la fantaisie des fondeurs, de telle sorte que les imprimeurs étaient tenus de s'adresser toujours au même fournisseur. Il fut un temps où chaque ville ayant un fondeur en caractères, avait sa hauteur particulière. La hauteur de Lyon et celle de Strasbourg furent maintenues longtemps encore après la mise en vigueur de l'ordonnance rendue par Louis XV. Ces hauteurs, ainsi que celle d'Avignon, établie à la fin du siècle dernier dans la fonderie-imprimerie Aubanel, étaient supérieures à la hauteur dite *française*, qui mesure exactement 62 points, équivalant à 0m0235, lesquels correspondent eux-mêmes à 10 lignes 1/2 de l'ancien pied de roi. La hauteur française a été admise par la plupart des pays d'Europe, sauf par la Belgique et la Hollande, où elle est supérieure d'environ un point et demi, et, en Angleterre, inférieure de un point. La hauteur américaine est identique à la hauteur anglaise.

Oreilles n. f. Les deux coins ou extrémités du lève-ligne qui servent à extraire celui-ci du composteur.

Ours n. m. Nom donné par dérision aux imprimeurs à la presse à bras, et, par extension, aux conducteurs. Ce nom leur vient des mouvements que les pressiers doivent faire pour imprimer et qui ressemblent vaguement à ceux que fait un ours dans sa fosse ou dans sa cage, quand il se dresse pour attraper quelque chose. — Récit prolongé que fait une personne à une autre sur un sujet frivole et sans intérêt pour l'auditeur.

Ours (Poser un). Entretenir de futilités un camarade ; l'ennuyer par un bavardage intempestif qui l'empêche de travailler. *Ours*, le bavardage lui-même.

Ouvrages de ville. Tous travaux courants autres que les labeurs ou travaux de longue haleine.

Ouvreur n. m. Nom de l'ouvrier chargé de plonger la forme dans la cuve et d'en retirer la quantité de pâte nécessaire à la fabrication d'une feuille de papier.

Ovaltypie, Owaltypie n. f. Nom donné par l'Américain Reed Johnston à ce que nous appelons la plombotypie.

Oxydation des caractères d'imprimerie. L'oxydation provient généralement d'un lavage à la potasse et du séjour des formes dans des lieux humides, après rinçage insuffisant. Cette dernière opération est donc très importante et doit d'autant moins être négligée que les caractères oxydés sont à peine bons pour la fonte.

P

Page n. f. Paquet de composition mis de hauteur, pourvu d'un folio et de sa ligne de pied.

Page blanche. Celle qui ne comporte pas de texte. Elle se fait avec des lingots et se place derrière les titres dans les ouvrages soignés. Quand on termine un chapitre en page impaire et que l'on veut faire tomber en belle page le chapitre suivant, on constitue le verso avec une page blanche.

Page blanche (Être). Être innocent dans une affaire quelconque ; n'y avoir pas trempé, être indemne.

Page paire. Celle qui commence par un folio pair ; elle se dénomme également *verso* et *fausse page*. La *page impaire* ou *recto* est celle qui commence par un folio impair ; elle se dénomme encore *belle page*.

Pageux n. m. Le metteur en pages, dans l'argot typographique.

Pagination n. f. Action de paginer. L'ensemble des folios d'un ouvrage.

Paginer v. Mettre les folios aux pages ; numéroter, folioter la copie avant de la mettre en mains.

Palestine (Aller en). Signifiait, autrefois, que l'on allait travailler aux affiches, du nom de palestine, donné à un caractère de 22 points, très souvent employé dans ces sortes de travaux.

Pallas n. m. Discours empoulé et emphatique que certains typographes ont la manie de prononcer dans les ateliers sur des sujets peu intéressants.

Pallasseur n. m. Celui qui aime à pallasser ; beau parleur.

Palmographie n. f. Mode d'enregistrement graphique des petits mouvements ou vibrations (*palmos*) des corps. Le principe de cette méthode consiste, à l'aide de dispositifs *ad hoc*, à rendre des index légers, solidaires du mouvement du corps vibratoire, et à faire inscrire les mouvements des index sur une surface plastique ou enduite de noir de fumée, ou encore sur le papier à l'aide d'une plume ou d'un crayon fixés à l'index. La surface d'inscription est ou une surface plane, animée d'un mouvement automatique de translation, ou une surface cylindrique douée d'un double mouvement de rotation et de translation. A ce titre, les divers appareils d'enregistrement : barométrographe, thermométrographe, séismographe, cinématographe, paléophone, phonographe, kymographion, etc., rentrent dans le cadre des arts graphiques.

Panama n. m. Voici ce que dit Boutmy dans son *Argot des typographes* (1882), à propos de ce mot : « Bévue énorme dans la composition, l'imposition ou le tirage. » On voit que, dès cette époque, le mot *panama* avait un sens qui n'a été que trop justifié depuis.

Panse n. f. Partie arrondie des lettres o, e, a, d, p, q, etc.

Papetier n. m. Fabricant de papier. Celui qui le façonne. Industriel qui vend du papier à lettres, des enveloppes, etc.

Papillotage n. m. Se dit de l'impression qui chevauche ou double légèrement, ce qui donne à la lettre l'apparence d'une papillote. Le papillotage provient généralement de l'usure des crémaillères, ce qui produit un ballottement du cylindre ou du marbre.

Papyrographie n. f. Art d'agrément qui consiste à produire des dessins en superposant des papiers d'épaisseurs différentes qui, présentés à la lumière du jour ou d'une lampe, donnent l'illusion de la photographie ou des lithophanies allemandes. Ce petit travail s'exécute avec des ciseaux, un canif et de la colle de pâte.

Papyrotype n. m. Nom donné aux caractères en papier comprimé ; ces caractères, de grandes dimensions, sont employés pour les affiches. Voici comment on les fabrique : La pâte est déflegmée et bien séchée, puis broyée en poudre très fine et mélangée avec, par exemple, de la paraffine, de l'huile de lin cuite, etc., de manière à obtenir une masse pouvant être pétrie, puis séchée et pulvérisée. Dans cet état, on la presse tant qu'il est possible dans des matrices et on la soumet à la chaleur, ce qui lui redonne la malléabilité voulue pour prendre l'empreinte d'une matrice sous l'action d'une pression nouvelle. On laisse ensuite les caractères sécher dans le moule, afin qu'ils ne puissent pas changer de forme.

Papyrotypurgie n. f. Art de fabriquer des caractères en papier comprimé.

Paquet n. m. Composition non mise en pages, telle qu'elle sort des mains du compositeur. Les paquets se lient avec une ficelle et se placent sous le rang en attendant qu'on en fasse épreuve avant de les mettre en pages. Dans les journaux, pour éviter les erreurs et les recherches, tous les paquets, après la réunion des cotes, doivent être coupés en division, jamais en alinéa, et portés sur le marbre aussitôt l'épreuve terminée.

Paquetier n. m. Leveur de lignes ; celui qui ne fait que des paquets ; typographe aux pièces.

Parade n. f. Syn. de postiche. Reproches violents que l'on fait à quelqu'un.

7.

Paradeur n. m. Celui qui a pour habitude de faire des parades.

Paragramme n. m. Faute de langage, d'impression ou de copie.

Parangonnage n. m. L'ensemble des opérations nécessitées par l'alignement de lettres de corps différents. Prendre le parangonnage d'un tableau, c'est en déterminer la justification, la hauteur de page et la largeur de chaque colonne.

Parangonner v. Aligner entre eux des caractères de corps différents à l'aide d'interlignes que l'on coupe sur des longueurs déterminées par l'importance des parangonnages ; ceux-ci doivent être faits de telle sorte que le bas des lettres parangonnées s'aligne parfaitement avec le bas des lettres du corps courant. Les opérations algébriques, les formules de chimie, etc., nécessitent de multiples parangonnages.

Parangonner (Se). Se caler, s'appuyer pour se consolider.

Parcoriser v. (V. Corps, Mettre par).

Parer v. C'est préparer comme il convient le bloc de cuivre dans lequel s'encastrera le poinçon qui doit former l'œil de la lettre. Quand ce bloc a été frappé, il prend le nom de matrice.

Parure n. f. **Parage** n. m. Opération qui consiste à amincir les peaux, à partir de 4 à 5 cent. du bord, de façon à leur permettre d'adhérer au carton sans produire d'arête vive. On pare du côté chair, jusqu'à ce qu'il ne reste plus que l'épiderme.

Passade. (V. Collecte.)

Pâte (Mettre en). C'est mélanger accidentellement les caractères d'une casse ou d'une composition en bouleversant ou en laissant tomber cette dernière.

Pâté n. m. Mélange de lettres de corps différents, qui proviennent des balayures, des rangs tenus malproprement, du cassetin au diable ou d'accidents survenus dans le travail. On dit aussi *de la pâte*.

Patiner (Se). Se dépêcher, aller très vite.

Pâtissier n. m. Mauvais ouvrier qui a l'habitude de mettre en pâte.

Patron n. m. Feuille de papier, carton ou autre matière que l'on découpe dans la forme voulue et dont se servent les coloristes pour pocher les gravures.

Pédaliste, Pédalier n. m. Celui qui fait marcher une machine dite à pédale.

Peigner n. m. Pour le relieur, c'est travailler avec l'outil formé d'une planche de $0^m 50$ de côté, dans laquelle on a fixé des pointes de baleine espacées de $0^m 02$ et mesurant 3 à 4 cent. de hauteur. Ces dents servent à étendre les couleurs sur la gomme dans l'opération de la tranche-peigne.

Peillereau n. m. Celui qui vend des chiffons aux fabricants de papiers.

Périodique n. m. et adj. Publication qui paraît à des époques déterminées.

Petites têtes. Nom donné au blanc qui sépare deux pages placées tête à tête, dans une imposition simple ou composée.

Petits clous (Lever des). Lever la lettre, composer.

Petits fonds. (V. Grands blancs.)

Phototextilotypie n. f. Un des noms, peu employés, de la leimptypie.

Pianoteur, euse. Celui, celle qui fait fonctionner une machine à composer munie d'un clavier.

Piau n. f. Dans l'argot typographique, ce mot signifie mensonge, plaisanterie, conte, chose invraisemblable : *conter une piau*.

Piausseur n. m. Conteur de piaux.

Piéçard n. m. Ouvrier aux pièces ; paquetier.

Pièces blanches (Placer les). En terme de reliure, c'est boucher, à la colle de pâte, les trous qui peuvent exister dans une peau destinée à servir de couverture. Cela se fait, après parage, avec des pièces de même couleur et de même nature que la peau à réparer.

Pièces de titre. Autrefois, les relieurs n'imprimaient pas directement les titres d'ouvrages sur le cuir du dos, mais sur des parties détachées appelées pièces de titre, que l'on collait après l'impression à leur place respective.

Pied n. m. Les marges inférieures d'un livre. *Pied de la lettre*, la partie inférieure de celle-ci, dans laquelle se trouve la gouttière.

Pied (Etre en). Appartenir à une équipe d'une façon définitive : *être en pied sur un journal*. Aux termes des règlements, très démocratiques, qui régissent les commandites, un piéton ne peut être débauché qu'à la suite d'un vote, émis à bulletin ouvert, par les membres titulaires de la commandite. En cas de partage des voix, celle du metteur est prépondérante.

Piéton n. m. Celui qui est en pied sur un journal, une équipe ou dans une commandite.

Pige n. f. Tâche que doivent faire les associés d'une commandite égalitaire, comme celle d'un journal, par exemple. Lorsqu'on dit : *la pige est de 40 lignes*, cela veut dire que chaque commanditaire doit produire 40 lignes à l'heure au moins pendant toute la durée du travail. — Tableau sur lequel s'inscrit le piéton qui veut se faire remplacer, et dont le nom est écrit en regard de celui du remplaçant. On donne aussi le nom de pige à la réglette du metteur en pages. La pige d'un journal varie entre 37 et 42 lignes à l'heure sur une justification moyenne de 15 douzes.

Pige (Doubler la). C'est faire le double de la composition exigée. Cela se voit rarement, d'abord, en raison de la dureté du travail, ensuite parce que celui qui a doublé la pige, n'étant pas plus payé que les autres, doit faire à son compte une fois plus de distribution que ceux qui n'ont fait que le nombre de lignes exigé, ce qui représente environ deux heures de travail supplémentaire pour un même salaire. Doubler la pige est donc un simple tour de force que l'on fait une fois, pour établir sa réputation de bon leveur. En somme, la pige se *manque* plus souvent qu'elle ne se double.

Pige (Etre en). On est en pige, dans une équipe de journal, tant que n'a pas sonné l'heure de la brisure, et, lors même que le total des lignes exigé par la pige serait atteint, on doit son temps et son travail à l'équipe.

Pige (Faire la). Faire la pige à quelqu'un, c'est le dépasser en toutes choses : *il est si naïf qu'on ne peut lui faire la pige.*

Piger v. Se dit d'une sorte de match que font quelquefois entre eux les compositeurs pour savoir qui lèvera le plus grand nombre de lignes à l'heure.

Piger la vignette. Regarder complaisamment quelque chose de divertissant, d'amusant.

Piger (Se faire). Se faire prendre en faute par le prote ou le patron.

Pigeur n. m. Fonctionnaire d'une équipe de journal chargé de tenir la feuille de pige, c'est-à-dire celle sur laquelle on inscrit le nombre de lignes faites par chaque commanditaire. Les lignes s'annoncent au fur et à mesure que les cotes sont terminées : 20 lignes au 2 *n*, 16 lignes au 1 *a*, etc. A la brisure, on totalise toutes les cotes pour se rendre compte du travail individuel. Le pigeur travaille comme les autres, mais on lui compte un certain nombre de lignes pour le temps qu'il perd à marquer les cotes. Dans quelques commandites, on a supprimé la pige, chacun inscrivant ses cotes lui-même.

Pilleur de casses. Celui qui reste à l'atelier après le départ de ses camarades, ou arrive avant l'heure, pour leur voler des sortes manquantes ou emplir ses casses sans distribuer. Les pilleurs de casses sont avec raison considérés comme la plaie des ateliers.

Piquer v. On dit qu'une lettre pique quand elle dépasse les autres en hauteur et perce la feuille à l'impression. Cet accident se produit lorsqu'il y a quelque chose sous la lettre ou que la forme est mal taquée.

Placard n. m. Composition lue en première, que l'on impose par colonnes, en laissant de grandes marges pour permettre à l'auteur d'y faire les corrections et ajoutés qu'il juge convenables. Les épreuves en placards sont exclusivement réservées aux auteurs. — On appelle quelquefois ainsi les affiches.

Planque n. f. Cachette dans laquelle certains ouvriers ont l'habitude de serrer les sortes manquantes, interlignes, cadrats, lingots, etc. Les planqueurs coûtent cher au patron, en ce qu'ils obligent celui-ci à faire chez le fondeur des commandes dont on pourrait le plus souvent se dispenser. Malheureusement, il y a des planques et des planqueurs dans tous les ateliers.

Planquer v. Cacher sous son rang ou ailleurs, au lieu de les remettre en place, des sortes, du matériel que l'on sait faire défaut et que l'on garde en prévision de besoins hypothétiques.

Planqueur n. m. Celui qui a l'habitude de planquer. En vertu du mouvement de va-et-vient des caractères et du matériel, si personne ne planquait, le travail serait beaucoup plus facile, et, le plus souvent, les sortes ne manqueraient pas.

Plaquette n. f. Ouvrage de quelques feuillets seulement.

Plat n. m. En terme de reliure, on appelle plat le côté de la couverture qui renferme le titre, par opposition à l'autre côté que l'on nomme revers.

Plein n. m. Composition non interlignée.

Plein (Aller). C'est composer sans mettre d'interlignes entre les lignes. On appelle *du plein* une composition non interlignée.

Plissage n. m. Le plissage se produit surtout dans l'impression des grands tableaux fermés par des filets. Il se manifeste par un pli, en tête ou en pied, qui produit sur le papier une solution de continuité. Cela provient principalement d'une trop grande tension des cordons, d'un habillage trop mou, de gravures trop *haussées* et de mille autres petits détails auxquels le conducteur remédie par les tours de main qui lui sont propres. Un moyen, entre plusieurs, d'éviter le plissage est de placer sur le cylindre, de chaque côté de l'endroit où la feuille plisse, des taquets de papier qui permettent à la feuille de s'étendre au lieu de se resserrer au moment de l'entrée en pression.

Pliure n. f. Manière de plier les feuilles destinées à former un livre, une brochure, etc. Le pli lui-même. Atelier où l'on plie.

Plombaginage n. m. Opération qui consiste à enduire de plombagine une empreinte en gutta-percha avant de la mettre au bain. Le côté plombaginé reçoit le dépôt de cuivre ; au contraire, le côté opposé se graisse avec du suif, le cuivre n'adhérant pas aux corps gras.

Plombaginage de la cire. Quand l'empreinte est séparée de la forme, on la porte au banc de relevage et l'on retouche s'il y a lieu. On plombagine ensuite avec une brosse douce et l'on chasse à l'aide d'un soufflet les parcelles de graphite qui peuvent adhérer à la cire. Ceci fait, on verse de l'alcool à 36° sur les parties à galvaniser, on plonge le moule dans l'eau claire et l'on met au bain, en reliant, à l'aide de crochets en cuivre rouge, les capsules aux tringles de la cuve. La décomposition doit se produire directement, et, pour ne pas manquer l'effet, on placera l'œil de l'empreinte le plus près possible, et bien en face de l'*anode*, autrement dit de la plaque de métal qui plonge dans la solution de sulfate. Le séjour dans le bain sera de 15, 20 ou 30 heures, selon l'épaisseur que l'on voudra donner à la coquille.

Plombotypie n. f. Nom donné par M. Eugène Sédard au mode d'impression que l'on nomme sélénotypie, owaltypie ou chaostypie. Les plaques s'obtiennent en coulant de la matière dans un moule à clicher que l'on a préalablement mouillé avec une éponge. Il se produit alors dans la plaque fondue une série de trous et de dessins variés à l'infini. On découpe cette plaque en bandes, si l'on désire faire un cadre, en ayant soin de choisir les parties les mieux venues. Si l'on veut faire de la fantaisie, et ne pas s'en tenir au tirage en noir, on commence par tirer le rouge sur fond uni ; puis le mordant destiné à fixer le bronze ; enfin le noir, qui se tire sur la même plaque qui a servi au mordant, mais en déplaçant la marge de un ou deux points dans un sens quelconque, afin de varier l'effet. Le choix des couleurs est facultatif. Si l'on n'a pas de clicherie, on peut couler le plomb sur le marbre en faisant un carré ou un rectangle en bois, dont on cloue les extrémités.

Plus-Value n. f. Salaire supplémentaire que l'on accorde au metteur dans les équipes de journaux. La plus-value, qui dépasse rarement deux francs, est payée par l'équipe et non par le patron. — Gratification que l'on octroie à un ouvrier pour un travail difficultueux et insuffisamment rémunérateur.

Poignée n. f. Ce que peut tenir dans la main gauche un compositeur en train de distribuer.

Pocher v. Prendre trop d'encre avec le rouleau et la mal distribuer sur la table. — Chez les coloristes, étendre la couleur à la brosse ou au pinceau sur un patron découpé.

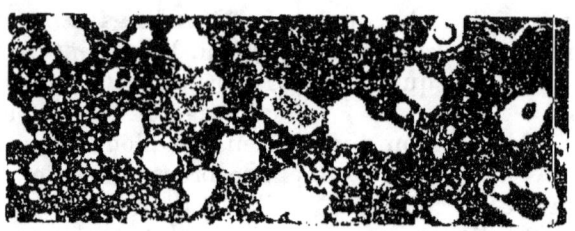

Point n. m. Le point est l'étalon de toutes les mesures typographiques. Il procède du pied de roi dont il est la 6ᵉ partie d'une ligne. Il fut déterminé par François-Ambroise Didot, vers 1756, d'après la mesure légale de cette époque (toise royale de 1ᵐ 949), ce qui explique qu'il n'ait aucun rapport avec le système métrique. Il y a trois sortes de points : le point Fournier, un peu plus faible que le point Didot et encore en usage en Belgique (V. Prototype); le point de l'imprimerie Nationale, plus fort que le point Didot, et qui se rapproche le plus du système métrique, et le point Didot, dont nous venons de parler. Il faut 27 points Didot pour faire un centimètre.

Pointe d'accolade. La partie renflée de l'accolade que l'on remarque au milieu de celle-ci ; les parties embrassantes se nomment les *branches*.

Pointeur n. m. (V. Margeur.)

Police n. f. La police d'une fonte est le rapport qu'ont les lettres avec l'emploi qu'on en fait. Il est évident, en effet que, dans une fonte, on ne saurait mettre autant de *j* que d'*o*, autant d'*r* que d'*e*, et ainsi de suite. Le fondeur doit donc coordonner sa fonte de manière à ce qu'il reste le

POL — 123 — POL

moins de lettres possible sans emploi.

Polyamatisme n. m. (V. Logotypes.)

Police d'une fonte de 100,000 lettres.

BAS DE CASSE		LETTRES DOUBLES		PONC-TUATION ET SIGNES divers		LETTRES SUPÉRIEURES		GRANDES CAPITALES		PETITES CAPITALES	
a	5,000	œ	50	.	1,500	d	100	A	300	A	250
b	900	œ	90	,	2,800	e	200	B	200	B	150
c	2,400	fi	225	:	200	g	100	C	250	C	175
d	3,000	fl	175	;	350	i	100	D	350	D	275
e	9,800	ff	200	!	200	l	150	E	500	E	400
f	900	ffi	125	?	200	m	100	F	150	F	100
g	900	ffl	90	(	325	n	100	G	150	G	105
h	900	w	100	«	400	o	200	H	150	H	100
i	5,400	&	90	—	200	r	150	I	350	I	275
j	400			-	650	s	100	J	250	J	175
k	150			*	100	t	100	K	90	K	60
l	4,400	LETTRES ACCENTUÉES		§	100			L	350	L	275
m	2,400			[	100			M	350	M	175
n	5,000			/	150	CHIFFRES		N	250	N	275
o	4,400							O	300	O	250
p	1,000	à	400					P	250	P	175
q	1,100	â	250			1	250	Q	150	Q	100
r	5,400	é	1,400			2	200	R	350	R	250
s	6,400	è	400			3	150	S	360	S	275
t	5,400	ê	260			4	150	T	360	T	275
u	5,000	ë	90			5	250	U	340	U	250
v	900	î	90			6	150	V	250	V	175
x	500	ï	40			7	150	W	50	W	20
y	250	ô	100			8	150	X	150	X	100
z	250	ù	250			9	150	Y	100	Y	70
		û	100			0	250	Z	100	Z	70
		ü	40					Æ	20	æ	20
		ç	120					Œ	30	œ	30
								Ç	30	ç	30
								É	65	é	60
								È	60	è	45
								Ê	50	ê	45

Polissure n. f. La polissure est la dernière opération qu'ait à subir un livre relié ; elle se fait après la dorure et a pour but de donner à l'ensemble de la couverture, des plats et du dos, l'aspect uniforme dont ils ont besoin.

Polychromie n. f. Impression en plusieurs couleurs.

Polychromographie n. f. Nom donné, en 1864, par M. Ginoux, à un procédé de son invention, consistant à imprimer d'un seul coup jusqu'à 45 nuances différentes.

Polygraphie. (V. Cryptographie.)

Polytypage n. m. Mode de clichage imaginé par Hoffmann, et qui consistait à prendre l'empreinte d'une gravure en creux en pressant celle-ci sur un alliage de plomb et de bismuth amené à un degré de température permettant cette opération.

Polytypie n. f. Nom donné à la méthode qui consiste à fondre plusieurs lettres à la fois sous forme de blocs représentant des mots ou des syllabes.

Polyptique n. m. et adj. Quand les registres des Romains étaient composés de deux tablettes, on les appelait *dyptiques*, et *polyptiques* quand ils en avaient plusieurs. Plus tard, on donna ce nom aux registres pliés en plusieurs parties.

Pontuseaux n. m. C'est le nom des barres verticales qui se voient en filigrane dans la pâte des papiers vergés ; ils sont produits par les barres de bois fixées dans la forme et sur lesquelles séjourne la pâte. Les barres horizontales se nomment vergeures, qu'on prononce *verjures*.

Porse n. f. Pile d'environ 200 flôtres, entre lesquels se trouvent encartées les feuilles de papier qui sortent de la forme, après l'égouttage, dans la fabrication du papier à la main.

Porse blanche. Celle qui ne contient pas de papier.

Portée d'accolades. Succession d'accolades placées verticalement sur une même ligne.

Portefeuille (Faire le). Une composition fait le portefeuille quand, étant mal liée et soulevée d'une manière inhabile, elle se replie sur elle-même. Cet accident arrive surtout dans les compositions interlignées, lorsqu'on n'a pas eu soin de baisser la ficelle et que celle-ci est très peu serrée.

Poseur d'ours. Ouvrier musard et bavard, qui dérange ses camarades pour leur raconter des choses dénuées d'à-propos ou d'intérêt.

Premier-Paris. Article de tête, dans un journal parisien.

Préparation de la pile. La cuve destinée à la préparation de la pile est un peu moins large que celle du bain, mais les autres dimensions étant les mêmes, on l'emplira d'eau comme la précédente ; on versera ensuite, en agitant l'eau, assez d'acide sulfurique pour que le mélange ne pèse pas moins de 18°, si l'on veut que l'action de la pile soit constamment égale. On place alors les tringles de cuivre sur la cuve, et l'on dispose les fils conducteurs, que l'on fixe en les croisant à chaque extrémité, de façon que chacun d'eux aboutisse, sans se toucher, du bain à la pile et de la pile au bain.

Préparation du bain galvanoplastique. Après avoir rempli la cuve d'eau douce jusqu'à 0^m25 ou 0^m35 de sa hauteur, on y précipite assez d'acide sulfurique pour que l'eau arrive à peser 12 ou 14°. On fait ensuite dissoudre du sulfate de cuivre dans des paniers en gutta-percha, que l'on suspend aux tringles de la cuve ; l'eau doit en être saturée, ce qui se reconnaît quand le sulfate ne fond plus. A ce moment, le liquide doit peser 18°; ce degré de concentration devra être maintenu pendant tout le temps que la pile sera en action.

Préparation du zinc et de l'argent. Les plaques de zinc et les plaques d'argent seront intercalées alternativement dans toute la longueur de la plus petite cuve. Plus elles seront rapprochées l'une de l'autre, plus le courant électrique sera prononcé et plus sa puissance sera grande. Avant d'être mis dans la cuve, si les zincs n'ont pas encore servi, on les décapera avec de l'acide sulfurique étendu d'eau. Ils ne seront pas employés avant d'avoir été amalgamés au moyen d'eau acidulée, dans laquelle on aura mis du mercure. Cette opération se fera à chaque mise au bain, avec une brosse que l'on trempera dans le liquide, et dont on frottera les plaques en leur donnant une couche légère.

Pressée n. f. Nom donné par les relieurs à la quantité de volumes que peut contenir une presse.

Presse (Faire gémir la). Imprimer beaucoup. Cette expression, très ancienne, vient de ce que la vieille presse en bois, dont toutes les parties étaient reliées entre elles par des cordes ou des nerfs de bœuf, faisait entendre une sorte de gémissement toutes les fois que l'on tirait le barreau.

Pressier n. m. Ouvrier imprimeur qui travaille à la presse à bras.

Prise de bec. Syn. d'attrapance.

Prisonnier n. m Coin, qu'en serrant une forme, on a poussé jusque dans l'angle du châssis, de telle sorte que l'on ne peut le desserrer avec le décognoir. On fait sortir les prisonniers en tirant la forme légèrement hors du marbre et en frappant sur le coin avec le bec du marteau pour le chasser par dessous.

Privilège n. m. Autorisation sans laquelle il était autrefois interdit de faire imprimer aucun livre.

Proficiat n. m. Les compagnons imprimeurs se servaient de cette expression à la place du mot *festin*.

Proscripteur de l'imprimerie. Nom donné à François Ier, à la suite de l'édit rendu par lui le 13 janvier 1533, par lequel il défendait d'imprimer, *sous peine de la hart*, dans toute l'étendue du royaume. On voit par là que le nom de *Père des Lettres*, donné par certains à François Ier, n'est rien moins que justifié.

Prote n. m. Ce mot vient du grec et signifie premier. Le prote est le chef de l'atelier; c'est généralement lui qui embauche et débauche les ouvriers ; il distribue le travail et les mises en pages.

Prote à tablier. Chef d'atelier que le peu d'importance de la maison qui l'occupe oblige à travailler manuellement. Ce nom lui vient de ce qu'il portait autrefois un tablier, ainsi du reste que les compositeurs ; aujourd'hui il porte une blouse, rarement un paletot, celui-ci étant réservé aux protes des grandes maisons dont le travail est au bureau.

Protes (Société des). Association fraternelle fondée en 1847 par les protes des imprimeries de Paris. Sous le nom de *Société des protes de province*, il en a été fondé une semblable en 1897, sur l'initiative de M. Comet, de Perpignan ; le président actuel de cette association est M. Théotiste Lefèvre, fils de l'auteur du *Guide du Compositeur typographe*. Le président de la Société des protes de Paris est M. Nouveau, et le président honoraire le vénérable M. Alphonse Levray.

Protocole n. m. Nom donné, dans l'imprimerie, au modèle des signes de correction. (V. Correction.)

Prototype n. m. et adj. Original, premier type. Nom donné en 1737, par Fournier le Jeune, à son système de point typographique, lequel était basé sur l'arbitraire puisqu'il ne concordait pas avec le pied de roi ; il fallait, en effet, 11 lignes 3 points Fournier pour faire la hauteur de 10 lignes 1/2 du pied de roi. En 1764, il modifia son échelle prototype, qui correspondait alors à 129 points Didot, pour la porter à 144 points correspondant à 133 points Didot.

Prototypographes n. m. Les premiers typographes : Gutenberg, Fust, Schœffer, Gering, Martin Krantz, etc. C'est de là qu'est venu le nom de prote donné aux chefs d'atelier des imprimeries.

Pseudonyme n. m. Nom quelconque que prend un écrivain qui ne veut pas signer du nom lui appartenant.

Puceau (Paquet). Paquet dans lequel le correcteur n'a trouvé aucune correction.

Q

Quadrature n. f. Carré, rectitude, aplomb, dans toutes les parties d'une page composée ou d'une forme.

Quait n. m. Le quait, dans la fabrication à la forme, est une division de la porse, laquelle se compose de 8 quaits, soit 209 flôtres renfermant 208 feuilles.

Quarante (Les). (V. Dix-huit.)

Quaternion n. m. Vieux nom de l'imposition in-quarto. Toute réunion de quatre pages était dénommée quaternion.

Quet n. m. En papeterie, c'est la réunion de 26 feuilles intercalées dans 27 flôtres.

Que t'ès (Pour *que tu es*). Riposte saugrenue par laquelle les typos accueillent certains propos échappés à leurs camarades : « Tu es un idiot » dit l'un, « que t'ès » répond aussitôt celui à qui cette épithète est adressée. Le *que t'ès* a fait son temps et ne retentit plus que rarement dans les imprimeries.

Queue n. f. Fin de page qui se termine par un blanc. Ce que l'on ne peut faire entrer dans une page, une feuille, etc. Les réflexions qui terminent une citation, dans un article de revue ou de journal ; employé dans ce sens, l'opposé de queue est *chapeau* ou *tête*.

Quotidien n. m. et adj. Nom donné aux journaux qui paraissent tous les jours.

R

Rabaisser v. En terme de reliure, c'est couper les cartons d'une couverture de livre à la longueur voulue, du côté de la gouttière. On comprend, en effet, que si l'on peut couper les cartons en tête ou en queue en même temps que s'opère le rognage, il ne saurait en être de même du côté de la gouttière. Pour faire celle-ci, on rabat les cartons et l'on rabaisse ensuite.

Rabaissure n. f. Action de rabaisser.

Rabotage n. m. Le rabotage se fait après le laminage; il a pour objet de mettre exactement d'épaisseur et de hauteur les filets et les interlignes. Il sert également à faire l'œil des filets gras, demi-gras, de cadre, etc., en un mot de ceux qui ne comportent aucune ornementation spéciale.

Racinage n. m. (V. Marbrure.)

Raffinage n. m. Dans la fabrication du papier, le raffinage a pour but de dégager la pâte de toute trace de chlore, ce résultat s'obtient à l'aide du sulfate de soude, avec des machines appelées pulp-engine, ou simplement raffineuses.

Raffiner le carton. C'est, en reliure, coller une bande de papier du côté du mors pour le rendre plus fort et plus résistant.

Rame n. m. Réunion de 500 feuilles de papier, subdivisées en 20 mains de 25 feuilles chacune. (V. Main.)

Ramette n. f. La ramette se compose de 125 feuilles et concerne surtout le papier d'écriture, ministre ou écolier.

Rat n. m. Nom du sarrasin, en Angleterre.

Rattrapage n. m. Fin d'alinéa qui se trouve en tête d'une copie. Le rattrapage appartient au compositeur dont la copie précède celle sur laquelle se trouve le rattrapage. Il est de règle, en imprimerie, de commencer toutes les cotes en alinéa et de les finir de même. — Dans les ateliers où l'on introduit des boissons, presque toujours en cachette, on appelle également rattrapage ce qui reste à répartir d'une bouteille, après une première distribution : *Y a-t-il un rattrapage ?*

Rattrapage (Avoir son). C'est se rattraper d'une plaisanterie, d'une farce, ou de toute autre chose dont on a eu à se plaindre.

Réassortiment. (V. Assortiment.)

Receveur n. m. Ouvrier, apprenti, qui reçoit la feuille imprimée derrière une machine.

Réclame n. f. On appelle ainsi le feuillet de copie sur lequel le correcteur en première indique l'endroit où il en est resté de sa lecture. On dit aussi *feuillet de réclame*. Indication du tome, du chapitre, qui se place dans la ligne de pied d'une page commençant une feuille. Annonce de journal ayant l'allure d'un article ou d'un fait divers. — Ce qui revient à chacun après une première distribution de liquide, dans les ateliers où les typos se désaltèrent ; dans ce cas, l'expression *réclame* est synonyme de *registre* et de *rattrapage*.

Recoquillé, Recroquevillé (Papier). Celui qui se retourne sur lui-même, comme par exemple une feuille mouillée que l'on fait sécher hâtivement.

Recto n. m. Côté qui porte le folio impair d'une page.

Réduit (Cuivre). On dit que le cuivre est réduit lorsque, dans les opérations galvanoplastiques, il s'effrite sous la seule pression du doigt. Cet inconvénient se produit surtout quand l'action de la pile est trop active ou trop prolongée.

Rééditer v. Éditer de nouveau un ouvrage dont les exemplaires sont épuisés.

Regard n. m. Le côté impair d'un tableau qui porte sur deux pages. (V. Tableau en regard.)

Registre (Défaut de). Se dit lorsque, à la retiration, les pages, les filets ou les folios ne tombent pas l'un sur l'autre, par suite de mauvais serrage ou d'anomalies dans la mise en pages.

Registre (Faire le). Prendre ses mesures pour que les pages, à la retiration, retombent exactement l'une sur l'autre. Le registre se fait par des retouches sur le cylindre ou dans les blancs de la forme, quand la retiration ne s'obtient pas du premier coup, et il est rare qu'elle s'obtienne sans quelques tâtonnements.

Registre ? (Y a-t-il un). Syn. de : Y a-t-il un rattrapage ? (V. ce mot.)

Réglet n. m. Nom donné aux filets qui se placent en tête des chapitres ou sous les titres courants.

Réglette (Arroser la). Il est de tradition dans l'imprimerie, lorsque quelqu'un passe metteur, de lui offrir une réglette enguirlandée et surmontée d'un

Tarif de la réglure par rame.

PAPIERS	TRAVERS OU MONTANTS		TRAVERS ET MONTANTS	
	un outil	deux outils	un outil	deux outils
	fr. c.	fr. c.	fr. c.	fr. c.
Pot, tellière, couronne, écu, carré....	1 50	2 50	3 »	4 25
Raisin........................	1 75	3 25	3 50	6 »
Jésus........................	2 »	3 75	4 »	6 50
Colombier....................	3 50	7 »	7 »	14 »
Grand-aigle..................	5 50	11 »	11 »	22 »

La réglure montante se compte par page à partir du carré.
La réglure de couleur est comptée 25 p. 0/0 en plus.
La réglure sur carte et papier pelure 50 p. 0/0 en plus; sur demi-pelure, 25 p. 0/0. — Arrêt, 0 fr. 50 par mille. — Filet double, 0 fr. 50.
— Filet triple, 1 fr. 50. — Filets de cadre, 1 fr. 25 par mille.

bouquet. Le nouveau metteur sait ce que cela veut dire et s'empresse généralement de convoquer ses camarades à tel bon coin qui lui convient.

Réglure n. f. Tout ce qui sert à régler le papier typographiquement : réglure en plomb, en cuivre, sur blocs, détachée, etc. — Lignes sur lesquelles on doit écrire dans les *modèles de blancs*. Action de régler à la main ou mécaniquement du papier sur lequel on doit écrire : cahiers d'élèves, etc.

Tarif de la réglure par nombre de feuilles.

NOMBRES	POT TELLIÈRE COURONNE ÉCU, CARRÉ ET RAISIN	RAISIN ET DOUBLE-TELLIÈRE	JÉSUS ET DOUBLE-COURONNE	SOLEIL ET DOUBLE-ÉCU	COLOMBIER ET DOUBLE-CARRÉ	GRAND-AIGLE ET DOUBLE-RAISIN
	fr. c.	fr. c.	fr. c.	fr. c.	fr. c.	fr. c.
100	0 50	0 60	0 75	0 90	1 10	3 »
200	0 65	0 80	1 »	1 20	1 50	3 50
300	0 80	1 »	1 25	1 50	1 80	4 »
400	0 95	1 20	1 50	1 80	2 30	4 50
500	1 10	1 40	1 75	2 10	2 70	5 »
600	1 20	1 55	1 95	2 35	3 »	5 50
700	1 30	1 70	2 15	2 60	3 30	6 »
800	1 40	1 85	2 35	2 85	3 60	6 50
900	1 50	2 »	2 55	3 10	3 90	7 »
1000	1 60	2 15	2 75	3 45	4 20	7 50

Réimposer v. Imposer de nouveau.

Réimposition n. f. Action d'imposer de nouveau.

Réimpression n. f. La réimpression est la copie imprimée. Lorsqu'elle comporte des modifications, ratures et ajoutés d'une certaine importance, elle est considérée comme manuscrit. La réimpression est généralement payée 5 centimes de moins par mille que le manuscrit.

Relaciones n. f. Ancien nom des journaux en Espagne.

Relevage n. m. Dans la fabrication du papier, le relevage consiste à mettre dans l'ordre indiqué au mot *échange*, deux ou trois feuilles ensemble afin de reformer, avant l'étendage, de nouvelles porses qui auront à subir une nouvelle pression équivalente à la première.

Relieur n. m. Celui qui relie les livres. — Sorte de biblorhapte ou reliure mécanique dans laquelle on peut placer et retirer à volonté les feuilles que l'on y a intercalées.

Relieur de la Chambre des comptes. Cet ouvrier-fonctionnaire, qui n'existe plus depuis la Révolution, devait jurer, avant d'être agréé, qu'il ne savait ni lire ni écrire. C'est la seule garantie qu'avait trouvée cette

Chambre pour assurer le secret de ses délibérations.

Reliure n. f. Art de couvrir les livres avec des couvertures en cuir, en peau, en carton, etc. La couverture elle-même.

Reliure à dos brisé. Celle dont le cuir n'adhère pas au dos, ce qui permet au volume de s'ouvrir facilement; dans ce cas, la couverture est maintenue par les ficelles qui, partant du dos, sont collées aux plats, dans lesquels elles s'incrustent afin de ne produire aucune saillie.

Reliure à dos fixe ou **à dos plein.** Celle dont la peau est collée directement sur le dos du volume.

Reliure à filets. Reliure avec *coins* et *milieux*, dans laquelle les plats sont agrémentés de filets simples, doubles ou triples, selon la nature et l'importance du livre. Elle fut mise à la mode dans les premières années du XVIII° siècle, par du Seuil, relieur du duc d'Orléans.

Tarif des reliures.

NATURE DE LA RELIURE	IN-8°			IN-4°		
	Jésus	Raisin	Carré	Jésus	Raisin	Carré
	fr. c.	fr. c.	fr. c.	fr. c.	fr. c.	fr. c.
BASANE. — Tranche marbrée, dos doré, petite roulette sur les plats.	4 »	3 »	2 50	7 50	5 »	3 50
VEAU. — Dos et bords dorés, filets ou roulettes sur les plats, tranches et gardes marbrées............	5 50	4 »	3 50	9 »	7 »	6 25
Idem. — Dos, bords, bordures, armes ou écusson dorés, filets sur les plats, tranche dorée, gardes en soie.................	9 »	7 50	6 50	18 »	14 »	12 »
MAROQUIN. — Dos, bords et bordures dorés, filets sur les plats, gardes de papier de couleur satiné.....	15 »	12 »	10 »	25 »	22 »	18 »
Idem. — Dos, bords, bordures, armes ou écusson dorés, filets sur les plats, tranches dorées, gardes en soie..................	19 »	14 »	13 »	32 »	28 »	24 »
Maroquin plein, tranche dorée.....	12 »	10 »	8 »	»	»	»

L'in-12, 5 fr.; l'in-18, 3 fr. 50; l'in-32, 2 fr. 50.

Reliure à la grecque. Nom donné à celle qui est en usage aujourd'hui; elle se pratique en entaillant le dos des feuilles pour y introduire les ficelles, contrairement à ce qui se faisait pour la reliure à nerfs.

Reliure à nerfs. Ancien mode de reliure dans lequel les *nerfs*, devenus plus tard les ficelles, faisaient saillie sur le dos du volume.

Reliure arraphique. Mode de reliure qui se pratique sans fil ni couture, et s'emploie plus particulièrement dans la reliure des registres. Elle a pour principal avantage de permettre aux livres de s'ouvrir facilement et de pouvoir rester dans cette position sans être maintenus.

dont firent particulièrement usage les Elzévier pour les livres qu'ils imprimaient et vendaient. Elle était pleine et se faisait avec une peau de veau finement préparée, dont la nuance était celle du parchemin.

Tarif des reliures de registres avec accessoires.

NATURE des ACCESSOIRES	Pot, tellière, couronne, écu		Carré		Raisin		Jésus		Soleil et Colombier		Grand-aigle	
	fr.	c.	fr.	c.	fr.	c.	fr.	c.	fr.	c.	fr.	c.
Garniture complète en cuivre	12	»	14	»	16	»	18	»	20	»	24	»
Par le bas seulement	6	»	7	»	8	»	9	»	10	»	12	»
Aux quatre coins	5	»	5	50	7	»	7	50	8	»	9	»
Bouts en haut et en bas du dos, sans coins ni bandes	»	50	»	60	»	75	1	»	1	50	2	»
Bouts en bas seulement sans coins ni bandes	»	25	»	30	»	40	»	50	»	75	1	»
Poignée au dos	1	50	1	50	1	50	2	»	2	»	2	»
Foliotage après l'impression, 2 à 4 mains	2	»	2	»	2	»	2	50	2	50	2	50
Foliotage après l'impression, 5 à 8 mains	4	»	4	»	4	»	5	»	5	»	5	»
Étiquettes en maroquin, de plat	1	25	1	25	1	25	1	25	1	25	1	25
Étiquettes en maroquin, de dos	»	75	»	75	»	75	»	75	»	75	»	75

Reliure d'amateur. Celle dans laquelle les marges de flanc et de pied ne sont pas rognées mais seulement ébarbées aux ciseaux. Dans ce genre de reliure, la tête seule est rognée et dorée.

Reliure de bibliothèque. Cette reliure se fait à dos brisé et demande une grande solidité non dépourvue d'élégance.

Reliure de luxe ou artistique. Celle dans laquelle on fait entrer des métaux ou des matières précieuses : ivoire, or, argent, fer ou acier ciselé, etc.

Reliure en vélin. Reliure

Reliure pleine. Celle dont le dos et les plats sont entièrement couverts en peau : veau, maroquin, chagrin, chevreau, etc., Après la *reliure en bois*, c'est la plus ancienne, car autrefois on n'en pratiquait pas d'autre.

Remanier v. Reprendre une composition dans le composteur, sur le marbre ou en galée, pour y apporter des modifications.

Remanier le papier. C'est le retourner en sens contraire, après l'avoir trempé, pour qu'il soit partout imprégné d'humidité. Le remaniement se fait douze heures au moins après le trempage, en partageant autant que possible les poignées par le milieu, lesquelles sont composées d'environ 10 ou 12 feuilles.

Remplaçant n. m. Celui qui, dans une équipe de journal, remplace provisoirement un piéton absent. Il y a deux sortes de remplaçants : ceux qui sont en titre, c'est-à-dire admis par l'équipe à figurer sur la pige, et que l'on doit prendre de préférence aux seconds : les remplaçants volants qui courent les équipes pour trouver du travail, mais ne sont attachés à aucune d'elles. On compte généralement deux ou trois remplaçants par équipe, que l'on dénomme *premier*, *deuxième*, *troisième* remplaçant.

Remplissage n. m. Annonces, réclames, faits divers qui servent à compléter un journal quand la copie fait défaut.

Renauder v. Grommeler, gourgousser, dans l'argot typographique.

Renfoncer v. Rejeter une ligne sur la droite, en chassant ou en la désespaçant, pour mettre au commencement un ou plusieurs cadratins.

Rentrer v. Renfoncer une composition sur la droite d'un nombre quelconque de cadratins.

Rentrures n. f. Nom donné aux divers clichés représentant l'ensemble d'un dessin destiné à être tiré en plusieurs couleurs. Ce nom vient de ce que la photographie ne devant prendre du cliché que ce qui doit être tiré en telle ou telle couleur, *on rentre*, autrement dit l'on cache tout ce qui ne doit pas appartenir au cliché du jaune, du rouge ou du bleu, par exemple. Il y a donc autant de rentrures ou clichés que de couleurs entrant dans le dessin.

Renvoi n. m. Note marginale répétée dans le corps du texte pour indiquer qu'il est fait une adjonction à ce dernier.

Renvoi de note. (V. Appel de note.)

Repassage (Composition de). Celle qui, dans les journaux, doit passer plusieurs fois, à des intervalles déterminés.

Repérage n. m. Opération consistant à obtenir une jonction parfaite des lignes d'une carte géographique, par exemple, gravée et tirée sur plusieurs pierres différentes, vu la grandeur de ses dimensions. Cette expression s'applique également aux travaux polychromes dont les couleurs doivent se trouver exactement à leurs places respectives. Dans les travaux courants, on dit aussi que le repérage est mauvais pour indiquer que la retiration est défectueuse, le registre mal fait.

Report n. m. Composition typographique tirée avec une encre dite *à report*, sur papier spécial, et que l'on reporte sur pierre ou sur zinc pour la tirer par les procédés lithographiques. Les tableaux à têtes chargées se tirent souvent ainsi ; on compose les têtes en typographie et l'on reporte ; il ne reste plus qu'à raccorder les filets et à faire au crayon lithographique ceux qui manquent.

Reportage n. m. Profession

du reporter ; action de reporter, le résultat de cette action.

Reporter v. Décalquer sur pierre ou sur zinc une composition typographique.

Reporter (tère) n. m. Journaliste dont la fonction consiste à se tenir au courant des nouvelles pour les transmettre sans retard à son journal. Ce sont les reporters qui sont chargés d'interviewer les personnages en vue pour savoir ce qu'ils pensent des événements du jour.

Repousser v. Imprimer au composteur à main une chose oubliée dans un ouvrage. Quand une correction importante existe dans un texte, et que l'on ne veut pas recommencer le tirage, on gratte la partie en cause et l'on repousse comme il vient d'être dit.

Retiration n. f. Impression du second côté d'une feuille dont on a tiré le côté de première.

Retiration (Être en). C'est avoir, dans le pittoresque langage des typographes, atteint l'âge de cinquante ans. — On est également en retiration lorsqu'on tire le second côté d'une feuille après avoir tiré le côté de première.

Retiration in-8º. La retiration in-8º consiste à retourner le papier sur la table de marge, de façon que les petits côtés tombent les uns sur les autres sans que les grands côtés changent de place. Dans la retiration in-12, c'est le contraire qui se produit, les grands côtés changent entre eux et les petits restent en place.

Retiration (Mettre en). Tirer, sur une machine en blanc le second côté d'une feuille dont on a tiré le premier côté.

Retouche n. f. Réparation, adjonction ou suppression qui se fait, à la main, à une chose que l'on a obtenue par des moyens chimiques ou mécaniques, par exemple un cliché ou un galvano.

Revers. (V. Plat.)

Reviseur de tierces. C'est presque toujours un typographe intelligent et soigneux qui remplit cette fonction dans les imprimeries importantes. Il séjourne dans l'atelier des machines, où il a une casse de tous les caractères courants. Sa besogne consiste à vérifier les corrections de la tierce et à exécuter celles qui auraient pu être oubliées. Il est en outre à la disposition des conducteurs quand il arrive sous presse des accidents auxquels ces derniers ne peuvent remédier.

Revision n. f. Contrôle sur une nouvelle épreuve des corrections d'un bon à tirer.

Revoyage n. m. Inspection du papier après la fabrication.

Rez-de-Chaussée n. m. On appelle ainsi le bas des pages des journaux où se publient les romans-feuilletons ou les feuilletons de réclame, d'annonces, etc.

Rinçage. (V. Lavage.)

Rognure n. f. **Rognage** n. m. Consiste à retrancher la saillie des marges d'un livre, y compris le pli des feuilles, pour éviter d'avoir à couper celles-ci. Cette opération se fait sur une presse spéciale à l'aide du fût à rogner. On rogne aussi au massicot, mais seulement les brochures de peu d'importance qui ne comportent ni endossage, ni gouttière.

Romain du roi. Nom donné autrefois aux caractères dont l'imprimerie Nationale a seule le droit de se servir, et qui se distinguent par une barre horizontale placée au milieu du flanc gauche de la lettre *l*.

Rompure n. f. **Rompage** n. m. C'est, en fonderie, l'opération qui consiste à détacher le jet du pied de la lettre. Depuis l'invention de la machine dite *à tout faire*, la rompure se fait *mécaniquement*.

Ronchonner. (V. Gourgousser.)

Rosette n. f. Autrefois on donnait ce nom à l'encre rouge qui servait aux rubricateurs et à l'impression de certains mots spéciaux aux livres liturgiques. Plus tard, on l'employa communément pour désigner l'encre rouge.

Roulance n. f. Tapage infernal que font les typographes en frappant sur leur casse ou sur toute autre chose pour se gausser d'un camarade qui a dit ou fait quelque sottise. Cette habitude de *rouler*, qui battait son plein il y a une quarantaine d'années, tend heureusement à disparaître.

Rouler v. On roule quand la presse est en mouvement, c'est-à-dire quand elle imprime. — Donner une roulance.

Rouleur n. m. Voyageur, trimardeur qui va de ville en ville pour chercher du travail, que pendant la saison d'été il s'efforce souvent de ne pas trouver.

Rubricateur n. m. Celui qui était chargé d'écrire les rubriques sur les manuscrits.

Rubrique n. f. Dans l'ancienne typographie, ce qui, dans un ouvrage, s'imprimait à l'encre rouge. — Note, remarque écrite à l'encre rouge sur les anciens manuscrits.

Rue n. f. Ligne blanche produite dans la composition ou sur la feuille imprimée par une succession de mots d'égale longueur et placés verticalement les uns au-dessous des autres. La rue ne diffère de la lézarde qu'en ce que la première est droite tandis que l'autre est en zigzag.

S

Saint-Jean n. m. Ce qui constitue l'outillage d'un typographe : La blouse, le composteur, les pinces — autrefois la pointe — le composteur de bois, une ou deux galées, et, pour les vieux typos, l'inévitable visorium.

Saint-Jean (C'est de la). Expression qui veut dire : « C'est bien peu de chose, ce n'est rien à côté de ce que vous allez voir ou de ce que nous avons vu ».

Saint-Jean-Porte-Latine n. f. Fête des imprimeurs. On a inutilement cherché à connaître les raisons pour lesquelles les typographes avaient choisi saint Jean comme patron. On en a donné plusieurs explications ; celle qui nous paraît la plus plausible est que l'inventeur de l'imprimerie s'appelant Jean, les typographes ont choisi de préférence un saint de ce nom.

Salé, Sel n. m. Composition que, *le jour du bateau*, on compte au metteur en pages, bien qu'elle ne soit pas terminée, et même quelquefois pas commencée. Le salé est la ressource des mauvais piégards qui, n'ayant rien fait de la semaine, comptent sur lui pour faire leur banque. Dans les temps de chômage, il rend quelques services aux ouvriers sérieux qui ont manqué de copie ; c'est du reste en prévision de cette éventualité que le salé a été admis dans les imprimeries.

Sallerau, Salleraut n. m. Celui qui surveille les diverses manipulations du papier dans le travail à la cuve.

Sangsue (Poser une). Faire une correction sous presse ou sur le marbre pour un camarade absent.

Sarrasin, Sarrascof, Sarrascot n. m. Ouvrier qui travaille au-dessous du tarif reconnu. Les sarrasins sont méprisés par tous et on ne leur épargne rien pour leur faire quitter les maisons qui les occupent, lorsqu'ils y sont en minorité. On appelait aussi sarrasin celui qui consentait à travailler avec des compositrices, même s'il était payé au tarif ou au-delà de celui-ci.

Sarrasiner v. Travailler au-dessous des tarifs ou dans une maison mise à l'index par les syndicats ouvriers.

Sauve-Gardes, Sauf-Gardes. Bandes de papier blanc, de la longueur du format, que l'on plie par le milieu, pour les coudre dans le pli. Elles servent à protéger les gardes pendant le travail de reliure ; quand celui-ci est terminé, on les enlève pour les coller au commencement et à la fin du volume. Les sauve-gardes se nomment aussi *onglets*.

Scel authentique n. m. Sceau particulier qui servait à sceller les actes des seigneuries.

Scolie n. f. Ancien nom des notes. Ce terme était surtout employé pour désigner les notes des manuscrits.

Sécher (Se). Se dit, en plaisanterie, d'un ouvrier qui, après avoir sué par excès de travail, se repose momentanément : *il se sèche*. Par extension, se dit des paresseux qui ne suent jamais mais se sèchent plus souvent que de raison.

Second n. m. L'homme de bois d'un metteur en pages. Celui qui remplace le metteur d'un journal en cas d'absence.

Seize (Système). Ce système est spécial à l'imprimerie Nationale, où l'on compte sur seize points au lieu de compter sur douze ; il est préférable à tous les autres en ce qu'il ne donne à la division que des corps pairs : 8, 6, 4 et 2 points. A remarquer que le point de l'imprimerie Nationale est plus fort de 1/8 que le point Didot.

Sélam n. m. Bouquet de fleurs dont l'arrangement constitue un langage chez les Orientaux.

Sélénotypie n. f. Nom donné par les Allemands à la *plombotypie*.

Sentinelle n. f. Lettre qui s'échappe d'une page et reste debout sur le marbre quand on enlève une forme.

Serrage n. m. Que l'on serre une forme avec des coins mécaniques ou en bois, le serrage doit toujours commencer très modérément, et petit à petit, par le bas, de façon à faire remonter la composition ; on ne serrera donc les côtés d'une forme qu'après avoir donné aux pages leur assise en hauteur. Le serrage doit se faire méthodiquement, et en aucun cas on ne devra serrer à fond un côté sans avoir opéré aussi également que possible de l'autre côté. Si le châssis lève quelque peu, on le frappera avec le manche du marteau et non avec la tête de celui-ci, sous peine de risquer la brisure du châssis à l'endroit de la soudure.

Sibérie n. f. Parties extrêmes des ateliers quand elles se trouvent éloignées des calorifères.

Signature n. f. Chiffre que l'on met au commencement de chaque feuille, aux cartons ou aux encarts, dans les impositions en plusieurs cahiers. Ces chiffres indiquent au relieur le côté de première et le côté de seconde, ainsi que les endroits où la feuille doit être coupée dans les impositions composées.

Singe n. m. Sobriquet des typographes.

Soleil n. m. Quasi mise en pâte d'un paquet non interligné et mal lié, dont les lignes s'intercalent les unes dans les autres.

Sommaire n. m. Composition en forme de titre, dans laquelle la première ligne est pleine et les suivantes renfoncées d'un ou plusieurs cadratins. — En-tête qui surmonte un tableau fermé ou non fermé.

Sonder (Aller). Se dit, à l'imprimerie Nationale, de l'action d'aller demander du travail au prote quand on n'a plus rien à faire.

Sonder la forme. C'est la soulever légèrement sur le marbre, à différentes reprises, pour s'assurer qu'elle est bien serrée et que rien ne chevauche.

Sonnettes n. f. Se dit des lettres qui ne tiennent pas dans une forme serrée et qui sonnent lorsqu'on sonde celle-ci.

Sorte n. f. Plaisanterie d'un goût presque toujours douteux, que se font les typographes entre eux. *La Sorte*, nom d'un journal spirituel et humoristique que publient les typos de Marseille et qui consacre à des œuvres de bienfaisance les bénéfices qu'il réalise.

Sortes n. f. pl. Expression qui désigne en bloc telles ou telles lettres de différents caractères : sortes de 8, de 9, de 10, etc.

Sortie n. f. Syn. d'attrapance, de parade, d'algarade, etc.

Sortie du bain galvanoplastique. Quarante-huit heures de séjour dans le bain suffisent pour obtenir une épaisseur de cuivre de près de *un millimètre* ; il n'est donc pas nécessaire de laisser la pile en action pendant un temps si long. L'enlèvement des moules peut avoir lieu après 15 ou 20 heures de dépôt ; on plonge alors dans l'eau claire moule et coquille, que l'on débarrasse de toute trace d'acide, et l'on porte sur un bon feu de charbon de bois ou sur un fourneau à gaz, en exposant le cuivre à la chaleur. Au bout de peu de temps, la gutta se détache : c'est le moment propice pour l'enlever, mais il faut laisser la coquille sur le feu jusqu'à ce que les molécules de graisse dont elle est imprégnée s'enflamment et s'éteignent d'elles-mêmes, sans cette précaution, des dépôts noirâtres se formeraient sur le galvano et il serait ensuite impossible de les enlever.

Sortier n. m. Loustic, faiseur de sortes.

Sortir v. Faire déborder une ligne par la gauche de un ou plusieurs cadratins.

Soufflure n. f. Lacunes, vides, trous qui se produisent quelquefois dans la coulée des clichés et dans le doublage des galvanos. Les soufflures sont généralement produites par les différences de température existant entre le métal en fusion et le ou les corps avec lesquels il entre brusquement en contact.

Sous-Note. (V. Note de note.)

Sous presse. Etat d'un ouvrage en cours d'exécution et surtout de tirage.

Sténochromie n. f. Manière d'imprimer d'un seul coup, à l'aide d'une plaque de gélatine servant tout à la fois de support et de maquette, un nombre *illimité* de couleurs. Ce procédé, en raison des frais considérables qu'il occasionnait, a été abandonné par son inventeur.

Sténotyper v. Serrer la composition en supprimant les blancs et l'interlignage.

Stéréotypage n. m. Action de clicher ou stéréotyper. Le résultat de cette action.

Stéréotypage Herhan, du nom de son inventeur (1795). Il consistait à composer des matrices de cuivre et à couler sur les pages de la matière d'imprimerie.

Stéréotypie n. f. L'art du clicheur. L'atelier de ce dernier.

Style lapidaire. Se dit d'une composition exécutée à la manière des inscriptions romaines, c'est-à-dire en lignes coupées, les unes longues, les autres courtes, selon la façon dont on comprend les coupures.

Suppression n. f. On donne ce nom à la composition que, pour des raisons personnelles, l'auteur retranche du texte qu'il destine à l'impression.

Surcharge n. f. Les surcharges ne sont autres que les intercalations : italique, normandes, petites capitales, etc. On donne aussi le nom de surcharge au nombre de lettres que l'on est autorisé à compter en plus dans les justifications inférieures à 40 lettres : dans celles qui ne comportent que 2, 3 et 4 lettres, la surcharge est, à Paris, de 13 lettres par ligne. Cela s'explique par le temps que fait perdre au compositeur une justification trop fréquente.

Symbole (Avoir, Demander). Dans l'argot typographique, c'est avoir ou demander crédit chez un restaurateur, un marchand de vin.

Sympathie n. f. Ce mot est, pour les lithographes, ce que l'*amour* est pour les typographes.

Synchronie n. f. Nom donné à un procédé d'impression inventé par M. Vittorio Turati, de Milan, et qui consiste à imprimer en une seule fois autant de couleurs qu'un tableau peut en comporter.

Système Maréchal. Système imaginé par M. Maréchal, ancien prote de l'imprimerie Claye, pour

8.

la répartition des blancs dans les impositions. Il consiste à prendre la hauteur d'une page, après avoir pris celle du papier, et à répartir de la manière suivante le blanc total dont on dispose : 2/5 en tête et 3/5 en pied. La même opération se fait pour les blancs de fond. Exemple, si la page a 20 douzes et que le papier en ait 35, on mettra dans les petits fonds le 1/5 de 15 douzes, soit 6 douzes, et les 2/5 restants, soit 9 douzes, dans les grands fonds. La réunion de deux têtes doit donc comporter 4/5 du blanc total du papier ; celle des petits fonds 4/5 également, et celle des grands fonds *deux fois trois cinquièmes*. Cette répartition ne s'applique qu'aux pages comportant des titres courants ; pour celles qui ne sont surmontées que d'un folio simple, c'est-à-dire d'un chiffre placé entre deux moins, *le folio compte dans le blanc* de tête, alors que *le blanc* qui se trouve sous ledit folio compte seul dans la hauteur de page.

T

Tableau n. m. En typographie on donne le nom de tableau aux pages de chiffres ou de texte, avec ou sans accolades, mais divisées en un certain nombre de colonnes, le tout entouré d'un filet de cadre. On appelle tableau ouvert celui qui n'est pas fermé par le bas, ce qui arrive lorsque le texte ne peut tenir sur une seule page, comme par exemple dans les budgets. Dans ce cas, on ferme la dernière page pour bien indiquer que le chapitre est clos et que l'on passe au suivant. Les compositions en forme de tableau, mais non encadrées, se nomment opérations.

Tableau en regard. Les tableaux en regard sont ceux qui portent sur deux pages. Pour qu'ils soient bien faits, il faut donc laisser au milieu un blanc constituant la marge intérieure à l'endroit où se plie le volume. Ce blanc varie selon l'épaisseur de l'ouvrage ; c'est ainsi que, dans les budgets, il atteint jusqu'à 6 douzes, alors que dans les travaux moins importants, il ne dépasse jamais 2 ou 3 douzes.

Tableautier n. m. Typographe qui fait plus spécialement des tableaux.

Tablier n. m. Autrefois, les compagnons imprimeurs portaient dans le travail un tablier, qui a été remplacé depuis par une blouse, généralement noire. Aujourd'hui encore, en Angleterre, les typographes travaillent avec un tablier, à l'exclusion de la blouse qui n'est pas admise dans les ateliers.

Tacon n. m. Découpure faite à la frisquette pour les tirages en couleurs dans le travail à la presse à bras. — Petite hausse en papier que l'on met sous les clichés ou les gravures pour les mettre de la hauteur des lettres.

Taconner v. Hausser le pied d'une lettre en frappant dessus à petits coups avec un marteau. Cela ne se fait que pour les lettres qu'on ne peut remplacer, quand elles manquent dans la casse ou à la réserve par exemple.

Talus n. m. (V. Epaulement.)

Taquage n. m. Le taquage, qui a pour objet de faire descendre les lettres qui peuvent lever, s'opère avant le serrage à fond, quand on n'a encore donné que quelques petits coups de marteau sur les coins; il doit être modéré et porter d'aplomb sur les pages. Le taquage sous presse se fait, plus doucement encore, avec un taquoir en bois dur, que les conducteurs fabriquent eux-mêmes.

Taquer v. Frapper à plat, avec le taquoir, sur une forme que l'on va serrer pour égaliser la hauteur des lettres en faisant descendre celles qui peuvent lever.

Tartine n. f. Dans l'argot typographique, nom donné à un long article de revue ou de journal.

Témoin n. m. Fausse marge. Feuillet laissé intact par le relieur pour montrer ce qu'il a rogné des marges d'un livre.

Teneur de copie. Celui qui tient et lit la copie au correcteur pendant que celui-ci corrige. On peut corriger sans teneur de copie, mais on risque d'oublier des bourdons, ce qui devient à peu près impossible dans le premier cas.

Tenir le marteau. Lorsqu'on imprimait à la presse à bras, cette expression signifiait que le premier compagnon avait seul le droit de toucher à la mise en train, son compagnon n'ayant qu'à le regarder faire et à le servir.

Tenir son fil. Se dit de la pâte à rouleau et de la pâte à clicher, quand elle est suffisamment coagulée et *file* sans qu'il y ait rupture dans les filaments.

Tête de lettre. (V. En-Tête.)

Têtes n. f. Nom donné au sommaire placé entre deux filets, qui précède une colonne de chiffres ou de texte dans un tableau ou une opération. — Les marges supérieures d'un livre.

Têtes à l'italienne. On donne ce nom aux têtes de tableaux qui sont séparées par un filet tenant toute la largeur de la justification :

DATES	NOMBRES	NOMS
10 avril	25	Dufour
15 mai	41	Jean
10 juin	53	Dubois

alors que, dans les têtes à la française, le filet séparatif des colonnes de chiffres ou de texte va de haut en bas du tableau :

DATES	NOMBRES	NOMS
10 avril	25	Dufour
15 mai	41	Jean
10 juin	53	Dubois

Têtes de chapitre. Vignette à dessins uniformes ou variés, qui tient toute la largeur de la justification et que l'on place en tête des chapitres dans les ouvrages de luxe.

Têtes de clous. Lettres arrondies par suite d'un long usage.

Texte n. m. La teneur d'une copie, d'un manuscrit ou d'une réimpression.

Tierce n. f. La dernière épreuve d'un travail. Elle se corrige le plus souvent sous presse.

Tierceur. (V. Reviseur de tierce.)

Tige de la lettre. La partie qui se trouve comprise entre l'œil et le talon.

Tirage n. m. Cette expression a le même sens que *amour*. Un rouleau qui a beaucoup de tirage est celui qui a beaucoup d'amour. Action d'imprimer, *de tirer*. Le résultat de cette action.

Tirage à sec. Celui qui est opéré sur du papier non trempé. Les tirages sur papiers glacés se font toujours à sec.

Tirage (Il y a du). Dans l'argot typographique, cela signifie que ça ne marche pas tout seul, que l'on éprouve de la résistance dans la chose entreprise.

Tirages concurrents. Ceux qui, sur un même ouvrage, se font sur différentes sortes de papiers de luxe : chine, japon, hollande, vélin.

Tirelife (En). En cachette, sans prévenir.

Tirer v. Imprimer, procéder à un tirage.

Titre courant n. m. Le folio, lorsqu'il comporte du texte. Les titres courants se font généralement en grandes ou en petites capitales, avec folio du côté de la marge extérieure.

Titre de départ. Celui qui surmonte la première page de texte d'un ouvrage. C'est une réduction du grand titre, et pour ainsi dire la reproduction du faux titre.

Tomaison n. f. Indication du tome auquel appartient chaque feuille d'un ouvrage faisant plusieurs tomes ou volumes. Elle s'indique sur le titre de l'ouvrage et se répète aux signatures de chaque feuille.

Tomber v. Cette expression s'emploie, en typographie et en lithographie, pour caractériser différentes situations de la mise en pages et de l'impression ; on *tombe mal* quand on tombe en ligne boiteuse, avec un titre en bas de page, une queue qu'il est impossible de faire entrer, etc. *Ça tombe mal* quand le registre ou le repérage sont défectueux.

Tomber systématiquement ou **sur corps.** C'est, dans un tableau, prendre sa justification de manière à tomber sur *douze* ou sur des fractions de douze, divisibles par 8, 6, 4 ou 2. On ne devra donc jamais faire tomber une colonne sur 13, 15, 17, etc., sauf le cas fort rare où il est matériellement impossible de faire autrement.

Tome n. m. Division d'un ouvrage supérieure au chapitre ; elle équivaut au *livre* quand cette division se rencontre dans un même volume. Le plus souvent, un tome fait un volume ; mais on trouve, dans les ouvrages anciens surtout, deux ou trois tomes réunis sous une seule couverture.

Touche n. f. Cette expression sert à qualifier la façon dont se comportent les rouleaux ; la touche est bonne ou mauvaise, selon que les rouleaux distribuent ou ne distribuent pas l'encre comme il faut.

Toucheur n. f. Dans l'impression à la presse à bras, le compagnon de l'imprimeur. C'est lui qui est chargé de distribuer l'encre sur la forme, autrement dit de *toucher*.

Tourniquet (Tranches). (V. Tranches peignes.)

Train n. m. Nom donné à un certain nombre de livres reliés à la fois.

Tranche n. f. Nom généralement donné aux faces d'un livre du côté où il s'ouvre et qui sont susceptibles d'être *tranchées* par le rognage. La face du haut s'appelle la *tête*; celle du bas, le *pied*; le nom de tranche est plus spécialement donné à la face opposée au dos, laquelle prend aussi le nom de *gouttière* lorsque la reliure lui a donné la forme concave. Les deux autres faces d'un livre se nomment : celle qui porte le titre, le *plat*; celle qui lui est opposée, le *revers*. Lorsque le livre est relié sans titre sur la couverture, on dit les *plats*.

Tranche caméléon ou **Tranche grecque**. Celle que l'on a disposée en forme d'escaliers, sur lesquels on a appliqué des couleurs différentes. Quand les couleurs sont sèches, on les recouvre d'une dorure ou d'une couleur uniforme qui fait qu'en ouvrant le livre, la tranche apparaît sous un aspect multicolore.

Tranche ciselée. On donne ce nom à une tranche qui, après avoir été dorée, est décorée d'un dessin quelconque se rapportant au sujet de l'ouvrage. C'est le contraire de la tranche à paysages transparents, où l'on peint d'abord le sujet à l'*aqua-tinta* pour le recouvrir ensuite d'une couche d'or.

Tranche damassée. Celle qui imite les étoffes dites de Damas.

Tranche (Faire la). C'est marbrer, jasper, couvrir d'une teinte unie ou dorer la tranche d'un livre.

Tranchefile n f. Ornement en fil, coton, soie, argent ou or, que l'on place en tête ou en queue d'un livre, du côté du dos, pour assujettir les cahiers et consolider la partie débordante de la couverture. Tranchefile simple, à chapiteau, à rubans, en lettres ou en devises, or et argent.

Tranchefile (Fausse). Dans les reliures communes, la tranchefile est remplacée par une ficelle sur laquelle on rabat et l'on colle la peau du dos.

Tranches dorées. On passe les tranches à la colle de peau et on laisse sécher; après quoi, mise en presse et fort serrage. Un grattoir d'acier sert à unir les tranches, que l'on frotte ensuite avec de la colle blanche avant de les passer au bol à l'aide d'un pinceau. Les volumes, toujours en presse, passent au coucheur, qui étend une légère couche de blancs d'œufs battus avec de l'eau, applique l'or en feuille ou en poudre et laisse sécher. A son tour, le brunisseur passe un chiffon imprégné de cire, commence à brunir avec les agates, en opérant de bas en haut, et remet le tout aux mains du relieur.

Tranches jaspées. L'outillage se compose d'une brosse en crin, d'un vase dans lequel on a délayé de la terre de Sienne avec de l'eau, et d'une grille à poignée de 0m 20 de côté. Les volumes rognés se placent côte à côte, sur une seule rangée, après quoi le jaspeur prend la grille de la main gauche et la tient à 10 cent. au-dessus des volumes. Ce sont les éclaboussures qui, en tombant sur les tranches, produisent ce que l'on appelle la jaspure. Inutile de dire que les volumes doivent être fortement serrés pour que le liquide ne se répande pas sur les marges.

Tranches marbrées. L'outillage se compose d'un baquet garni de zinc, monté sur tréteaux et mesurant 1m de côté sur 0m 20 de profondeur. Les couleurs et la gomme adragante sont placées dans des vases en grès; un tamis sert à passer l'eau gommée dont on remplit le baquet; on devra préalablement ajouter à la solution quelques gouttes de fiel de bœuf et d'acide muriatique qui facilitent l'étendage des couleurs, lesquelles sont le noir, le rouge, le brun, composé de terre d'ombre et de Sienne. On trempe un balai dans chaque couleur, d'après l'ordre indiqué ci-dessus, et l'on agite au-dessus des tranches. Après quoi on prend une dizaine de volumes, que l'on presse fortement, et on les plonge dans le bain, en commençant par le côté supérieur des livres. L'ouvrier prend alors une palette et enlève les couleurs en excédent. Il prépare ensuite un second bain, en s'y prenant de la même manière.

Tranches marbrées sur or. Les opérations sont les mêmes que celles déjà décrites, mais elles se font en sens inverse. Les volumes étant dorés, on les trempe dans le bain de gomme. Lorsqu'ils sont secs, on les passe à l'agate pour leur donner le brillant nécessaire. Cette dorure coûte cher et ne peut être exécutée que par des ouvriers d'une grande habileté.

Tranches orientales. (V. Tranches marbrées sur or.)

Tranches peignes. Les opérations sont les mêmes que pour la tranche marbrée, seulement les couleurs sont plus fines et comportent du jaune, du bleu, du vert et du rouge. On les jette dans le bain de gomme dans lequel on plonge le peigne auquel on fait décrire un mouvement de rotation pour les tranches dites tourniquet, et un mouvement de bas en haut pour les tranches ordinaires.

Tranches rouges ou marbrées sous or. Après la marbrure, on les passe au rouge. Quand elles sont bien sèches on les frotte légèrement avec du papier de verre très fin pour faire disparaître les bavures; après quoi on les dore.

Tranches rouges semées or. On passe d'abord les tranches au carmin ; après séchage, on les couvre d'or, puis à l'aide d'outils en cuivre, on les parsème de motifs divers. Ce genre de dorure se pratique surtout sur les paroissiens de vente courante et d'un prix peu élevé.

Transposer v. C'est intervertir l'ordre d'une composition. Lorsqu'une imposition est mal faite et que les pages ne sont pas à leur place, on transpose pour rétablir l'ordre interverti.

Transposition n. f. Action de transposer ; état d'une composition, d'une ou plusieurs pages transposées.

Trempage n. m. Opération qui consiste à mouiller le papier avant l'impression pour favoriser la prise d'encre. Le papier ne doit pas être employé quand il est frais trempé, mais seulement au bout de deux ou trois jours, après avoir été *remanié*. Aujourd'hui, on ne trempe plus guère le papier — sauf pourtant le *vergé*, qui s'en trouve bien — les tirages se faisant presque toujours à sec. Quand le papier est trempé, on le met sous un poids pour éviter qu'il y reste des flaques et pour qu'il soit partout également imprégné d'humidité.

Tremper v. C'est mouiller le papier, soit au balai, soit mécaniquement, avant de procéder au tirage, lorsqu'on ne veut pas tirer à sec.

Trempeur n. m. Ouvrier chargé de tremper le papier avant l'impression.

Tricher v. Faire des combinaisons irrégulières pour obtenir le résultat cherché. Tricher dans les blancs c'est porter atteinte à leur régularité soit en les augmentant, soit en les diminuant.

Trimardeur n. m. Voyageur, rouleur, ouvrier qui va de ville en ville pour trouver du travail.

Triplice n. f. Nom donné par M. Ducos du Hauron a un procédé qui consiste à obtenir, par la superposition des trois couleurs fondamentales, bleu, rouge et jaune, toutes les gammes de la tonalité, à l'aide de ces seules couleurs. Le grand mérite de cette invention est, pour M. Ducos du Hauron, d'avoir trouvé le moyen, à l'aide d'écrans spéciaux, d'obtenir séparément, par la photographie, autant de clichés qu'il y a de couleurs dans un tableau quelconque, en d'autres termes, de séparer les couleurs en autant de clichés qu'il en faut pour reproduire par l'impression le tableau en question. (V. Colorito.)

Typo n. m. et f. Abréviation de typographe. Abréviation de typographie : *c'est de la typo*.

Typographe n. m. Ouvrier qui exerce l'art de la typographie.

Typographie n. f. Art de composer et d'imprimer à l'aide de caractères mobiles en relief.

Typographique n. f et adj. Nom donné à l'épreuve en première. Sur cette épreuve, le correcteur ne doit marquer que les fautes ou erreurs qui incombent au compositeur, tout remaniement du texte, substitution de mots, etc., n'étant pas attribuables à l'ouvrier, mais à l'auteur.

Typographiste n. m. Celui qui se livre à des recherches dans le but de perfectionner l'art de l'imprimerie.

Typologie n. f. Étude, ouvrage traitant de tout ce qui est relatif à l'art typographique.

Typomanie n. f. Manie de se faire imprimer.

Typote n. f. Dans l'argot typographique, nom donné aux compositrices.

Typothetœ. Mot qui vient du grec et signifie *assembleurs, arrangeurs de types*. Il sert, en Amérique, à désigner les associations typographiques.

V

Venir v. Cette expression s'emploie, en typographie et en lithographie, pour caractériser la manière dont s'opère l'impression : *cette page vient mal; ce dessin vient très bien.*

Ventre (Faire le). Aspect bombé que prend une forme insuffisamment serrée, quand on veut l'enlever du marbre ou la mettre sur celui-ci.

Vergeures. (V. Pontuseaux.)

Vernissage des imprimés. Prendre 10 litres d'eau de pluie et 800 grammes d'albumine réduite en poudre : battre le tout avec une tournette et filtrer. Mettre la solution dans un récipient et faire flotter à la surface le côté imprimé de la feuille que l'on veut vernir. On peut également étendre la mixture à l'aide d'une queue de morue. Faire sécher ensuite et satiner.

Versalle (Lettre). Majuscule qui commence les vers.

Verso n. m. Le côté pair d'une page, c'est-à-dire celui qui constitue le revers d'un feuillet.

Viaticum n. m. Secours de route accordé à un voyageur syndiqué quand il passe dans une ville où il y a un syndicat ouvrier, mais pas de travail.

Vingt-deux. Cri prononcé d'une certaine manière, par lequel on annonce la présence d'un prote ou du patron dans l'atelier. Ce cri se répète de rang en rang et signifie à chacun de se tenir sur ses gardes.

Voleurs. (V. Larrons.)

Water-Mark. Le filigrane, dans la langue anglaise.

X

Xylotypurgie n. f. Art de fabriquer des caractères en bois pour la typographie.

Y

Yappe n. f. Couverture de livre en peau très mince, qui se plie sur la tranche et dont on recouvre les guides et les dictionnaires de poche.

Z

Zinc n. m. Nom donné couramment aux gravures sur zinc ainsi qu'aux plateaux ou galées en zinc à double équerre.

DICTIONNAIRE

DE

GRAVURE, DESSIN, LITHOGRAPHIE

ET PROCÉDÉS DIVERS

DICTIONNAIRE
DE GRAVURE, DESSIN, LITHOGRAPHIE
ET PROCÉDÉS DIVERS

ABA

Abaque n. m. Tableau couvert de poussière, sur lequel les anciens Athéniens traçaient des signes ou des figures.

Acide acétique. Cet acide, qui est obtenu par la distillation de matières végétales organiques, n'est autre que l'acide pyroligneux rectifié. Le vinaigre du commerce est lui-même de l'acide acétique étendu d'eau. A l'état pur ou dilué, il sert aux lithographes pour la préparation des pierres.

Acide azotique ou **nitrique.** On le fabrique en faisant agir de l'acide sulfurique concentré sur de l'azotate de soude. Les graveurs s'en servent, sous le nom d'eau-forte, pour attaquer le métal, et les lithographes pour préparer leurs planches.

Acide chlorhydrique. Cet acide porte dans l'industrie les noms d'esprit de sel, d'acide marin et d'acide muriatique ; il est obtenu par la combinaison du chlore et de l'hydrogène et s'em-

ACI

ploie quelquefois en lithographie.

Acide chromique. Cet acide est solide et cristallise en prismes d'un beau rouge. Le chromate de potasse sert à fabriquer le jaune de chrome ; le bichromate est la base de tous les procédés d'impressions photographiques aux encres grasses.

Acide citrique. Est extrait du jus de citron clarifié avec du blanc d'œuf battu en neige ; on filtre et l'on fait bouillir avec du carbonate de chaux. Dans les préparations lithographiques et photographiques, l'acide citrique remplace avec avantage l'acide acétique.

Acide fluorhydrique. Acide formé par la combinaison du fluor et de l'hydrogène. Les peintres-verriers et les graveurs sur pierre, qui l'utilisent pour leurs travaux, le conservent dans des bouteilles de gutta-percha, le verre ne résistant pas à son attaque.

Acide gallique. C'est un

corps solide, très blanc, légèrement acide et de saveur sucrée. Il est employé en lithographie quand on substitue le zinc à la pierre.

Acide phosphorique. Corps solide, sous forme de flocons blancs. Les lithographes s'en servent dans certaines préparations, soit dilué, soit comme acide hypophosphorique.

Aciérage des plaques. Pour rendre les plaques héliographiques plus résistantes, on les recouvre, avec l'aide d'une forte pile, d'une couche de fer parfaitement lisse, et qui n'altère en rien la gravure. A cet effet, on prépare une solution ammoniacale composée de 200 gr. de sel ammoniac dans un litre d'eau. La pile, chargée de deux plaques de fer placées aux deux pôles, entre en action et sature de fer la préparation. On substitue alors à l'anode de fer du pôle négatif la gravure à aciérer, et, au bout de quelques instants, l'opération est terminée.

Aciérographie n. f. Art de graver sur acier. Cette expression s'emploie quelquefois pour désigner une gravure sur acier. Mot hybride : rad. français *acier*; rad. grec *grapho*.

Actinomètre n. m. Appareil dont la fonction est la même que celle du photomètre.

Albertypie n. f. Nom donné primitivement à la phototypie inventée par Poitevin. Albert de Munich ayant trouvé le moyen de fixer la gélatine sur un support approprié et de tirer directement sur cette matière, donna son nom au procédé. De nombreuses améliorations ayant été apportées dans la manière de pratiquer la phototypie, on substitua cette dernière appellation à celle d'albertypie, qui n'est plus employée aujourd'hui.

Albumine n. f. S'extrait des végétaux et des substances animales, plus particulièrement du blanc d'œuf. Est souvent employée dans la photographie et quelquefois dans la lithographie.

Aluminographie n. f. Nom donné au mode d'impression des dessins gravés sur plaques d'aluminium.

Ambotrace n. m. Instrument à l'aide duquel on peut tracer sur le papier deux lettres à la fois.

Amidon n. m. Les lithographes s'en servent pour l'encollage, et, dans certains cas, pour poudrer les imprimés.

Anastaltique (Impression). Mode d'impression qui consiste à reproduire les gravures et les livres anciens en les décalquant sur une pierre lithographique et en tirant ensuite à la manière ordinaire. Si l'opération a été convenablement faite, l'original n'en souffre aucunement et il ne reste plus qu'à recoudre et à relier de nouveau les livres dont on voulait obtenir la reproduction.

Apex n. m. Encadrement, trait horizontal qui entoure et surmonte un ou plusieurs noms, une date en lettres, un chiffre, dans les inscriptions archaïques ⎯⎯⎯⎯⎯⎯ ˉ₁. Ce signe revêtait aussi la forme d'une virgule ou d'un accent.

Appareil-Revolver. (V. Musique).

Apyrotypes n. m. pl. Lettres de cuivres frappées à froid.

Aquafortiste n. m. Artiste qui grave à l'eau-forte.

Aquatinte, Aqua-Tinta n. f. Genre de gravure chimique imitant le dessin au lavis.

Arcanson. (V. Colophane.)

Art du trait n. m. Art de tracer les épures, particulièrement en stéréotomie.

Atinter v. Orner une gravure, un dessin, avec affectation.

Aunes n. m. Bâtons sur lesquels les anciens Scandinaves gravaient des calendriers et des calculs d'astronomie primitive.

Autocopieur. Appareil de reproduction de l'écriture, qui donne, sans presse ni encre, la copie de la lettre écrite, ou même plusieurs copies si l'on interpose, entre chaque feuillet blanc, une feuille communicative, en opérant simultanément sur plusieurs épaisseurs.

Autocopieur Frey. Appareil à reproduction de l'écriture et du dessin, dû au colonel Frey, de l'infanterie de marine. Il consiste — en faisant usage de feuilles intercalaires chargées, des deux côtés, de substance colorante à base d'aniline, et à la condition d'exercer en écrivant une pression suffisante — à obtenir de chacune de ces feuilles une copie positive et une copie négative.

Cette dernière, qui peut être lue en la regardant à l'envers par transparence, peut, en outre, servir elle-même à donner un certain nombre de reproductions positives sur papier humide.

Il suffit, à cet effet, d'enduire le verso des feuillets destinés à recevoir l'épreuve négative d'une composition spéciale susceptible de retenir l'encre d'aniline.

Autocopiste noir. Appareil permettant d'imprimer par décalque, sur gélatine alunée, un dessin tracé avec une encre au perchlorure de fer.

Autographe adj. Ce qui est écrit de la main même de l'auteur.

Autographie n. f. Mode de reproduction de l'écriture consistant à écrire sur papier spécial, dit *papier autographique* ou de *report*, pour transporter ensuite par décalque, sur pierre ou sur zinc, afin de pouvoir tirer à la manière ordinaire.

Autographomane n. m. Celui qui a la manie des autographes.

Autographophile n. m. Collectionneur d'autographes.

Autographophobe n. m. Celui qui a les autographes en horreur.

Autolithographie n. f. Syn. d'autographie.

Autophotochromie n. f. Photographie des couleurs, quand celles-ci sont obtenues et fixées directement.

Autotypie n. f. Syn. de simili-gravure.

Autotypie (Devis de gravure en). Clichés par reproduction photographique d'après peinture, lavis, photographie ou tous dessins à demi-teintes : au-dessous de 75 centimètres carrés,

10 fr. ; au-dessus, 14 à 20 centimes par centimètre.

Autotypographie n. f. Ce procédé est identique à la glyphographie, seulement au lieu de se servir d un support de cuivre, on utilise le verre.

Autozincographie n. f. Ce procédé consiste à photographier directement sur le zinc, préalablement recouvert d'une couche d'albumine bichromatée, l'image négative que l'on veut reproduire, et à tirer à la manière ordinaire, après avoir fait subir au zinc les opérations et les préparations habituelles.

Avant la lettre (Épreuve). On donne ce nom à l'épreuve d'une gravure qui ne porte encore ni légende ni indication quelconque. On l'appelle également épreuve d'artiste, de ce que celui-ci, quand son œuvre est terminée, en fait tirer douze, quinze ou vingt exemplaires qu'il distribue à ses amis avant la mise dans le commerce. Quand l'artiste a du talent, ces épreuves ont une valeur qui les fait rechercher par les collectionneurs et les amateurs d'estampes.

Avec la lettre (Épreuve). Celle qui contient la légende et autres rubriques. Elle précède naturellement le tirage définitif.

Avec la lettre blanche (Épreuve). Celle dont les légendes ne sont représentées que par des contours.

Avec la lettre grise (Épreuve). Celle dont la lettre des légendes est faite de hachures.

Aviver v. Donner du ton à une gravure, à un dessin.

Axones n. m. Tables enduites de cire ou de matières analogues sur lesquelles écrivaient les anciens athéniens.

B

Bain synographique. Bain chimique dans lequel on place la gravure ou l'impression que l'on veut reproduire par les procédés dits synographiques ou isographiques. Ce bain, de nature spéciale, jouit de la propriété de permettre un nouvel encrage de la planche ou de l'imprimé à reproduire, partout où se trouve de l'encre ancienne, tout en préservant les petites parties. (V. Isographie.)

Balle n. f. Tampon de cuir, doublé de crin, d'étoupes ou d'autres matières, avec lequel on encre les planches gravées en creux.

Barbilles n. f. Petites barbelures qui restent quelquefois, après la frappe, autour des monnaies et médailles.

Bâtonnet n. m. Petit appareil qui sert au repérage dans les tirages en lithographie.

Bâtons runiques. (V. Aunes.)

Bazin n. m. Papier employé pour le dessin et le tirage des gravures.

Benzine n. f. Est extraite des sous-produits de la distillation de la houille dans la fabrication du gaz d'éclairage. Elle remplace avantageusement la térébenthine dans la lithographie. Elle dissout le bitume de Judée, mais est peu employée à cause de sa trop grande énergie.

Berceau n. m. Outil de graveur, que l'on fait mouvoir sur la planche de cuivre, d'avant en arrière, et réciproquement, pour obtenir le pointillé nécessaire dans la gravure dite *à la manière noire*.

Bercer v. Faire mouvoir le berceau.

Biffer v. Tracer sur une planche gravée des rayures destinées à l'annuler.

Bitume de Judée. Sert, dans l'héliogravure, à recouvrir les plaques de cuivre destinées à recevoir l'insolation. Le bitume se dissout à raison de 5 0/0 dans l'alcool, de 70 0/0 dans l'éther, et en toutes proportions dans le chloroforme, la benzine ou la térébenthine.

Blaireau n. m. Petit pinceau ou queue de morue en poils de blaireau, dont les graveurs se servent comme d'une brosse pour enlever, au fur et à mesure des besoins, les éclats qui proviennent des tailles.

Blanchets n. m. Molletons très épais dont on recouvre les feuilles de papier dans l'impression des gravures en creux.

Blocs de buis. C'est sur ces blocs que se fait la gravure sur bois. Comme il est impossible de se procurer de grandes surfaces dans cette essence de bois, on réunit plusieurs blocs à l'aide de tringles et de vis pour les dessins de grandes dimensions. La jonction est si parfaite qu'il est impossible de l'apercevoir, pas plus du reste que celle qui résulte du repérage, quand les diverses parties d'un dessin urgent ont été confiées à plusieurs graveurs différents, ce qui arrive journellement pour toutes les gravures d'actualité que l'on voit dans les journaux illustrés.

Blond adj. Se dit d'un dessin, d'une gravure, quand les noirs sont doux et moelleux.

Bois n. m. Nom donné à un bloc de buis gravé. Par extension, il se dit aussi d'un bloc non gravé.

Boîte à chlorure de calcium. Lorsqu'on a coulé sur la glace la couche de gélatine et que celle-ci est *prise* — dans les préparations photoglyptiques — on porte au séchage dans la boîte à chlorure. Cette boîte doit être placée dans une chambre obscure, dont la fenêtre, s'il y en a une, sera garni de verres jaunes ou de papier.

Boîtes à résine. Ces boîtes, qui sont fixes ou mobiles, selon leur mode de fabrication, sont destinées à recevoir les planches héliographiques avant la morsure. C'est à l'intérieur que se produit, artificiellement et mécaniquement, le nuage résineux qui se dépose sur les plaques de cuivre et qui doit donner le *grain*.

Border v. Garnir de cire les bords d'une planche gravée que l'on se dispose à mettre au bain.

Boule de vernis. Sert à préparer la plaque de cuivre, dans la gravure à l'eau-forte. A cet effet, on enveloppe la boule dans un petit sac de soie et on la promène sur la plaque préalablement chauffée ; on égalise à l'aide d'un tampon également en soie et on laisse refroidir. On expose ensuite la partie vernissée à la flamme d'une bougie pour la couvrir d'une teinte noire, ce qui permet au graveur de suivre plus facilement les traits de la pointe.

Bouterolle n. f. Outil en forme de champignon, enduit d'émeri, dont se servent les graveurs sur pierres fines pour user celles-ci.

Brachygraphie n. f. Écriture abrégée.

Brachyonigraphe n. m. Instrument qui permet d'écrire mécaniquement, sans le secours de la main.

Brai sec. (V. Colophane.)

Brunir v. Donner au cuivre que l'on va graver une teinte foncée à l'aide du brunissoir.

Brunissoir n. m. Outil en bois, en os ou en métal, qui sert à polir les planches à graver.

Brunissure n. f. La teinte, le poli donnés au métal par le brunissoir.

Burin n. m. Ciselet à l'usage des graveurs, ciseleurs, etc.

Burin échoppe. Ciselet ayant la forme d'une gouge.

Burin grain d'orge. Ciselet ayant la forme d'un losange allongé.

Buriner v. Graver au burin.

C

Cabinet des estampes. Endroit de la bibliothèque Nationale où l'on met les gravures et les dessins. Ce cabinet possède en outre une partie réservée à laquelle on a donné le nom d'*Enfer* (V. ce mot au *Dictionnaire de Technologie générale*.)

Cabochons n. m. Vignettes gravées représentant des culs-de-lampe et des motifs divers de petite dimension.

Cadeaux n. m. pl. Traits de plume dont les professeurs d'écriture se plaisent à orner leurs exemples. — Grandes lettres qui se plaçaient, au vi[e] siècle, en tête des pièces écrites en caractères cursifs.

Cadeler v. Faire à la main de grands traits de plume nommés cadeaux.

Calamar n. m. Gaîne de bronze dans laquelle les *escholiers* renfermaient les plumes d'oie avec lesquelles ils écrivaient. Le calamar, dont on ne trouve plus aujourd'hui que de très rares spécimens, mesurait de 22 à 25 centimètres de longueur; il se portait à la ceinture, ce qui fait qu'à le voir sur les gravures du temps, il ressemble à une dague, avec laquelle on l'a confondu. Cette confusion était du reste d'autant plus facile que le sommet du calamar était pourvu d'un encrier fixé perpendiculairement et que l'on peut prendre pour la garde d'un poignard. Les *escholiers* pauvres portaient des calamars faits d'une simple corne de bœuf.

Calame, Calamus, Calem n. m. Roseau, dont les anciens se servaient pour écrire sur le papyrus.

Calcographie. (V. Chalcographie.)

Calemar. (V. Calamar.)

Calligraphe n. m. Celui qui est réputé pour sa belle écriture. Ancien nom des copistes chargés de la reproduction des manuscrits.

Calligraphie n. f. L'art de bien écrire ; écriture irréprochable.

Calmar. (V. Calamar.)

Calque n. m. Copie d'un dessin exécutée par transparence, d'après un original.

Camaïeu n. m. Gravure tirée en couleur ; sur un seul ton, mais dégradée par des hachures.

Camée n. m. Pierre fine gravée en relief.

Canivet n. m. Sorte de canif à l'aide duquel les anciens graveurs entaillaient le bois.

Caoutchouc n. m. Le caoutchouc, moulé en plaques minces et larges, sert concurremment avec la moleskine, à l'habillage des cylindres des machines lithographiques. Les blanchets en caoutchouc, avec toile à l'intérieur, valent 26 fr. le mètre sur $0^m 80$ de large.

Caractère des cours légaux. (V. Court text.)

Caricature n. f. Dessin, gravure qui donne une forme grotesque au sujet représenté.

Caricaturiste n. m. Artiste qui fait des caricatures.

Carreau (Mise au). Procédé consistant à reproduire un modèle, soit en agrandissement, soit en réduction, à l'aide de carrés sur lesquels on dessine les diverses parties de l'original.

Cartographie n. f. Nom donné à la gravure géographique.

Celluloïde n. m. Mélange aggloméré de coton-poudre ou azotique imbibé d'alcool et de camphre en poudre. Le celluloïde remplace avantageusement le papier-glace ou gélatineux pour la prise des calques lithographiques.

Celluloïdographie n. f. Art de graver sur celluloïde.

Cendre n. f. La cendre de bois ou de charbon, très finement tamisée, remplace dans certains cas le bitume de Judée. On s'en sert pour saupoudrer les plaques de cuivre, après les préparations d'usage, puis, quand la série des opérations est terminée, on fait mordre par le perchlorure de fer.

Cerner v. Arrêter, par une coupe droite, les éclats de bois ou de métal dans la gravure au burin.

Chalcographe n. m. Graveur sur métaux.

Chalcographie n. f. Nom donné à l'ensemble des procédés de gravure chimique en creux sur cuivre. Par extension, ce mot sert à désigner également tous les genres de gravure en creux sur cuivre.

Chalcotypie n. f. Gravure en relief sur cuivre.

Champlevage n. m. Evidage des poinçons destinés à la frappe des monnaies et médailles. Se dit également des traits creusés dans un métal qui doit subir des incrustations.

Champlever v. Recreuser les tailles au burin, afin d'éviter les noirs à l'impression. Evider un contour destiné à recevoir un filet d'émail.

Chantourner v. Evider.

Chape n. f. Double pièce de cuivre qui enveloppe le touret des graveurs en pierres fines.

9.

Charbon de saule. Additionné d'huile ou d'eau, ce charbon sert à user une gravure dont on veut adoucir les tons.

Charge n. f. Portrait, le plus souvent au crayon, dans lequel on exagère, en plus ou en moins, certaines particularités physiques du modèle.

Charnière n. f. Outil à percer, à l'usage des graveurs sur pierres fines.

Châssis n. m. Appareil utilisé pour la mise au carreau. Cadres en bois ou en métal, de dimensions variables, qui servent aux photographes pour l'exposition des clichés à la lumière, aux photograveurs et à tous ceux qui pratiquent les divers genres de procédés.

Châssis à repérer. Appareil composé de deux cadres, l'un fixe, l'autre mobile, que l'on adapte au chariot des presses lithographiques pour obtenir le repérage des épreuves d'une composition polychrome.

Chemigraphie n. f. Procédé de gravure chimique en creux. Les clichés chemigraphiques se paient 4 à 8 cent. le cent. carré, selon la nature des dessins à reproduire ; au-dessous de 50 cent. carrés, ils valent 3 fr. pièce.

Chevalet à morsure. Appareil sur lequel les aquafortistes d'autrefois plaçaient le récipient contenant la plaque à graver, afin de pouvoir agiter l'acide avec plus de facilité.

Chemitypie, Chimitypie n. f. Procédé de gravure chimique en relief. On donne aussi quelquefois ce nom à la graphotypie.

Chlorures n. m. Les chlorures s'obtiennent par la combinaison du chlore avec certains métaux. Ils sont très utilisés en lithographie et en photographie.

Chromo n. f. Abréviation de chromolithographie.

Chromographe n. m. Appareil servant à la reproduction des dessins, lettres, circulaires, plans, etc. On emploie à cet effet des plaques gélatineuses qui servent de transport à l'encre, laquelle est généralement de couleur violette.

Chromolithographie n. f. Impression lithographique en couleurs.

Chromophotogravure n. f. Impressions en couleurs, à l'aide de planches fournies par les divers procédés de la photogravure.

Chrysoglyphie n. f. Ce procédé consiste à recouvrir d'une mince feuille d'or une gravure en creux sur cuivre ; sous l'action d'une pile, l'or pénètre dans les tailles. On emplit ensuite les creux avec un mastic ne donnant pas prise à l'acide et l'on enlève l'or en frottant avec un charbon de saule, puis on remet au bain ; l'action de la pile se fera sentir sur les parties non recouvertes de mastic, et le cuivre, étant rongé, le dessin se produira en relief. Inutile de dire que la chrysoglyphie, en raison des dépenses qu'elle occasionne, n'est jamais employée industriellement.

Chrysographes n. m. Au moyen-âge, nom donné à ceux qui étaient à la fois enlumineurs et calligraphes.

Cire à border. Cire verte à l'usage des graveurs et des modeleurs.

Ciselet n. m. Burin à l'usage des ciseleurs et des graveurs sur métaux.

Coin n m. Poinçon d'acier servant à frapper les monnaies et médailles.

Coin de face. Poinçon du côté d'avers, dans la frappe des monnaies et médailles.

Coin de pile. Poinçon du côté opposé à l'avers.

Collodionnage des glaces. Dans les procédés photoglyptiques et phototypiques, on ne coule pas la gélatine à même sur la glace ; celle-ci doit avoir été préalablement recouverte d'une couche de collodion.

Collographe. Appareil à reproduire l'écriture, dû à l'Allemand Jacobsen. On trace l'écriture primitive avec une encre de report, qui attaque des planches formées de gélatine, de glycérine et de savon. Cet appareil permet d'obtenir de nombreux exemplaires et de faire le tirage à l'encre d'imprimerie.

Collotypie n. f. Nom donné, en Angleterre et en Allemagne, concurremment avec celui de *collographie*, aux impressions à l'encre grasse sur gélatine. (V. Phototypie.)

Colophane n. f. Produit résineux employé par les lithographes pour la préparation des pierres.

Coloriage n. m. Action de colorier.

Colorier v. Mettre de la couleur, au pinceau ou au patron, sur une gravure, un dessin.

Coloris n. m. Se dit des gravures coloriées à la main ou au patron. Richesse de couleur des gravures coloriées.

Coloriste n. m. Celui qui met à la main ou à l'aide de patrons découpés des couleurs sur les gravures dont on lui confie la reproduction.

Composition file (La). Se dit de celle qui s'efface au fur et à mesure que s'opère un tirage lithographique.

Confique n. m. et adj. Se dit de l'écriture des Arabes avant le IVe siècle. Cette écriture elle-même.

Conservation des pierres. Lorsqu'un tirage lithographique est terminé et que l'on veut conserver la planche, on l'enduit d'une encre spéciale appelée *encre de conservation*, qui est un composé de cire blanche et jaune, de savon blanc, de suif épuré, de vernis, d'encre d'imprimerie et d'essence de térébenthine. Les formules de l'encre de conservation sont nombreuses et les matières employées varient avec elles.

Conservation des pierres gravées. On lave à l'essence de térébenthine, on frotte dans les tailles une mixture de noir de fumée, de suif et d'essence ; on essuie ensuite, et, quand l'essence s'est évaporée, on gomme soigneusement.

Contour apparent n. m. Figure déterminée sur le *tableau*, en perspective, par l'intersection de celui-ci avec les rayons visuels qui, partant de l'œil de l'observateur, effleureraient, sans y pénétrer, les contours du corps que l'on veut représenter.

Contre-Calque n. m. Reproduction d'un dessin à l'aide d'un calque. Le contre-calque est toujours reproduit à l'envers.

Contre-calquer v. Calquer un calque, après l'avoir retourné, pour obtenir un dessin à l'envers.

Contre-Épreuve n. f. La contre-épreuve s'obtient, à l'envers, en appliquant une feuille de papier sur un dessin fraîchement imprimé et sur laquelle on presse fortement et régulièrement.

Contre-hacher v. Tracer des contre-hachures.

Contre-Hachures n. f. Hachures qui en croisent d'autres.

Contre-Planche n. f. Celle qui s'imprime après la première planche, sur laquelle on avait réservé des parties devant venir plus grises ou plus noires que celles de la planche précédente.

Contre-Poinçon (V. Poinçon)

Contre-Taille n. f. Contre-hachure.

Contre-tailler v. Contre-hacher.

Contre-tirer v. Tirer une contre-épreuve.

Coptographie n. f. Art de découper des morceaux de carton de façon que leur ombre, projetée sur la muraille, y produise des figures simulant des estampes.

Corps de burin. La partie losangée du burin.

Couche sensible. Nom donné à la couche de collodion dont on recouvre les plaques photographiques avant l'insolation. Les plaques collodionnées doivent être constamment soustraites à la lumière si l'on ne veut les rendre inutilisables.

Couche sensible (Préparation de la). Dans les procédés photoglyptiques sur glace, la planche reçoit deux couches sensibles : la première a pour effet d'obtenir l'adhérence sur le support ; la seconde, plus épaisse, est destinée à fournir l'impression. Quand ces deux opérations sont terminées, on porte à l'étuve, pour la cuisson ; on retire ensuite les planches et on les expose à la lumière, en les plaçant derrière le cliché qui doit donner l'image à imprimer. Puis on expose de nouveau à la lumière pour obtenir le dégorgement du bichromate que la gélatine renferme. Après quoi l'on porte sous presse, on encre et l'on tire. Voici l'ordre dans lequel se font les diverses opérations pour l'obtention d'un cliché photoglyptique : 1° nettoyage et grainage de la glace ; 2° préparation de la couche sensible ; 3° cuisson dans l'étuve pour l'extension de la couche sensible ; 4° exposition des planches à la lumière et dégorgement ; 5° encrage et tirage.

Couler des tailles. Tracer celles-ci parallèlement.

Coup de feu. Cette expression s'applique aux plaques de tôle qui ont été saisies trop vivement par la chaleur lors de la mise à l'étuve. Le coup de feu a pour inconvénient de jaunir les blancs et de rendre la plaque inutilisable pour l'impression.

Coupe n. f. Dans la gravure

sur bois, ce mot sert à désigner les tailles ou hachures.

Court text n. m. Sorte de ronde grossière dont on commença à se servir en Angleterre vers 1558, et qui doit son origine à la forme des caractères employés alors par les copistes des actes légaux attachés à la cour d'Angleterre.

Coussinet n. m. Coussin de peau, rempli de sable fin, sur lequel le graveur au burin pose sa plaque de cuivre ou d'acier pour la travailler.

Couverte n. f. Enduit dont les lithographes recouvrent leurs pierres, afin de préserver la composition et de la soustraire à l'humidité, quand elle doit servir à un nouveau tirage ou que l'épreuve doit se faire attendre plus ou moins longtemps.

Crachage n. m. Sortes d'éclaboussures, de taches disgracieuses, qui se produisent en lithographie dans l'impression des grands noirs.

Crachis n. m. En lithographie, lorsque l'écrivain veut renforcer les mats, les clairs d'une figure ; lorsqu'il veut teinter d'une certaine manière un bras, une jambe, etc., il prend un treillis et un brosse à dents, qu'il passe, après l'avoir trempée dans une matière colorante, une encre spéciale, par exemple, sur le treillis qu'il tient à quelques centimètres au-dessus de la pierre. Cette opération a pour effet de projeter sur la partie que l'on veut renforcer une sorte de pointillé auquel on a donné le nom peu gracieux de *crachis*.

Craticuler v. Reproduire un dessin, en l'amplifiant ou en le réduisant, au moyen de la division du modèle en carrés proportionnels par la mise au carreau.

Crayon n. m. Nom donné aux travaux exécutés à l'aide du crayon lithographique. — Baguette de bois ou tuyau de métal, dans lesquels on a introduit une tige de minerai, qui sert à écrire ou à dessiner.

Crayon lithographique. De grosseur variable, il sert aux écrivains pour dessiner sur la pierre, est un composé de savon, de cire, de suif et de noir de fumée. Ces crayons se vendent 0 fr. 50 la douzaine.

Crayonner v. Régler, rayer le papier pour faciliter l'écriture.

Crayontypie n. f. Dessin exécuté sur papier légèrement gaufré.

Crayon voltaïque. Appareil reproducteur de l'écriture, imaginé par MM. Bellet et d'Arros, et qui est analogue à la plume électrique d'Edison. Seulement, l'aiguille perforatrice a pu être supprimée, son action étant remplacée par celle d'étincelles électriques qui jaillissent à chaque instant au travers du papier, entre la pointe d'un simple crayon ordinaire finement taillé et une surface conductrice placée sous le papier. L'opérateur n'a plus à tenir un porte-plume lourd et mal équilibré, et les perforations obtenues sont d'une finesse que les procédés mécaniques ne peuvent atteindre.

Creuser v. Revenir sur une

taille pour lui donner plus de profondeur.

Crevé adj. et n. Dans la gravure à l'eau-forte, se dit de l'accident qui se produit quand les tailles creusées sur le vernis sont trop près l'une de l'autre pour n'être pas entamées par l'acide.

Croisée n. f. Nom donné par les chalcographes au moulinet de leurs presses à imprimer.

Croiser des tailles. Faire des contre-tailles sur des tailles.

Croquer v. Dessiner rapidement, à grands coups de plume ou de crayon, une figure quelconque.

Croquis n. m. Esquisse d'un sujet d'ensemble dont on ne termine pas les détails. Dessin, peinture faits hâtivement en ne donnant que les traits principaux du sujet.

une plaque de zinc afin de la rendre plus résistante au tirage et surtout pour donner plus de moelleux à ce dernier.

Cuivrage des plaques de zinc au trempé (Formule de). Pour un trempé donnant une légère couche de cuivre : 100 parties d'eau saturée de bichlorure de cuivre, 3,000 d'eau et 150 grammes d'ammoniaque. Pour un trempé renforcé, même bain additionné d'eau saturée de cyanure de potassium, jusqu'à disparition complète de la teinte bleutée du bain.

Cuivre jaune. Le grain de ce métal étant plus résistant que celui du cuivre rouge, on s'en sert dans la gravure à la manière noire.

Cuivre rouge. On ne se sert que de cuivre rouge pour la pho-

a	▥	gh	⪤	db	⪤	n	⪦	ch	𒐏
i	▥	tch	⪥	d'b	▥	y	⪧	z	⪨
o	⪩	tchh	⪪	p	▥	r	⪫	h	⪬
k	⪭	dj	⪮	f	⪯	l, r	⪰	thr	⪱
q	⪲	t	⪳	b	⪴	v	⪵	rp, q?	⪶
kh	⪷	th	⪸	m	⪹	w	⪺		
g	⪻	d	⪼	hm	⪽	s	⪾		

Caractères cunéiformes.

Cryptographie, Cryptologie n. f. Nom donné à toutes les écritures secrètes.

Cuivrage n. m. Opération galvanique (ayant pour objet) de déposer une couche de cuivre sur

togravure, l'héliogravure et la gravure au burin.

Cul-de-lampe n. m. Petit dessin, vignette, gravure, en forme de triangle avec pointe en bas.

Cunéiforme n. m. et adj.

Ancien caractère assyrien, babylonien, persan, etc., dont la forme avait celle d'un coin.

Cuphique n. m. et adj. Caractère de forme arrondie dont se servaient les anciens Arabes. Il est aussi appelé *oriental*.

Cursive n. f. Caractère en forme d'écriture courante.

Cuve n. f. Les cuves dont on se sert dans la gravure au procédé sont en plomb ou en bois. Ces dernières sont recouvertes à l'intérieur de gutta-percha qui les rend inattaquables par les acides.

Cuve à dégorger. Lorsque les planches photoglyptiques ont été insolées au dos, on les porte dans la cuve à dégorger. Cet appareil est en bois doublé de zinc, pourvu d'un robinet d'alimentation, car l'eau, à l'état naturel, doit se renouveler constamment pendant 3 ou 4 heures, pour qu'il ne reste sur les plaques aucune trace de bichromate.

Cuve à potasse. Cette cuve, de dimensions variables, est garnie de plomb à l'intérieur, pourvue d'un robinet d'écoulement et meublée de planches en bois posées sur champ, entre lesquelles on dispose les glaces. La lessive peut être constituée par de la potasse d'Amérique ou de l'eau convenablement additionnée d'acide sulfurique.

Cuvette n. f. Les cuvettes dont on se sert dans la gravure chimique, sont en porcelaine ou en gutta-percha. Elles sont destinées à recevoir les planches de petite dimension.

Cyanure de potassium n. m. Ce produit, qui est un poison violent, est très employé dans le platinage, la dorure ou l'argenture pour la préparation des bains et des piles.

Cyclostyle n. m. Une des nombreuses variétés de presses à copier.

D

Dactylographe n. m. Celui qui imprime à l'aide de la machine à écrire. Les dactylographes, pour être à la hauteur de leur tâche, doivent être en même temps sténographes. Ce nouveau métier paraît devoir être plus spécialement réservé aux femmes.

Damasquiner v. Incruster de l'or ou de l'argent dans un métal gravé à cet effet.

Damasquinerie n. f. L'art de damasquiner.

Damasquinure n. f. Travail de damasquinerie.

Décalque n. m. Action de décalquer. Le résultat de cette opération.

Décalque au piqué. Procédé qui consiste, en lithographie polychrome, à piquer les contours d'un dessin et à enduire de sanguine ou de noir de fumée la feuille piquée, pour décalquer ensuite, au *frottis*, sur pierre ou sur zinc. Certains dessinateurs lithographes se servent de cette méthode pour remplacer la planche de contours. Le *piqué* se fait à l'aide d'appareils en forme de porte-crayons, dont les plus connus sont la plume électrique d'Édison et le perforateur Napoli.

Décalque (Faux). Épreuve

tirée à sec, avec du noir ou du rouge, que l'on reporte sur une pierre dont le fond a été fait. Quand on décalque en noir, on saupoudre en rouge avec un tampon de ouate.

Décalquer v. Reporter les traits d'un dessin calqué sur un autre papier.

Décalquoir n. m. Brunissoir dont on se sert pour frotter sur la feuille de papier destinée à prendre l'empreinte d'un dessin.

Décaper v. Enlever, à l'aide de l'acide, l'oxyde qui recouvre les plaques à graver, les anodes que l'on va mettre au bain pour actionner ceux-ci.

Découvrir v. Expression qui, dans la gravure chimique, indique qu'il faut enlever le vernis quand la planche a été mordue.

Dédicace n. f. La légende ornée d'un dessin qui agrémentait les estampes des XVIIe et XVIIIe siècles.

Dégager v. Repasser la pointe dans les traits, les tailles d'une planche gravée.

Dégorgement. (V. Couche sensible, Préparation de la.)

Del n. m. Abréviation de *delineavit*.

Delineavit n. m. Mot latin signifiant : *il a dessiné*, et qui suit ou précède quelquefois la signature des graveurs.

Demi-Teinte n. f. Atténuation, par des teintes douces et dégradées, des parties très éclairées d'un dessin.

Dépréparer v. Lorsqu'il y a des corrections à faire sur une pierre lithographique, on la déprépare à l'endroit où elles doivent être exécutées. Cette opération se fait avec de l'alun et du vinaigre. Si les corrections à faire sont importantes, on substitue le ponçage à la dépréparation chimique.

Dermotypotemnie n. f. Nom donné à un ancien mode d'impression qui consistait à découper sur une feuille de parchemin les caractères ou les gravures que l'on voulait reproduire et à passer sur les vides de cette feuille une couche d'encre ou de couleur. Ce procédé est le même que celui dont se servent les coloristes au patron.

Désaciérage n. m Remise au bain destinée à enlever la couche d'acier déposée par la pile sur les plaques de cuivre aciérées avant l'impression.

Dessin à la plume. Dessin exécuté directement, avec une plume très fine, sur une feuille de papier ou sur une pierre lithographique. Dans ce dernier cas, on dit : *c'est de la plume*, pour indiquer que ce n'est pas de la gravure sur pierre.

Dessin à main levée. Dessin exécuté à la main, sans le secours de la règle ou du compas.

Dessinateur n. m. Celui qui produit des dessins artistiques ou industriels.

Dessin au charbon. Ce que l'on appelle vulgairement fusain.

Dessin au frottis. Procédé employé par les peintres décorateurs sur faïence, pour obtenir le repérage des couleurs. Il consiste à piquer les contours d'un dessin, à enduire de sanguine ou de noir de fumée la feuille piquée et à reporter celle-ci, par frottement, sur l'objet à décorer.

Dessin au trait. Celui qui ne comporte pas d'ombres, mais seulement des traits.

Dessin aux deux crayons. Dessin exécuté avec des crayons de couleurs différentes, tels le crayon noir et la sanguine.

Dessin d'après la bosse. Dessin exécuté d'après un modèle en relief, généralement un marbre, un bronze, un plâtre.

Dessin d'après le modèle. Exécuté d'après un modèle donné.

Dessin d'après nature. Celui qui a été exécuté d'après un modèle animé, des objets naturels, roches, champs, paysages.

Dessin d'architecture. Dessin géométral.

Dessin de fabrique. Branche du dessin géométral appliquée plus spécialement aux modèles qui doivent être exécutés par les ouvriers dans l'industrie.

Dessin d'imitation. Dessin reproduisant, d'après des modèles sur papier, différentes parties du corps humain.

Dessiner une académie. Dessiner un sujet entier d'après un modèle en plâtre ou vivant.

Dessin géométral. Représentation géométrique d'un édifice, d'une construction, d'une machine en plan, coupe et élévation, d'après les projections orthogonales sans tenir compte de la perspective. Les dessins géométraux conservent aux objets leurs dimensions relatives d'après l'échelle adoptée.

Dessin géométrique. (V. Dessin linéaire.)

Dessin industriel. Branche du dessin géométral appliquée aux machines employées dans l'industrie ou aux objets fabriqués par celle-ci.

Dessin lavé. Dessin géométral dans lequel les parties sont teintes en couleurs détrempées à l'eau, ou les ombres figurées à l'encre de Chine.

Dessin leucographique. Celui qui est tracé en blanc sur fond noir.

Dessin linéaire. Dessin fait à la règle et au compas. Il comprend les tracés de géométrie et la représentation des objets en plan, coupe et élévation.

Dessin ombré. Dessin dans lequel les ombres sont figurées par des hachures à l'estompe ou au lavis.

Dessin de grain. Nom donné aux gravures chimiques dont les demi-teintes ont été obtenues par la photographie à l'aide d'un réseau quelconque ou par les procédés dits *à la résine*.

Dessin topographique. Dessin qui a pour objet de représenter les différents points d'une contrée dont l'étendue est assez faible pour qu'on puisse négliger la sphéricité du globe.

Dextrine n. f. Mélangé avec de la gomme arabique, ce produit, qui est de l'amidon torréfié, sert au gommage des étiquettes et des enveloppes. Les lithographes ont essayé de l'utiliser pour le gommage des pierres, mais la dextrine, qui se fendille en séchant, n'a donné encore que de mauvais résultats.

Diagramme n. m. Dessin

représentant en projection les différents organes d'une fleur, les parties d'un fruit.

Diagraphe. (V. Pantographe.)

Diagraphie n. f. Méthode dont l'initiateur est M. Jobard, imprimeur à Dijon, et qui consiste à calquer à la plume, sur taffetas gommé, tous les genres de dessins. On transporte ensuite sur pierre à la manière ordinaire.

Diamant (Poudre de). La poudre de diamant sert à tailler ou plutôt à polir les facettes des diamants, aucun autre corps n'étant assez dur pour tenir cet emploi.

Diapason n. m. Appareil en forme de triangle qui, dans l'enseignement élémentaire du dessin, sert à déterminer la valeur des angles.

Diaphanie n. f. Mode de reproduction des figures colorées, inventé en 1836 par Jean Engelmann. On le comprendra parfaitement par la description qu'en donne l'inventeur :

« Ayant remarqué combien les teintes chromolithographiques présentent de charme à la transparence, par leur grain uni et serré, nous avons eu l'idée de confectionner des planches imitant la peinture sur verre, de tirer ces planches avec des couleurs transparentes de la valeur voulue pour l'effet demandé, puis de passer ces épreuves dans un bain de vernis. Nous obtenons ainsi des épreuves d'une transparence complète, que nous appliquons ensuite sur verre par le procédé qui sert à faire les fixés. D'une nature toute différente à la chromolithographie ordinaire, cette fabrication est difficile. L'exécution des planches demande des combinaisons toutes particulières. Il est essentiel de n'employer que peu de couleurs, pour éviter les superpositions trop nombreuses qui produisent de l'opacité : toutes nos planches sont obtenues avec huit ou neuf couleurs seulement. Ce petit nombre de couleurs, insuffisant dans la chromo ordinaire, nous donne, à la transparence, des effets surprenants. »

Diaphanographe n. m. Instrument qui permet de dessiner un objet à travers une vitre.

Diaphragme n. m. Vase poreux à l'usage des graveurs à la pile et surtout des galvanoplastes. C'est dans les vases poreux, que l'on a rempli d'eau acidulée au sulfate de zinc, ou plus communément d'acide sulfurique, que se suspendent les plaques de zinc pour les isoler de la solution cuivreuse du bain. Le courant s'établit par le phénomène d'endosmose et d'exosmose qui fait passer, petit à petit, le liquide de la cuve dans les vases et celui-ci des vases dans la cuve, sans que ce passage présente à l'œil non exercé la moindre apparence. En vertu des lois de la pesanteur, la hauteur du liquide des vases ne doit pas dépasser celle de la cuve et réciproquement, sans quoi la partie forte absorberait aux dépens de la partie faible. Toutefois il serait préférable que le vase poreux absorbât l'eau du bain. Le degré d'acidité de ce dernier ne doit pas être inférieur à 24°, ni supérieur à 32°.

Diple n. f. Signe ressemblant à un V couché horizontalement (◁), qui servait, dans les manuscrits, à indiquer les citations de l'Écriture Sainte. Il est aussi un signe de distinction et de doute.

Diple obélismène n. f. Signe (▷ —) employé dans les pièces de théâtre anciennes, et qui indique un repos après une période.

Diple obélismène verse n. f. Signe (— ◁) qui, dans les chœurs des pièces de théâtre anciennes sépare la strophe de l'antistrophe.

Diple péristigmène n. f. Diple comprise (÷) entre deux points ; dans les anciens manuscrits, elle marque les choses ajoutées mal à propos.

Diple plectique n. f. Celui qui marque un vers d'Homère cité dans un autre écrivain. Le mot *plectique* signifie replié.

Diplomatique n. f. Science qui a pour but d'étudier, de déchiffrer, d'expliquer les diplômes, chartes et autres documents officiels anciens. On dénomme *diplomatistes* ceux qui sont versés dans la diplomatique.

Diplographe n. m. Machine à écrire à l'usage des aveugles. — Appareil permettant de faire simultanément deux copies traitant d'un même sujet sur deux feuilles de papier différentes.

Distemper n. m. Couleur brune avec laquelle on imprimait les xylographies et dont se servaient également les copistes.

Doublage des pierres lithographiques. A force d'être poncées et grenées, les pierres lithographiques finissent par s'user ; quand elles arrivent à un manque d'épaisseur qui fait redouter leur rupture, on les double avec des schistes ou toute autre matière, auxquels on les fait adhérer à l'aide d'un ciment spécial.

Douceurs n. f. pl. Les parties les plus éclairées d'une gravure.

Doute n. m. Dans les inscriptions épigraphiques reconstituées, le doute s'indique par un point d'interrogation mis entre deux parenthèses (?).

Dressoir n. m. Outil à l'usage des graveurs en pierres fines.

Dur adj. Expression qui s'applique aux formes sèches ou heurtées d'un dessin.

E

Eau à couler. Cette eau est un composé de sel gris et de sel ammoniaque, d'acide acétique et de vert de gris ou oxyde de cuivre. Pour faire mordre la planche, il faut agiter constamment dans le bain. Les dessins ainsi obtenus sont d'une très grande finesse, mais le procédé est lent et par conséquent dispendieux.

Eau à décaper (Formule d'). Eau, 50 litres ; acide chlorhydrique, 2 kilos ; chlorure de zinc, 5 kilos ; chlorure d'étain, 2 kilos ; chlorhydrate d'ammoniaque, 500 gr. Supprimer le chlorure de zinc pour le décapage des feuilles de ce métal.

Eau de départ. Cette eau est

à l'usage des orfèvres ; c'est un composé d'alun calciné, de salpêtre et d'acide sulfurique. Elle sert à tracer les lignes des dessins que le praticien continue ensuite au burin.

Eau-forte n. f. Acide nitrique dilué. Se dit aussi de l'estampe obtenue à l'aide de l'eau-forte.

Ébarber v. Enlever les bavures des tailles.

Ébarboir n. m. Grattoir quadrangulaire, sans morfil, dont les graveurs se servent pour ébarber.

Écacher v. Vieux mot qui signifie brunir. On écache à l'aide du brunissoir en tassant, en écrasant les tailles trop profondes de la gravure au burin ou à l'eau-forte.

Échappade n. f. Accident qui arrive à une planche quand le burin échappe au graveur en allant plus loin qu'il ne convient. L'action elle-même d'échapper.

Échoppe n. f. Burin en forme de biseau pour graver de larges traits.

Échopper v. Travailler avec l'échoppe.

Éclats de diamants. Les graveurs s'en servent pour attaquer la pierre, concurremment avec la pointe fine.

École de lithographie. Cette école a été fondée par le Conseil municipal de Paris, avec le concours des ministères des beaux-arts et du commerce, en décembre 1885. M. G. Sanier, habile lithographe, en fut nommé directeur. Cette fondation a été, après la mort de M. Sanier, incorporée à l'école municipale Estienne.

Écran. (V. Trames.)

Écrans lignés. (V. Glaces quadrillées.)

Écriture caroline. Celle qui était en usage à l'époque carlovingienne.

Écriture figurative. Celle qui est formée de la représentation des objets, qu'elle expose par figure et non par symbole.

Écrivain lithographe. Nom donné à ceux qui écrivent sur la pierre. En lithographie, les lettres se tracent à l'envers, c'est-à-dire de droite à gauche, en commençant par les minuscules, ce qui donne un renversement opposé à celui des caractères typographiques. Dans l'italique et l'anglaise, on commence au contraire par les majuscules, mais en penchant la pierre sur le flanc, afin de faciliter le tracé des lettres.

Ectypographie n. f. Un des noms, mais peu employé, qui sert à qualifier la gravure en relief.

Écureuil n. f. Sobriquet donné aux imprimeurs lithographes à la presse à bras, en raison des mouvements qu'ils doivent faire pour tourner le moulinet.

Effaçage chimique. (V. Rapide.)

Eidographie n. f. Un des nombreux procédés de gravure en relief.

Élargir v. Espacer les tailles.

Électro-chimique (Gravure). Celle dont l'exécution nécessite le concours de la pile et des agents chimiques.

Électrographie n. f. Procédé galvanoplastique, qui consiste à obtenir des planches gravées en relief ou en creux par l'action d'un courant direct.

Ellipsographe n. m. Instrument dont les graveurs et les dessinateurs se servent pour tracer les ellipses.

Émaillage n. m. En photographie on donne ce nom à un procédé qui consiste à recouvrir les objets photographiés d'une mince couche de gélatine qui leur donne l'apparence du vernis. Ce système est également employé en chromolithographie pour certains travaux de luxe.

Empâtement n. m. Défaut produit dans l'impression d'une planche par la mauvaise qualité de l'encre, l'excès de celle-ci ou sa distribution imparfaite.

Encrage des pierres. On compte cinq méthodes d'encrage des pierres lithographiques gravées, qui sont : 1º Encrage et nettoyage au tampon ; 2º Encrage au tampon et essuyage au chiffon ; 3º Encrage au chiffon et nettoyage au rouleau ; 4º Encrage à la brosse et nettoyage au rouleau ; 5º Encrage et nettoyage au chiffon.

Encre de Chine. L'encre de Chine, dont se servent les écrivains lithographes, est un mélange d'huiles lourdes et de noir de fumée, le tout brassé et chauffé jusqu'à 50 ou 60º. Quand la pâte est suffisamment homogène, on la met en pains et l'on en fait des bâtonnets ronds ou carrés.

Encrer v. Mettre de l'encre sur une planche gravée, une pierre lithographique, etc., afin de procéder au tirage.

Encre sacrée n. f. Celle dont les empereurs d'Orient se servaient pour signer leurs actes.

Encre sympathique. Encre spéciale, à base de perchlorure de fer, avec laquelle on obtient une écriture à peu près invisible, que l'on fait apparaître par l'action de la chaleur.

Encre (Taches d'). Mélanger par parties égales de l'acide citrique et de l'acide oxalique en poudre. Saupoudrer la tache avec une pincée de ce mélange, mouiller légèrement avec un pinceau ou un morceau de papier roulé qu'on a trempé dans l'eau. Quand la tache a disparu, on tamponne la place avec une éponge et on assèche au papier buvard.

Encres et couleurs spéciales pour la phototypie et la photolithographie (Prix des). Laque violette, le kilo, 20 fr. ; violet foncé, 15 fr. ; violet rouge, 20 fr. ; violet noir et brun foncé ou rouge foncé, 15 fr. ; noir brun, 15 fr. ; bistre jaunâtre, 20 fr. ; bleu clair et moyen, 15 fr. ; rouge clair, 20 fr. ; rouge bistre et grenat, 25 fr. ; jaune clair, 12 fr. ; vert sombre et bleu hirondelle, 15 fr. ; bistre verdâtre, 10 fr. ; rouge brun, 20 fr. ; rouge brique, 15 fr. ; gris, 15 fr. ; ombre claire, 12 fr. ; sépia, 20 fr. ; bistre et laque violette, 15 fr. ; ombre brûlée, 12 fr. ; rose, 30 fr. ; sienne et ombre foncées, 15 fr. ; sanguine, orangé, bleu noir, vert bleu, brun, vert noir, 12 fr. ; bistre brun et noir, bleu foncé, prune, violet extra noir et brillant, violet brun, marron, grenat, 20 fr. ; brun, 15 fr.

Encyprotype adj. Qui est gravé sur cuivre.

Enfumer v. C'est noircir à la fumée, d'une torche une plaque dont le vernis trop pâle ne permet pas de faire suffisamment ressortir les traits gravés du dessin.

Englyphiques (Procédés). Se dit de tous les procédés qui se rapportent à la gravure.

Engravure n. f. Ancien nom de la gravure en creux sur bois.

Enlumineur n. m. Artiste qui enluminait les manuscrits et aussi les livres avant l'application des procédés dont on dispose aujourd'hui.

Enluminure n. f. Nom donné aux dessins coloriés qui ornaient les manuscrits et certains livres de luxe. Les enluminures, devenues fort rares, sont aujourd'hui très recherchées.

Enluminure des photographies. Au moyen de l'éther, enlever la graisse de la caséine précipitée du lait; la laisser sécher pendant douze heures. Prendre 1,250 grammes d'eau et 110 grammes de borax, qu'on dissoudra; ensuite, mêler à cette solution 1,000 grammes de caséine et remuer constamment en portant le tout à l'ébullition : quelques instants avant celle-ci, on enlève avec soin l'écume qui s'est formée à la surface. On laisse refroidir après une ébullition de quelques minutes et on obtient ainsi un liquide qu'on mêle avec les couleurs voulues.

Entaille n. f. Châssis en bois dans lequel on place, pour les maintenir, les petits bois pendant l'opération de la gravure.

Entre-Tailles n. f. Tailles d'inégale largeur, renflées au milieu et amincies à leur extrémité.

Épargneur de trait. Nom donné autrefois aux praticiens qui gravaient sur bois d'après un dessin tracé à la plume par un maître.

Épigraphie n. f. Art de déchiffrer les inscriptions. Dans les reconstitutions d'épigraphes, le filet pointillé qui les souligne indique les parties martelées; les filets rectilignes ou tordus donnent la direction des brisures; les barres obliques, les blancs, les points bas ou les filets hachés, les parties absentes de l'inscription; les traits horizontaux ou sinueux, placés en bas ou en haut, signifient qu'il manque la fin ou le commencement.

Épreuve n. f. Exemplaire tiré spécialement pour juger de l'effet d'une gravure.

Épreuve à la cire. Cette épreuve s'obtient en noircissant une planche au noir de fumée, sur laquelle on plaque une feuille de papier enduite de cire blanche, que l'on frotte ensuite à l'aide du brunissoir.

Épreuve d'artiste. (V. Avant la lettre.)

Épreuve de remarque. Celle qui est obtenue avant toute retouche.

Épreuve d'une gravure en médaille. Cette épreuve se fait sur une feuille d'étain, sur plâtre ou à la cire.

Épreuve neigeuse. Celle, dans la gravure sur bois, dont les tailles et les traits se confondent.

Épreuves volantes. Celles

qui sont tirées sur chine ou japon et ne sont pas fixées sur un support plus épais.

Estampage n. m. Opération qui consiste à prendre des moulages en creux ou en relief, à l'aide d'une brosse à manche et d'un papier spécial.

Estampe n. f. On appelle plus particulièrement ainsi les gravures des XVII° et XVIII° siècles. Par extension, toutes sortes de gravures sur cuivre.

Estampeur n. m. Celui qui fait des estampages.

Estompe, Estombe n. f. En lithographie, teinte grise qui alourdit les tons et leur enlève l'harmonie. Elle provient généralement d'une mauvaise acidulation, d'une humidité trop grande du papier ou de la pierre. — Petit rouleau de papier ou de peau qui sert à étendre le crayon ou le pastel pour former les ombres, en teintes dégradées.

Estomper v. Ombrer un dessin à l'aide de l'estompe.

Estomper (S'). Se dit d'un dessin dont les ombres gazeuses adoucissent la forme.

Étampage n. m. frappe de la matrice. — Action d'imprimer sur plaque métallique, à l'aide d'une forte pression, un dessin gravé en creux ou en relief, sur métal, comme on ferait d'un poinçon.

Étampe n. f. Poinçon, plaque métallique gravée servant pour l'étampage.

État n. m. La situation d'une planche que l'artiste est en train de graver. Épreuve de 1er, 2e, 3e état, d'état définitif.

Étau à manche. Outil à l'usage des graveurs pour tenir leurs planches quand ils les font chauffer avant de les recouvrir de vernis.

Étuve n. f. Boîte en bois, haute de 0m50 à 0m60, sur 0m40 à 0m50 carrés. Cette boîte sert à faire sécher les glaces dans les opérations photographiques, ou à les tenir à la température voulue, lorsqu'on coule dessus la couche sensible.

Étuve. (V. Four à étuve.)

Expédiée n. f. Genre d'écriture courante.

F

Faire mordre. Entamer la plaque à l'aide de l'acide.

Faux-Décalque n. m. Nom donné, en lithographie polychrome, à l'épreuve d'un calque, laquelle doit elle-même être reportée sur la pierre.

Fermoir n. m. Outil de graveur sur bois.

Ferrotypes. (V. Phototypes.)

Fiel de bœuf. Est utilisé en lithographie pour rendre fluides les encres trop dures. Pour l'empêcher de se putréfier, le faire bouillir dans un vase émaillé, le filtrer, le remettre au feu et l'additionner de blanc d'Espagne; filtrer de nouveau et boucher à l'émeri. Le fiel de bœuf sert également à d'autres opérations lithographiques.

Filage n. m. En lithographie on dit que l'encre file quand elle est chassée hors des traits sur lesquels elle doit être déposée par le rouleau. Cet inconvénient provient le plus souvent d'une mauvaise préparation de la pierre, due à l'inhabileté de l'imprimeur.

Filer les eaux. Se dit pour indiquer que l'eau-forte doit attaquer les traits les plus fins.

Filtre n. m. Les filtres utilisés dans la gravure au procédé sont de dimensions et de formes très variables. Ils servent à filtrer, toujours à chaud, la gélatine destinée à la préparation des couches sensibles.

Flambeau résineux. Petite torche de résine que l'on allume pour enfumer les plaques.

Fleur de soufre. Mélangée avec de l'huile, elle sert à dépolir le métal dans certaines de ses parties afin d'obtenir les tons du lavis.

Flou adj. Se dit d'un dessin, d'une peinture exécutés avec légèreté, un caractère tendre et moelleux, par opposition à la manière sèche et dure. On dit également d'une composition qu'elle est *floue* quand les nuances viennent trop légères et n'ont pas la tonalité voulue.

Fluorographie n. f. On désigne sous ce nom un procédé qui permet de transporter sur le verre, au moyen d'encres fluorées, des images lithographiques ou phototypiques. Au contact de l'acide sulfurique, ces encres dégagent de l'acide fluorhydrique, qui grave sur le verre des images tellement délicates qu'on les croirait tracées par la neige ou le givre. Pour obtenir ce résultat, on encre une planche phototypique ou une planche lithographique avec le mélange suivant : glycérine, 400 gr.; eau 200 gr.; spath fluor, 100 gr.; suif, 100 gr.; borax, 50 gr.; noir de fumée, 50 grammes. On en tire des épreuves sur chine ou pelure encollés, que l'on reporte sur verre. Le report étant fait et la glace bordée avec de la cire, on le recouvre d'acide sulfurique à 60 degrés Baumé. Après vingt minutes, nettoyer, enlever l'acide et laver à grande eau, avec une solution de potasse. Laver ensuite à l'eau pure et essuyer avec un linge chaud.

Fond n. m. La teinte de sanguine ou autre que l'on met sur la pierre pour mieux apercevoir les traits de la gravure.

Fond grainé. Celui dans lequel les hachures ont été remplacées par un pointillé heurté.

Four à étuve. Pour qu'une impression sur tôle soit durable, il est nécessaire qu'elle sèche rapidement à une température constante et déterminée; à cet effet, on porte les plaques au four, que l'on appelle également *étuve*.

Franchise de coupe. Celle qui, dans la gravure au burin, est régulière et hardie.

Frisoir n. m. Instrument servant aux graveurs de médailles pour donner des tons mats au métal.

Fumé n. m. Épreuve obtenue à la flamme d'une chandelle ou d'une bougie, à l'aide du brunissoir, sur une carte lisse ou sur papier de Chine.

Fusain n. m. Morceau de charbon de bois (fusain, saule, bourdaine, etc.) qui sert à tracer les esquisses. Nom donné par extension aux dessins faits avec le crayon Conté. Gravure, dessin exécutés à l'aide du fusain.

Fusiniste n. m. Dessinateur qui fait du fusain.

Fuyantes n. f. pl. Droites concourantes qui représentent, en perspective, les parallèles de l'espace, et vont concourir au point où le tableau est rencontré par une droite menée, par l'œil du spectateur, parallèlement aux deux premières.

G

Gaionné n. m. Sorte de collier commémoratif à l'usage des Péruviens, et qui n'était autre qu'une variété de quipo.

Galvanoglyphie. (V. Glyphographie.)

Galvanographie n. f. Genre de gravure qui s'exécute à la pile électrique sur un support de cuivre, de zinc ou de verre. On utilise pour cela une couleur faite de terre de Sienne calcinée ou un oxyde de fer, et l'on peint sur le support le sujet dont on désire obtenir la reproduction. L'épaisseur qui doit former le creux du cliché s'obtient par l'intensité donnée aux couches destinées à produire les ombres et les chairs, comme dans la gravure au lavis. Le dessin terminé, il n'y a plus qu'à garantir avec du vernis les parties à réserver du support, à plombaginer et à mettre au bain.

Galvanogravure n. f. Se dit quelquefois pour galvanographie, mais s'applique plus exactement aux impressions exécutées d'après les planches galvanographiques.

Galvanomètre n. m. Appareil qui sert à vérifier la constance et la force du courant des piles électriques.

Gammographie n. f. Art de régler, de crayonner le papier, pour faciliter la rectitude de l'écriture.

Garde-Main n. m. Planche évidée au milieu, sur laquelle l'écrivain lithographe met les bras, pour ne pas graisser la pierre avec les doigts.

Garde-Vue n. m. Carton vert que les graveurs placent sur leur front pour se garantir d'une lumière trop vive.

Garthona garsuenda. (V. Gaionné.)

Gélatine n. f. Colle-forte purifiée. La gélatine sert à fabriquer des colles estimées ainsi que le papier glacé employé par les lithographes pour tracer les calques. Elle est aussi très usitée en photographie, en photolithographie et en phototypie.

Gélatine bichromatée. Ce produit sert de base à la plupart des procédés connus, phototypie, photoglyptie, photogravure, héliogravure, tirage au charbon, etc., qui ont pour base l'action de la lumière sur la gélatine bichromatée.

Gélatinographie n. f. Procédé américain qui consiste à couvrir d'une couche de plâtre de un millimètre environ d'épaisseur une plaque de verre noir ou d'étain poli. On mélange au plâtre du sulfate de baryte, de l'alun et de la gélatine ou de la glycérine pour rendre la couche moins friable. On grave ensuite jusqu'au verre ou à l'étain et l'on répand sur ce moule de la pâte à rouleau mélangée de bichromate ammoniacal, ce qui donne un cliché en relief dont la durée peut égaler celle d'un galvano.

Géométrale. (V. Dessin géométral.)

Gillotage n. m. Gravure chimique sur zinc, du nom de M. Gillot, son propagateur.

Glace n. f. Plaque de verre très épaisse et très lisse, sur laquelle on coule la couche sensible dans la gravure aux procédés.

Glaces quadrillées. Ces glaces ne sont autres que les trames utilisées dans les divers modes de reproductions au procédé. On les emploie surtout dans la similigravure où elles sont connues sous les noms d'écrans lignés, linéatures, screens, teintes américaines, etc.

Glycérine n. f. Liquide sirupeux, à saveur sucrée, qui s'extrait des eaux-mères provenant de la saponification calcaire des corps gras. Elle est employée en lithographie et en photographie.

Glyphographie n. f. Procédé qui consiste à obtenir sur une planche de cuivre, par l'emploi du vernis ou du bitume, une sorte de moule destiné à fournir un cliché en relief. A cet effet, on grave sur le vernis le dessin que l'on veut reproduire, en allant jusqu'au métal, mais en ayant soin de ne pas l'entamer. On plombagine et l'on met au bain : la solution cuivreuse se dépose dans les tailles et fournit un cliché en relief.

Glyptique n. f. L'art de graver les pierres fines et les coins des monnaies et médailles.

Glyptognosie n. f. Connaissance des pierres gravées.

Glyptographie n. f. L'art de décrire les pierres gravées.

Glyptotechnie n. f. Art des pierres gravées.

Glyptothèque n. m. Collection de pierres gravées.

Gomme arabique. S'extrait, par exsudation spontanée, de certaines espèces de mimosas et d'acacias d'Arabie. Elle est indispensable aux lithographes, qui l'utilisent surtout pour le gommage des pierres.

Gomme-Laque. Produit résineux qui s'extrait, par exsudation, de diverses espèces de figuiers qui croissent dans l'Inde. La gomme-laque entre dans la composition des vernis protecteurs à l'usage des écrivains lithographes.

Gouge n. f. Ciseau ayant la forme d'une demi-lune ou d'une demi-ellipse.

Gouttière n. f. Sorte de bec ménagé dans la cire qui borde les planches à graver ; elle sert à l'écoulement de l'eau-forte quand la morsure est terminée.

Grain n. m. Le grain est la qualité requise pour que la pierre lithographique puisse être travaillée convenablement par le graveur ou l'écrivain. Sans le grain, qui consiste dans la préparation de la pierre et qui est pour ainsi dire indéfinissable, étant inappréciable au toucher, le burin ne mordrait pas ou mordrait mal, et l'encre n'adhérerait pas.

Grainage n. m. Le grainage a pour objet de transformer la surface lisse de la pierre en une surface légèrement rugueuse destinée à recevoir les dessins dits *au crayon*. Les mamelons, qui doivent présenter un certain mordant, au lieu d'être arrondis, s'obtiennent en promenant l'une sur l'autre deux pierres de même qualité, mais de dimensions différentes, entre lesquelles on a mis du sablon très fin arrosé d'eau. Ce moyen sert également à effacer les dessins gravés sur pierre.

Grainage des glaces n. m. Le grainage des glaces servant de support à la couche sensible dans les divers procédés, se fait de la même manière que le grainage des pierres lithographiques, avec cette différence qu'au lieu d'utiliser le sable, on se sert de poudre d'émeri très finement tamisée.

Grainer v. Donner le grain à la pierre lithographique à l'aide du grès tamisé.

Grainure n. f. Se dit du pointillé obtenu par le berceau dans la gravure à la manière noire.

Graisser v. En gravure et en lithographie, c'est renforcer les parties faibles d'un dessin en augmentant l'importance des déliés ou des traits.

Graphanorane n. m. Appareil permettant d'écrire la nuit.

Graphie n. f. Représentation écrite des sons ; art d'obtenir cette représentation. Toute forme d'expression chez les anciens.

Graphique n. m. Dessin représentant au moyen de traits déterminés sur des coordonnées rationnellement choisies, les différentes phases de la marche d'un phénomène.

Graphium n. m. Poinçon avec lequel les anciens écrivains sur des tablettes de cire.

Graphodromie n. f. Un des noms donnés à l'écriture cursive.

Grapholithe n. m. Ardoise sur laquelle on écrit dans les écoles enfantines.

Graphoscope n. m. Appareil d'optique qui sert à agrandir les gravures, les photographies, les dessins, etc.

Graphotypie n. f. Mode de reproduction des fac-similés d'écritures, imprimés, dessins, reposant sur ce principe que l'encre ou la couleur, appliquées sur le papier, forment deux parties : l'une *essentielle*, dont les molécules se combinent, en quelque sorte, avec la matière du papier ; l'autre, *accessoire*, séparée du papier par la première, et qu'il est possible d'enlever. On obtient ainsi un dessin à l'envers, ou *négatif*, qu'on reproduit à l'endroit (*positif*), par des procédés spéciaux de sensibilisation.

Gratter le rouleau. En lithographie, c'est enlever avec le couteau à gratter, l'encre adhérente au rouleau. Tous les soirs, avant de quitter le travail, les écureuils grattent leur rouleau et le passent à l'essence de térébenthine, ceci afin d'empêcher la poussière de se fixer sur l'encre qui serait sèche le lendemain.

Grattoir. (V. Ébarboir.)

Graver v. Tracer sur bois ou sur métal, en creux ou en relief, un sujet quelconque.

Gravure n. f. Tout ce qui a été imprimé sur une planche gravée.

Gravure à l'amalgama-

tion. On décalque une épreuve lithographique ; on saupoudre ensuite le dessin avec du bitume réduit en poudre impalpable, et on laisse sécher pendant quelques heures, après avoir enlevé au blaireau l'excédent de bitume. Puis on acière électriquement la plaque dans un bain composé de deux parties de sulfate de fer exempt de cuivre et d'une partie d'ammoniaque, à l'aide d'un faible courant électrique. Le fer ne se dépose que sur les parties où le cuivre n'est pas recouvert par l'encre de report. Quand la planche est entièrement blanchie par le dépôt de fer, on la sort du bain, on la rince à l'eau, puis on la sèche le plus vivement possible pour éviter l'oxydation. On enlève alors le report à la benzine, et, après avoir essuyé avec des torchons secs, on amalgame par un des moyens connus : sel de mercure, mercure liquide ou vapeurs mercurielles. L'amalgamation ne se produit que sur les points du cuivre mis à nu par le lavage à la benzine, le fer protégeant toutes les autres parties. On attaque ensuite avec un acide faible, dont l'effet ne se produit que sur les points amalgamés, et l'on procède à l'aciérage.

Gravure à la manière noire. (V. Mezzo-Tinto.)

Gravure à l'eau-forte sur buis. On fait bouillir le buis dans une solution de sulfate de cuivre, puis dans une de soude, afin de bien obturer les pores du bois. On laisse ensuite tremper dans l'eau pure pour dissoudre le sulfate de soude qui s'est formé. Un vernis d'asphalte garantit le revers et les côtés du bloc ; après quoi on applique sur la face utilisable une couche de gélatine sensibilisée d'après la formule suivante : dissoudre dans 16 centilitres d'eau 2 gr. de gélatine; ajouter 1/2 gr. de bichromate d'ammoniaque et verser sur le bloc. Poser celui-ci sur un négatif et enlever à l'eau chaude les parties solubles. Appliquer un vernis à l'asphalte sur les parties élevées pour les protéger et mettre le bloc dans l'acide nitrique pur. Nettoyer à la brosse et à la benzine le bois, qui est en état d'être comprimé.

Gravure au feu. Elle s'obtient à l'aide d'une tige de fer que l'on fait chauffer à point et que l'on promène autour d'une figure dessinée sur bois. On obtient ainsi, quand la gravure est finement exécutée, des tons bistres d'un effet très agréable. On dit aussi *pyrogravure*.

Gravure au lavis. Celle dont la caractéristique est d'imiter le dessin de ce nom.

Gravure au pointillé. Cette gravure consiste à tracer, soit à la pointe sèche, soit au burin ou à l'eau-forte, un ensemble de pointillés qui doit faire corps avec le reste de la gravure. Ce système, que certains graveurs ont essayé d'appliquer à l'ensemble de leurs dessins, donne de très bons résultats lorsqu'il est employé à titre accessoire, pour le modelé des chairs ou les ombres claires par exemple ; mais il manque de grâce et de vérité quand tout est fait au pointillé.

Gravure au trait. Celle qui ne comporte ni ombres ni demi-teintes.

Gravure carrée. Celle dont les tailles se croisent perpendiculairement.

Gravure chimique sur acier (Formule de). 1° Iode, 2 gr.; iodure de potassium, 5 gr.; eau de pluie, 40 gr.; 2° Sulfate de cuivre, 125 gr.; chlorhydrate d'ammoniaque, 184 gr; acide acétique, 3,000 gr.; 3° Acide oxalique, 4 gr.; azotate d'argent, 8 gr.; éther nitrique, 64 gr.; acide nitrique, 260 gr.; alcool à 90°, 500 gr.; eau distillée, 500 grammes.

Gravure directe. Celle qui est obtenue sans le secours des agents chimiques, comme la gravure à la pointe ou au burin, par exemple.

Gravure enfumée. Se dit d'une estampe jaunie par le temps.

Gravure en taille d'épargne. Celle dont on enlève le fond, en ne réservant que les tailles, dans la gravure sur bois.

Gravure en taille-douce. Ce nom, primitivement réservé à la gravure au burin, puis à l'eau-forte, s'applique aujourd'hui à tous les genres de gravure en creux, directe ou chimique.

Gravures graisseuses. On chauffe les taches pour les liquéfier, on les couvre de papier buvard, changé au fur et à mesure qu'il absorbe la graisse. Ensuite on trempe un pinceau dans l'essence de térébenthine et on l'applique sur les deux côtés de la tache chauffée de nouveau. Enfin, avec une petite brosse à poils doux, on imbibe d'esprit-de-vin rectifié, le plus concentré possible, les places qu'on vient de dégraisser. Le papier reprend sa blancheur primitive et l'encre d'impression ou le noir de la gravure demeure inaltéré.

Gravure Hoke. C'est moins, à proprement parler, un mode de gravure qu'un procédé de stéréotypie. On couche sur une plaque de tôle noircie une mixture de craie tendre, sur laquelle on grave le sujet à reproduire. La pointe doit entailler la couche de craie jusqu'à la tôle; après quoi on serre la planche dans un châssis en fer, et l'on fait chauffer. Il n'y a plus qu'à couler dans les tailles de la matière d'imprimerie, ce qui donne un cliché en relief que l'on monte à la manière ordinaire.

Gravures jaunies. On les plonge dans un bain composé de 200 gr. de soude et 200 gr. d'hypochlorite de chaux délayés dans un litre d'eau. Laisser séjourner jusqu'à ce que les taches aient disparu et les laver ensuite à l'eau courante pendant quatre ou cinq heures.

Gravure par report. Pour reporter sur cuivre une gravure sur pierre, on la tire sur carton, et, après l'avoir posée sur la plaque de cuivre, on la passe sous presse. On obtient ainsi un décalque que l'on plonge dans un bain d'argent actionné par une pile. L'argent se dépose alors sur les parties qui n'ont pas reçu le contact de l'encre. On enlève ensuite celle-ci avec de l'essence de térébenthine, on lave soigneusement, on essuie et l'on fait sécher. La plaque est ainsi gravée par *dépôt* en quelques instants et revient à un prix insignifiant. On peut augmenter la profondeur des tailles en mettant la gravure ainsi obtenue dans un bain de perchlorate de fer, qui attaque le cuivre sans toucher aucunement à l'argent.

Gravure sur bois La gravure sur bois est la plus ancienne des gravures en relief connues. Elle se pratiqua d'abord sur poirier, dans le sens du fil du bois, à l'aide de pointes tranchantes, de petites gouges et de lames plates appelées canivet. A partir du XVIe siècle, on commença à se servir de buis pour les gravures de petites dimensions ; aujourd'hui, ce bois très dur et à fibres ténues est seul employé. La gravure sur bois se paie au centimètre carré, suivant la nature du dessin et le talent de l'artiste. Les prix varient entre 0 fr. 30 et 1 fr. 25 pour les dessins comportant des demi-teintes. Ils vont de 0 fr. 15 à 0 fr. 35 pour les dessins au trait et la gravure industriels.

Gravure sur laiton. On dénomme ainsi celle qui est exécutée sur une plaque formée d'un alliage de cuivre et de zinc.

Gravure sur pierre. La gravure sur pierre, qui a suivi de près l'invention de la lithographie, est le contraire de la gravure sur bois : celle-ci est en relief alors que la première est en creux, comme l'eau-forte et la taille-douce. La gravure sur pierre se pratique surtout pour l'établissement des cartes géographiques et les travaux industriels et commerciaux : factures, cartes de commerce, etc.

Grené. Mode de représentation des ombres dans lequel les coups de crayon ont l'apparence de points ou grains.

Grener. (V. Grainer.)

Grignotis n. m. Gravure dont les tailles semblent grignotées, tremblées, rompues, brisées, pour représenter des objets à l'aspect rugueux.

Griller, Grilloter v. Se dit, dans l'impression lithographique, des finesses d'une planche que le *montage* a atténuées ou fait disparaître complètement. Le grillage sur pierre peut se réparer par certains tours de main connus des bons lithographes ; il n'en est pas de même du grillage sur zinc, qui reste à peu près irréparable.

Grisé n. m. Les parties d'une gravure représentées par des hachures légères donnant une teinte grise.

Guimbarde n. f. Petit rabot à l'usage des graveurs sur bois.

Guimberge n. f. Nom donné autrefois au cul-de-lampe.

H

Hachures, Haché. Mode de représentation des ombres à l'aide de traits se coupant sous divers angles. Ce sont les hachures qui, dans la gravure, donnent les demi-teintes.

Hectographe. Syn. de Chromographe.

Héliochromie. (V. Photochromie.)

Héliographie n. f. Art d'obtenir, à l'aide de la photographie et des opérations qui en sont la conséquence, une gravure en creux sur cuivre que l'on peut imprimer ensuite à la manière de la taille-douce.

Héliogravure n. f. Procédé de gravure chimique qui consiste à obtenir en creux une image, un dessin photographique quelconque. L'héliogravure se fait toujours sur cuivre, à l'aide de plaques auxquelles on a fait subir toutes les opérations chimiques qui les rendent propres à l'impression. L'héliogravure se paie au centimètre carré, et, selon la nature du dessin, les prix varient de 0 fr. 10 à 0 fr. 15 le centimètre.

Hélioplastie. (V. Photoglyptie.)

Héliotypie n. f. Syn. de phototypie.

Hermoglyphe n. m. Graveur sur pierre.

Hiéroglyphes n. m. Ce nom,

Hiéroglyphes figuratifs.

qui signifie gravure sacrée, formait le système graphique des

Hiéroglyphes symboliques ou tropiques.

anciens Égyptiens, quand il concernait les monuments. On le dénommait *hiératique* quand il figurait dans les manuscrits. Les hiéroglyphes *démotiques* étaient ceux dont le peuple faisait usage; ils se distinguaient des précédents en ce que le nombre des caractères était réduit à sa plus simple expression.

Hyalographe n. m. Graveur sur verre.

Hyalographie n. f. L'art de graver sur verre. Gravure sur verre, directe ou chimique.

I

Ichnographie n. f. Art de tracer des plans et des figures techniques.

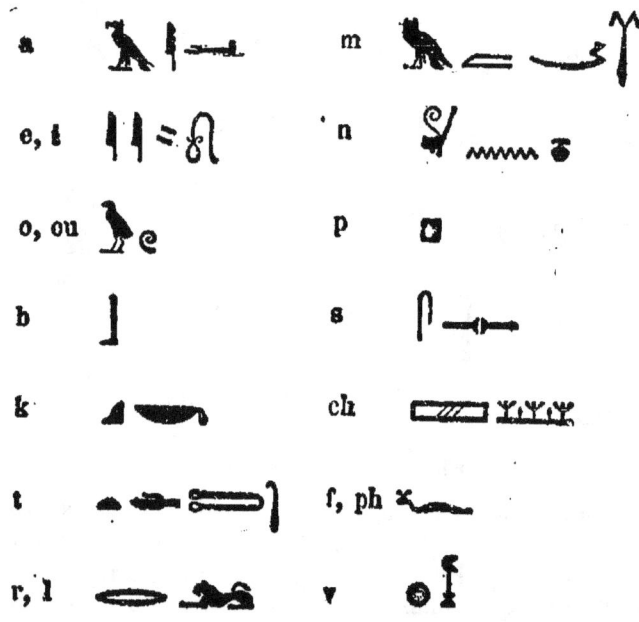

Hiéroglyphes phonétiques.

Homéographe n. m. Appareil dont on se sert pour la reproduction de certains dessins et qui procède du pantographe.

Homéographie n. f. Art de reproduire les dessins à l'aide de l'appareil appelé homéographe.

Horizon n. m. En perspective, intersection du tableau avec le plan horizontal mené par l'œil du spectateur.

Idéographie n. f. Représentation immédiate des idées par des signes graphiques.

Idéogramme n. f. Tout signe graphique représentant non des sons, mais des idées; c'est ce qui les différencie des signes phonétiques.

Imagerie n. f. Nom donné à l'ensemble des productions de l'image, tirées en noir ou en couleurs, peintes ou enluminées.

Imagerie populaire. Nom donné aux productions vulgaires de l'imagerie, connues sous le nom d'images d'Épinal. Ce sont des dessins tirés sur bois ou sur clichés et que l'on peint ensuite à la main ou au patron.

Imagerie scolaire. On comprend sous ce nom les divers dessins ou gravures qui sont distribués à des titres quelconques aux élèves des écoles primaires. Ces dessins sont préalablement soumis à une commission présidée par le directeur général de l'enseignement, laquelle en fait l'achat proportionnellement aux sommes mises à cet effet par le ministère à sa disposition.

Impression anastasique. Le genre d'impression que nous avons trouvé ainsi désigné nous paraît n'être autre chose que l'impression *anastaltique*. (V. ce mot.)

Impressions naturelles. Modes d'impressions consistant à mettre divers objets : morceaux d'étoffe, insectes, etc., entre une plaque de plomb et une plaque de cuivre, que l'on place ensuite sous un laminoir. La plaque de plomb prend l'empreinte de l'objet; on galvanise ou l'on cliche et l'on peut tirer ensuite par les procédés ordinaires.

Impressions photoglyptiques. Le tirage des épreuves photoglyptiques ne se fait pas comme les impressions ordinaires. A cet effet, l'imprimeur graisse la matrice à l'aide d'un tampon de flanelle trempé dans de l'huile verte ; on essuie soigneusement et l'on verse au milieu du moule la quantité voulue d'encre gélatineuse que l'on a préalablement fait tiédir. On place la feuille sur le moule, on rabat la platine et on laisse sous pression pendant cinq minutes.

Impressions tabellaires. Celles qui se faisaient sur des planches gravées avant l'invention des caractères mobiles.

Incrustation n. f. Gravure en creux dont on remplit les vides avec une matière quelconque. Le résultat, le produit de cette opération.

Indoustani. (V. Sanscrit.)

Inscriptions archaïques. Nom donné aux anciennes inscriptions grecques.

Inscriptions mates sur verre. Faire dissoudre dans 500 grammes d'eau environ 36 gr. de fluorure de sodium et 7 gr. de sulfate de potasse. D'autre part, faire dissoudre dans 500 gr. d'eau 14 grammes de chlorure de zinc et ajouter à la solution 65 grammes d'acide chlorhydrique. Au moment de s'en servir, mélanger les deux solutions par parties égales, et appliquer sur le verre, à la plume ou au pinceau. Après une demi-heure, l'inscription tracée est mate.

Insculper, Insculpter v. Graver un objet métallique à l'aide d'un poinçon.

Intaille n. f. Pierre gravée en creux, contrairement au camée qui se grave en relief.

Interrasile n. m. et adj. Se dit d'une estampe ressemblant un peu au nielle, que l'on obtenait sur une planche de métal gravée avec un léger relief. Ce genre de gravure était peu employé.

Isochromatiques (Plaques). Plaques préparées au gélatino-bromure d'argent, et qui s'emploient, dans l'autochromophotographie pour la reproduction des tableaux en couleurs. On fait entrer dans ces plaques de petites quantités d'azaline, d'éoline, de cyanine ou autres matières, qui ont pour effet de corriger la neutralité de certaines couleurs. Ces plaques furent inventées par les frères Lumière, il y a quelques années seulement.

Isographie n. f. Nom donné à un procédé découvert par M. Magne, et qui consiste à reproduire identiquement, à l'aide d'un report, toutes sortes d'imprimés anciens ou modernes obtenus avec le concours des encres grasses. (V. Sinographie.)

J

Jonfler v. Envoyer des bouffées d'haleine sur la pierre pour détremper le fond.

K

Kalc-Snlter-Platten. Nom donné par les Allemands à des plaques de métal recouvertes d'un enduit calcaire qui permet de les utiliser pour l'impression lithographique. Ce procédé est aujourd'hui à peu près abandonné.

L

Langue de chat n. f. Burin échoppe.

Lapan. Mot qui veut dire : planches ou plaques en cire. Procédés d'impression des Chinois, qui consiste à étendre une couche de cire sur une planche ou sur une table de bois, et à y tracer et découper les caractères avec un couteau. Quelquefois, on remplace la couche de cire par des planches de bois tendre.

Laque n. f. Résine extraite de différents arbres de l'Inde, très employée dans les divers procédés de reproductions photographiques et dans la fabrication des encres.

Lavage des rouleaux de gélatine. Une des meilleures compositions est celle qui consiste en une solution de 50 gr. d'alun de chrome dans un litre d'eau.

Lavande (Essence de). Un des dissolvants du bitume de Judée dans les différents procédés.

Lavis (Gravure au). Ce genre de gravure donne des teintes semblables à celles des dessins lavés à l'encre de Chine ou à la sépia et se fait d'abord comme la gravure à l'eau-forte. La différence des tons s'obtient ensuite par des morsures successives en appliquant du vernis de Venise sur les points des dessins qui doivent rester blancs et en faisant mordre alternativement, dans un bain à 20 degrés, chacune des parties dont on veut atténuer la nuance.

Leimtypie. (V. Phototypie.)

Lemnisque n. m. Barre horizontale, entre deux points (.—.), que traçaient les copistes du moyen-âge pour indiquer la différence des interprétations.

Lettres à chaînettes. (V. Lettres à mailles.)

Lettres à la duchesse.

Nom donné, au commencement du XIXe siècle, aux lettres dont les déliés prennent la place des pleins et *vice versa*.

Lettres à mailles. Elles avaient la forme d'un treillis ou d'une chaînette (VIIIe siècle.)

Lettres barbelées. Lettres du XIIIe siècle qui étaient hérissées de petits traits en forme de poils.

Lettres bâtardes. Nom donné à la gothique du XVe siècle.

Lettres blanches. Ces lettres étaient dessinées de façon à recevoir plusieurs couleurs, ce qui permettait de les blasonner (VIIe siècle).

Lettres bourgeoises. Elles tiennent le milieu entre la gothique ancienne et la gothique moderne (XIIe siècle).

Lettres brodées. Ainsi nommées de ce qu'elles étaient bordées de dessins en forme de broderie (VIe siècle).

Lettres cadeaux. (V. Cadeaux.)

Lettres captives. (V. Lettres enclavées.)

Lettres de cours. Nom donné au XVIIe siècle aux caractères employés par les tribunaux pour la copie des actes judiciaires.

Lettres de forme. Au premier siècle de notre ère, nom donné aux caractères romains de forme simple.

Lettres ecclésiastiques. Sorte de ronde, dont se servaient, au XVIe siècle, les autorités ecclésiastiques pour la transcription des documents officiels et authentiques.

Lettres en chemise. (V. Lettres à la duchesse.)

Lettres enclavées. Ainsi nommées de ce qu'elles étaient dessinées dans d'autres lettres (XIe siècle).

Lettres en treillis. (V. Lettres à mailles.)

Lettres grises. C'étaient des initiales de grandes dimensions, qui se plaçaient en tête des livres, des chapitres et même des alinéas. Elles appartiennent au Ve siècle; au VIe siècle, elles furent agrémentées d'ornements.

Lettres historiées. Ces lettres représentaient des figures d'animaux et servaient, sous forme de lettrine, à illustrer les manuscrits du moyen-âge; elles étaient très souvent enluminées et appartiennent au Ve siècle.

Lettres mosaïques ou **en marqueterie.** Dans ces lettres, les pleins sont coupés de toutes sortes de pièces disposées en mosaïque (VIIe siècle).

Lettre onciale. Grande lettre qui commençait les inscriptions, les épitaphes et les manuscrits; dans ce dernier cas, elle était presque toujours enluminée. Les onciales, que certains fondeurs dénomment *lettres archaïques* et *lettres moyen-âge*, ont cessé d'être en usage à partir du VIIe siècle.

Lettres perlées. Elles appartiennent au IIIe siècle et se composaient, en tout ou parties, de petits ronds en forme de perle, à jour ou en blanc. Elles étaient spéciales aux Latins et aux Grecs.

Lettres ponctuées. Étaient entourées de points et remontent au VIe siècle.

Lettres solides. Lettres du xvie siècle qui se font remarquer par des pleins très larges et presque sans déliés.

Lettres tondues et barbues. (V. Lettres barbelées.)

Lettres torneures. Majuscules gothiques qui ornaient au xve siècle les manuscrits et les livres.

Lettres tranchées. On appelait ainsi, au xviiie siècle les lettres pourvues de bases et de sommets horizontaux, comme les E, les I, etc.

Lettres unicoles. Forme d'écriture que l'on rencontre dans les manuscrits latins du iiie au xe siècle. C'est un mélange combiné de capitales anciennes avec des lettres de création plus récente.

Lettres zoographiques. (V. Lettres historiées.)

Liber n. m. Écorce intérieure de certains arbres qu'à défaut de papyrus on utilisait pour écrire.

Ligne de terre n. f. Intersection du plan horizontal et du plan vertical, en géométrie descriptive et en perspective.

Linéatures. (V. Glaces quadrillées.)

Linéographie (La). Nom donné par MM. Paul Nouel et Martini à une machine à graver de leur invention. Cette machine peut travailler indifféremment sur le papier pour dessiner, et sur la pierre pour graver; on peut, avec elle, tracer à volonté toutes sortes de lignes droites, elliptiques, ondulées, etc.

Linographie n. f. Impression photographique, lithographique ou typographique sur étoffe.

Lithmétallographie n. f. Nom donné à un des nombreux procédés d'impressions lithographiques sur zinc.

Litho n. m. Abréviation de lithographie : *C'est de la litho.*

Lithochromatographie n. f. Un des noms de la chromolithographie.

Lithochromie n. f. Imitation de la peinture à l'huile à l'aide des procédés d'impression chromolithographiques.

Lithochrysographie n. f. Impression en lettres d'or, exécutée directement sur pierre à l'aide d'un mordant et d'or en poudre ou en feuilles. Ce genre d'impression n'est pas usité industriellement.

Lithoglyphe n. m. Graveur sur pierre.

Lithoglyphie n. f. Art de graver sur pierre.

Lithographe n. m. Ce nom est généralement réservé aux imprimeurs lithographes, ceux qui travaillent avec la plume ou le burin se dénommant écrivains, dessinateurs ou graveurs lithographes.

Lithographie n. f. Art de dessiner ou d'écrire sur pierre. La lithographie a été inventée par Senefelder, de Prague, vers 1796. On distingue aujourd'hui plusieurs sortes de lithographies, parmi lesquelles celles sur zinc, sur tôle, sur fer blanc et sur aluminium.

Lithophanie n. f. Lithographies en couleurs, tirées sur gélatine, et dont l'effet ne se produit bien que quand l'image est traversée par la lumière. Les lithophanies se font également en noir.

Lithophile n. f. Produit chimique qui donne une grande ténacité à l'encre lithographique.

Lithophine n. f. Produit américain qui sert à conserver, en les fortifiant, les dessins confiés à une pierre lithographique ou à un zinc.

Lithophotogravure n. f. Une des variétés de la phototypie. Ce qui distingue la première de la seconde, c'est qu'ici le support de la gélatine est une pierre au lieu d'être une glace, et que l'impression se fait à la manière lithographique.

Lithostéréotypie. (V. Tissiérographie.)

Lithotypographie n. f. C'est un mode de transport sur pierre d'une composition typographique. On tire cette composition avec une encre de report, sur papier dit à *report*, et l'on décalque sur pierre par les procédés en usage pour ces genres de travaux.

Logographe n. m. Appareil servant à enregistrer la parole à l'aide de diagrammes correspondant aux mouvements exécutés par les lèvres pour prononcer les syllabes. — Nom donné pendant la Révolution aux sténographes des diverses Assemblées nationales.

Logographie n. f. La sténographie en usage jusqu'au commencement du XIXᵉ siècle.

Logotachygraphie n. f. Premier nom de la sténographie.

Luisant du cuivre. Celui qui se remarque au fond des tailles creusées par la pointe ou le burin.

M

Machine à ballotter. Appareil qui a remplacé le chevalet à morsure et dont le nom indique la fonction.

Machine à diviser n. f. Instrument de précision qui se compose essentiellement d'une vis micrométrique fixe, qui mène un écrou mobile ; la machine à diviser sert aux deux usages suivants : 1° Diviser une longueur donnée en un nombre déterminé de parties égales ; 2° Tracer des divisions d'une longueur quelconque.

Machine à graver. On se sert de la machine à graver pour reproduire sur pierre, à l'aide d'une pointe en diamant, les lignes excentriques et concentriques, les tailles, hachures, moirés ou grisés. Les traits peuvent être serrés à l'infini, dans des conditions telles de ténuité, qu'il est impossible de les compter à l'œil nu.

Machines lithographiques. Ces machines, inventées vers 1864, sont construites d'après le principe des presses typographiques, dont elles ne diffèrent que par les accessoires indispensables au genre d'impression auquel elles sont destinées.

MONTAGE DE LA NOUVELLE PRESSE LITHOGRAPHIQUE MARINONI. — 1° Le bâti de fond A bien horizontal, ce dont on s'assure en mettant un niveau sur les parties dressées des chemins ; 2° le train de galets D, la roue du train ayant sa denture correspondant aux repères de la crémail-

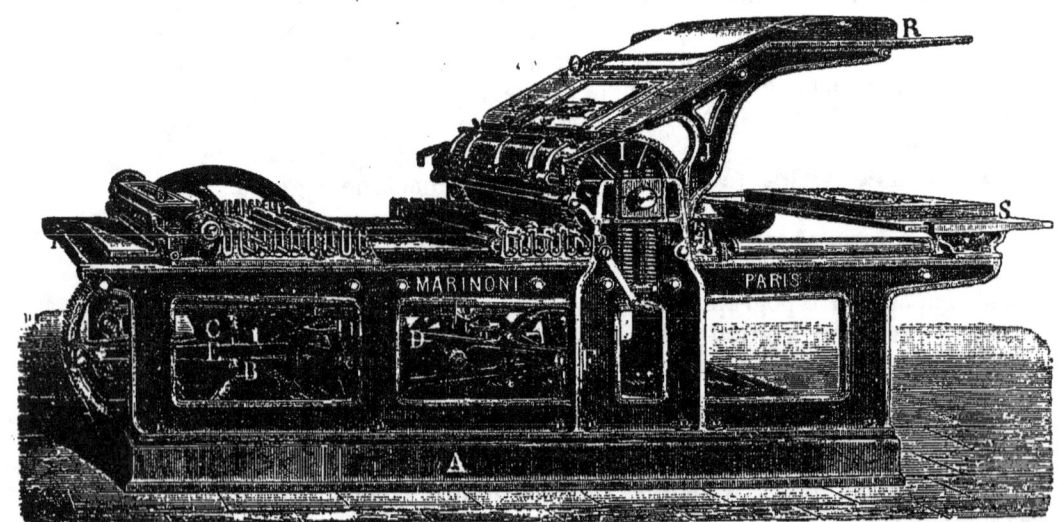

Fig. 1.   Nouvelle presse lithographique Marinoni.

lère du bâti de fond ; 3° la bielle E, en unissant la fourche de cette bielle à l'arbre du train de galets ; 4° le châssis G, en ayant bien soin que les repères qui se trouvent sur la roue dentée du train de galets, correspondent parfaitement avec les repères semblables qui sont sur la crémaillère du châssis G. La dent de la roue marquée 1 doit venir dans le vide marqué 1. La roue étant dans cette position, sa dent marquée 2 sera dans le vide marqué 2 de la crémaillère du bâti de fond, comme le montre la figure ci-contre :

P portant les excentriques entrant dans les cages des leviers de soulèvement ; 16° la table de marge Q ; 17° la table à papier R ; 18° la table à recevoir S ; pour les autres pièces, elles sont suffisamment indiquées sur le dessin pour qu'on puisse les mettre en place sans se tromper, si elles sont repérées avec soin.

CALAGE DE LA PIERRE (fig. 2). — La pierre étant placée sur la platine, il faut, avant de la caler, s'assurer que les pinces ne viendront pas appuyer dessus au moment de son passage sous le cylindre. Pour cela, on observera

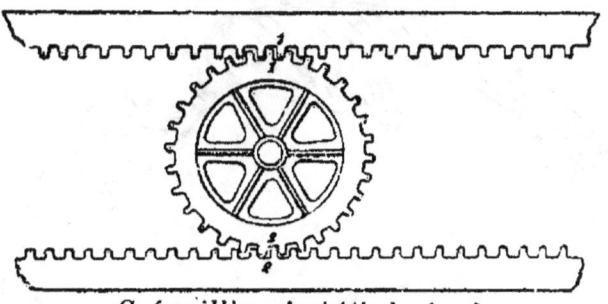

Crémaillère du châssis.

Crémaillère du bâti de fond.

5° Le marbre ou platine K ; 6° les bâtis de côté F. Le bâti n° 1 est du côté de la commande ; 7° la chaise double intérieure B ; 8° l'arbre de la grande roue de commande C : l'arbre placé, on fixe la tête de la bielle E au bouton de manivelle de la roue C au moyen du bouton L ; 9° le cylindre 1 ; 10° la chaise simple extérieure de commande M ; 11° l'arbre de commande portant à son extrémité le pignon ; 12° les entretoises rondes des bouts NN ; 13° l'encrier O ; 14° les bâtis de marge J ; 15° l'arbre

qu'il a été fait à l'intérieur du châssis, de chaque côté, près des premières vis de calage, un cran à la lime qui correspond au bout des pinces au moment du passage du châssis sous le cylindre. Il faudra donc observer que la pierre ne dépasse pas les crans, une fois calée. Cette observation s'applique aux machines ordinaires avec pinces saillantes. Quand les pinces sont noyées, la pierre peut être placée en avant du cran fait sur le châssis si cela est nécessaire.

Pour régler la hauteur et le

niveau de la pierre, il faut placer sur les parties dressées, qui sont au-dessus des vis de calage, de le marbre ou platine à l'aide des vis de réglage qui se trouvent aux quatre coins et que l'on actionne

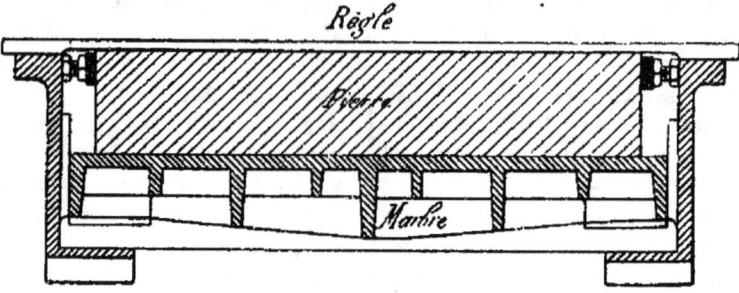

Fig. 2

l'avant et de l'arrière, la règle qui est envoyée en même temps que la machine ; cette règle a, dans ses par des manivelles placées en bout du châssis, du côté opposé à la table à encrer, jusqu'à ce que

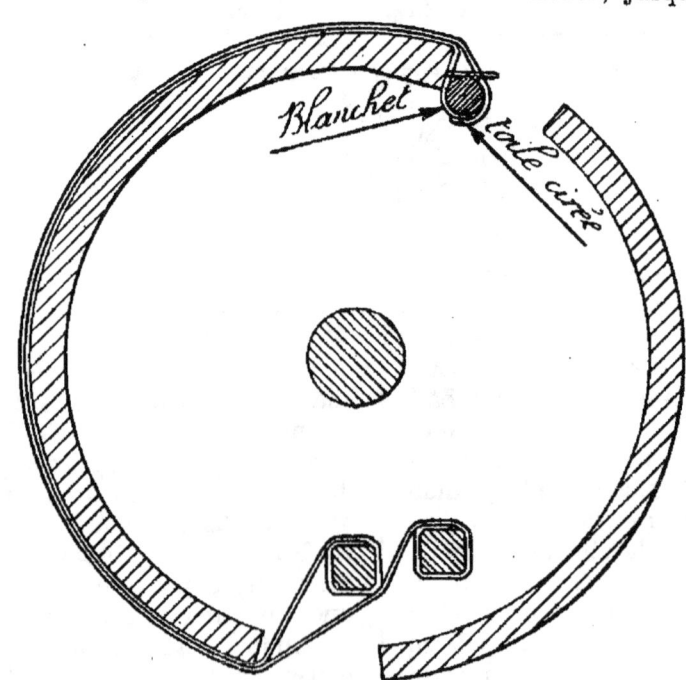

Fig. 3

deux extrémités, une partie rapportée, c'est elle qui doit venir sur les parties dressées du châssis ; il suffit ensuite de remonter la pierre vienne bien à fleur de la règle ; faire cette opération des deux côtés de la machine en plaçant la règle d'un côté, puis de l'autre, et la pierre se trouvera bien à hauteur et de niveau.

La pression à exercer par le cylindre se règle sur la tension des gros ressorts.

La came qui met en mouvement le rouleau preneur est disposée de façon qu'elle puisse occuper sur l'arbre du rouleau d'encrier différentes positions ; suivant la place qu'elle occupe sur l'arbre, c'est une partie différente de la came qui agit sur le galet du levier actionnant le preneur, qui reste en contact plus ou moins de temps avec le rouleau d'encrier, suivant que l'on veut prendre plus ou moins d'encre.

tringles : une pour le blanchet, l'autre pour la toile.

Il suffit d'enrouler à la main l'étoffe autour de la tringle pour qu'elle s'y trouve fixée d'elle-même, puis plus on tourne la tringle au moyen de la clef, plus l'étoffe se trouve serrée dessus en même temps qu'elle se tend (fig. 3).

FONCTIONNEMENT DE LA POINTURE. — Lorsqu'on fait passer la feuille pour la première fois, la pointure doit percer dans cette feuille le trou qui servira pour le second passage et les suivants. La pointure sort alors après la fermeture de la pince au moment

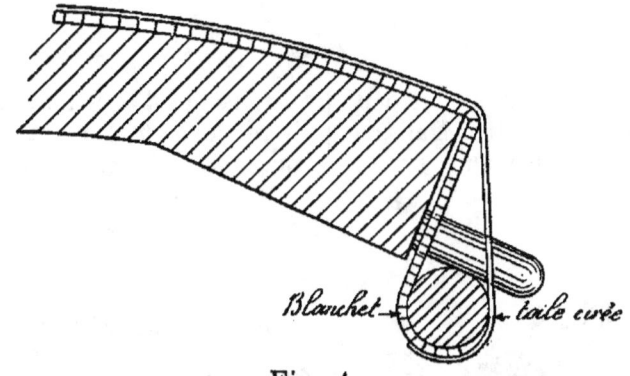

Fig. 4

Le cylindre porte un blanchet et une toile cirée. Il faut les coudre ensemble et passer l'une des tringles rondes en acier entre les deux ; faire au-dessus de cette tringle des boutonnières correspondant aux dents de loup du cylindre, de façon à pouvoir l'accrocher dans ce dernier (fig. 4).

Le blanchet et la toile accrochés d'un bout, leur autre extrémité vient s'enrouler autour d'une tringle carrée ; il y a deux de ces

du départ du cylindre. Dans ce cas, c'est le cylindre lui-même qui, entraînant le galet B, l'amène en contact avec la partie a de la pièce A. Le galet, en s'abaissant, fait sortir la pointure. Il importe que, pendant ce temps, la pièce A reste immobile. C'est pourquoi on goupille la rondelle R dans le trou O, le plus éloigné du bout d de la tige A (fig. 5).

Lorsque la feuille passe en seconde impression, ou pour une

impression suivante, afin de laisser au receveur le temps suffisant pour enlever la feuille, la pointure doit sortir seulement un peu après l'arrêt du cylindre. Dans ce cas, c'est le déplacement de la pièce A qui fait fonctionner la pointure. Pour que cette pièce A puisse se déplacer, il faut que la rondelle R soit goupillée dans le trou O', le plus près du bout d de la tige A (fig. 6).

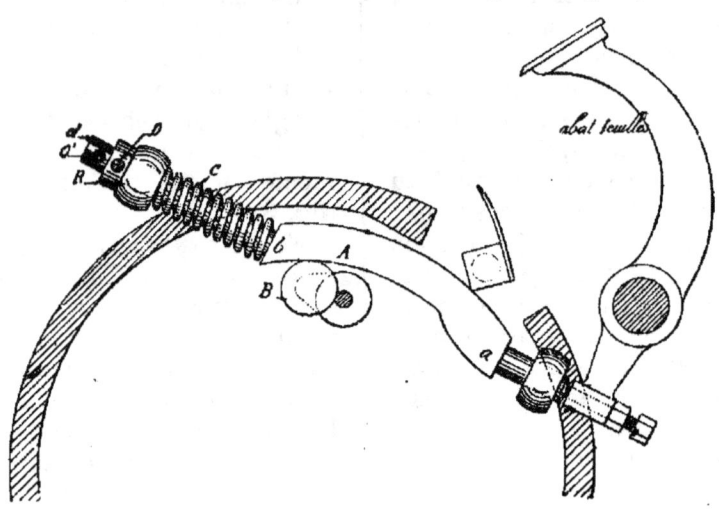

Fig. 5

Lorsque l'abat-feuille est levé, il repousse la pièce A en comprimant le ressort. Aussitôt après l'arrêt du cylindre, l'abat-feuille a un petit mouvement d'abaissement qui dégage la pièce A ; le

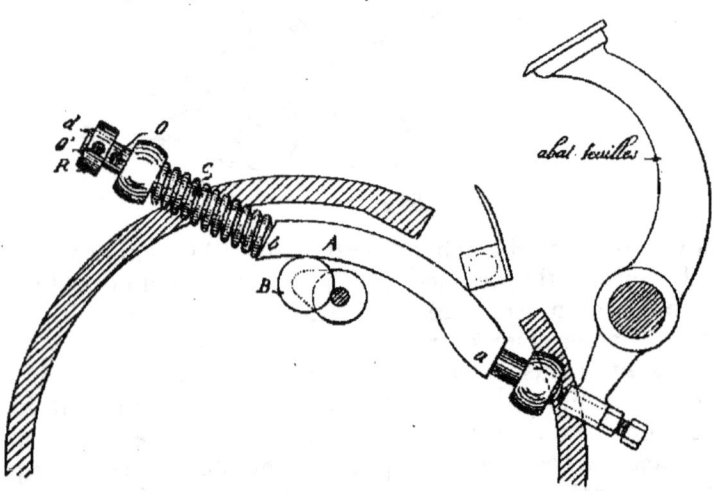

Fig. 6

ressort C agit alors pour ramener cette pièce vers la droite ; dans ce mouvement, la partie *b* de la pièce A vient rencontrer le galet B. Celui-ci, en s'abaissant, fait sortir la pointure.

TAQUETS DE MARGE (fig. 7). — La came des pinces porte un galet qui, en agissant sur une queue en bronze K, fixée sur la tringle des taquets de marge, fait lever ces taquets au moment où la pince s'abaisse avant le départ du cylindre. Le galet P, situé à l'autre extrémité de la tringle des taquets et qui appuie sur le cylindre, maintient levés les taquets après le départ de celui-ci. Il faut qu'à l'arrêt du cylindre le galet porte au fond de l'entaille faite pour le recevoir.

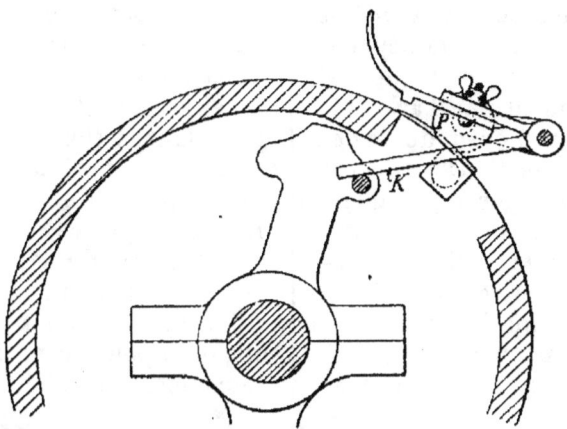

Fig. 7

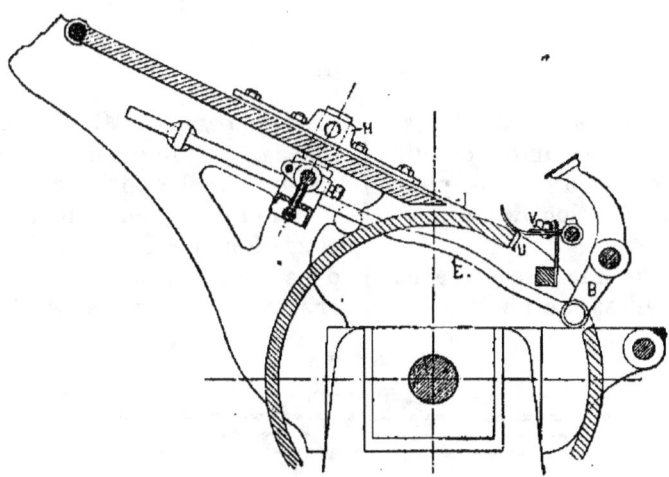

Fig. 8

FONCTIONNEMENT DU NOUVEAU MARGEUR AUTOMATIQUE. — La feuille margée se trouve arrêtée en avant par les griffes U, sur lesquelles les taquets en bronze V (fig. 8) viennent s'appuyer, l'empêchant de se soulever. Les feuilles placées sur la table sont toutes amenées rigoureusement au même point, sur le côté, par le déplacement du taquet H ; ce taquet est mis en mouvement par l'arbre de l'abat-feuille au moyen du levier B et de la bielle E. Dans le cas où l'on doit marger des papiers minces, il est bon de mettre entre le taquet H et la petite contre-plaque qui se trouve en-dessous, une plaque de zinc I (fig. 8 et 9); cette plaque a pour but de soutenir la feuille afin de l'empêcher de se plier sous le poids du taquet; il faut néanmoins qu'elle ne la supporte pas trop pour empêcher cette action de se produire.

La feuille de zinc envoyée avec la machine n'est qu'un modèle dont l'objet est de démontrer comment doivent être fixées celles à employer, et dont les dimensions varient suivant la grandeur du format à imprimer; leur surface doit être environ le tiers de celle du format.

Les feuilles de zinc I et le taquet H doivent être placés, suivant le cas, à droite ou à gauche de la table de marge. En général, le taquet est placé du côté opposé au volant H (fig. 9), ce n'est que lorsqu'on imprime en retiration qu'on le place de l'autre côté, en H', afin que ce soit toujours la même partie de la feuille retournée qui touche au taquet.

La figure 9 montre la machine disposée pour avoir le taquet du côté opposé au volant. Dans ce cas,

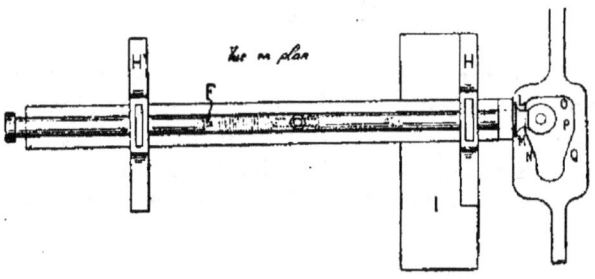

Fig. 9

c'est la partie LMN de la came qui agit sur le galet, le ressort C étant accroché en F (fig. 10).

Lorsqu'on veut imprimer en retiration, on enlève le ressort C du crochet F, on retourne le crochet X, le ressort s'accroche alors

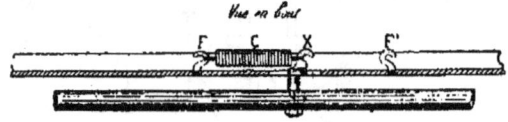

Fig. 10

en F', puis on place le taquet H en H' (fig. 9), c'est alors la partie OPQ de la came qui agit sur le galet (fig. 9).

La plus grande machine lithographique connue a été construite en 1898 par la maison Marinoni, pour le compte de l'imprimerie Camis et Cie. Cette machine monstre est destinée à recevoir des pierres de 1m 65 sur 2m 50, c'est-à-dire pouvant imprimer des feuilles du format *octuple soleil*. Le socle de cette presse géante pèse 7,000 kilos ; le chariot, sans la platine, 5,000 kilos ; le cylindre 3,200 kilos. Quant à son développement, il est, pour la largeur, de 4m 70, et pour la longueur de 9m 20.

Machine phototypique. Machine destinée au tirage des photographies que l'on transfère sur glaces. Ce n'est autre qu'une machine en blanc à laquelle on a fait subir diverses modifications.

Maîtres écrivains. Corporation de copistes laïques qui faisaient concurrence aux copistes religieux. En 1648, ils prirent le nom de *Maîtres experts jurés*.

Mappe n. f. Ancien nom des cartes géographiques.

Marteau à repousser. Marteau à tête ronde employé au repoussage du métal dans les parties effacées d'un dessin gravé sur cuivre.

Matrices cuivrées. On ne se sert pas, pour les moulages photoglyptiques, exclusivement de plomb, on utilise également l'étain, qui est plus résistant, et que l'on revêt ensuite d'une légère couche de cuivre à l'aide de la galvanoplastie.

Mattoir n. m. Outil permettant de grainer légèrement les parties trop éclairées d'une gravure sur métal.

Mégalographie n. f. Passion de dessiner, de peindre de grands sujets, de représenter de grandes actions. Art de les reproduire.

Mélographie n. f. Art d'écrire, de graver la musique.

Mentonnière n. f. Appareil fait de toile ou de papier, que le graveur se met devant la bouche pour que l'haleine n'altère pas le fond de couleur dont la pierre, le bois ou le cuivre ont été recouverts.

Méplat adj. et n. Surfaces de transition, juxtaposition de plans successifs.

Mercurographie n. f. Gravure au mercure qui se pratique sur métal, avec un crayon mercurialisé, et mise au bain dans une solution de platinage galvanique.

Méso-gothique n. m. Type altéré de l'écriture gothique.

Métallochromie n. f. Procédé qui consiste à imprimer directement sur une plaque de tôle ou de zinc un dessin exécuté sur pierre lithographique. Ce procédé, inventé par M. Josz, supprime le décalque, dont on s'était servi jusqu'ici pour les impressions sur tôle ; on y arrive en donnant à la tôle un grain velouté qui permet le contact de deux surfaces dures : la pierre et le métal, contact qui, jusqu'alors, avait rendu l'impression directe absolument impossible.

Métallographie n. f. Nom donné quelquefois à la gravure en creux sur plaques métalliques.

Mettre au bain. Placer la planche à graver dans un bain d'acide pour opérer la morsure.

Mezzo-Tinto n. m. Ce genre de gravure, dit aussi *à la manière noire*, a été créé, en 1611, par Siegen, bien qu'il soit attribué au prince palatin Ruprecht. Cette variété de gravure peut être définie ainsi : l'art de produire la lumière en la faisant sortir de l'ombre. A cet effet, on graine la plaque de cuivre à l'aide du berceau, sorte de couteau à hacher pourvu de lames très serrées. Le cuivre préparé, la gravure s'opère en anéantissant le grain avec des brunissoirs et des grattoirs, afin de reproduire les parties claires du dessin ; en d'autres termes, on détruit au profit des figures, des chairs et des demi-teintes, l'ombre qui avait été préalablement produite par le grainage.

Micrographie n. f. Reproduction, par la gravure ou les divers procédés, des infiniment petits. Description scientifique de ces derniers.

Mine n. f. Abréviation de minerai.

Minerai n. m. Le graphite dont on constitue les crayons à écrire ou à dessiner.

Moleskine n. f. La moleskine sert à l'habillage des cylindres pour l'impression lithographique exécutée mécaniquement. Elle vaut de 6 à 7 francs le mètre, selon qualité.

Molette n. f. Petite roue en forme d'éperon, montée sur pivot, dont on se sert pour obtenir des tailles légères donnant des ombres ou des demi-teintes, dans la gravure sur cuivre.

Monotype n. m. Un des nombreux spécimens de machines à écrire.

Montage n. m. Monter une composition lithographique, c'est lui donner, petit à petit, à l'aide de l'encrage, le relief indispensable pour obtenir une belle impression.

Mordançage n. m. Action de l'acide sur les métaux dans les diverses opérations nécessitées par la zincographie, la photogravure, etc.

Mordre (Faire). Faire attaquer le métal par l'acide.

Morfil n. m. Barbes produites par le burin de chaque côté des tailles.

Morsure n. f. Syn. de Mordançage.

Morsure à plat. Celle qui est obtenue par une attaque d'égale durée, l'accentuation des tons étant donnée par des tailles de grosseur variable.

Morsure par couverture. Elle s'obtient en recouvrant d'une couche de vernis les parties d'une gravure que l'on juge suffisamment mordues.

Mouillage n. m. En lithographie, opération qui consiste à mouiller la pierre ou le zinc avant d'encrer ceux-ci. L'action qui se produit est la suivante : les lettres ou le dessin étant faits à l'encre grasse, l'eau ne séjourne pas sur les traits, alors que l'encre y adhère parfaitement. D'autre part, la pierre étant mouillée, l'encre grasse du rouleau ne peut s'y attacher et la laisse intacte dans toutes les parties qui ne sont pas recouvertes par le dessin.

Mouillage des planches phototypiques. Dans les tirages à l'encre grasse, on mouille la gélatine de la même manière que les pierres lithographiques, mais pour des motifs absolument différents. En voici la raison : dans les tirages sur gélatine, les parties insolées sont réfractaires à l'action de l'eau ; au contraire, celles qui n'ont pas été soumises à la lumière conservent leurs propriétés hygrométriques, ce qui fait que lorsqu'on passe le rouleau sur la gélatine, l'encre se dépose sur les parties sèches ou insolées, et refuse de s'attacher aux parties humides n'ayant pas subi l'action de la lumière.

Mousseline n. f. Les chiffons de mousseline sont très recherchés pour le nettoyage des planches gravées ou mordues en creux et qui, comme telles, s'encrent toutes au tampon.

Mupan. Nom donné en Chine à l'ancien procédé, qui consistait à imprimer à l'aide de plaques de bois sur lesquelles les lettres avaient été gravées.

Musique n. f. Autrefois, on composait la musique en caractères mobiles, et, encore aujourd'hui, on la compose ainsi dans certaines maisons ; mais la fragilité des lignes est telle qu'elles sont très promptement écrasées et mises hors de service. On fait donc plutôt usage de la gravure chimique sur zinc ou sur cuivre, plus rapide et plus pratique. On se sert aussi, pour ce genre de gravure, d'un appareil auquel l'inventeur a donné le nom d'*appareil-revolver*.

N

Nettoyage des glaces. Quand les glaces viennent de subir un tirage, on les débarrasse de la couche de gélatine qui les couvre en les plongeant pendant un temps déterminé dans la cuve à potasse.

Nickelage des gravures sur zinc. On décape à l'aide de la benzine ou de l'essence et l'on met ensuite dans une solution de potasse. Après quoi on laisse séjourner pendant quinze minutes environ dans un bain composé de sulfate de nickel et d'ammoniaque ou d'ammoniaque libre et de sulfate ammoniacal de nickel.

Nielle n. m. Gravure sur métal précieux, dont les traits sont remplis par une sorte d'émail formé de nitrate d'argent, de plomb, de borax, de cuivre, de souffre et de sel ammoniac.

Nielleur n. m. Celui qui grave les nielles.

Noir n. m. C'est le nom que les lithographes donnent à l'encre qu'ils emploient, et dont la composition diffère légèrement de celle de l'encre typographique.

Noircir v. Enfumer le cuivre à l'aide d'une torche ou d'une bougie.

Noix de galle. Ce produit est très employé dans les divers procédés. Il sert surtout dans la gravure sur zinc pour la préparation des plaques.

Nolographie n. f. Falsification d'écritures ou de documents à l'aide de la photographie.

Notaire n. m. Nom donné, dans

l'ancienne Rome aux copistes; on les appelait aussi tachygraphes.

Notes tironiennes. Sorte de sténographie attribuée à Tiron, affranchi de Cicéron, et dont usait le grand orateur romain. Plus tard on s'en servit dans les monastères et les tribunaux.

O

Obèle n. m. Signe en forme de broche ou de flèche qui, dans les manuscrits anciens, indiquait un doublon ou un vers déplacé.

Obèle biponctué. Signe (∴) qui, dans les anciens manuscrits, indique une transposition, et dont les anciens copistes se servaient quand ils ne voulaient pas effacer les mots transposés.

Obèle et astérisque. Signe (*) qui, dans les anciens manuscrits, indique un vers déplacé.

Obèle ponctué. Signe (⊤ ou ⋅) qui indique que l'on doute si l'on doit effacer ou conserver le passage d'un ancien manuscrit dans la partie ou celui-ci en est affecté.

Obélismène adj. Qui ressemble à un obèle, qui est accompagné d'un obèle : *diple obélismène.*

Okygraphie n. f. Sorte de sténographie consistant en un système d'abréviation de l'écriture.

Oléographie n. f. Chromolithographie imitant la peinture à l'huile. Elle s'exécute sur un papier à qui l'on a préalablement donné l'apparence de la toile.

Oléométrie. Se dit, en général, des impressions faites avec des encres ayant l'huile pour base.

Onglette n. f. Sorte de burin à l'usage des graveurs en médailles.

Oriental. (V. Cuphique.)

Orthochromatique (Plaques). (V. Isochromatiques.)

Ostrakon. Coquilles d'huîtres sur lesquelles les Athéniens traçaient leurs suffrages, d'où le nom d'*ostracisme* appliqué à l'exil qui frappait certains citoyens.

Oxyphlogoglyphie n. f. Art d'appliquer à la gravure l'action d'un acide, concurremment avec la flamme d'une bougie ou du gaz.

P

Paléographie n. f. Connaissance des anciennes écritures qu'interprètent les archivistes paléographes.

Palimpseste n. m. Manuscrit sur parchemin, dont les copistes du moyen-âge ont effacé les caractères pour les remplacer par de nouvelle écriture. A l'aide de procédés chimiques, on fait aujourd'hui réapparaître l'écriture primitive des palimpsestes.

Paniconographie. (V. Gillotage.)

Panne n. f. Graisse de porc, avec laquelle on frotte le cuir des râteaux des presses à bras lithographiques.

Panotypie. (V. Pantotypie.)

Pantographe n. m. Appareil dont on se sert pour graver et dessiner mécaniquement.

Pantotypie n. f. Nom donné par quelques-uns à l'ensemble des procédés d'impression en relief. Ce mot peut également désigner une méthode qui permettrait d'obtenir tous les genres d'impression, quels que soient les sujets donnés.

Papier aiguille. Nom donné à un papier de teinte noire à l'usage des photographes.

Papier autographique. Il est généralement de couleur jaune et couché. On l'emploie également, ainsi que le papier de Chine encollé, à la production des reports.

Papier calque à la benzine. La feuille étant appliquée sur le dessin à calquer, on frotte légèrement avec du coton imbibé de benzine parfaitement pure. La benzine est absorbée, et le papier, rendu transparent, peut recevoir le trait au crayon ou à la plume, et même le lavis, sans que les lignes ou les teintes s'élargissent et sans que la feuille se rétrécisse ou se soulève. Lorsque les dessins sont grands, on peut appliquer la benzine, mais à plusieurs reprises; le calque achevé, elle s'évapore sans laisser de trace. Le papier, séché, reprend alors son opacité primitive et ne conserve pas la moindre odeur.

Papier glace. (V. Gélatine.)

Papyrographe (Procédé). Mode de reproduction de l'écriture, imaginé, en 1869, par M. Zuccato. On emploie, pour recevoir l'écriture, un papier de soie à tissu très perméable, recouvert d'une couche de composition imperméable, que l'encre employée pour écrire l'original a la propriété de rendre soluble dans l'eau. En trempant cette feuille de papier dans l'eau, après avoir écrit dessus, on obtient donc un cliché sur papier fin, dans lequel toutes les parties écrites sont spongieuses et perméables, tandis que le reste de la surface ne l'est pas. En pressant ce cliché, placé à l'envers, sur un tampon de drap imbibé d'une encre fluide, on la fait suinter au travers de l'écriture et l'on peut obtenir une reproduction sur une feuille de papier blanc appliquée au verso. Si l'on répète l'expérience, on obtiendra un nombre relativement considérable de reproductions. Très employé en Allemagne et en Amérique.

Papyrographie n. f. Art inventé par M. Villanova, et qui consiste à produire des dessins en superposant des papiers d'épaisseurs différentes qui, présentés à la lumière du jour ou de la lampe, donnent l'illusion de la photographie ou des lithophanies allemandes.

Papyrus n. m. Papier fait avec l'écorce de l'arbre de ce nom. Il est d'origine très ancienne puisqu'il servait aux Egyptiens pour écrire.

Pasigraphie n. f. Système d'écriture universelle.

Patinage n. m. Soubresauts que fait le rouleau d'un lithographe quand il est manié par un débutant. — Action de donner une couleur, un ton d'ancienneté à une gravure, une peinture, etc.

Patrice, Patrix n. m. Nom primitif du poinçon.

Patron n. m. Feuille de papier, de carton ou de parchemin découpé dont se servent les coloristes.

Pédale photo. Machine ingénieuse et pratique créée par M. Voirin pour l'impression des planches phototypiques.

Perchlorate de fer. (V. Gravure par report.)

Perchlorure de fer. Sert à la morsure des plaques dans les procédés dits *à la cendre* et *à la gélatine*.

Perforateur Napoli. Appareil employé pour le décalque au piqué.

Perspective n. f. Branche de la géométrie appliquée, qui consiste à représenter sur une surface donnée, appelée *tableau*, les corps supposés placés au-delà, et tels qu'ils seraient vus si la surface donnée était transparente.

Perspective axonométrique. Mode de perspective rapide rapportée à trois axes obliques.

Perspective cavalière n. f. Mode de perspective rapide, dans laquelle les fuyantes, qui vont concourir au point de vue, sont remplacées par des droites parallèles.

Pétalisme n. m. Une des formes de l'ostracisme. Ce nom vient de *petala*, feuilles d'olivier sur lesquelles les colonies grecques de Sicile écrivaient le nom du citoyen qu'elles voulaient bannir.

Petit-Buisson. Fusain dur employé pour accentuer les traits de force d'un dessin.

Phonétique (*Signe*) n. m. Tout signe graphique figurant non des idées, mais des sons. Les signes de notre alphabet sont des signes phonétiques. Quelquefois, ces signes sont composés de plusieurs lettres ; telles sont les diphthongues, les sons *au*, *eau*, etc.

Phonoscribe n. m. Nom donné au sténographe qui transcrit ce qu'il perçoit par téléphone.

Photochimigraphie n. f. Ce procédé n'est autre que l'application combinée de la photographie et des divers modes de gravure chimique. On peut obtenir, par ce moyen, tous les genres de gravures, selon l'application des multiples procédés de la photochimigraphie.

Photochromie n. f. Impression en plusieurs couleurs ou fixation de celles-ci, par des procédés spéciaux, d'après des clichés obtenus par la photographie.

Photochromotypie n. f. Nom donné à l'ensemble des procédés qui permettent d'obtenir les clichés nécessaires pour tirer typographiquement des épreuves en plusieurs couleurs. Ces clichés sont au nombre de trois et suffisent à donner toutes les nuances voulues par la superposition des couleurs fondamentales : rouge, jaune et bleu.

Photochromotypographie n. f. Syn. de *photochromotypi*, mais ce nom s'applique surtout au procédé d'impression consistant à employer autant de clichés qu'il y a de couleurs dans le dessin à reproduire.

Photocollographie. (V. Phototypie.)

Photogalvanographie n. f. Procédé de gravure chimique en relief d'après un cliché fourni par la photographie.

Photoglyptie n. f. Procédé d'impression inventé par M. Woodbury, et qui consiste à obtenir, à l'aide de matrices en creux, des images ayant l'apparence de la photographie colorée. Ces matrices sont fournies par le moulage d'un cliché photographique en gélatine, mais en relief, sur une plaque de plomb bien plane. Le cliché de gélatine est placé sous la plaque de plomb et le tout soumis à l'action d'une presse hydraulique. Lors de l'impression, qui se fait avec une encre gélatineuse colorée et diluée dans l'eau, les parties les plus saillantes de la matrice donnent les couleurs accentuées ; les dépressions plus ou moins sensibles les diverses nuances de la coloration ; quant aux creux plus profonds, qui ne reçoivent pas d'encre, ils produisent les blancs de l'image. La photoglyptie n'est donc, en réalité, qu'un moyen mécanique d'obtenir des gravures semblables à celles du procédé dit *au charbon*. Les épreuves photoglyptiques se paient de 30 à 60 fr. les 100 ex. sur format variant de 0m 12 sur 0m 19 à 0m 28 sur 0m 38; pour 500 ex., de 90 à 225 fr.; et, pour 1,000 ex., de 150 à 400 francs.

Photograveurs n. m. Nom donné à ceux qui pratiquent la photogravure ou les procédés qui en dérivent.

Photogravure n. f. Héliogravure en relief.

Photolithographie n. f. Procédé de gravure chimique sur zinc, qui se tire comme la lithographie. Prix des tirages : planches de 9 sur 10 cent. carrés, pour une seule épreuve : 7 fr. ; 13 $\times$ 18, 10 fr. ; 18 $\times$ 24, 12 fr. ; 21 $\times$ 27, 16 fr. ; 24 $\times$ 30, 20 fr. ; 30 $\times$ 40, 25 fr. ; 40 $\times$ 50, 30 fr.

Photomécaniques (Procédés). Nom des procédés dérivant de la photographie et qui sont imprimés mécaniquement.

Photophane n. m. Procédé de photographie sur plaque de verre ou métallique, qui permet l'impression par les moyens typographiques habituels. On donne également le nom d'*impression photophane* à une variété de photolithographie.

Photoplastographie. (V. Photoglyptie.)

Phototextilotypie n. f. Un des noms de la collotypie inventée par le professeur Husnik, de Prague.

Phototypie n. f. Procédé d'impression à l'encre grasse avec l'aide de la gélatine bichromatée et insolée. On se sert, comme support de la gélatine, soit d'une glace, soit d'une pierre lithographique, et l'on tire de préférence sur une presse cylindrique, ce qui permet de garder le dessin plus longtemps. Les impressions ainsi obtenues ont une grande ressemblance avec les épreuves directes obtenues par la photographie. On peut reporter sur pierre ou sur bois pour graver ensuite au burin. Le prix des épreuves phototypiques est très variable; il est toutefois sensiblement inférieur à celui de la photolithographie. — Voici la nomenclature des produits nécessaires à la production des planches phototypiques; ils sont au nombre de 35 : alcool, acides sulfurique, tanique, azotique, chlorhydrique, acétique, salicilique, phénique, alcool méthilique, aluns d'ammoniaque et de chrome, ammoniaque liquide, albumine sèche, bichromates d'ammoniaque et de potasse, bicarbonate de soude, benzine très faible, borax, carbonate d'ammoniaque, chlorures de calcium et de zinc, colle de poisson, encres à report et lithographiques de couleurs assorties, essence de térébenthine et de pétrole, fiel de bœuf conservé dans l'acide phénique, gélatines assorties, glycérine, gomme-laque blanche pour vernis, gomme arabique en morceaux, noir ou encre lithographique extra-fine, parafine, talc, vernis lithographiques forts et moyens. Ces matières sont à peu près les mêmes que celles en usage pour la production des divers procédés.

Phototypiques (Procédés). Parmi les procédés phototypiques les plus employés, signalons ceux de MM. Geymet, sur plaque de cuivre; Poitevin, au perchlorure de fer; Léon Vidal; Albert de Munich; Ernest Edwards; Obernetter; Borlinetto; Richard Jacobsen, dans lequel la presse est inutile; Jocobi; Husnik; Despaquis; Murray; Gemoser, devenu par perfectionnement le procédé Voigt.

Phototypographie n. f. Art d'imprimer les gravures en relief obtenues avec l'aide de la photographie. Les planches obtenues par ce mode d'impression.

Phototypogravure n. f. Gravure en relief exécutée avec le concours de la photographie et des agents chimiques. Ce genre de gravure se paie au centimètre carré, à raison de 0 fr. 08 à 0 fr. 10 le cent. Les clichés au-dessous de 75 cent. valent de 5 fr. 50 à 6 fr. 50. Si on emploie le zinc à la place du cuivre, les prix peuvent subir une diminution de 15 à 20 %.

Phototyponature n. f. Procédé de gravure qui conserve à la planche l'aspect général des modèles reproduits. Les fac-similés des vieilles estampes sont des phototyponatures.

Photozincographie n. f. Photogravure sur zinc; gillotage.

Physionotrace n. m. Nom donné à une des nombreuses variétés de machines à graver et à dessiner.

Phytochromotypie n. f. Sorte d'estampage de plantes, de fleurs, etc., obtenu en mettant des couleurs humides sur les objets que l'on veut estamper.

Picotements. Les picotements représentent des accidents voulus de terrain qui s'obtiennent par les divers procédés usités en gravure.

Pièce n. f. Le morceau destiné à remplacer la partie manquée d'une œuvre gravée.

Pied du spectateur n. m. En perspective, pied de la perpendiculaire abaissée, de l'œil du spectateur, sur le plan du terrain supposé horizontal.

Pierre lithographique. Calcaire composé de 95 % environ de carbonate de chaux, et, pour le reste, d'alumine, d'oxyde de fer et de silice. Les carrières de pierres lithographiques sont rares, on en exploite actuellement en Algérie et dans l'Hérault qui peuvent, paraît-il, rivaliser avec celles de Munich jusqu'ici réputées les meilleures.

Pierre ponce n. f. Pierre volcanique spongieuse, employée à l'effaçage des gravures ou dessins tracés sur les pierres lithographiques.

Pierres lithographiques artificielles. Ces pierres se fabriquent avec du ciment : on les met préalablement au four jusqu'à ce qu'elles se fendillent dans tous les sens. On les pulvérise ensuite et on les mélange avec du ciment frais. Puis on soumet, à l'état sec, à une pression de 35 atmosphères ; après quoi on arrose avec de l'eau contenant de la poudre de ciment extrêmement fine, celle-ci pénètre dans la masse et lui donne la cohésion et la dureté exigées.

Pinceau pneumatique. Machine d'invention allemande à l'usage des lithographes, et qui permet à ceux-ci de dessiner indistinctement sur pierre ou sur papier. Cet appareil, très compliqué, et qui nécessite le concours simultané du pied, pour faire agir une pédale, et de la main pour diriger le pinceau sur la pierre, ne paraît pas avoir donné depuis 1884, date de son invention, de très heureux résultats.

Piquage n. m. Opération qui consiste à piquer à l'aide d'une pointe, sur un support en papier, l'épreuve qui doit être transportée sur pierre. Cette épreuve, en effet, ne se colle pas et n'adhère au support que par les *rentrures*

que fait la pointe quand l'ouvrier l'enfonce dans la feuille placée à cet effet sur un ais de bois tendre.

Pile n. f. Nom ancien du poinçon servant à frapper le revers d'une pièce. Aujourd'hui le revers lui-même. Tire son nom de ce qu'autrefois les monnaies royales représentaient au droit une croix, et, au revers, des piliers.

Planage n. m. Dressage, mise d'aplomb des plaques de cuivre destinées à être gravées.

Planche n. f. On appelle vulgairement ainsi toute composition sur pierre, zinc ou cuivre, voire même les formes typographiques de composition.

Planche à claire voie. Sorte de passe-partout gravé en taille-douce, au centre duquel on place une inscription ou des motifs divers.

Planche de contours. On appelle ainsi le dessin au trait et transporté sur pierre de la maquette d'un dessin destiné à être reproduit en chromolithographie. Cette planche sert de base pour la reproduction des autres parties du dessin constituant autant de planches qu'il y a de couleurs à reproduire.

Planches en paravent. Se dit des dessins, gravures, cartes, etc., qui ne peuvent tenir en largeur dans un livre et que l'on est obligé de plier en forme de paravent ou d'atlas.

Planeur n. m. Celui qui polit les plaques de cuivre ou d'acier destinées à la gravure.

Platinotypie n. f. Procédé

photographique à l'aide duquel on obtient des épreuves inaltérables au moyen des sels de platine.

Plume n. f. Petit appareil en métal dont on se sert pour écrire. — Les anciens utilisaient le calame ou calamus, roseau du Nil, tout à la fois souple et résistant. Plus tard, on se servit de plumes d'aigle et de plumes d'oie ; la vogue de ces dernières dura jusqu'en 1803, époque à laquelle les Anglais fabriquèrent les premières plumes d'acier, mais ce n'est qu'en 1820 que Gillot inventa les plumes d'acier dont on se sert actuellement.

Plume électrique. Appareil à reproduire et à multiplier l'écriture ou les dessins, imaginé par l'Américain Edison. Cette plume porte dissimulée, suivant son axe, une aiguille très fine qu'un électro-aimant anime d'un mouvement oscillatoire très rapide, de sorte que, sous les traits tracés, le papier est perforé d'une infinité de petits trous, qui se trouvent régulièrement espacés, si, toutefois, l'on a soin d'écrire avec une vitesse uniforme.

On obtient des reproductions en plaçant, sous ce cliché, un papier perforé, convenablement tendu sur un cadre, une série de feuilles de papier blanc et en passant à chaque fois sur le cliché un rouleau imbibé d'encre d'imprimerie, laquelle passe à travers les trous. On peut obtenir ainsi 400 à 500 exemplaires au moins.

Plume horographique n. f. Modification de la plume électrique d'Edison, due à l'Anglais Wilson. Celui-ci a imaginé de remplacer la plume électrique par une plume semblable dont l'aiguille est mise en mouvement par un rouage d'horlogerie placé à la partie supérieure du porte-plume ; il a donné à cet appareil le nom de plume horographique. On obtient avec elle des résultats semblables à ceux que donne la plume Edison.

Plumiste n. f. Nom donné aux écrivains lithographes.

Poignée n. f. Manche en bois dans lequel est fixée la pierre fine que l'on va graver.

Poignées. (V. Tenons.)

Poinçon n. m. On croit généralement que le poinçon est fait d'une seule pièce et que l'intérieur en est fouillé à l'aide du burin. C'est une erreur : la taille du poinçon et celle du contre-poinçon constituant deux opérations distinctes. Le poinçon donne la figure même de la lettre, le contre-poinçon les détails intérieurs. On commence par graver le contre-poinçon, que la trempe prépare à agir sur le poinçon, dans lequel on l'enfonce à coups de marteau. L'empreinte ainsi obtenue détermine la profondeur de l'œil, laquelle augmente selon la grosseur de la lettre, que l'on dégage ensuite, à l'aide de petites limes, de l'acier qui l'entoure. Il n'est pas nécessaire de faire un contre-poinçon pour chaque lettre, le même pouvant servir à celles dont les lignes sont identiques comme les b, p, d, q, m, n, u. Le poinçon, terminé, est ensuite renversé sur un bloc de cuivre préparé qui, après la frappe, prend le nom de *matrice*.

Pointe fine. Sorte de petit burin utilisé pour la gravure des traits très fins.

Pointe sèche n. f. Gravure sur cuivre d'une grande finesse, qui s'opère avec un outil appelé pointe sèche. La planche, le dessin gravé ainsi.

Poirier n. m. Les premiers graveurs sur bois exécutaient leurs compositions sur des blocs en poirier.

Pointe à graver. Petit burin ayant la forme d'une pointe.

Points de distance n. m. En perspective, tracé vertical, sur le tableau, des droites dont les projections horizontales font avec la ligne de terre des angles de 45°.

Point de vue n. m. En perspective, pied de la perpendiculaire abaissée, de l'œil du spectateur, sur le tableau.

Polissage du cuivre. Cette opération primordiale se fait, avant de confier la plaque au graveur, avec du grès très fin, de la pierre ponce, de la poudre d'ardoise, le grattoir, et, finalement, avec du charbon de saule.

Polygraphe n. m. Appareil importé d'Angleterre en France, en 1805, par M. Rochette, et avec lequel on reproduit fidèlement l'écriture.

Ponçage n. m. Action de passer une pierre ponce sur une pierre lithographique, après avoir abreuvé celle-ci, pour en effacer l'écriture ou la gravure. Quand il s'agit de corrections, on ponce quelquefois à sec.

Porte-Crayon n. m. Manche, généralement en métal, dans lequel se met un crayon ou un morceau de minerai. On dit aussi *porte-mine*.

Porte-Plume n. m. Manche en bois ou en métal dans lequel on glisse une plume métallique.

Porte-Pointes n. m. Manche en bois dans lequel on peut placer à volonté des pointes à graver de diverses grosseurs.

Poupée n. f. Nom donné au tampon dont les imprimeurs en taille-douce se servent pour encrer les planches réclamant plusieurs couleurs.

Préparation n. f. Avant d'être livrées à l'écrivain ou au graveur, les pierres lithographiques subissent une série d'opérations qui prennent le nom de *préparation*. Il en est de même de la pierre sur laquelle le lithographe a écrit ou dessiné : avant d'encrer, on la *prépare* en la lavant avec de l'acide nitrique dilué, qui attaque légèrement le calcaire non protégé par l'encre grasse. Cette lotion avive la surface de la pierre, la dépolit et la dispose à mieux retenir l'humidité sur les points où il doit en être ainsi.

Préparation des plaques de zinc. La préparation des plaques de zinc diffère de celle usitée pour la pierre. A cet effet on utilise : 1° La décoction de noix de galle à 100 pour 100 d'eau, réduite de moitié par l'ébullition et filtrée, avec 1 à 2 grammes d'acide phosphorique sirupeux ; 2° Eau de pluie, 100 parties ; acide azotique, 6 ; solution de noix de galle, 30 ; gomme arabique 35.

Presse en taille-douce. Ces presses ressemblent quelque peu aux presses à bras lithographiques. On s'en sert pour tirer les gravures au burin, les photogravures et autres dessins gravés en creux.

Presse Ragueneau. Presse lithographique à laquelle l'inventeur a donné son nom ; elle est employée pour les impressions sur zinc.

Procédé n. m. On donne ce nom à l'ensemble des différents modes de gravures chimiques ou photographiques en usage aujourd'hui.

Protographie n. f. Écriture primitive : elle se composait tout à la fois de signes et de lettres.

Prototypographique adj. Qui est antérieur à l'invention de l'imprimerie. Les gravures, les manuscrits imprimés avant 1450 sont dits *prototypographiques*.

Pyrogravure n. f. Syn. de gravure au feu.

Q

Quadrillé. (V. Trames.)

Queue de morue. Brosse large, pourvue d'un manche, que l'on utilise à étendre le vernis sur l'envers et les côtés des plaques à graver que l'on va mettre au bain. Le vernis a naturellement pour fonction de protéger le cuivre dans les parties qu'il recouvre. Les clicheurs se servent aussi de la queue de morue pour la préparation des flans.

Quipos n. m. Nœuds faits sur une cordelette par les anciens Péruviens pour exprimer les idées, avant la mise en pratique de l'écriture. Les quipos servaient de registres publics et remplaçaient les *Acta diurna* en usage chez les Romains.

Quipo-Camayos n. m. Lecteur, traducteur de quipos.

Quipographie n. f. Science des quipos.

R

Raccord n. m. Le raccord est la réunion des diverses parties d'un bois gravé par différents artistes ; il se fait à l'aide de vis et de tringles de longueur variable, et la jonction est si parfaite qu'il est imposssible de l'apercevoir après l'opération du tirage.

Racloir n. m. Grattoir des graveurs à la manière noire et sur bois.

Raphigraphe, **Raphiographe** n. m. Clavier à aiguilles servant à tracer les caractères de l'alphabet en relief à l'usage des aveugles.

Raphigraphie, **Raphiographie** n. f. Système d'écriture en relief à l'usage des aveugles.

Rapid n. m. Nom donné à un produit qui permet d'effacer chimiquement les dessins des pierres lithographiques en dissolvant les corps gras. On évite donc, par ce moyen, les lenteurs du ponçage, l'effaçage par le *rapid* se faisant en quelques minutes seulement. La maison Lorilleux a acheté une licence du brevet pris par les inventeurs.

Râteau n m. La partie de la presse lithographique à bras, qui s'abaisse sur la pierre, et à laquelle une pédale donne la pression nécessaire à l'impression.

Réaciérage n. m. Remise au bain pour obtenir une nouvelle couche de fer après le désaciérage.

Rebriche, Rebrique n. f. Morceau de parchemin contenant la moitié d'un écrit quelconque, que l'on coupait par le milieu en forme de dentelure. C'était une sorte de coupon dont chaque partie intéressée prenait une moitié, que l'on rapprochait en cas de contestation ou d'inexécution du contrat stipulé.

Recoupe. (V. Coupe.)

Recreuser. (V. Creuser.)

Refuser v. Expression qui sert à indiquer l'impossibilité de bien faire venir une gravure à l'impression.

Regiflage v. Terme de métier qui, dans l'impression en taille-douce, a le sens de papillotage.

Règle à diviser. Appareil à l'usage des dessinateurs lithographes, avec lequel ils tracent, à la pointe ou au diamant, les grisés, les quadrillés, etc.

Remonter la composition. Expression lithographique qui signifie donner de l'œil, du ton à un dessin qui *vient* pâle.

Remordre v. Faire mordre de nouveau.

Rentrer v. Dans la lithographie au crayon, c'est passer plusieurs fois ce dernier sur les parties fortes, car une première couche de crayon est insuffisante pour fixer un dessin sur la pierre.

Repérage à l'aiguille. Mode de repérage usité en lithographie pour obtenir sur la presse à bras des épreuves d'une composition polychrome.

Repiquage n. m. Quand une planche gravée ne donne plus que des épreuves floues, par suite de l'usure de la plaque, on la nettoie convenablement, et, après lui avoir fait subir les opérations de préservation nécessaires, on la remet au bain pour en recreuser les tailles; après quoi l'on peut continuer le tirage.

Report de la dentelle. Ce report se fait avec la dentelle elle-même; c'est ce qui explique la finesse et la parfaite ressemblance de l'original et du dessin. Pour cela, la pierre doit être grenée à demi-grain, passée une première fois à la ponce demi-fine, et une deuxième à la ponce pilée et tamisée. On fait ensuite *table au noir* et l'on étend sur la pierre la dentelle, que l'on imbibe d'une solution composée d'un demi-décilitre d'eau et d'un demi-centilitre environ d'acide tartrique à 45°. On place ensuite la dentelle sur la pierre et l'on passe une dizaine de fois sous le râteau. Il n'y a plus qu'à enlever le noir, à développer le dessin avec de l'encre de report et à gommer. On obtient après cela, si l'on désire tirer en relief, autant de clichés photographiques que l'on veut, lesquels fourniront à leur tour des zincs ou des galvano.

Reports sur zinc. Voici la série des opérations indispensables pour obtenir un bon report sur zinc : 1° décalquage; 2° nettoyage de la planche, essuyage et séchage par frottement; 3° gommage, essuyage et séchage ; 4° dégommage et encrage ; 5° préparation acide ; 6° rinçage et essuyage ; 7° gommage, essuyage et séchage ; 8° dégommage, enlevage a l'essence de térébenthine, encrage et tirage. Si le report a des tendances à filer, talquer ferme après le premier encrage.

Reprise n. f. Retouche, raccord, correction ayant pour but de changer l'aspect d'une planche gravée.

Reproduction de l'écriture. Une feuille non collée est successivement enduite de colle de pâte, de gomme arabique et de deux couches de peinture à l'huile. On écrit ou l'on dessine d'après les procédés lithographiques ordinaires sur le papier ainsi préparé ; après l'avoir laissé sécher, on l'étale sur une glace enduite de vernis à l'huile de lin ; on passe à plusieurs reprises sur le verso une éponge humide ; enfin, on détache la feuille de papier et on l'enlève. La glace est alors prête et peut servir à tirer, à peu de frais, de nombreux exemplaires de la circulaire ou du dessin ainsi décalqué.

Réserve n. f. Nom donné, dans le procédé, à l'encre ou au vernis dont on couvre certaines parties des plaques pour les protéger contre la morsure des acides.

Résine de copal. C'est d'elle dont on se sert en héliogravure et en photogravure pour l'obtention du nuage résineux qui doit donner le grain.

Restitutions n. f. On appelle ainsi les mots en italiques ou en romain bas de casse que l'on ajoute aux inscriptions épigraphiques pour les compléter lorsqu'elles ont été détériorées.

Retombée (La). En lithographie, cette expression est synonyme de repérage, en ce qui concerne le piquage des reports.

Retouche n. f. Restauration des tailles, des ombres, etc., d'une gravure, d'un galvano, etc.

Retroussage n. m. Mode d'impression des gravures à l'eau-forte, grâce auquel on obtient des teintes veloutées du plus harmonieux effet.

Revernissage n. m. Le revernissage a lieu quand on veut ajouter des détails à une planche nécessitant une remise au bain.

Rifloir n. m. Outil de graveur en médailles ayant quelque ressemblance avec une lime.

Rouleaux de gélatine. Le tirage des gravures photoglyptiques se fait indistinctement avec des rouleaux de gélatine ou des rouleaux de cuir semblables à ceux des lithographes. On se sert de ces derniers quand on tire à la presse à bras, mais sur les machines cylindriques, la gélatine est seule employée.

Rouleaux mouilleurs. Dans les presses lithographiques à bras, la pierre se mouille à la main à l'aide d'une éponge. Dans les machines, cette opération, qui se faisait autrefois à la main, s'opère aujourd'hui à l'aide de rouleaux en flanelle appelés *mouilleurs*.

Roulettes n. f. Sorte de molettes que l'on passe sur les plaques enduites de vernis pour y faire des stries ou du pointillé avant la mise au bain des planches à graver.

Runique n. m. et adj. Procédé graphique dont faisaient usage les Runes, anciens peuples du nord de l'Europe. L'écriture même de ces peuples.

S

Sandaraque n. f. Résine extraite, par exsudation, d'une espèce de thuya qui croît en Afrique. Elle est employée en lithographie et en photographie.

Sanguine n. f. Sulfate de fer mélangé d'argile; elle sert aux écrivains lithographes à teinter les pierres, ce qui leur permet de mieux apercevoir les traits de leurs dessins dans l'opération de la gravure.

Sanscrit n. m. et adj. Caractère à l'usage des Indous.

Sauce n. f. Crayon noir, très friable, employé par les dessinateurs.

Schéma, Schème n. m. Dessin figurant, par des traits, les parties essentielles d'un organe, d'un appareil (ensemble d'organes), d'un mécanisme pour en montrer les rapports réciproques.

Scribes, Scripteurs n. m. Nom donné anciennement aux écrivains de profession.

Scriptorium. Moines copistes, avant l'invention de l'imprimerie.

Séchiste n. m. Graveur à la pointe sèche.

Seiche (Poussière de). Sert aux lithographes pour poudrer les pierres.

Sématotechnie n. f. Système de signes imaginés par le Dr Boissière pour servir d'alphabet international.

Sidérographie n. f. L'art de graver sur acier ou sur fer.

Sigle n. m. Nom par lequel on désigne les lettres initiales employées comme signes abréviatifs sur les monuments, les médailles et dans les manuscrits anciens. Ce mot viendrait de l'expression *singulæ litteræ*, par laquelle Cicéron désigne ce genre d'abréviation. Il y a deux sortes de sigles : les *simples*, qui désignent chaque mot par son initiale : D. M. S : *Dis manibus sacrum*, et les *composés*, qui, après chaque initiale, donnent une ou plusieurs lettres du mot qu'elles représentent : C S pour *Consul*; CSS pour *Consulibus*; J C pour *Jurisconsulte*; CL pour *Conlibertus*; Ͻl pour *Conliberta*.

Les sigles les plus employés sont : A. Absolvo. — A. A. A. Auro, argento, ære. — A M. Amicus. — A. V. C. Annio Urbis conditæ. — COS Consulibus. — C. VIR. Centumvir. — C. C. V. V. Clarisissimi viri. — D. Dies ou divus, ou decreto — D. M. Dis manibus. – D. M. S. Dis manibus sacrum. D. S. P. De sua pecunia. — F. Fastus. — FL. Flavius ou Flavia. — FS. Fratres. — G. D. N. Genio Domini nostri. — I. N. R. I. Iesus Nazarenus, Rex Judæorum. - I. O. M. Jovi Optimo Maximo. — K. Kalendis. — L. Libertus ou liberta. — M. P. Motu proprio. — N. P. Nobilissimus puer. — P. M. Pontifex Maximus. — Q.

D. E. R. F. P. Quod de ea re fieri placuit. — S. Sacrum. — S. C. Senatus consultum. — S. P. Q. R. Senatus populusque Romanus. — S. T. T. L. Sit tibi terra levis. — V. F. Vivus fecit. — V. S. L. Votum solvit libens.

Similigravure n. f. On comprend sous ce nom la photogravure et l'autotypie, qui ne sont autres que l'héliogravure en relief. La similigravure s'obtient donc par les moyens chimiques, soit directement, soit d'après photographie. Dans une similigravure bien faite, le relief est inappréciable au toucher et les planches se tirent avec de l'encre typographique ordinaire, distribuée en très petite quantité. Nous devons à l'obligeance de MM. Montbaron, Wolfrath et Cie, de Neuchâtel (Suisse), les deux clichés que nous donnons ci-contre et qui ont été obtenus par les procédés américains.

Sinographie n. f. La sinographie, que l'on doit à M. Magne, est le complément de l'*isographie*. Elle permet, en effet, d'exécuter toute composition par l'emploi d'une encre et d'un crayon spéciaux qui ont la propriété de se recouvrir d'encre d'imprimerie après avoir subi l'action du bain isographique. Le report se fait ensuite dans les conditions ordinaires, sur pierre ou sur zinc, selon que l'on veut tirer lithographiquement ou typographiquement. (V. Bain synographique.)

Sortie n. f. Méthode qui consiste à terminer les tailles en traits déliés, dans la gravure au burin.

Sourimonos n. m. Petits des-

sins tirés en nombre restreint, que les artistes japonais donnaient, au commencement de ce siècle, aux membres des sociétés de buveurs de thé, à l'occasion de certaines fêtes.

Stannotypie n. f. Genre peu usité d'impression photographique sur plaque d'étain.

Sténographie n. f. Art d'écrire, à l'aide de signes conventionnels, avec la rapidité de la parole.

Stigmatographie n. f. Art d'écrire avec des points.

Style, Stylet n. m. Poinçon à l'aide duquel les anciens écrivaient sur des tablettes de cire ou de toute autre matière.

Styrographie n. f. Procédé à peu près semblable à la glyphographie, mais au lieu de se servir de vernis, on emploie une sorte de pâte composée de copal, de noir de Francfort, de stéarine et de gomme-gutte. Coulée dans un moule, cette pâte est polie par la pression; on répand ensuite à la surface une poudre d'argent que l'on étend au blaireau, et l'on grave le dessin à la pointe triangulaire. Plombaginée et mise au bain, cette planche, qui tient lieu de moule, donne un cliché en relief.

Support à vis calantes. Appareil qui sert à couler sur les plaques de métal la couche sensible. Il se place au-dessus de l'étuve pour rester toujours à la température voulue.

Synographie n. f. Procédé qui consiste à utiliser pour l'impression une planche, un texte déjà imprimé; on emploie pour cela un acide particulier qui s'infiltre dans le papier en laissant secs les traits du dessin; on fixe ensuite la feuille ainsi préparée sur un support de verre et l'on encre au rouleau, comme on le fait pour la phototypie. On obtient ainsi des fac-similés très curieux si l'opération a été bien menée.

T

Table au noir (Faire). Et non *tableau noir*, comme disent certains auteurs. C'est couvrir d'encre une composition lithographique, par allusion à la table sur laquelle l'*écureuil* distribue et prend l'encre d'impression, et qui s'appelle *table au noir*.

Tableau. (V. Perspective.)

Tachéographie, Tachigraphie n. f. Un des anciens noms de la sténographie.

Tachygraphe n. m. Copiste qui se servait de l'écriture cursive ou d'abréviations.

Taille n. f. Incision faite dans le bois ou le métal à l'aide du burin.

Taille-doucier n. m. Graveur sur cuivre.

Tailles perdues. Celles qui, étant trop basses, ne peuvent être atteintes par l'encrage.

Tailles superposées. Celles qui en coupent d'autres, soit obliquement, soit directement. Elles ont pour objet de constituer un pointillé destiné à donner les clairs et les demi-teintes d'une gravure.

Talbot-Klic n. m. Nom donné, en Angleterre, à un procédé de photogravure en creux, aujourd'hui très répandu. Ce qui le distingue des autres procédés, c'est que les blancs de la gravure sont produits par les surfaces brillantes de la plaque de cuivre, lesquelles ont été protégées contre les morsures de l'acide.

Talik n. m. Écriture à l'usage des Persans.

Tapette n. f. Tampon de coton que l'on emploie à étendre le vernis sur les plaques à graver.

Teintage n. m. En lithographie, le teintage sert à permettre au graveur de suivre sur la pierre la marche de son burin, ce qu'il ferait moins facilement si la pierre gardait sa couleur naturelle. On teinte généralement à la sanguine, que l'on gratte sur la pierre pour l'étendre ensuite avec le doigt.

Teintes dégradées. Procédé de lavis consistant à obtenir les ombres par des teintes dont l'intensité va en diminuant progressivement. Ce résultat s'obtient en partageant la surface à ombrer en plusieurs parties, sur lesquelles on applique en nombre différent des couches de couleur ou d'encre de Chine. On teinte d'une couche claire uniforme toutes les parties à ombrer; d'une deuxième couche toutes les parties, moins celle qui doit rester la plus claire, et ainsi de suite, en négligeant chaque fois une partie, jusqu'à celle qui doit être la plus sombre, et que l'on teinte du plus grand nombre de couches.

Teintes fondues. Celles qui, par des procédés divers, tels que le lavis, par exemple, s'unissent si étroitement aux couleurs d'un tableau qu'on les dirait fondues avec celles-ci.

Teinte plate n. f. Procédé de lavis dans lequel la couleur est uniformément répartie sur la surface teintée. On appelle aussi teintes plates celles qui ne sont formées par aucune grisaille, quadrillé ou pointillé.

Télautographe n. m. Instrument servant à reproduire à distance l'écriture d'une personne, comme le téléphone en reproduit la voix.

Témoins n. m. Le foulage que laisse autour du dessin l'impression d'une gravure en taille-douce. Ce foulage est produit par la pression considérable du rateau ou des cylindres sur la plaque de cuivre.

Tenons n. m. Nom donné aux poignées en cuir dans lesquelles tournent les tourillons en bois des rouleaux à deux mains des imprimeurs lithographes.

Tépocomie n. f. Manière d'écrire de haut en bas.

Térébenthine (Essence de). Un des dissolvants du bitume de Judée. Les lithographes s'en servent pour nettoyer les pierres, et les typographes pour laver les formes. La térébenthine est un produit résineux, exsudé par le *pistacia terebinthus*.

Tissiérographie n. f. Cette invention à laquelle M. Tissier, alors commandant, a donné son nom, consiste à décalquer un dessin sur pierre et à faire mordre par un acide les parties non protégées par l'encre, afin d'obtenir une gravure en relief.

Topo n. m. Abréviation de topographie. Nom donné aux croquis ou aux dessins topographiques exécutés à main levée.

Topogravure n. f. Procédé de gravure chimique, après insolation directe d'une image sur une couche de bitume de Judée. La topogravure ne diffère de l'héliogravure qu'en ce que les tailles en sont moins profondes, ce qui permet d'encrer au rouleau et de tirer sur la presse lithographique par les moyens habituels.

Tortillon n. m. Nom donné par les dessinateurs à une sorte d'estompe en papier fort, qu'ils fabriquaient eux-mêmes, et dont ils se servaient pour ombrer.

Tortillonner v. Se servir du tortillon à la manière d'une estompe.

Tour n. f. Appareil servant à prendre les positifs destinés à la reproduction de gravures héliographiques.

Touret n. m. Petit tour à l'usage des graveurs en pierres fines.

Tournette n. f. Appareil employé dans les divers procédés pour égaliser la couche de bitume de Judée ou la résine sur les plaques de cuivre. La tournette se monte horizontalement et revêt des formes variables.

Trait n. m. Contour gravé, hachures.

Trait de force n. m. Trait plus fort que les autres, par lequel on remplace les ombres, dans le dessin géométral, en marquant les arêtes qui séparent les faces éclairées de celles qui sont dans l'ombre.

Trait ressenti. (V. Trait de force.)

Trames n. f. Sorte de réseau quadrillé qui se place derrière le négatif, avant l'insolation, pour obtenir le grain indispensable à l'impression des clichés phototypographiques comportant des demi-teintes. Ce grain a en outre l'avantage d'unir les diverses parties du dessin en leur donnant le fondu sans lequel elles seraient incompréhensibles. Les trames se gravent sur plaques de verre et comportent de 70 à 80 lignes au centimètre.

Transparent n. m. Bande de papier ou d'étoffe que les graveurs sur cuivre se mettent devant les yeux pour adoucir l'éclat des tailles.

Transport n. m. Syn. de report.

Transport cassé. Celui dont l'original s'est déchiré ou froissé.

Transport galeux, baveux, bavocheux. Le transport galeux est celui qui ne prend pas l'encre d'une manière uniforme et présente des aspérités et des lacunes. Le transport baveux ou bavocheux s'écrase, s'étale à la pression.

Transporteur n. m. Ouvrier chargé de transporter sur pierre ou sur zinc une composition typographique quelconque. Dans les maisons importantes il y a un ou plusieurs transporteurs exclusivement chargés de ces délicates fonctions.

Tringlage n. m. Opération qui consiste à réunir, à l'aide de tringles et d'écrous, les diverses parties d'un bois de grandes dimensions, gravé par plusieurs artistes.

Trousseau n. m. Nom du coin de revers, quand on frappait les monnaies au marteau.

Trusquin n. m. Outil de graveur sur bois ; il sert surtout au repérage des traits.

Trypographe. Appareil reproducteur de l'écriture, imaginé en 1879, par M. Zucato. Dans cet appareil, on pose le papier destiné à recevoir l'écriture originale sur une plaque métallique taillée dans le genre d'une lime, de façon à présenter une infinité de petits points saillants très rapprochés. On écrit avec un style dur et en appuyant fortement, ce qui donne un papier perforé pouvant laisser passer une encre noire grasse, qui reproduit l'écriture sur une feuille de papier blanc posée en dessous.

Typiste n. m. Nom donné en Amérique aux personnes qui travaillent à la machine à écrire ; en France, on les appelle *dactylographes*.

Typofacteur n. m. Machine à frapper, ou plutôt *à fouler* les caractères en bois.

Typogravure. (V. Photogravure.)

Typophotographie. (V. Phototypographie.)

Typophotogravure. (V. Phototypogravure.)

V

Vaporeuse adj. Se dit d'une gravure, d'un dessin, d'une peinture donnant la sensation d'une buée qui se volatilise.

Variographe n. m. Produit résineux employé en lithographie et en zincographie.

Veines terreuses ou **herborisées.** Veines que l'on remarque dans certaines pierres lithographiques et qui proviennent d'infiltrations. On est obligé, pour utiliser les pierres ainsi affectées, de les poncer ou de les grener jusqu'à disparition complète des veines.

Vermicelles n. m. Petits trous que l'on rencontre quelquefois dans les pierres lithographiques et qui renferment du carbonate de chaux insuffisamment solidifié.

Vernis à l'alcool. Est employé pour les petites retouches à faire aux planches gravées.

Vernis à polir. Dans la chromolithographie sur tôle, quand les plaques sont sorties de l'étuve, on les laisse se *refaire*, pendant quelques heures, à la température de l'atelier, après quoi on les passe au vernis à polir, à l'aide d'un blaireau. Ce vernis a pour objet d'atténuer la force du tirage, mais il faut pour cela l'additionner préalablement de 25 parties d'essence de térébenthine.

Vernis à revernir. Ce vernis, plus siccatif que le précédent, est surtout employé l'hiver.

Vernis coupé. (V. Vernis à polir.)

Vernis lithographiques. Ces vernis sont produits par la cuisson de l'huile de lin dans des conditions et à un degré déterminés. Les vernis du commerce sont des dissolutions résineuses obtenues dans des essences, des huiles grasses ou de l'alcool.

Vernis or. Ce vernis, dans l'impression chromolithographique sur tôle, remplace avec avantage le bronzage à la main. A cet effet, quand l'impression est terminée, on porte la plaque à l'étuve et l'on soumet à une température de 115 à 120 degrés. On peut également employer ce vernis dans les impressions lithographiques et typographiques sous forme d'encre spéciale.

Vernissage des phototypies. Ce vernissage s'opère en passant la feuille sur le vernis, préalablement placé dans une cuvette en zinc; on suspend ensuite la feuille et on laisse sécher. La préparation du vernis est la suivante : dissolution à chaud de 2 kil. 500 de gomme-laque blanche dans 5 litres d'eau d'une part; borax, 625 gr. dans 7 litres d'eau. On mélange ensuite les deux solutions, après quoi l'on ajoute une nouvelle solution composée de : alcool, 120 grammes ; savon de Marseille, 20 grammes ; huile d'olive, 10 gouttes. On brasse énergiquement et l'on complète avec huit litres d'eau, ce qui donne environ 20 litres d'excellent vernis.

Verre (Gravure sur). La gravure sur verre se fait principalement de deux manières : mécaniquement et chimiquement. Dans le cas où l'on voudrait pratiquer la morsure, voici une formule qui donne, paraît-il d'excellents résultats : 1° dissoudre 36 grammes de fluorure de sodium et 7 gr. de sulfate de potasse dans un demi-litre d'eau ; 2° dissoudre 14 grammes de chlorure de zinc dans la même quantité d'eau que ci-dessus et y adjoindre 65 grammes d'acide chlorhydrique. Mélanger les deux solutions par parties égales et appliquer sur le verre, à l'aide d'un pinceau ou d'une plume, selon la nature des dessins que l'on veut obtenir.

Vider v. Creuser le bois pour ménager de grands blancs.

Volapük n. m. Système d'écriture universelle, qui a disparu sans donner de résultats appréciables, bien qu'ayant joui d'une certaine vogue.

W

Woodburytypie. (V. Photoglyptie.)

X

Xylocartographie n. f. Nom donné par M. Jules Demichel au mode de découpage et d'impression du carton, soit comme fond, soit comme reproduction de dessins ou de sujets divers. Sous ce nom, il comprend également une méthode très ingénieuse qui consiste à composer des vignettes en *bandes* et à en tirer des épreuves avec de l'encre de report. On tire de même toutes sortes de filets en lames, et, avec ces épreuves, que l'on coupe selon les besoins, on exécute toutes les compositions désirables. On pique à la manière des reports et l'on transporte le dessin sur pierre pour le tirer lithographiquement, ou en relief, si l'on veut

12.

faire ensuite une zincographie. Ce système, qui permet de ne travailler qu'avec des bandelettes de papier au lieu de plomb, a pour principal avantage une jonction irréprochable des anglets, si les coupures ont été bien faites, et une économie considérable de matériel, celui-ci pouvant durer indéfiniment, puisqu'il ne sert qu'à l'obtention des épreuves de report.

Xylocelluloïdographie n. f. Gravure sur celluloïde, aussi peu employée que ce nom lui-même.

Xyloglyphie n. f. L'art de graver des caractères en bois.

Xylographe n. m. Graveur sur bois.

Xylographie n. f. L'art de la gravure sur bois. Le bois lui-même quand il est gravé. Avant l'invention des caractères mobiles, nom donné d'une manière générale aux planches gravées.

Xylophotographie n. f. Art de photographier directement sur le buis, préalablement revêtu d'une couche sensible, et de graver d'après l'image obtenue.

Z

Zinc n. m. Nom donné vulgairement aux gravures sur zinc obtenues par la pile ou les différentes méthodes de morsures.

Zincographie n. f. L'art de lithographier sur zinc. Feuille tirée d'après ce mode d'impression.

Zincogravure n. f. Gravure sur zinc faite à la pile ou par mordançage. L'image imprimée par ce procédé. Pour le prix des planches gravées. (V. Chemigraphie.)

Zincotypie n. f. Syn. de Typogravure.

DICTIONNAIRE

DU

MATÉRIEL ET DE L'OUTILLAGE

Typographie, Clicherie, Galvanoplastie, Reliure, Dorure, etc.

DICTIONNAIRE

DU

MATÉRIEL ET DE L'OUTILLAGE

ABA

Abat-Feuille n. m. Appareil employé concurremment avec le margeur automatique, et dont la fonction est de maintenir la feuille sur le cylindre pour que les pinces, *en prenant*, ne la fassent pas dévier.

Accents mobiles. Dans les gros caractères, les lettres accentuées ne portent pas avec elles leurs accents : ceux-ci sont fondus à part et se parangonnent à l'endroit qui leur est affecté.

Accolade n. f. Branche de plomb ou de cuivre, de la hauteur des lettres, qui sert à embrancher les parties d'un tableau ou d'une opération dépendant d'un texte quelconque (⏜).

Accolades brisées. On appelle ainsi celles qui sont fondues en deux parties.

Accolades à la main. On ne fait à la main que des accolades d'une dimension inusitée ; à cet effet, on prend un filet gras

AGA

ou un filet de cadre, de 3, 6 ou 9 points, selon le cas, et on le retourne sur l'œil, le talon du filet devant servir à confectionner l'accolade, à la condition qu'il soit sans aucune soufflure. On prend le milieu du filet, en traçant une ligne au couteau, puis, à l'aide d'une lime dite queue de rat, on commence par dégager la *pointe* de l'accolade ; on en détermine ensuite le *gras* et l'on dégage, petit à petit, le *creux de la pointe*: on continue à la lime et l'on termine en râclant avec un morceau de verre. Ne pas prendre de filets maigres ou double-maigres, qui s'affaisseraient à l'impression.

Accotoir n. m. Plan incliné sur lequel on met le papier fabriqué à la main, quand il sort de la forme, pour faciliter l'écoulement de l'eau qu'il détient.

Agate n. f. Les pierres d'agate servent aux relieurs pour le polissage et le brunissage des volumes ;

elles sont montées sur des manches de bois ou de métal et revêtent des formes variables selon la nature des travaux auxquels elles sont destinées.

qu'ils résistent plus longtemps aux coups de marteau, on encadre leur bord supérieur avec une

Agate à brunir

Ais n. m. Planches de bois assemblées, qui servent dans l'imprimerie et la reliure à différents usages. C'est sur les ais que se mettent les compositions en réserve quand on enlève les châssis qui les enserrent, ainsi que les garnitures, lorsqu'on désimpose pour réimposer.

garniture de fer. Les étaux à endosser ont rendu inutile l'emploi des ais, dont on ne se sert

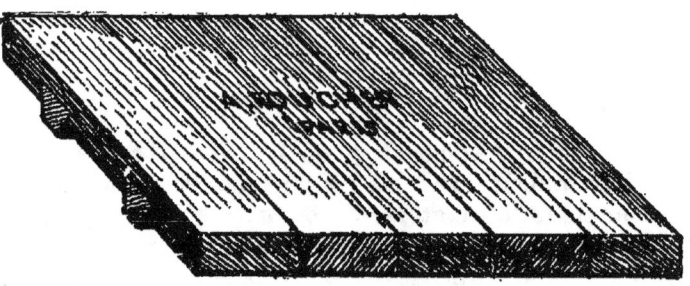

Ais.

plus guère que dans les petits ateliers.

Ais à mettre en presse. Plateau de chêne ou de hêtre que l'on place entre les volumes destinés à la mise en presse.

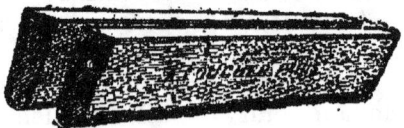

Ais ferré à endosser.

Ais à endosser. Les ais à endosser sont des planchettes en chêne ou en hêtre à l'usage des relieurs. Leurs dimensions varient selon les formats, et, pour

Ais à rabaisser. Cet ais est formé d'une planche de hêtre bien unie, de 66 cent. de long sur 22 à 26 cent. de largeur et d'épaisseur; il sert de support au carton lorsque le relieur coupe celui-ci. Parmi les ais qui servent encore au relieur, citons les ais à brunir et les ais à polir, dont le nom indique l'emploi.

Alfa n. m. Graminée, provenant surtout d'Algérie, très employée dans la fabrication du papier où elle remplace le chiffon. Les papiers d'alfa sont très supérieurs aux papiers de bois et valent les papiers dits de chiffe ou chiffon.

Alizarine n. f. Produit extrait de la poudre de garance ; mélangée aux alcalis et traitée par l'alun, elle fournit le beau rouge appelé laque de garance. On fabrique, avec les sous-produits de la houille distillée, l'alizarine artificielle.

Allonge n. f. Trait horizontal, de largeur variable, servant à la justification de l'arabe.

Alude, Alute n. f. Basane colorée, très employée dans les reliures à bon marché.

Alumine n. f. Oxyde d'aluminium qui s'extrait de l'alun et des argiles. Mélangée à des matières colorantes, elle sert à la fabrication des laques.

Amballard n. f. Brouette utilisée, dans les fabriques de papier, au transport de la pâte.

Amiante n. f. Connue également sous le nom d'*asbeste*, l'amiante est un silicate de magnésie contenant un peu de chaux et d'alumine. On a essayé de l'utiliser, sans résultats appréciables, pour la confection des flans ; mais elle entre dans la fabrication de différents papiers et sert à de multiples usages.

Anapnographe n. m. Appareil enregistreur de la respiration, constitué essentiellement par un ressort appliqué sur le courant d'air de l'inspiration et de l'expiration, et se terminant par un levier inscripteur.

Ane n. m. Coffre de relieur placé sous la presse à rogner.

Aniline n. f. L'aniline est extraite de l'indigo et des goudrons de houille ; elle est incolore. Mélangée à des acides, elle forme des sels cristallisables très employés comme colorants dans une foule d'industries.

Anode n. f. Nom donné aux plaques de cuivre, zinc ou argent qui plongent dans la solution de sulfate des bains galvanoplastiques.

Antimaculine n. f. Nom donné à un produit qui, d'après son inventeur, M. Paul Redonnet, supprime le maculage.

Antimoine. (V. Régule d'antimoine.)

Aplombs n. m. pl. Nom donné quelquefois aux filets bas utilisés pour la réglure.

Appareils à gaz pour machines à fondre. Ces appareils peuvent s'adapter à toutes les machines à fondre. Ils procurent une économie de 15 p. 0/0 sur les autres modes de chauffage et suppriment la perte de temps occasionnée par l'alimentation du fourneau au charbon.

Appareil à indications continues de Morin n. m. Appareil qui se compose d'un cylindre de bois tournant autour de deux axes verticaux, et sur lequel un corps qui tombe trace lui-même le chemin qu'il a parcouru. L'examen de la parabole décrite et la comparaison des chemins parcourus aux temps employés à les parcourir, prouve que les *espaces croissent comme les carrés des temps de chute.*

Apyrotypes (Caractères). Nom donné, en 1849, par M. Petyt, à des caractères en cuivre estampés et étirés à froid, d'où leur nom qui signifie : *Produits sans le secours du feu.*

Arbre. On appelle *arbre* ou *arbre de couche* les pièces de fer cylindriques sur lesquelles sont fixées les poulies dans les installations mécaniques. (V. Vis de pression.)

Arbre du barreau. Pièce en fer forgé, située sur le côté gauche de la lyre, et à laquelle est fixé le barreau. On dit aussi *colonne du barreau.*

Ardillons n. m. Les ardillons ou picots sont fixés à chaque extrémité de la tringle carrée autour de laquelle s'enroule le blanchet. Si le cylindre est de grande dimension, il peut y avoir un troisième ardillon, qui se place au milieu des deux autres. (V. Tringle du blanchet.)

Armes n. f. Fers à dorer, de la même hauteur que les lettres typographiques, sur lesquels sont gravées des armoiries devant figurer sur les plats de certaines couvertures. On couche les feuilles d'or sur le cuir et l'on tire sur la presse à la manière ordinaire.

Assiette n. f. Nom donné aux ingrédients : gélatine et blanc d'œuf, qui servent de préparation pour la dorure des cuirs et des papiers.

Astérisque n. m. Petit signe en forme d'étoile servant d'appel de note (*).

Autographe instantané ou **Cyclostyle perfectionné** n. m. Appareil de reproduction des écritures, qui convient surtout aux personnes ayant des états à imprimer ou des formules à remplir. On tend un châssis sur une feuille de papier ciré imperméable. Sur cette feuille ainsi tendue, on écrit à sec avec une plume spéciale terminée par une petite molette. Partout où la plume passe, le papier se trouve perforé. Le cliché fini, on ouvre le châssis, on place sur la feuille perforée une feuille de papier blanc. On referme le châssis et on passe un rouleau encré sur la feuille cirée. L'encre passe à travers les perforations et imprime sur le papier blanc. Le nombre des copies est presque illimité.

Autotypo (Presse). (V. Presse Teillac.)

B

Bacasson, Bachasson n. m. Auge qui fournit de l'eau aux piles, dans la fabrication du papier.

Bagues n. f. Petites poulies de bronze, enfilées sur des tringles, et dans la gorge desquelles passent les cordons inférieurs. Les bagues sont mobiles et se fixent à l'aide d'une vis sur la partie de la tringle correspondant à un blanc de la forme, les cordons devant toujours passer dans les blancs et jamais sur le caractère.

Baguettes à garnir. Petites réglettes de bois que l'on cloue à la façon d'un cadre autour d'un galvano que l'on s'apprête à garnir de matière.

Bain-Marie. Récipient rempli de liquide, généralement d'eau, que l'on soumet directement à l'action du feu, et par l'intermédiaire duquel on chauffe un second liquide, que l'action directe du feu altérerait et qui est dans un récipient placé dans le bain-marie.

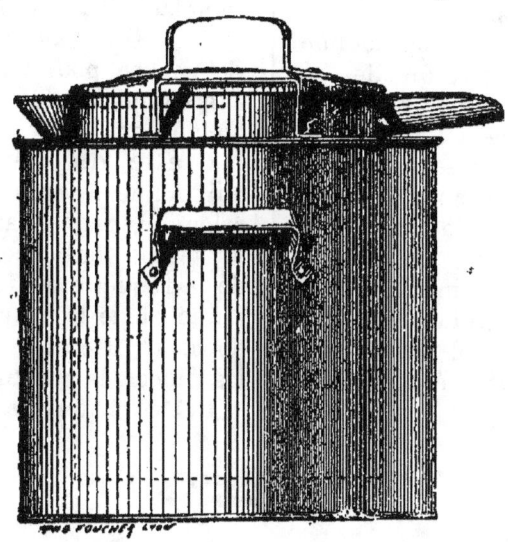

Bain-marie.

Balistotype n. f. Nom donné en 1849 par M. Leblond à une machine à composer, à corriger et à distribuer de son invention.

Balle n. f. Tampon de cuir pourvu d'un manche et garni d'étoupes, dont on se servait pour encrer les formes avant l'invention des rouleaux. L'imprimeur avait deux balles dont il tenait une de chaque main.

Banc à tirer. Appareil en forme d'établi sur lequel on place, après la fonte, les filets ou les interlignes pour leur donner, par le rabotage, l'épaisseur voulue.

Banc de presse. Table pourvue d'un pupitre sur laquelle les imprimeurs à la presse à bras mettent leur papier à imprimer et imprimé.

Banc de relevage. Sorte de table sur laquelle on travaille les empreintes à la cire dans les opérations galvanoplastiques de ce nom.

Bandes n. f. On appelle ainsi les glissières dans lesquelles se meut le train des presses à bras. *Les bandes à galets* sont celles qui, dans les machines à imprimer, supportent le marbre auquel elles aident à donner le mouvement de va-et-vient.

Bandes de support. Pièces de fonte ayant la longueur du marbre, qu'elles côtoient, et sur lesquelles portent les sangles du cylindre quand celui-ci opère sa rotation.

Bardeau n. m. Casse vaste et profonde, dans laquelle on met les caractères arrivant de la fonderie ou ceux qui sont en surabondance dans les casses.

Barreau n. m. Barre en fer forgé, terminée par un manche en bois, que l'on tire à soi pour donner la pression dans les tirages à la presse à bras.

Bas de casse. Nom donné aux minuscules, de ce qu'elles se trouvent dans la partie inférieure de la casse, qui porte elle-même le nom de bas de casse.

Bâti n. m. On nomme ainsi les pièces de fonte latérales sur lesquelles reposent toutes les autres pièces d'une machine. Le *bâti de fond* est celui qui est posé à même sur le sol et auquel s'adaptent, par des écrous, les bâtis latéraux.

à l'aide de laquelle on peut relier soi-même, à mesure qu'on les recueille, les imprimés ou les manuscrits.

Bielle de commande. Celle qui donne le mouvement au marbre des machines en blanc. Cette bielle n'existe pas dans toutes les machines, où elle est remplacée par un arbre de commande situé au milieu du bâti. Cet arbre peut fonctionner concurremment avec la bielle du même nom.

Bielle de l'encrier. Celle qui donne le mouvement à l'encrier en provoquant sa rotation en temps voulu, comme la bielle de la raquette ou receveur mécanique règle le mouvement de cet appareil; il en est de même pour les pinces, la pointure mobile, etc.

Billot à bordures. Cet outil,

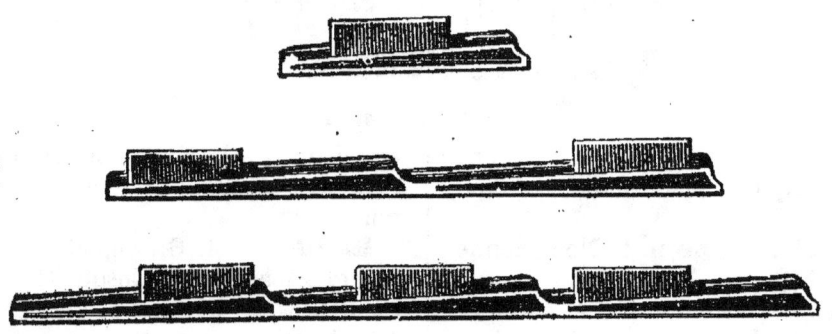

Biseaux à glissière.

Berceau n. m. Sorte de moule en fer ou en acier sur lequel on place les empreintes fraîches pour leur donner la forme cylindrique dans les tirages sur rotatives. Le berceau se met au four pour accélérer le séchage de l'empreinte.

Biblorhapte n. m. **Livre-Relieur.** Couverture mécanique

de forme spéciale, sert à dorer les filets ou bordures qui entourent les plats d'un livre.

Billot double. Il est cubique et réuni par deux coulisseaux sur lesquels reposent les volumes dont on veut dorer les plats.

Billot simple. Cet outil, à l'usage des relieurs, sert à dorer les dos des volumes lorsqu'on n'utilise pas la presse ; il est maintenu sur la table par deux chevilles fixes placées en dessous et qui s'encastrent dans deux trous correspondants.

Biseau n. m. Bande de bois rabotée en biseau, employée pour le serrage des formes lorsqu'on fait emploi de coins en bois. Il y a aussi des biseaux en fer avec coins ajustés sur des glissières réservées dans les biseaux. Cette sorte de serrage est utilisée dans les formes destinées au clichage, les biseaux et les coins en bois ne pouvant supporter l'action de la chaleur sans se desserrer.

Biseaux à crémaillère. Ils sont en fer, de dimensions variables, et servent à serrer les formes à l'aide de noix qui engrènent sur les dents de la crémaillère. Le serrage se fait au moyen d'une clef *ad hoc*.

Biseautier. (V. Coupoir biseautier.)

Biseautoir n. m. Petit marbre monté sur pied ou sur table, et

Biseautoir.

qui sert aux clicheurs pour raboter et biseauter les clichés. Une barre d'arrêt en fonte est vissée ou *venue de fonte* à l'extrémité supérieure du marbre ; elle a pour objet de maintenir le cliché dans la position exigée.

Blanchet n. m. Pièce d'étoffe en toile, calicot, soie ou satin dont on entoure le blanchet de fond, et sur laquelle se colle la mise en train. Les blanchets servent à alléger la pression du cylindre.

Blanchet de fond. Pièce d'étoffe, généralement en flanelle à poils ras, qui touche au cylindre des machines à imprimer. Ce blanchet est cousu sur une règle plate percée de trous à cet effet; cette règle se fixe, dans la gorge des pinces, sur une tringle tendeuse armée de picots correspondant à des trous *ad hoc*. Les blanchets de fond se paient sur le prix moyen de 12 fr. le mètre sur 0m 80.

Blanchiment n. m. Opération ayant pour objet de donner aux pâtes à papier la blancheur qui leur convient. Les produits le plus généralement employés pour le blanchiment des pâtes sont : l'acide chlorhydrique ou muriatique, l'acide sulfurique, le peroxyde de manganèse, l'antichlore (sulfite de soude), le chlorure de chaux ou hypochlorite de chaux, le chlorure de sodium ou sel marin.

Blanchisseuses n. f. Cuves en bois dans lesquelles on blanchit les pâtes à papier.

Blanc d'Espagne. Le blanc d'Espagne, appelé aussi blanc de Meudon ou de Troyes, sert aux clicheurs, concurremment avec la colle de pâte, pour la confection des flans.

Blancs n. m. pl. On comprend sous ce nom les espaces, cadrats, cadratins, lingots et interlignes, en un mot tout ce qui entre dans la composition mais ne marque pas à l'impression.

Blancs pour impressions typographiques et lithographiques (Prix des). Blanc d'argent, le kilo, 4 fr. à 4 fr. 50; de neige, 4 fr.; transparent, 3 fr. 50; laque blanche, 8 fr. Un franc de moins par kilo pour les blancs secs.

Bleu Guimet. (V. Outremer.)

Bleus pour impressions typographiques et lithographiques (Prix des). Bleu d'acier, 15 fr. le kil.; flore, 13 fr., minéral, 7 à 10 fr.; de Prusse, 10 fr.; d'Orient, 10 fr.; oriental, 12 fr.; printemps, 12 fr.; bronze extra, 15 fr.; cobalt, 90 fr.; turquoise, opale, lumière, 20 fr.; marine, 12 à 15 fr.; hirondelle, 15 fr.; laque bleue, 20 fr.

Blocs n. m. Cubes de plomb, de dimensions systématiques, qui servent de support aux clichés non montés. Ceux-ci se fixent sur les blocs à l'aide de petites plaques de tôle appelées griffes.

Blocs Clay. Ces blocs, inventés vers 1880 par un imprimeur anglais, M. Richard Clay, pour remplacer les blocs de plomb et les griffes en usage dans nos imprimeries, sont constitués par un ciment spécial sur lequel on fixe les clichés d'une manière immuable. Le ciment se prépare au fur et à mesure des besoins et les blocs sont détruits après l'usage que l'on en voulait faire.

Blutoir n. m. Appareil servant à pulvériser les chiffons; il est pourvu d'une toile métallique à travers laquelle passent les débris de chiffons, et d'une sorte d'hélice armée de dents en fer, dont la fonction s'explique par cette seule disposition. Il y a différentes sortes de blutoirs, les uns destinés aux chiffons fins et propres, les autres aux produits de qualité inférieure.

Bobine n. f. Rouleau de papier dit *sans fin*, dont on se sert pour les tirages sur rotatives. La bobine, placée derrière la machine à imprimer, se déroule mécaniquement, au fur et à mesure du tirage, et supprime le margeur.

Bois n. m. pl. On comprend sous ce nom les réglettes, les biseaux, et les bois systématiques qui servent à garnir et à serrer les formes.

Boîte à correction. Petit

carrée, dans laquelle se meut la vis de pression. C'est la base de la boîte coulante qui forme la contre-platine sur laquelle est boulonnée la platine.

Boule de marge. Pièce cylindrique en cuivre, garnie de caoutchouc, et qui était chargée d'entraîner la feuille dans les machines cylindriques à margeurs.

Broche n. f. Clef à bec simple ou double, servant à visser et à dévisser les écrous à tête ronde, qui sont munis de trous dans lesquels on introduit le bec de la broche.

Boîte à correction.

Brochettes n. f. Chevilles de fer qui, dans la presse à bras, servent à fixer la frisquette au tympan.

Brosse à épreuves. Est en

Brosse à épreuves.

casseau contenant un assortiment d'espaces, de cadratins, demi-cadratins et cadrats d'un même corps, dont a besoin le correcteur pour travailler sous presse ou sur le marbre.

Boîte coulante. Partie de la presse à bras, de forme ronde ou

poils de sanglier; elle sert à faire les épreuves sur le marbre, en frappant la feuille de papier mouillée, que l'on a placée sur la page à imprimer, préalablement encrée.

Brosse à jasper. Les relieurs s'en servent pour étendre les couleurs sur la tranche des livres.

Brosse à jasper.

Brosse à mouler. Elle sert aux clicheurs pour prendre l'empreinte des formes. Cette brosse, comme celle à épreuves, est pourvue d'un manche sans lequel elle ne saurait être mue. Ses poils sont ras, rudes, et ses dimensions plus grandes que celles de la brosse à épreuves.

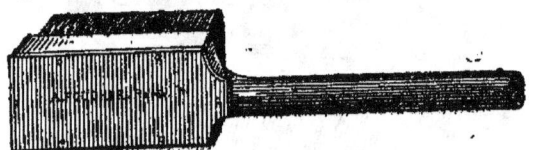

Brosse à mouler.

Bristol n. m. Carton de qualité supérieure très employé pour le tirage des cartes de visite.

C

Cadrats n. m. Petits blocs de matière qui, étant plus bas que la lettre, donnent le blanc des alinéas. Les cadrats sont systématiques et procèdent exactement du corps auquel ils appartiennent, en multipliant le cadratin ou les demi-cadratins.

Cadrats cintrés. Ces cadrats sont destinés à la confection des travaux de ville, factures, têtes de lettres, etc. L'intérieur en est évidé, mais il est plan et disposé en escalier, ce qui permet d'y placer des cadrats, des filets, des interlignes, comme on le ferait dans une composition ordinaire.

Cadratin n. m. Petit cube rectangulaire, servant à marquer le renfoncement des alinéas. Il représente, sur chacune de ses faces, la force du corps auquel il appartient. Le cadratin de 6 a donc six points sur chacun de ses côtés ; le cadratin de 7, sept points, et ainsi de suite pour chaque corps.

Cadratin (Demi-). Cube rectangulaire représentant la moitié d'un cadratin.

Cadre de la frisquette. Châssis en fer destiné à supporter le papier qui forme la frisquette.

Cages n. m. Alvéoles pratiquées en pleine fonte dans les bâtis d'une machine, et dans lesquelles se fixe la partie inférieure des coussinets.

Caisses d'aspiration. Caisses placées à la tête de la table de fabrication dans lesquelles passe la feuille de papier avant d'être conduite à la presse humide par les cylindres sans fin, dans la fabrication du papier.

Caisses d'épuration. (V. Épurateurs.)

Calandre n. f. Nom donné au laminoir à trois cylindres, avec lequel on satine le papier. La calandre est surtout utilisée pour le satinage du papier en bobine ; elle a l'avantage de conserver au papier sa blancheur, mais l'inconvénient d'augmenter l'importance des déchets, à cause du cylindre du milieu qui, étant en papier, alors que les deux autres sont en métal, n'est pas toujours lisse, ce qui produit des plis qu'il n'est plus possible de faire disparaître. Certaines calandres comptent jusqu'à 9 cylindres, dont 4 en papier et 5 en fonte polie.

Cales n. f. Blocs de bois ou de fer, qui servent à fixer les formes ou les pierres sur les presses à imprimer.

Calibre n. m. Appareil utilisé en fonderie pour la vérification des forces de corps des interlignes et des lingots.

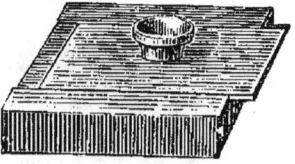

Calibre à coulisse.

Calibre à coulisse. Cet

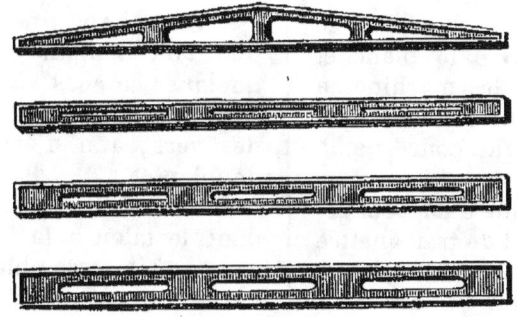

Cales en fonte.

outil, tout en acier, sert à vérifier si les matrices ont bien la pente voulue, afin qu'elles soient toutes semblables quand on les justifie. Prix : 20 francs.

Calibre pour force de

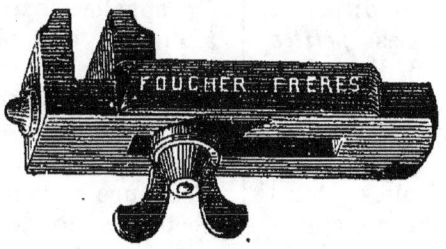

Calibre pour interlignes.

corps. Appareil dont le nom indique la fonction ; il est indispensable aux fondeurs pour vérifier les forces de corps avant d'en opérer la fonte complète.

Calice n. m. (V. Boîte coulante.)

presse à bras colle sur la marge pour retenir la feuille, trop grande ou trop petite, qu'il éprouve de la difficulté à marger.

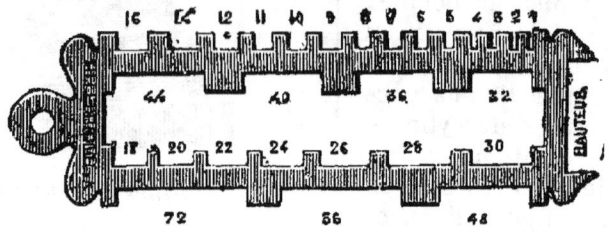

Calibre pour force de corps.

Calicot n. m. Etoffe avec laquelle on recouvre le blanchet du cylindre dans les machines à imprimer. C'est sur ce calicot que se colle tout ce qui concerne la mise en train.

Came n. f. Saillie d'engrenage, dont la fonction est de transmettre le mouvement au mentonnet. Saillie réservée sur un arbre ou une roue à surface lisse et qui agit à la façon d'un excentrique pour soulever un organe et le laisser retomber au moment voulu.

Cantonnières. Synonyme de cornières.

Capitales n. f. On appelle ainsi les majuscules. On dit aussi *grandes capitales*. Les *petites capitales* sont des médiuscules, c'est-à-dire celles qui tiennent le milieu entre les majuscules et les minuscules.

Capsules n. f. Boîtes plates en plomb, carrées ou rectangulaires, dans lesquelles on coule la cire, dans la galvanoplastie de ce nom.

Capucin n. m. Languette de carton, que l'imprimeur à la

Caractère poétique. Nom que l'on donnait encore, il y a quelques années, à un caractère étroit, utilisé dans la composition des vers, afin d'éviter les lignes doublantes.

Caractères à pont. Ceux dont le talon a la forme cintrée, ce qui fait ressembler à un pont les lettres ainsi fondues.

Caractères d'affiche. Les grosses lettres en bois ou en matière qui servent à composer les affiches.

Caractères d'écriture. On entend par là l'anglaise, la ronde, la bâtarde, la coulée et la cursive.

Caractères de fantaisie. On appelle ainsi la série, variable à l'infini, des caractères qui ne sont pas ce qu'on appelle communément les caractères de labeur ou romains. Nous donnons ci-contre une collection de caractères d'écriture et de fantaisie que d'importantes fonderies parisiennes ont bien voulu mettre, pour la circonstance, à notre disposition, ce dont nous leur sommes reconnaissants.

Caractères de labeur. On

ANTIQUE ITALIQUE LARGE C. 9

Initiales Latines Serrées nouvelles, 4 œils sur Corps 10

INITIALES LATINES LARGES CORPS 6

ITALIENNE C. 12

Fantaisie Grecque C. 24

NOUVELLES FANTAISIES AMÉRICAINES CORPS 6

Lithographiques bas-de-casse C. 10

ITALIQUE GREC C. 20

Fantaisie Italique Corps 10

Américaines bas-de-casse Corps 6

LATINES A QUEUES CORPS 18

LITHOGRAPHIQUE C. 18

LATINES PENCHÉES CORPS 12

Bâtarde Maigre C. 24

Nouvelle Anglaise c. 28

NOUVELLE FANTAISIE CORPS 12

NOUVEAUX TYPES C. 18

ROMANTIQUE C. 24

13.

Elzévir Demi-Gras Corps 8

Nouvel Elzévir Gras Renaissance Corps 8

Normandes Modernes Nouvelles Corps 6

Classiques Grasses Corps 10

Étroites Modernes Corps 12

Classiques Allongées Corps 6

Nouvelle Antique Noire pour Dictionnaires Corps 5

Latines Antiques Nouvelles Corps 6

Antiques Serrées Nouvelles Corps 7

Antiques Italiques Grasses Corps 8

Collection des Antiques Effilées Modernes Corps 10

Antiques Italiques Maigres Corps 12

Égyptiennes Larges Corps 14

Égyptiennes Allongées Grasses Corps 18

Amples Maigres Corps 12

Nouvelles Latines Serrées Modernes Corps 8

Maigrettes Nouvelles Corps 7

Latines Larges Modernes Corps 10

LATINES ÉTROITES CORPS 10

INITIALES ELZÉVIRIENNES CORPS 10

ANTIQUES ÉTROITES SERRÉES CORPS 18

Ces caractères ont été gravés par M. Ch. DOUBLET
qui nous les a obligeamment fournis.

INITIALES ELZEVIR
Elzevir bas de casse
Elzevir Estienne bas de casse
Elzevir gras bas de casse

INITIALES ORIENTALES ORNÉES Ire SÉRIE

Anglaises nouvelles

INITIALES ORIENTALES ORNÉES 2e SÉRIE

Coulées italiques sur corps droit

Orientales ornées bas de casse Ire Série

Batardes du corps 12 au c. 40

Orientales ornées bas de casse 2e Série

Italiennes Coulées Italiques

Latines larges corps 24

F. DIDOT

Antiques allongées bas de casse 2ᵉ Série

Types gravés par Firmin Didot

Antiques écrasées bas de casse

Machine à écrire corps 9

INITIALES ORIENTALES NOIRES Iʳᵉ SÉRIE

Fantaisie imitant la machine à écrire, corps 8

ANGULAIRES

Machine à écrire corps 11

POMPËIENNES

Orientales noires bas de casse Iʳᵉ Série

Helvétiennes bas de casse

BABYLONIENNES

Ces caractères ont été fondus par la maison Ch. Beaudoire & Cⁱᵉ (ancienne maison Firmin Didot) qui nous les a obligeamment fournis.

ARCHI-LARGES CORPS 5

ANTIQUES ÉCRASÉES CORPS 6

ANTIQUES MAIGRES CORPS 6

INITIALES ÉGYPTIENNES ANGLAISES CORPS 7

ANTIQUES ALLONGÉES CORPS 8

LATINES MAIGRES CORPS 9 (Deux Œils)

LATINES ÉTROITES CORPS 9

INITIALES POUR LABEURS CORPS 10

INITIALES CLASSIQUES SERRÉES C. 12

INITIALES ANGLAISES CORPS 12

INITIALES ÉTROITES CORPS 12

INIT. CLAS. LARGES C. 12

INIT. ÉTROITES MAIG. C. 14

ANTIQUES MAIGRES ALLONGÉES C. 16

INIT. ÉGYPTIENNES SERRÉES C. 18

ITALIENNES ALLONGÉES CORPS 20

INIT. CLAS. ALL. C. 24

Normandes anciennes ou doubles-grasses Corps 5

Égyptiennes maigrettes Corps 5

Égyptiennes maigres écrasées Corps 6

Égyptiennes étroites type anglais Corps 6

Égyptiennes maigres anglaises Corps 7

Nouvelles antiques allongées Corps 7

Latines françaises simples Corps 8

Originales–Antiques Corps 8

Classiques grasses Corps 9

Antiques noires Corps 9

Nouvelles normandes Corps 10

Égyptiennes serrées Corps 11

Nouvelles antiques italiques Corps 12

Italiennes droites Corps 14

Classiques allongées type anglais Corps 16

Latines noires Corps 18

Italiennes penchées Corps 18

Allongées serrées Corps 20

Égyptiennes américaines Corps 24

Latines PROFILÉES Corps 6

Nouvelles LATINES-LITHO Corps 9

Algériennes Ornées Corps 12

ANTIQUES PROFILÉES CORPS 16

Latines Filetées Corps 18

Latines Incrustées Corps 24

◆ CONCERT ◆

Mauresques Blanches & Noires Corps 24

Algérie ✳ Algérie

Arméniennes Noires & Blanches Corps 30

Niort ✦ Niort

Latines Azurées Corps 30

Télémaque

Mexicaines Blanches & Grasses C. 42 — Noires C. 36

Nice ✳ **Nice** ✳ Nice

〜〜〜〜〜〜〜〜〜〜〜〜〜〜〜〜〜〜〜〜〜〜〜〜〜〜〜〜〜〜

Ces Caractères nous ont été obligeamment fournis
par la Maison ALLAINGUILLAUME & Cᵢₑ.

Alphabet hébreu.

אבגדהוזחטיכלמנסעפצקרשת
דםוףץ

Alphabet russe.

а б в г д е ж з и й і к л м н о п р с т у ф х ц ч ш щ ъ
ы ь ѣ э ю я ѳ ѵ
А Б В Г Д Е Ж З И Й І К Л М Н О П Р С Т У Ф Х Ц
Ч Ш Щ Ъ Ы Ь Ѣ Э Ю Я Ѳ Ѵ

Alphabet allemand.

a b c d e f g h i j k l m n o p q r ſ s t u v w x y z ä ö ü
ch ck ff fi fl ft ll ſi ſl ß tz
A B C D E F G H J K L M N O P Q R S T U V W X Y Z
Ä Ö Ü

Alphabet arabe.

ا ا ا ا ب ب ب ب ت ت ت ت ث ث ث ث ج ج ج ج
ح ح ح ح خ خ خ خ د د د د ذ ذ ذ ذ ر ر ر ر ز ز ز ز
س س س س ش ش ش ش ص ص ص ص ض ض ض ض
ط ط ط ط ظ ظ ظ ظ ع ع ع ع غ غ غ غ ف ف ف ف
ق ق ق ق ك ك ك ك ل ل ل ل م م م م ن ن ن ن
ه ه ه ه و و و و ي ي ي ي

Alphabet copte.

ⲁ ⲃ ⲅ ⲇ ⲉ ⲋ ⲍ ⲏ ⲑ ⲓ ⲕ ⲗ ⲙ ⲛ ⲝ ⲟ ⲡ ⲣ ⲥ ⲧ ⲩ
ⲫ ⲭ ⲯ ⲱ ϣ ϥ ϧ ϩ ϫ ϭ ϯ

Ces caractères ont été gravés par la maison Beaudoire (ancienne fonderie Firmin Didot), qui les a obligeamment mis à notre disposition.

donne ce nom à tout ce qui est romain ou italique. Les initiales, les classiques, les serrées, les monumentales, les égyptiennes, les normandes, les bretonnes et même les antiques sont considérées comme caractères de labeur.

Carbonate de chaux. La pierre lithographique n'est autre qu'un carbonate de chaux presque pur. (V. Dictionnaire de la gravure, etc., au mot *Pierre lithographique*.)

Carbonate de soude. S'obtient par la décomposition du sulfate de soude traité par le carbonate de chaux. Le carbonate de soude provient des eaux-mères des salines et des marais-salants. Depuis plusieurs années déjà il a remplacé la potasse pour le lavage des formes et des rouleaux.

Cardan (Joint de). On appelle ainsi un ingénieux mécanisme auquel M. Cardan a donné son nom, et qui consiste dans la réunion de deux arbres terminés en forme de crampons et boulonnés ensemble à angles droits, ce qui leur permet de se mouvoir dans différentes directions. On donne aussi à ce joint, dont il est fait de fréquentes applications dans les machines à imprimer, le nom de *genouillère*.

Cardiographe n. m. Appareil permettant de mettre en évidence, par des procédés graphiques, dans les expériences de physiologie, les mouvements du cœur. Le cardiographe le plus connu est celui de Marey, basé sur l'emploi de tubes et d'ampoules ; l'une des ampoules introduite dans une cavité du cœur, est mise en communication, par ces tubes, avec une autre ampoule actionnant un levier enregistreur.

Carmin n. m. Matière colorante d'un rouge vif, obtenue en versant de l'alun ou de la crème de tartre (bitartrate de potasse) dans une solution sodique de cochenille.

Carte n. f. Carton mince et fort, que l'on colle sur le dos des volumes reliés à la grecque pour qu'ils puissent s'ouvrir à dos brisé. On appelle également ainsi le carton sur lequel s'impriment les cartes de commerce et de visite.

Carton n. m. Le carton, que tout le monde connaît, est le plus souvent fabriqué avec des résidus de cuve, du bois, de la paille, des débris de cordages, etc. Ses emplois sont si multiples qu'ils ne sauraient être décrits.

Carton-Pierre. Ce produit sert à la confection des moulures, rosaces et autres ornements en relief ; il est obtenu en délayant de la pâte à papier avec de la craie, de l'argile, du ciment et de la gélatine préalablement dissoute.

Cas n. m. Crible à travers lequel passent les eaux sales provenant des chiffons triturés.

Casimir n. m. Flanelle très fine dont les imprimeurs se servent pour faire des blanchets.

Casse n. f. Sorte de boîte en bois, à compartiments, dans laquelle on place les caractères avec lesquels travaillent les compositeurs typographes. Chaque compartiment renferme un certain nombre de lettres d'un même corps, non mélangées, bien entendu. Dans la casse, l'ordre des lettres ne se suit pas, ayant été basé sur l'emploi plus ou moins fréquent de certaines lettres ; on a rapproché le plus possible de la main du compositeur les lettres dont on se sert le plus souvent. Autrefois, toutes les casses se composaient de deux parties : le *haut* et le *bas;* mais comme ce genre de casse était encombrant et tenait une place considérable, on l'a remplacé, pour les petits caractères, par un meuble plus restreint, en un seul morceau, auquel on a donné le nom de *casse parisienne.* (V. *Rang*, le dessin que nous donnons à ce mot comportant une casse parisienne.)

Casseau n. m. Petite casse dans laquelle on place les signes d'algèbre ou ceux qui entrent dans certaines compositions spéciales et n'ont pas leur place dans les casses ordinaires. On appelle également casseau de grandes casses de forme spéciale, dans lesquelles on range les filets, les interlignes, etc.

Cavaliers. (V. Rouleaux chargeurs.)

Caviar n. m. Nom donné, en Russie, au noir que la police russe dépose, pour les oblitérer, sur les passages des articles de journaux étrangers qu'elle juge dangereux.

Chagrin (Peau de) n. m. Le chagrin, très utilisé dans la reliure, se prépare avec la peau de la croupe de cheval ou d'âne sauvage dans les pays orientaux. Il présente d'un côté, quand il est préparé, une surface grenue qui permet facilement de le distinguer des autres cuirs.

Chambres de blanchiment. Dans la fabrication du papier, on donne ce nom à des piles ou réservoirs en briques et ciment, dans lesquels on blanchit d'un seul coup plusieurs milliers de kilogrammes de pâte à papier.

Chanée n. f. Conduit en bois qui mène l'eau sur la roue d'un moulin à papier.

Chapeau de gendarme. Pièce de fonte à laquelle sa forme particulière a fait donner le nom ci-dessus ; elle est placée, dans

Chariot porte-formes.

les machines à soulèvement, entre les deux cylindres de pression et supporte les appendices des deux montants.

Chargeurs n. m. Blocs de plomb que l'on suspend, dans certains cas, aux rouleaux toucheurs ou distributeurs pour les obliger à prendre plus d'encre ou à la mieux répartir.

Chariot n. m. Partie en fonte qui supporte le marbre dans les machines à imprimer.

Chariot porte-formes. Un peu plus haut qu'un patin, il en a la disposition; monté sur deux galets, il sert à rouler les formes que leur poids empêche de porter.

Charta bambycina n. m. Nom donné autrefois au papier soyeux fait avec des tiges de bambou. Plus tard, on l'appela *charta demascena* ou papier de Damas, parce qu'il existait dans cette ville une fabrique très réputée.

griffes, quand elles ne sont pas à leur place ou lèvent sous presse.

Châssis n. m. Cadres en fer d'une grande solidité, plus bas que la lettre, dans lesquels on met les pages que l'on veut imposer. Ce qui distingue le châssis de la ramette, c'est que le premier est séparé au milieu par une barre qui le coupe de haut en bas, alors que la ramette en est dépourvue.

Châssis à feuillure. Ils offrent les mêmes avantages que les châssis brisés ou ajustés, avec cette différence qu'ils sont pourvus d'une feuillure, entaillée à mi-fer, leur permettant de s'emboîter l'un dans l'autre, par-dessus et

Châssis ordinaire.

Chasse-Clou, Chasse-Pointe. Outil à l'usage des clicheurs et des galvanoplastes pour enfoncer les clous des clichés montés sur bois.

Chasse-Coin n. m. Décognoir.

Chasse-Griffe n. m. Petit décognoir en acier ou en fer, qui sert à chasser et à baisser les

par-dessous. Ils offrent plus de solidité que les châssis brisés, attendu que les côtés intérieurs sont aussi larges que les côtés extérieurs.

Châssis ajustés. (V. Châssis brisés.)

Châssis - Blocs. Sorte de marbre mobile, de la hauteur des blocs ordinaires, mais sur formats variables, qui sert à recevoir les clichés non montés ; ceux-ci se fixent à l'aide de griffes placées dans un coulisseau et

barre transversale placée aux deux tiers de sa hauteur. C'est dans cette partie que se placent les 4 pages du carton dans l'in-12 en

Châssis à feuillure.

s'arrêtent par une vis aux endroits déterminés.

Châssis brisés. Ces châssis permettent de placer sur la machine deux formes côte à côte pour tirer en double ; les côtés qui se font vis-à-vis sont moitié moins larges que les côtés extérieurs, de façon à ne pas donner un blanc de fond supérieur à celui que doivent comporter les marges du papier.

Châssis de hauteur. Ils sont spéciaux aux clicheurs et n'ont qu'un point ou un demi-point de moins que la hauteur de lettre.

Châssis hollandais. Le châssis in-12 hollandais se distingue du châssis français par une

deux cahiers. Ce châssis est moins

commode que celui dont nous nous servons en France.

Châssis quadrillé. Ce châssis

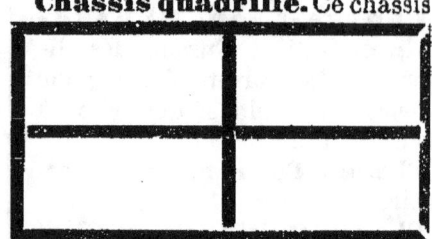

n'est pas employé pour les petits formats ; il a la forme ci-contre et n'est utilisé que pour des travaux de grandes dimensions, généralement imposés en atlas et se repliant sur eux-mêmes, comme par exemple certains catalogues de nouveautés.

Chemins n. m. Bandes de bois placées à l'intérieur des supports, de chaque côté du marbre des machines à imprimer, et sur lesquelles se meuvent les galets des rouleaux toucheurs.

Chevillette n. f. Accessoire du cousoir.

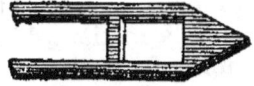

Chevillette.

Chi n. m. Nom donné, dans l'argot du métier, au papier de Chine.

jusqu'à vingt classifications différentes, qui sont : Blancs fins neufs ; blancs fins demi-usés, propres ; blancs mi-fins, propres ; blancs gros, propres ; blancs fins, sales ; blancs mi-fins, sales ; coutures et ourlets, propres, fins et mi-fins ; coutures et ourlets, gros, sales ; coutils unis ; coutils croisés ; bulles, propres, neufs ; bulles usés ; bulles chènevotteux ; ficelles, cordes blanches ; cordes pailleuses ; cordes goudronnées ; étoupes, déchets de chanvre ; déchets de filature. Viennent ensuite les chiffons de coton, de laines pures ou mélangées de soie, et les différentes sortes de papiers, qui forment encore vingt-cinq autres classifications.

Chlore liquide, Chlore gazeux. Le chlore est un corps simple qui s'extrait en grand de

Cisailles.

Chiffons délissés. On compte, dans la fabrication du papier, pour les chiffons de fil, de lin et de chanvre seulement,

l'acide hydrochlorique, lequel est lui-même un acide gazeux composé à volume égal de chlore et d'hydrogène. Le chlore sert au

blanchiment de la pâte à papier.
Chlorure de chaux. (V. Chlore liquide.)

Chrome n. m. Métal brillant et très dur, que l'acide chlorhydrique peut seul attaquer. Ses oxydes fournissent de belles couleurs dont l'éloge n'est plus à faire.

Cire n. f. La cire s'emploie, concurremment avec la gutta-percha, pour les moulages destinés à la galvanoplastie. Elle est aussi employée par les graveurs.

Cisailles n. f. Outils à l'usage des brocheurs et des relieurs, qui s'en servent pour ébarber, couper le carton, etc.

Ciseaux à échopper. Outils de dimensions et de formes légèrement variables, qui servent à échopper les clichés.

Clavette n. f. Accessoire du cousoir.

Clavette.

Clef n. m. Appareil en bois servant à maintenir les bras de la presse des relieurs.

Clef à béquille. Elle a la forme d'un T et sert à tendre et à détendre l'étoffage du cylindre des presses à imprimer. Avec des dimensions restreintes, cette clef est employée à serrer les formes quand on utilise les biseaux à crémaillère.

Clef-Broche n. f. Outil qui tient tout à la fois de la broche et de la clef française. On s'en sert pour visser et dévisser les écrous à têtes rondes, carrées ou hexagonales.

Clef de presse. Accessoire de la presse à rogner.

Clef de presse.

Cliché n. m. Planche solide destinée à l'impression et obtenue en coulant de la matière d'imprimerie sur une empreinte en creux.

Clichés montés. On appelle ainsi les clichés qui ont été cloués sur des supports en bois de chêne. Les clichés montés sur matière sont ceux qui ont été soudés sur des blocs en métal d'imprimerie.

Clicherie n. f. Atelier de clicheur. Le matériel nécessaire à l'exercice de la profession de clicheur.

Cliquet n. m. Pièce d'acier taillée en sifflet, qui engrène sur un rochet pour maintenir celui-ci quand il n'est pas appelé à fonctionner. Dans les machines à imprimer, on remarque deux cliquets principaux, celui du rochet tendeur des blanchets et celui de l'encrier.

Cloche à l'or. Vase en grès, fermé par un couvercle en carton de forme concave, dans lequel on dépose les chiffons et le coton en rame dont on se sert pendant l'opération de la dorure.

Clous à tête d'homme. Petites pointes à l'aide desquelles les clicheurs fixent les clichés sur les supports de bois.

Cobalt n. m. Métal d'un blanc gris, qui se forge comme le fer, dont il a les propriétés chimiques. Un de ses oxydes produit la belle couleur connue sous le nom de bleu cobalt.

Coins. n. m. Vignettes de formes variables employées comme coins de cadres dans les couvertures, les programmes, etc.

Coins n. m. Morceaux de bois utilisés pour le serrage des formes. Les coins sont des polyèdres irréguliers, dont les deux extrémités sont des rectangles parallèles, de dimensions inégales, et dont les quatre faces latérales sont des trapèzes. Pour éviter la prompte déformation ou la rupture des coins sous les chocs du marteau, on abat les angles dièdres des extrémités. — Blocs de fonte triangulaires munis d'une poignée en bois et d'une rainure *ad hoc*. Ils se placent en haut du moule à clicher, quand il est dans la position verticale, de chaque côté des épreuves ; leur fonction est de maintenir les gardes et de faciliter la coulée.

Coins de cadre. On donne le

nom de *coins de cadre* à l'angle de 90 degrés formé par la jonction de deux filets de cadre anglés à 45 degrés.

Coins mécaniques. Sortes de petits biseaux à crémaillère, fonctionnant concurremment avec des *noix*, utilisés pour le serrage des formes. Comme pour les biseaux à crémaillère, dont ils sont la réduction, le serrage s'opère au moyen d'une clef.

Colcotar. (V. Rouge d'Angleterre.)

Colle-forte n. f. La colle-forte, connue sous les noms de colle de Givet, de Flandre, de Lyon, de Cologne, etc., n'est autre que de la gélatine non épurée extraite des os, des rognures de cuir, des tendons, des nerfs, etc. Elle sert surtout aux relieurs pour enduire le dos des volumes et celui des couvertures. Mélangée avec de la mélasse, la colle-forte est employée à la confection des rouleaux en usage pour les impressions typographiques.

Colle de pâte. Les imprimeurs n'utilisent que la colle de pâte pour leur mise en train, et les clicheurs la mélangent au blanc d'Espagne pour confectionner la pâte à flan ; elle est également employée par les relieurs.

Colombelle n. f. Nom donné au filet de plomb ou de cuivre qui sert à séparer deux colonnes de texte.

Colonne de support. Dans la presse à bras, cette colonne sert à soutenir les bandes ou glissières dans lesquelles se meut le train de la presse ; elle est située à l'extrémité de la branche principale du patin, sur laquelle on la fixe par deux écrous.

Colonne du barreau. (V. Arbre du barreau.)

Colorants n. m. Les substances dont on se sert le plus communément pour la coloration des pâtes à papier, sont : les anilines et leurs dérivés, les bois de Campêche, de Pernambouc, de santal, l'azotate de plomb, le bleu d'outre-mer ou bleu Guimet, le chromate de potasse, le sulfate de fer ou couperose verte, le prussiate de potasse, le chlorhydrate d'étain, le noir de fumée, les ocres, la noix de galle, la racine de garance, celle du curcuma, etc.

Composteur n. m. Outil en fer ou en cuivre à l'usage des compositeurs typographes. C'est dans le composteur que se placent les lettres au fur et à mesure que l'on compose. On a prétendu à tort que le composteur de fer avait été inventé en 1796 par un typographe nommé Hubert Rey. La vérité est que le composteur de métal existait déjà en 1638, ainsi qu'il est prouvé par des documents authentiques. Le composteur est formé de quatre pièces : le corps, le talon ou justificateur, le collier, qui maintient le talon, et la vis ou le levier qui servent à immobiliser le talon, quand la justification est prise.

Composteurs à main ou à **poignée.** Ces outils servent surtout aux timbrages journaliers dans les administrations publiques

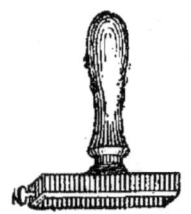

Composteur à main.

ou particulières. Ils contiennent, selon le cas, une ou plusieurs

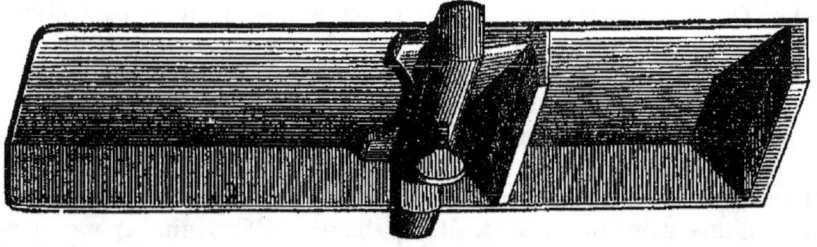

Composteur à vis.

Composteur à levier.

lignes, que l'on justifie à la manière ordinaire et que l'on maintient dans le composteur à l'aide de vis ; on encre au tampon et l'on procède comme on le ferait avec un timbre en caoutchouc. L'avantage du composteur à main sur le timbre en caoutchouc est de permettre l'emploi de caractères mobiles et de modifier ainsi à volonté les dates, le nom des mois et celui des jours.

Composteur à têtes. Ces composteurs ne tiennent pas plus de deux ou trois lignes de douze : ils servent à composer les têtes des tableaux dans les petites justifications, ce qui ne se pourrait faire sans perte de temps avec un composteur ordinaire, le pouce de la main gauche ne pouvant atteindre le fond pour maintenir la lettre. Lorsqu'on n'a pas de composteur à têtes, on met un plomb dans le composteur ordinaire afin d'en réduire la profondeur.

Composteur d'apprêt. Outil de fonderie dans lequel on place

Composteur mécanique. Appareil qui sert à marquer les dates sur les correspondances d'omnibus et les billets de chemins de fer.

Compteur n. m. Appareil que l'on adapte aux machines à imprimer, régler, bronzer, etc., pour compter les feuilles.

Contre-Poids n. m. Pièce de fonte massive, fixée sur le levier ou branche de la fourchette, et dont la fonction est de faciliter le relèvement de la platine. Dans les presses à bras modernes, le contre-poids est remplacé par des ressorts à boudin attenant à la boîte coulante.

Cordes motrices. Celles qui, dans la presse à bras, font mouvoir le train. Ces cordes, dont le nombre est de deux, s'enroulent, en sens opposé, autour du treuil, ce qui permet le mouvement en

Composteur d'apprêt.

les lettres nouvellement fondues pour en enlever les bavures à l'aide du couteau d'apprêt.

Composteur de bois. Le composteur de bois sert à mettre l'italique, les petites capitales, en un mot toutes les intercalations que l'on est susceptible de rencontrer dans le cours de la composition ou de la distribution, et que l'on compose ou distribue d'un seul coup pour éviter des dérangements multipliés. Il est long et étroit et fabriqué de telle sorte qu'il peut se tenir d'aplomb quand on corrige au marbre.

avant et en arrière. Autrefois, le placement de ces cordes constituait une sorte de secret pour celui qui tenait *le marteau* et qui ne manquait jamais d'éloigner son compagnon toutes les fois qu'il avait à placer l'une ou l'autre de ces cordes.

Cordons n. m. Bandelettes tissées qui jouent un rôle considérable dans les machines à imprimer. On compte cinq sortes de cordons : 1° Les cordons supérieurs, dont l'objet est de diriger la feuille imprimée vers la table de réception ; ils enlacent le cylindre de pression, passent sur le rouleau en bois qui se trouve derrière et se tendent à l'aide de poulies disposées à cet effet, et placées sous la table de marge. 2° Les cordons inférieurs, aussi appelés cordons de pointure, qui maintiennent la feuille à son passage en pression et agissent sur les pointures en leur faisant percer le papier. 3° Les tendeurs, qui enlacent également le cylindre et jouent sur des poulies ; leur fonction est d'entraîner les tringles et les rouleaux sur lesquels reposent d'autres cordons. 4° Les cordons de conduite, qui partent du rouleau supérieur pour aboutir au rouleau inférieur et conduisent la feuille sur la table de réception. 5° Les faux-cordons, qui, dans certains cas, ont pour objet d'éviter le plissage des feuilles. Ces cordons ne sont pas indispensables et l'on ne s'en sert qu'au fur et à mesure des besoins. Certains conducteurs augmentent, selon la nature des tirages, le nombre des cordons et modifient la fonction de ceux dont nous venons de donner l'énoncé. Dans d'autres cas, ils en suppriment ; le tirage des grands tableaux fermés, par exemple, celui des tableaux en atlas, et tous les travaux du même genre appellent ces sortes de modifications.

Cordons de renvoi. Les cordons de renvoi servent à la marge en décharge ; ils reposent sur des poulies spéciales et sont combinés de telle sorte qu'ils coopèrent à l'interposition d'une feuille de décharge entre le cylindre de retiration et chacune des feuilles tirées en blanc.

Cordons de sortie. Ces cordons sont placés de telle sorte qu'ils s'emparent de la feuille au moment où les pinces lâchent celle-ci et la conduisent sur les cordons dits de conduite.

Cormier n. m On utilise surtout le cormier pour la fabrication des lettres en bois.

Cornières n. f. Bandes de fonte vissées aux parties inférieures et supérieures du marbre pour permettre le calage des

Coupoir à interlignes.

formes sous presse. Dans les presses à bras, on donne souvent aux cornières le nom *d'oreilles*.

Corps de presse. (V. Lyre.)

Couillard n. m. Nom donné par les typos aux petits filets qui servent à séparer les articles dans les journaux, revues, etc.

Coupoir à interlignes. Cet outil se monte sur un support en bois ou sur un coin de marbre. Son nom indique sa fonction.

Coupoir biseautier. Ce coupoir sert à couper les filets de cadre ou ceux qui doivent entrer dans la confection de figures géométriques quelconques faites en typographie. Pour être pratique, la flèche doit pouvoir se manœuvrer au-dessous de 45°, afin de ermettre au moins l'anglage du triangle et du losange.

Coupoir Derriey. Outil très pratique et très ingénieux, dont a construction est due au célèbre mécanicien, qui lui a donné son nom. Ce coupoir est à crémaillère et la coupe des onglets s'obtient à l'aide de deux équerres qui remplacent la flèche du coupoir biseautier.

Coupoir Peignot. Cet outil est également très ingénieux, mais nécessite de la part de l'ouvrier plus de connaissances pratiques que le coupoir à crémaillère ; il est d'une précision toute

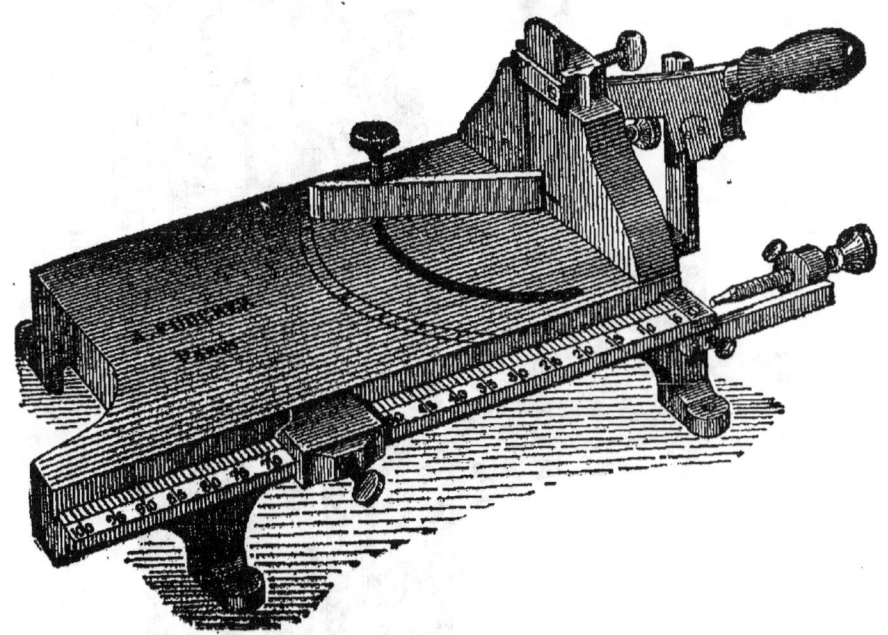

Coupoir-biseautier.

mathématique et sa justesse est irréprochable. Grâce au guide Vernier dont ce coupoir est pourvu, on peut couper un filet sur toute justification sans avoir à prendre aucune mesure spéciale. Poussé par un ressort, le filet à biseauter avance de lui-même sous le rabot.

Cousoir n. m. Appareil qui

sert aux relieurs et aux brocheurs pour coudre les volumes.

Couteau n. m. Parmi les couteaux les plus usités dans l'imprimerie, on remarque les couteaux à papier, qui sont des espèces de sabres très minces, arrondis à leur extrémité ; les couteaux à découper, sortes de grattoirs à l'usage des conducteurs ; les couteaux à racler, avec lesquels les lithographes à la presse à bras raclent leurs rouleaux de cuir ; le couteau d'apprêt, à l'usage des fondeurs en carac-

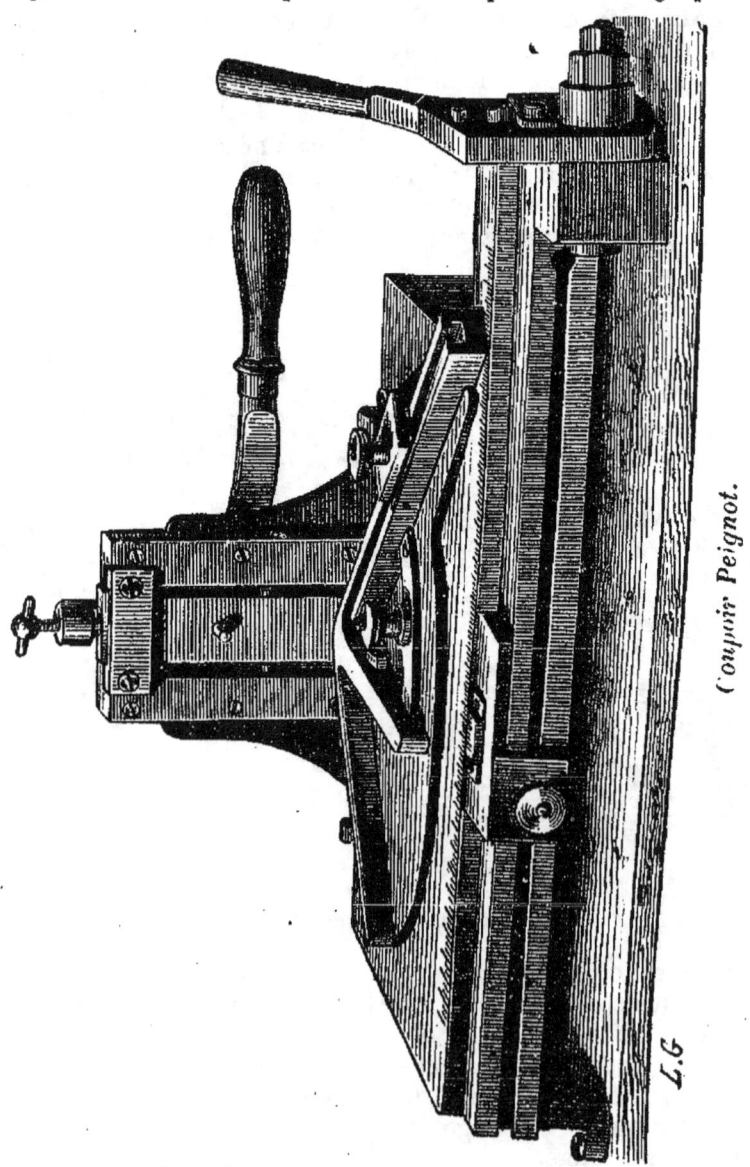

Comptoir Peignot.

tères; à gutta, des galvanoplastes; les couteaux à parer les peaux, à dorer, à rogner, à rabaisser, de gaînier, dont se servent les relieurs, doreurs et brocheurs.

d'un système de vis appelé *vis de réglage*.

Couverte n. f. Cadre évidé qui surmonte la forme dans la fabrication du papier à la main.

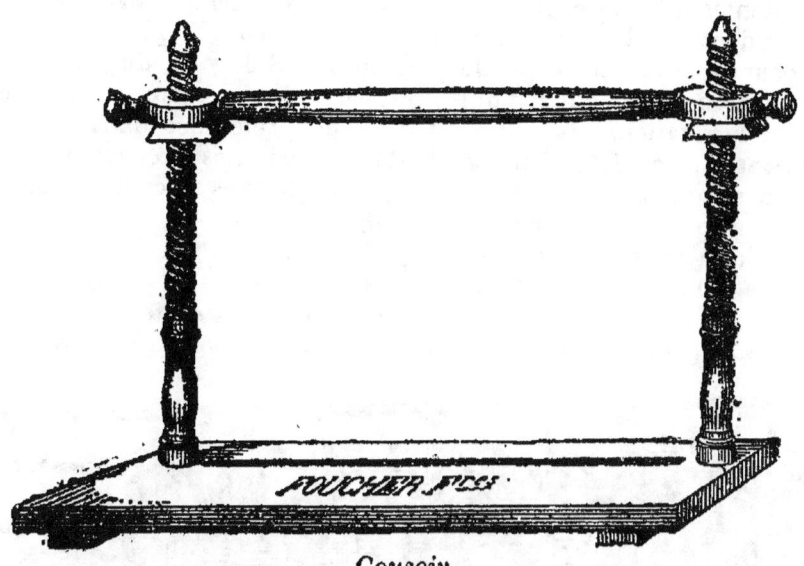

Cousoir.

Couteau à papier.

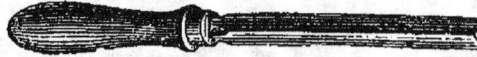

Couteau d'apprêt.

Couteau à dorer.

Couteau à gutta.

Couteau de l'encrier. Dans les machines à imprimer, ce couteau fait partie intégrante de l'encrier. C'est une pièce de fonte taillée en biseau du côté adhérant au cylindre encreur, dont elle se rapproche ou s'éloigne à l'aide

Craie de Briançon. (V. Talc.)

Crapaud n. m. Pièce de fer forgée en forme d'X, au centre de laquelle se plaçait la grenouille dans les anciennes presses en bois.

14.

Crémaillère n. f. Bande de fonte dentée, fixée sur le côté droit du bâti. Elle correspond à la roue dentée d'une machine à imprimer dont le cylindre est lui-même pourvu, et sur laquelle elle s'engrène alternativement, ce qui détermine la rotation.

Creuset n. m. Récipient en métal adapté aux machines à fondre et aux presses à clicher pour la réception et la fusion de la matière. On dit aussi *chaudière*.

Crochet ([ ) n. m. Sorte de parenthèse qui sert à crocheter les vers ne tenant pas en une seule ligne. Dans les travaux soignés, on ne crochète pas; si le vers est trop long, on le fait déborder sur la marge. Dans les ouvrages classiques où le crochetage est inévitable, on met la fraction débordante soit dans la ligne du dessus soit dans celle du dessous, selon la place dont on dispose. S'il y a du blanc en dessus et en dessous, on crochètera de préférence dans la ligne de dessous. Les crochets servent également dans la composition de l'algèbre.

Croix. (V. Patin.)

Cruphie, Cryphie n. f. Demi-lune, au centre de laquelle se trouve un point (⌢); on s'en servait pour indiquer les passages obscurs d'un texte.

Cuir de Russie. Se prépare avec des peaux très minces de veau, de chèvre et de cheval. Ces cuirs, indépendamment de l'odeur

Cuve et pile galvanoplastiques.

agréable qu'ils répandent, jouissent de la propriété de repousser les insectes et sont inattaquables par l'humidité. Par corruption on dit aussi *cuir de roussi* en raison de sa couleur d'un rouge roussâtre.

Cul-de-Lampe n. m. Ornement de forme triangulaire que les typographes et les doreurs mettent sur la couverture des livres. Disposition typographique qui consiste à placer des lignes les unes au-dessus ou au-dessous des autres en forme de pyramide ou de triangle renversé.

Cuillère à pot. Nom donné à un composteur peu long et très large. Cet outil, qui contient jusqu'à 15 lignes de 9, est surtout employé par les canardiers et les labeuriers.

Cuve galvanoplastique. On trouvera, aux différents termes de galvanoplastie qui se rattachent à la cuve, les divers modes de préparation de celle-ci. La figure que nous donnons représente une cuve chargée de sa pile électrique.

Cylindre de pression. Celui sur lequel se place la feuille à imprimer.

Cylindre de registre. Dans les machines à réaction, une crémaillère attenant au marbre, comme dans les machines en blanc, commande le cylindre de pression; cette crémaillère fait faire deux tours au cylindre pour imprimer le côté de la première feuille; puis, lorsque celle-ci s'est *retournée*, en passant sur un tambour appelé aussi cylindre de registre, et situé à une distance déterminée du cylindre de pression, la crémaillère fait opérer deux nouveaux tours en sens contraire au cylindre de pression pour imprimer le côté de deux.

Cylindre encreur. Ce cylindre appartient à l'encrier des presses à imprimer; l'encre y adhère directement. Le réglage s'opère à l'aide de vis qui éloignent ou rapprochent le couteau du cylindre, selon l'importance que l'on veut donner à la prise d'encre. C'est sur le cylindre encreur que le rouleau preneur s'empare de l'encre qu'il déverse ensuite sur la table.

Cylindres défileurs et raffineurs. Ces cylindres fonctionnent dans des piles en bois ou en métal; armés de lames d'acier tranchantes, ils sont chargés de défiler et de raffiner les chiffons dans la fabrication du papier.

Cymographe ou **Kymographion** n. m. Appareil enregistreur destiné à montrer les variations de la tension du sang dans les artères. Il se compose d'un manomètre mis d'une part en communication avec le sang, grâce à une ouverture pratiquée dans l'artère; et, d'autre part, avec un levier enregistreur qui trace les variations de la pression sanguine sur un cylindre tournant devant lui. Les deux cymographes les plus connus sont ceux de Ludwig et de Pick.

D

Davier n. m. Patte en fer qui sert à maintenir, dans la presse à bras, le petit tympan dans l'enchâssure du grand.

Dé, dez, n. m. Bloc d'acier sur lequel repose le pivot de la vis de pression dans la presse à bras.

Décognoir n. m. Outil en buis, en fer ou en acier, utilisé pour le desserrage des formes serrées avec des coins en bois ou en fer.

Décognoir en acier.

Défileuse n. f. Machine à défiler, à déchiqueter les chiffons, dans la fabrication du papier.

Dent d'arrêt du cylindre. Nom donné à la partie de la roue dentée du cylindre sur laquelle est fixé le pignon qui s'encastre dans la fourchette quand le cylindre a opéré sa rotation. Le temps d'arrêt qui se produit à ce moment, permet au margeur de placer à proximité des pinces la feuille à imprimer.

Dent de loup. Nom donné à un brunissoir d'agate à l'usage des doreurs.

Dextrine n. f. Composé hydrocarboné qui remplace la gomme arabique dans le gommage des étiquettes, enveloppes, etc.

Diamant n. m. Nom donné encore actuellement au corps de quatre points.

Diaphragmes n. m. Les vases poreux utilisés pour la galvanoplastie. — Tout ce qui est employé comme cloison.

Diésis n. m. Signe formé de deux croix latines placées pied à pied, qui servait autrefois d'appel de note.

Diplographe n. m. Appareil inventé, il y a plusieurs années déjà, par M. E. Recordon, et à l'aide duquel l'aveugle peut non seulement écrire pour ses semblables, mais faire en même temps en caractères typographiques, pour les voyants, la copie de ce qu'il a écrit.

Direct-Or n. m. Nom donné à un produit inventé par M. Lemaître, à Paris, et fabriqué par la maison Lorilleux ; il permet de supprimer le bronzage en imprimant directement avec une encre dorée.

Diviseur n. m. Sorte de couteau à bec recourbé, dont les clicheurs se servent pour séparer les clichés quand ils n'ont pas de scie à leur disposition.

Docteur n. m. Le couteau de l'encrier, dans les machines à imprimer sur étoffe.

Dominicaine (La). (V. Machine Calendoni.)

Double-Canon n. m. Ancien nom des corps (avec bas de casse) de 52 et 56 points.

Doubles ou Duels (Corps). Noms donnés autrefois aux lettres de deux points ou binaires.

Double-Trismégiste n. m. Ancien nom du corps (avec bas de casse) de 72 points.

Douze n. m. Nom donné à

un lingot de 12 points d'épaisseur ; la valeur même de douze points.

Drilles n. m. pl. Les chiffons non triés.

E

Echelle de Fournier. Autrefois il n'existait aucune concordance entre les corps des caractères, les anciens imprimeurs effectuant leurs travaux à l'aide de quelques types seulement. Quand on songea à augmenter le nombre de ces derniers, il en résulta de telles difficultés matérielles — la force des corps variant, aussi bien que leur hauteur — que le 28 février 1723, une ordonnance royale prescrivit aux fondeurs de donner à leurs caractères une hauteur uniforme, dite *hauteur en papier*, et fixée à *dix lignes et demie géométriques*.

POINT FOURNIER. — En 1737, Fournier eut l'dée d'établir des rapports fixes entre les différents corps, en leur donnant des calibres déterminés. Ainsi, par exemple, le gros romain égalait deux gaillardes, etc. En haut de la table indiquant ces rapports fixes, il plaça une *Echelle*, dite échelle Fournier « que je divise, dit-il, *en deux pouces*, le *pouce en douze lignes*, et la *ligne en six points*. » C'est en lignes et points de cette échelle qu'il exprimait les dimensions des caractères dans la table de son *Manuel*.

Au bas de son tableau, il indique ainsi les rapports de son échelle avec les mesures métriques d'alors :

« Tous les caractères doivent « avoir dix lignes et demie géomé- « triques de hauteur en papier, « selon les réglements du roi, ou « onze lignes trois points de « l'échelle. »

Or, 10 lignes et demie géométriques donnent, en mesures actuelles :

$$\frac{1^m 949 \times 10,5}{6 \times 12 \times 12} = 0^m 023685 \text{ ou}$$
23 millimètres 685

D'autre part, 11 lignes 3 points de l'échelle Fournier donnent ;
$6 \times 11 + 3 = 69$ points Fournier.

Et, comme 69 points Fournier valent 10 lignes 1/2 géométriques, ou $23^{mm} 685$, le point Fournier vaut en mesures actuelles :

$$\frac{23^{mm} 685}{69} = 0^{mm} 343$$

POINT DIDOT. — François-Ambroise Didot, reçu imprimeur en 1753, entreprit de donner des bases scientifiques au matériel typographique en rattachant ses dimensions aux mesures de longueur alors en usage. Il prit pour unité le *point typographique*, qu'il fit égal à 2 points métriques, le point métrique étant trop faible pour marquer une différence sensible d'un corps à l'autre ; de sorte que le point Fournier valant 2 points métriques est le 1/6 de la ligne de pied de roi. Prenons comme point de départ la toise de $1^m 949$, dont les subdivisions sont ainsi réglées : toise = 6 pieds ; pied = 12 pouces ; pouce = 12 lignes ; ligne = 12 points.

Le point Didot vaut en mesures actuelles :

$$\frac{1^m 949}{6 \times 12 \times 12 \times 6} = 0^{mm} 375 \text{ environ}$$

soit approximativement $\frac{3}{8}$ de millimètre

Ce qui donne pour le *douze* typographique une longueur d'environ 4 millimètres 5.

POINT FOURNIER RECTIFIÉ. — Dans son nouveau manuel de 1764, Fournier rectifia son échelle primitive, car, dit-il « je me suis aperçu que le papier, en séchant, avait rétréci un peu la juste dimension de l'échelle : j'ai prévu ce défaut en suppléant ce qu'il fallait pour le rétrécissement du papier. »

L'échelle Fournier *rectifiée* est telle que 144 points Fournier ont exactement la même longueur que 133 points Didot.

Or, 133 points Didot valent $0^{mm}375 \times 133 = 49^{mm}875$; 1 point Fournier *rectifié* vaudrait donc à peu près : $\frac{49^{mm}875}{144} = 0^{mm}346$

POINT NATIONAL. — L'imprimerie Nationale a adopté un système typographique différent des systèmes Fournier et Didot. Ce système, au lieu d'être sur *douze*, est sur *seize* ; ce qui a le précieux avantage de ne donner à la division aucun nombre fractionnaire, 16 étant exactement divisible par les puissances successives de 2 jusqu'à la quatrième.

D'autre part le *point national* diffère, comme valeur, des points Didot et Fournier. Il est tel que 16 points de l'imprimerie Nationale superposés ont exactement la même hauteur que 18 points Didot.

D'où 1 point de l'imprimerie Nationale vaut $\frac{18}{16}$ ou $\frac{9}{8}$ de point Didot. On peut donc dire que le *point national* est de $\frac{1}{8}$ plus fort que le point Didot, ce qui lui donne comme valeur approximative $\frac{0^{mm}375 \times 9}{8} = 0^{mm}423$. Quant à la différence de $\frac{1}{16}$ dont il est parlé quelquefois à propos du *point national*, elle s'explique naturellement par ce qui précède, car si la base du système Didot est le point métrique $\times 2$, celle du *point national* est de 1 point métrique $+\frac{1}{16}$ de ce point, le tout multiplié par 2. Ce qui donne comme différence du *point national* au *point Didot* $\frac{2}{16}$ ou $\frac{1}{8}$ de point.

En résumé : Le point Fournier de 1737 vaut $0^{mm}343$. — Le point Didot (1753) $0^{mm}375$. — Le point Fournier rectifié (1764) $0^{mm}346$. — Le point de l'imprimerie Nationale $0^{mm}423$.

Echoppes n. f. Petits burins de formes variables, à l'usage des clicheurs et des galvanoplastes.

Echoppe.

Ecumoire n. f. L'écumoire est en fer et pourvue d'un long manche. Elle sert aux fondeurs et aux clicheurs pour écumer la matière en fusion.

Eléphants n. m. Nom que certains conducteurs donnent, nous ne savons pourquoi, aux faux-cordons.

Elliot (L') n. f. Machine à écrire, d'invention américaine, combinée de telle sorte qu'elle peut fonctionner sur les livres de comptabilité, par exemple, alors qu'avec les précédentes machines on ne pouvait écrire que sur des feuilles volantes.

Elzévir n. m. Caractère de forme gracieuse et légère dont se servaient les célèbres imprimeurs de ce nom pour composer les ouvrages qui ont fait leur réputation. C'est à tort qu'on leur attribue la gravure de ces caractères qui existaient avant eux; ils ont simplement contribué à en répandre l'emploi.

Embrayage n. m. Mécanisme qui, dans les machines à imprimer, a pour fonction de mettre celles-ci en mouvement et d'en arrêter la marche. L'embrayage est placé à proximité du margeur pour qu'il puisse l'utiliser à volonté.

Empire (L'). Nom donné à une machine d'invention anglaise, et qui peut composer, paraît-il, 10,000 lettres à l'heure. Elle nécessite l'emploi de trois personnes : un *composeur*, un justifieur et un distributeur. Ces deux derniers opèrent sur des machines spéciales placées à proximité de l'Empire.

Encres d'imprimerie. L'encre d'imprimerie est un composé de noir de fumée et d'huile de lin cuite et réduite à l'état de vernis. Le tout est broyé, pendant plusieurs jours, à l'aide de machines spéciales, de manière à ce que l'intimité du mélange soit absolue. Il y a différentes qualités d'encres noires, parmi lesquelles l'encre d'affiches, à journaux, à labeurs et à vignettes. Autrefois, les imprimeurs fabriquaient eux-mêmes leurs encres. Ce fut Pierre Lorilleux qui créa en France, en 1816, à la Maison-Blanche, et en 1824, à Puteaux, notre première fabrique d'encres. Cette fabrique fut installée dans le moulin à vent de Chante-Coq, qui est devenu la marque bien connue de la maison Ch. Lorilleux et Cie.

Encres noires typographiques (Prix des). Extra supérieure, le kilog. 20 fr.; supérieure, 15 fr.; extra-fine, 12 fr.; vignette surfine, 12 fr.; fine, 8 fr.; ordinaire, 6 fr.; labeurs de luxe, 5 fr.; ordinaires, 2 fr. 50 à 3 fr.; affiches et journaux, 1 fr. à 2 fr.; laque noire, 20 fr.

Encres à tampon (Prix des). Le litre : noire, blanche, verte, 6 fr.; bleu acier, vermillon et solférino, 10 fr.; bleu orient, 8 fr.; bistre toutes nuances, 5 fr.; carmin, selon numéro, 15 à 30 fr.; magenta et violet Hofmann, 12 fr.; vermillon extra, 15 fr.

Encres communicatives (Prix des). On donne le nom d'encres communicatives à celles dont on se sert pour décalquer, à l'aide d'une pression, une lettre, un document que l'on vient d'écrire et dont on veut garder copie, d'où le nom de *presse à* *copier* donné à l'appareil employé pour opérer la pression, et celui de *copie de lettres* porté par le registre destiné à recevoir le décalque. Le kilo : noir copiant bleu et violet, 20 fr. ; bleu, 20 fr. ; violet, noir, vert, rouge, 20 fr.

Encres de couleurs pour relieurs (Prix des). Le kilo : vermillon, 16 fr. ; rouge lincoln, bleu clair, violet mauve, marron clair, bleu de Chine, 15 fr. ; rouge de Perse foncé, 35 fr. ; rouge minéral, mine orange, rouge de Venise, jaunes de chrome clairs et foncés, jaunes washington clairs et foncés, sienne naturelle ou calcinée, ombre naturelle ou calcinée, vert foncé, bleu orient, gris clair, sépia, chamois clair, marron foncé, brun violacé, vert clair, gris vert, rose, vert noir, gris noir, jaune rosé, 12 fr. ; laque anglaise, 90 fr. ; bleu cobalt, 100 fr. ; imitation bleu cobalt, 25 fr. ; rouge nacarat, 30 fr.

Encres de couleurs pour affiches (Prix des). Rouge vif, le kilo : 5 à 6 fr. ; vert, clair ou foncé, 6 fr. ; bleu, clair ou foncé, 6 fr. ; jaune, clair ou foncé, 4 fr. ; jaune souci, 9 fr. ; brun, 6 fr. ; violet, 8 fr.

Encres et couleurs spéciales pour phototypogravure (Prix des). Bleu et bleu bronze, le kilo : 18 fr. ; bleu hirondelle et opale, brun, vert noir, bistre verdâtre, 10 fr. ; rouge, vert foncé et russe, violet foncé, brun rouge foncé et foncé, vert sombre, rouge brique, gris, ombre claire et brûlée, bistre, laque violette, sienne foncée, ombre foncée, sanguine, orangé, bleu noir, vert bleu, chair, rose, 12 fr. ; laque noire, violet noir, bleu hirondelle et foncé, bistre noir, prune, violet extra-noir et brillant, violet, brun marron, grenat, bleu de ciel, teinte neutre, 15 fr. ; jaune, 7 fr. 50 ; noir brillant, 8 fr. ; noir mat, 6 fr. ; laque violette, violet rouge, bistre jaunâtre, rouge clair, brun rouge, sépia, bistre brun, 18 fr. ; rouge bistre et grenat, 20 fr. ; jaune clair, 10 fr. ; rose, 25 fr.

Encres noires pour relieurs (Prix des). Extra brillante, forte, moyenne, douce, faible, 12 fr. le kilo.

Encres spéciales pour chèques, traites, etc. (Prix des). 15 fr. le kilo.

Encres typographiques communicatives. Sont fabriquées par la maison Lorilleux, de Paris, et se comportent comme l'encre communicative à écrire. Elles servent à prendre le double des documents dont on a intérêt à garder copie, tels que les lettres d'avis ou de voiture, connaissements, etc. Ces encres, ne contenant aucune matière grasse, sont solubles dans l'eau pure.

Endosseuses n. f. Les endosseuses remplacent l'étau dans les petits formats et fonctionnent à l'aide d'une pédale. Avec elles le dos des volumes se forme très rapidement, grâce à l'oscillation circulaire d'un rouleau que le relieur fait agir au moyen d'un levier.

Endosseuse américaine. Elle se compose d'une sorte d'étau dont les mordaches sont plus longues que celles en usage habituellement. L'étau est surmonté d'un cylindre en fer qui se meut à volonté d'arrière en avant et d'avant en arrière, et que l'on promène sur le dos des livres pour leur donner la rondeur voulue.

English n. m. Caractère anglais dont la force de corps correspond à notre ancien cicéro.

Entre-deux n. m. Nom donné aux ais à endosser que le relieur place entre les volumes quand il en endosse plusieurs à la fois.

Entretoises n. f. Pièces de fer, fixes ou boulonnées, qui servent à réunir et à immobiliser les différentes parties d'une machine, comme par exemple les côtés latéraux des bâtis.

placées à l'avant des machines à papier et qui ont pour objet de retenir et de recevoir les boutons ayant résisté à l'affleurage.

Equerres n. f. Les équerres sont des lames de fer, de douze points d'épaisseur, à l'usage des clicheurs ; elles sont pourvues de deux poignées en bois et se placent sur les marges de l'empreinte avant de rabattre la platine du moule à

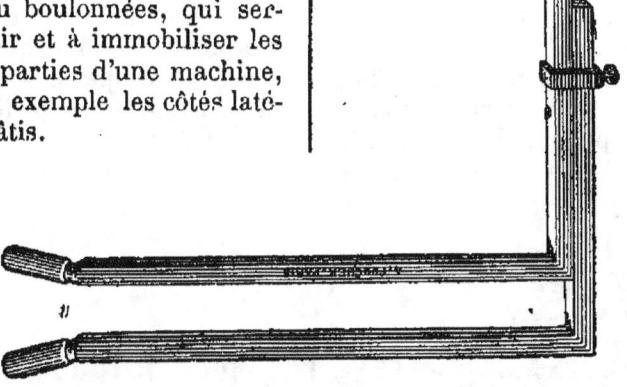

Equerres de clichage.

Epaulement n. m. Collet carré qui entourait la noix de la vis sous le sommier auquel il était cloué, dans les anciennes presses à nerfs.

Epaulette n. f. Sorte de moise qui, dans la presse à bras, sert de bride à l'arbre du barreau, et qui passe dans une ouverture ménagée à cet effet.

Eponge n. f. L'éponge sert aux typographes pour mouiller la distribution, et aux lithographes à mouiller la pierre avant de distribuer l'encre sur celle-ci.

Epurateurs n. m. Caisses

clicher. Ce sont elles qui donnent l'épaisseur voulue au cliché, la matière en fusion se répandant dans le vide laissé par elles entre l'empreinte et la platine.

Equerre de pente.

Equerre de hauteur. Ces équerres, qui sont de la hauteur de la lettre, servent à couler des blocs de matière destinés à la fonte de clichés.

Equerre à T. Les fondeurs se servent de cet outil pour donner aux matrices une pente uniforme. Prix 16 fr.

Equerre de pente. Cet outil sert aux fondeurs pour vérifier la pente de l'italique. Prix, 20 fr.

Espace n. f. Petit bloc de matière, plus bas que la lettre, que l'on met entre les mots pour les séparer. On compte trois sortes d'espaces, les fortes, les moyennes et les fines.

Etain n. m. Métal d'une couleur blanc d'argent, malléable, solide, léger, brillant et jouissant, comme le plomb, d'une grande ductilité. L'étain entre dans les caractères d'imprimerie dans la proportion de 8 à 10 p. 0/0.

Etau à endosser. Sert aux relieurs pour serrer les volumes à endosser. Il a la forme d'un étau ordinaire, mais les mordaches ou mâchoires sont mobiles et leur longueur varie selon celle des ouvrages qu'elles doivent serrer.

Etresse n. f. Papier gris très épais. Feuille de carton.

Etui. (V. Fourreau.)

Eventail n. m. Morceau de carton, de zinc ou de fort papier, que les lithographes agitent au-dessus de leurs pierres humides pour les faire sécher.

Excentrique n. m. Pièce de fonte, dont la forme est basée sur le mouvement qu'elle doit donner à une machine. Ce sont les excentriques qui règlent le mécanisme et donnent à celui-ci sa précision en permettant à chaque pièce d'agir selon la fonction qui lui est dévolue.

Fac-simile d'un fragment de manuscrit du XIVᵉ siècle avec initiale ornée.

F

Fac-simile n. m. Imitation exacte, par un procédé quelconque, d'un dessin ou d'une page d'impression.

Farine n. f. La farine sert à

la fabrication de la colle de pâte; la farine de seigle, plus riche en gluten que celle du blé, rend la colle plus adhésive.

se placent à l'intérieur de rabots en fonte et servent à donner l'œil aux filets : maigres, double-maigres, gras, demi-gras, quart-gras, de cadres, ombrés et azurés.

Multis nuper ad me suauissimas Gaspa/ rini pergamensis epistolas, nō a te modo diligent emēdatas: sed a tuis quoq̃ ger/

Fac-similé d'un fragment du premier livre imprimé à Paris, par Ulrich Gering, vers 1470.

Faux cordons. Nom donné à ceux que l'on place quelquefois sur les deux tringles situées devant le cylindre des machines à imprimer; ils ont pour objet de maintenir la feuille avant l'entrée en pression et de lui éviter les faux plis.

Fer à fileter. Outil de doreur servant à faire les filets sur la couverture des livres.

Ferlet n. m. Nom de l'étendoir.

Fermoir n. m. Agrafe employée pour la fermeture des livres.

Fers à filets. Ces fers, à l'usage des fondeurs en caractères,

Fers à filets. Comme les fers azurés, ceux-ci ne sont autres que les fers italiens dont on ne laissa subsister que les contours en évidant l'intérieur.

Fers à gaufrer. Outil dont le nom suffit à indiquer l'emploi. Le gaufrage du papier, à l'aide des

Fer à fileter.

fers, se fait toujours à chaud.

Fer à polir. Lame de fer à l'usage du relieur. Cette lame a la forme d'un quart d'ellipse avec

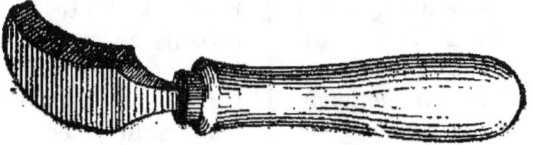

Fer à polir les dos.

un des bords en biseau parfaitement lisse. Le polissage se fait à chaud, à une température qui varie selon la nuance et la nature des cuirs que l'on veut polir.

Fers à tortillons. Ces fers, dont fit particulièrement usage le relieur du Seuil, élève et gendre de Padeloup, procèdent des fers fanfare et pointillés, avec cette différence qu'ils comportent une ornementation intérieure et extérieure que ne comportent pas les premiers.

Fers azurés. Ces fers ne sont autres que les fers italiens agrémentés de hachures. Plus gracieux que les premiers, ils furent employés pour décorer les reliures dites de Grolier.

Fers de la transition. Ces fers caractérisent les reliures de Padeloup (très probablement Michel-Antoine, XVIIe-XVIIIe siècles). Ils sont représentés par des rinceaux dans lesquels ou avec lesquels se jouent les fleurs et les oiseaux.

Fers du XVIIIe siècle. Marquent la décadence de l'emploi des fers dans la dorure. Ils sont lourds et empruntent leurs motifs aux fers fanfare et à ceux de la transition. Ils furent surtout employés par les de Rome, dont la famille compte quatorze relieurs de ce nom.

Fers fanfare. Nom donné à des fers en forme de trompe de chasse et de cornes d'abondance, avec lesquels les relieurs du XVIIe siècle ornaient les couvertures des livres. Ce nom moderne vient de *Fanfare*, un ouvrage de Charles Nodier, sur lequel le relieur Thouvenin avait reproduit un dessin de cette forme.

Fers italiens ou **aldins.** Ainsi appelés de ce qu'ils trouvèrent un fréquent emploi sur les couvertures des livres imprimés par la célèbre famille des Alde Manuce. Ces fers sont dans la forme des ornements de la fin du XVe siècle. Ils sont lourds et peu agréables à l'œil.

Fers monastiques. Dans la dorure, ces fers servent à reproduire les ornements dont les anciens imprimeurs se servaient pour décorer les livres de piété. Ils représentent des anges, des dragons, en un mot tous les dessins en usage dans le courant des XIVe et XVe siècles.

Fers mosaïques. Ont été mis à la mode par les Padeloup, à la même époque que les *fers de transition*, avec lesquels on les confond quelquefois. Pourtant, l'expression *mosaïque* s'applique plus particulièrement aux reliures en maroquin de différentes couleurs que l'on pratiquait à cette époque.

Fers (Petits). C'est Legascon qui, le premier, répandit l'usage des petits fers, dont la réunion judicieuse forme des dessins gracieux et variés à l'infini (XVIe siècle).

Fers pointillés ou **Fers Legascon.** Ces fers, généralisés par le célèbre relieur Legascon, revêtent toutes les formes des dessins en usage au XVIIe siècle. Comme leur nom l'indique, les lignes, au lieu d'être tracées au trait, sont tracées en pointillé.

Fer à souder. Le fer à souder des clicheurs a la même forme que celui des zingueurs et des chaudronniers, mais depuis quelques années, on emploie un fer spécial, qui se chauffe au gaz, à l'aide de courants d'air établis par des trous situés dans la poignée du fer, lequel donne d'excellents résultats. Prix : 6 fr.

Ficelle n. f. La ficelle est très

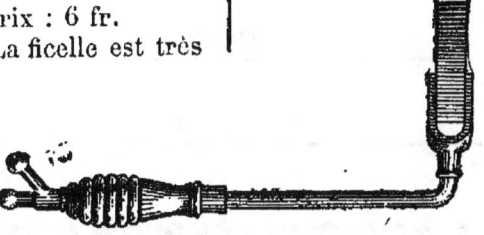

Fer à souder au gaz.

employée en typographie, où elle sert à lier les paquets et les pages de composition.

Filets n. m. On appelle filets des lames de plomb généralement fondues sur une longueur de 0^m 85 et que l'on coupe selon les besoins, sur les justifications voulues. Les filets sont en plomb, en zinc ou en cuivre ; ils ont des forces de corps qui varient de 1 point à 24 points. C'est ainsi que l'on dit filet maigre de 2, 3, 4, 6 points ; filet de cadre de 3, 6 ou 9 points, et ainsi de suite pour chaque variété. Les filets de 1 point se font en cuivre.

Filets à épaulement. Filets maigres dont l'œil est d'un seul côté et à fleur de plomb.

Filets anglais. Petits filets dont le milieu a la forme d'un double fer de lance ; ils s'emploient surtout dans les journaux pour séparer les articles : (——◆——).

Filets à perforer. Ces filets sont généralement faits en forme de pointillé. Ils sont en cuivre, légèrement plus hauts que la lettre et se placent dans la forme à leurs endroits respectifs, de façon à perforer la feuille en même temps que l'on tire celle-ci.

Pour les empêcher de couper les rouleaux, on met en regard une légère hausse de papier, que l'on colle sur les chemins en bois.

Filets azurés. Filets dont les traits sont légers et très serrés, en imitation de l'azur des écussons.

Filets bas. Filets légèrement plus bas que la lettre ; on les emploie dans les modèles de blanc, c'est-à-dire dans les travaux où il y a du remplissage à faire à la main, ils servent aussi, concurremment avec les filets pointillés, à confectionner les réglures imprimées.

Filets de cadre. Ceux dont l'œil est formé d'une ligne grasse et d'une ligne maigre.

Filets demi-gras. Filets dont l'œil est moitié moins fort que celui du filet gras.

Filets double maigre. (V. filets gouttière.)

Filets gouttière. On nomme ainsi ceux dont le milieu est creux, avec deux bords maigres.

Filets gras. Ceux dont l'œil se rapproche le plus de celui des filets noirs.

Filets grisés. (V. Filets bas.)

Filets guillochés. Ceux sur lesquels on a gravé des dessins en guillochis.

Maigre 3 points.

———————————————————————————

1/4 Gras 3 points.

———————————————————————————

1/2 Gras 3 points.

———————————————————————————

Mat 3 points.

———————————————————————————

Double Maigre 3 points.

———————————————————————————

Double Demi-Gras 3 points.

———————————————————————————

Gras et Maigre 3 points.

———————————————————————————

Triple 3 points.

———————————————————————————

Triple 3 points.

———————————————————————————

Pointillé 3 points.

···

Tremblé 3 points.

∼∼∼∼∼∼∼∼∼∼∼∼∼∼∼∼∼∼∼∼∼∼∼∼∼∼∼∼∼∼∼

Tremblé 3 points.

∼∼∼∼∼∼∼∼∼∼∼∼∼∼∼∼∼∼∼∼∼∼∼∼∼∼∼∼∼∼∼

Tremblé 3 points.

∼∼∼∼∼∼∼∼∼∼∼∼∼∼∼∼∼∼∼∼∼∼∼∼∼∼∼∼∼∼∼

Ondulé 9 points.

～～～～～～～～～～～～～～～～～～～～

Azuré-Ondulé 12 points.

～～～～～～～～～～～～～～～～～～～～

Ces filets nous ont été obligeamment fournis par la
Maison G. Peignot et Fils.

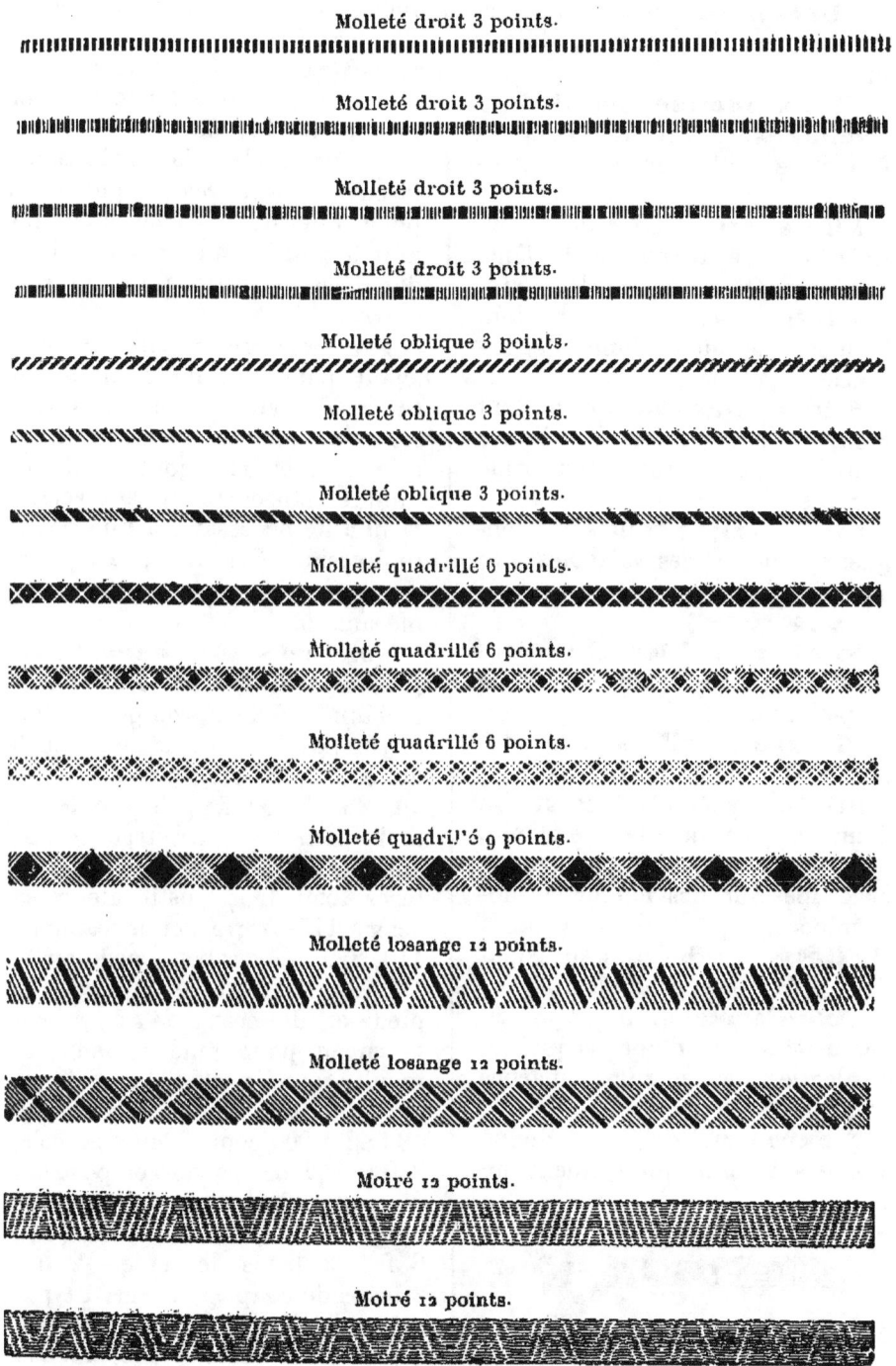

Molleté droit 3 points.

Molleté droit 3 points.

Molleté droit 3 points.

Molleté droit 3 points.

Molleté oblique 3 points.

Molleté oblique 3 points.

Molleté oblique 3 points.

Molleté quadrillé 6 points.

Molleté quadrillé 6 points.

Molleté quadrillé 6 points.

Molleté quadrillé 9 points.

Molleté losange 12 points.

Molleté losange 12 points.

Moiré 12 points.

Moiré 12 points.

Filets maigres. Ceux dont l'œil est formé d'une simple ligne maigre.

Filets moletés ou **Filets hachures.** Filets dont l'œil est formé de tailles droites ou penchées.

Filets noirs. Ceux dont l'œil tient toute l'épaisseur de la lame de plomb. On dit aussi *filet plein*.

Filets ombrés. Ceux dont l'œil est dégradé et donne l'apparence de l'ombre.

Filets ondulés. Ceux dont l'œil, uni ou agrémenté de lignes noires ou grises, revêt une forme ondulée.

Filets ornés. Filets de longueur et de formes variables, qui sont agrémentés d'ornements : (⋐⋙⋉⋙⋑).

Filets pointillés. Ceux dont l'œil est formé d'une succession de petits points.

Filets quadrillés. Ceux dont l'œil a la forme d'un treillis.

Filets systématiques. On donne ce nom aux filets de plomb, cuivre ou zinc, qui sont fondus ou coupés sur des longueurs déterminées.

Filets tremblés. Ceux dont l'œil a la forme tremblée.

Fixe-Forme n. m. Appareil peu usité pourvu d'une vis qui sert à caler les formes sur le marbre de la presse.

Fleuron n. m. Nom donné aux fers à dorer qui forment un

Fer à dorer ou fleuron.

motif quelconque sans l'adjonction d'autres fers.

Flôtres n. m. Supports en feutre très épais entre lesquels on met les feuilles de papier sortant de la forme, dans la fabrication à la cuve. Les flôtres ou feutres ont pour objet de ressuyer la feuille afin de pouvoir manipuler celle-ci dans les opérations qui doivent suivre.

Fluidogène n. m. Produit ayant pour but de diminuer le tirage des encres devenues trop fortes ou que le froid a concentrées ; quelques gouttes de ce liquide suffisent pour leur rendre la fluidité nécessaire à une bonne impression. Prix du litre : 12 fr.

Folioteur n. m. Numéroteur mécanique.

Fonderie de caractères (Devis d'installation d'une). Machine à fondre, rompre, frotter et composer les caractères, du 5 au 14, 3,000 fr. ; *idem*, du 16 au 28, 3,500 fr. ; 8 moules à main pour gros caractères, du 32 au 120, 590 fr. ; coupoir à caractères, 650 fr. ; justificateur en acier, 110 fr. ; rabot mécanique, 110 fr. ; 4 rabots ordinaires, 120 fr. ; 12 fers assortis d'œil, de pied et de cran, 24 fr. ; petit fourneau pour fondre dans les moules à main, 45 fr. ; série de cuillers pour moules à main, 40 fr. ; 1,000 composteurs en bois, 280 fr. ; 2 paires de composteurs d'apprêt, 10 fr. ; 2 couteaux d'apprêt, 20 fr. ; 2 limes d'apprêt, 6 fr. ; 2 haies de table, 12 fr. ; 2 haies de coupoir, 50 fr. ; 1 typomètre de 288 points, 40 fr. ; 2 justifications et jetons, 24 fr. ;

1 pierre-émeri, 30 fr.; machine à créner, 80 fr.; 2 galées, 10 fr.; fourneau à fondre la matière, 380 f.; pochon et écumoire, 24 fr.; 2 lingotières, 18 fr.; emballage, 240 fr. : total, 9,413 fr. Ce devis peut être ramené à 6,000 fr. pour une fonderie de moindre importance.

Fonds de bois. Concurremment avec les fonds de carton, on se sert de fonds de bois, de chêne plus particulièrement, en raison des veines qu'il possède et qui viennent très nettement à l'impression si la planche a été convenablement polie et si la couleur du fond n'est pas trop chargée.

se servir de carton ordinaire, *d'une seule pâte*, mais que l'on fera bien de silicater.

Fond de celluloïde. Ces fonds ont été mis à la mode il y a quelques années. Plus résistants que les fonds de carton, ils ne tarderont pas à remplacer ces derniers. L'inconvénient du celluloïde est son extrême inflammabilité.

Forêt n. f. Nom donné autrefois à une tablette à compartiment, sur laquelle on rangeait les bois et les biseaux servant à garnir les formes.

Forme n. f. Châssis rectangulaire en bois, recouvert d'une toile

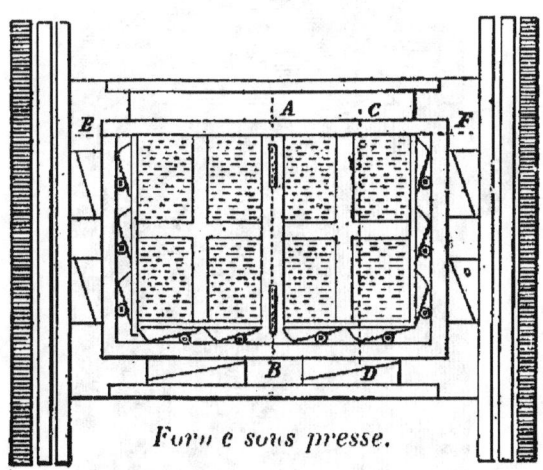

Forme sous presse.

Fonds de carton. Les fonds de carton sont mis en usage pour certains petits travaux de luxe. On se sert pour cela d'un carton spécial, que l'on peut découper pour réserver des blancs destinés à recevoir des lignes, des filets, des vignettes, etc., que l'on ne veut pas imprimer sur le fond. A défaut de carton spécial, on peut

métallique en vélin ou à vergeures, surmonté d'un cadre évidé appelé couverte. La forme est l'outil principal du formaire dans la fabrication du papier à la main.

Forme. Planche de composition typographique imposée dans un châssis en fer, quel que soit le nombre de pages que ce châssis contienne. La figure ci-contre représente une forme placée sur le marbre d'une machine à imprimer.

forgé ou en fonte, placée derrière les jumelles, et qui sert de levier pour faire remonter la platine des

Fourneau à dorer.

Fouet n. m. Nom donné par les relieurs à la ficelle dont ils se

presses à bras quand la pression a été donnée. Pièce de fer échan-

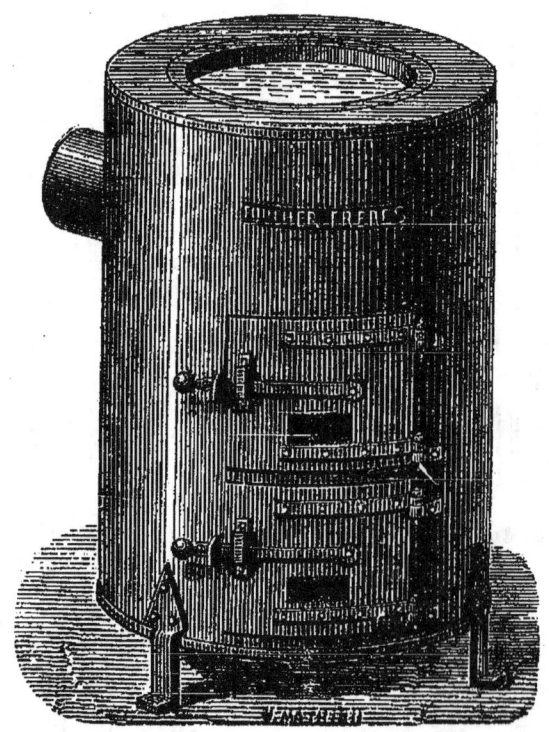

Fourneau à matière.

servent pour certains de leurs travaux.

Fourchette n. f. Pièce en fer

crée, en forme de clef à écrou, et dans laquelle vient s'encastrer le pignon fixé au-dessus de la dent d'arrêt du cylindre dans les machines à imprimer. Quand ce nom est employé au pluriel, il est synonyme de peignes.

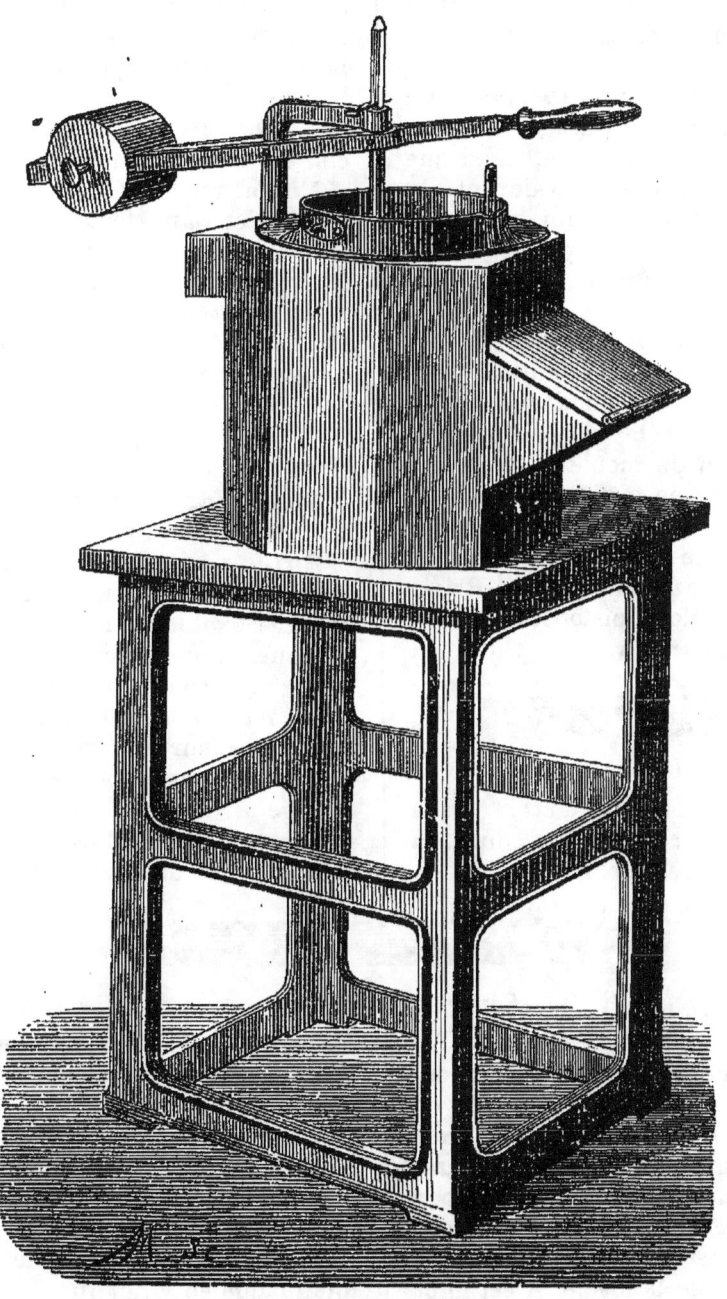

Fourneau à piston.

Fourneau à dorer. Appareil sur lequel le doreur fait chauffer les fers à dorer. Ces appareils fonctionnent au gaz ou au charbon.

Fourneau à matière. Ce fourneau est à l'usage des clicheurs et des fondeurs, ainsi que l'indique la figure ci-devant, la matière en fusion qui se trouve dans cet appareil, se prend à l'aide d'un pochon pour être versée dans le moule.

Fourneau à piston. Ce fourneau remplace la cuiller pour fondre dans les moules à main. On introduit le nez du creuset dans le jet du moule et on règle la quantité de matière, suivant le corps que l'on veut fondre, à l'aide d'une vis qui vient butter contre le levier du piston. Prix : 250 fr.; à deux pistons, 300 fr.

Fourreau n. m. Outil en

Fourreau.

métal, en forme d'étui. dans lequel le relieur introduit la pointe à rabaisser.

Fourreau à rabaisser.

Frisquette n. f. Cadre en fer méplat, dont la surface est recouverte de plusieurs épaisseurs de fort papier. La frisquette est fixée sur le tympan de la presse à bras, sur lequel elle se rabat, pour maintenir la feuille à imprimer et empêcher celle-ci de porter sur les blancs de la forme. A cet effet elle a été préalablement découpée afin de permettre aux parties de la forme qui doivent être imprimées de prendre l'encre sous la pression exercée par le coup de barreau.

Fuchsine n. f. Nom commercial de la rosaniline.

Fût n. m. Le fût est une sorte de chariot dans lequel s'encastre le couteau à rogner, Le relieur fait mouvoir ce chariot d'avant en arrière, et réciproquement. Le fût est l'accessoire indispensable de la presse à rogner.

G

Gaillarde n. f. Ancien nom du corps de huit points.

Galée n. f. Petite tablette en bois ou en zinc, pourvue d'une équerre fixe de 14 millimètres de hauteur, sur laquelle le compositeur vide son composteur au fur et à mesure des besoins. C'est également sur la galée que se mettent les paquets lorsque l'on corrige à la casse. On nomme *galées à pied* celles qui sont montées sur un plan incliné de façon à pouvoir être placées sur les marbres, sans calage, dans la position normale.

Galées à coulisse. Ces galées sont généralement de grande dimension et se composent d'un plateau en bois, pourvu de coulisses en fer, dans lesquelles joue une plaque en zinc, que l'on sort pour couler la page sur le marbre ou sur un porte-page. Ces galées, très encombrantes, ne sont plus toucheurs et dont la fonction est de leur donner la rotation nécessaire.

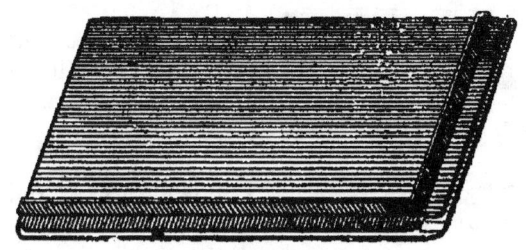

Galée ordinaire.

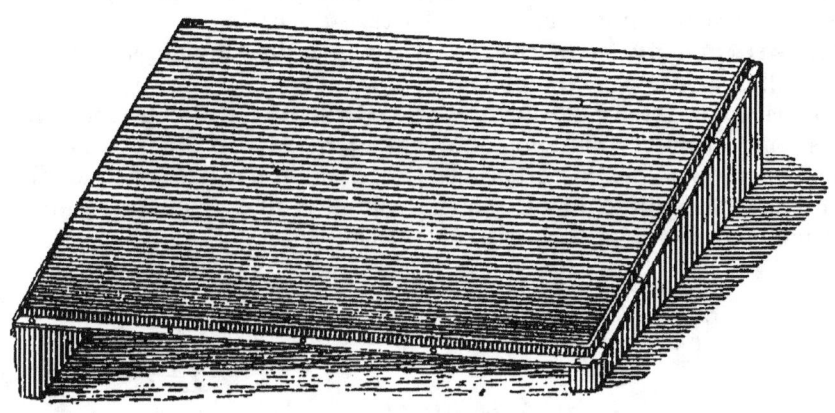

Galée à pied.

guère en usage, ayant été remplacées par les plateaux, qui coûtent sensiblement moins cher, et rendent les mêmes services.

Galerie n. f. Salle de composition de forme oblongue ou rectangulaire. Les galeries sont généralement situées au-dessus de l'atelier des machines et entourées de balustrades à hauteur d'appui.

Galets n. m. Petits cylindres pleins, en fonte, placés dans les glissières dont ils facilitent le mouvement. On nomme également galets les cylindres de fonte placés à l'extrémité des rouleaux

Garance n. f. C'est la racine de garance réduite en poudre qui fournit l'alizarine, principe colorant qui donne le beau rouge connu sous le nom de laque de garance.

Garmond n. m. Nom donné, par aphérèse, en Allemagne et en Angleterre, à un type de caractère ancien, en mémoire de Claude Garamond, un des premiers graveurs français, célèbre par les fontes multiples qu'il grava pour le compte des imprimeurs français et étrangers et celui de l'imprimerie Royale, sur l'ordre de François Ier.

Garnitures n. f. Les garnitures sont les plombs ou lingots qui servent à constituer les blancs

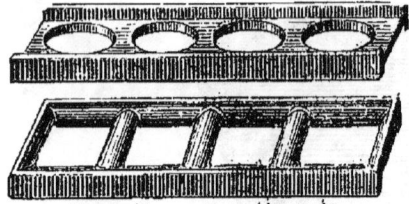
Garnitures ou lingots.

des impositions ainsi que l'encadrement des pages, lorsqu'on s'apprête à serrer une forme.

Garnitures de hauteur. Ce sont celles dont se servent les clicheurs pour serrer leurs formes. Elles ont, comme hauteur, un point de moins que la lettre et sont biseautées du côté où elles touchent à celle-ci. Ce biseau a

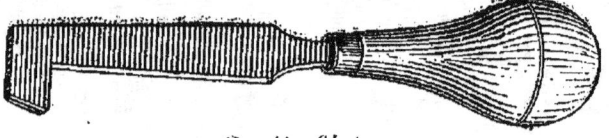
Gratte-filets.

pour objet de réserver un blanc de chaque côté du cliché, blanc sur lequel doivent porter les griffes quand ce cliché a été lui-même raboté en forme de biseau pour être fixé sur blocs.

Genouillère. (V. Cardan (Joint de.)

Glissières n. f. Cadres rectangulaires en fonte, sans fond et très allongés, qui supportent le marbre des machines à imprimer et se meuvent dans les bandes. Les glissières sont presque toujours à galets, afin d'en faciliter le mouvement; quand elles n'en sont pas pourvues, on les dénomme *glissières plates*.

Gobelet n. m. Nom quelquefois donné à la grenouille.

Gomme adragante. S'extrait, par exsudation spontanée, d'arbustes de la famille des *astragalus*. Elle sert à l'apprêt de certains papiers dont elle facilite le lissage.

Gorge n. f. L'ouverture du porte-rateau, dans laquelle s'intercale le rateau d'une presse lithographique à bras.

Gorge des pinces. Ouverture du cylindre où se trouve la tringle sur laquelle sont fixées les pinces.

Graine d'Avignon, d'Espagne ou de Perse. Baie desséchée du nerprun, de laquelle on obtient une couleur d'un très beau jaune.

Graphite n. m. (V. Plombagine.)

Gratte-Filets n. m. Sorte de grattoir avec lequel les imprimeurs et les clicheurs grattent l'œil des filets écrasés ou mal venus.

Grenouille n. f. Dans la presse à bras, sorte de cubilot dans lequel s'introduit l'extrémité inférieure de la vis de pression; c'est dans la grenouille que se place le dé ou dez.

Griffes n. f. Petites pinces mobiles, à une seule branche, en tôle d'acier, qui se placent dans la garniture des formes pour maintenir les clichés sur les blocs.

Grillage n. m. **Grille** n. f. Appareil en fer, en forme de châssis rectangulaire, et muni

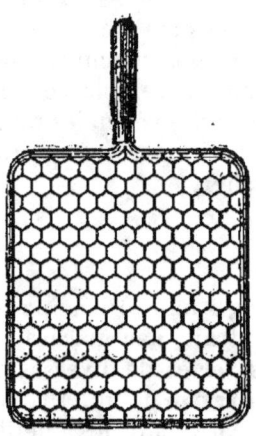

Grille à jasper.

d'un manche sur un des côtés; il sert aux relieurs pour jasper la tranche des livres.

Grille n. f. Petit casseau fait de filets de plomb, dans lequel on met des sortes algébriques peu courantes pour la correction qui se fait sur le marbre dans les ouvrages spéciaux.

Gros canon n. m. Ancien nom des corps 40 et 44.

Gros points. Les gros points, également dénommés *points de conduite* et *points de suspension*, servent soit à conduire, à rattacher, dans les tableaux, les nomenclatures aux chiffres ou aux accolades, soit à *suspendre* une phrase, un texte que l'on veut passer sous silence ou laisser deviner au lecteur. Les gros points sont généralement fondus sur demi-cadratin du corps auquel ils appartiennent.

Gros romain n. m. Ancien nom des corps de 16 et 18 points.

Grosse non-pareille n. f. Ancien nom des corps de 96 et 115 points.

Grosse sans-pareille n. f. Ancien nom des corps de 138 points.

Gros texte n. m. Ancien nom du corps de 14 points.

Guillemets n. m. Les guillemets servent à isoler une citation que l'on ne veut pas mettre en caractère inférieur au texte. On guillemète au long ou aux alinéas, selon les cas. Ce signe typographique a la forme suivante : « ».

H

Haie de coupoir. Dans les fonderies, sorte de râtelier sur

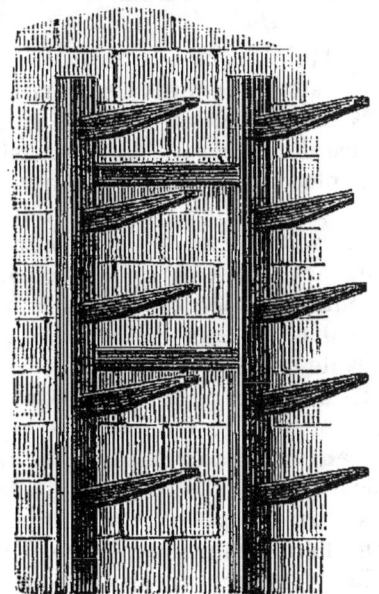

Haie de coupoir.

lequel on place les composteurs remplis de lettres en attendant que les metteurs en pages s'en emparent pour les mettre en paquets.

Haie de table. Cet outil, à l'usage des fondeurs, se place sur

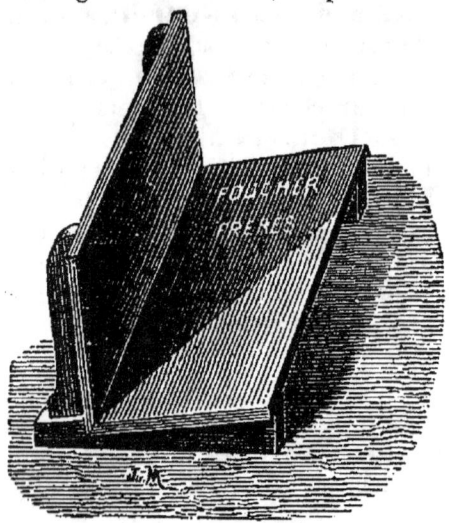

Haie de table.

une table pour y recevoir les composteurs remplis de lettres.

Haut de casse. Partie supérieure d'une casse, dans laquelle sont placées les grandes capitales et la plupart des lettres minuscules accentuées et supérieures. Dans les casses à deux compartiments, les petites capitales ont leur place dans la partie droite du haut de casse.

Hématine n. f. Principe colorant du bois de Campêche.

Hémodromographe n. m. Appareil enregistreur de la vitesse du sang, qui se compose d'un hémotachomètre, dont l'aiguille frotte sur un appareil enregistreur. L'hémotachomètre est constitué essentiellement par un tube en verre qui, adapté aux extrémités d'une artère divisée, contient un petit pendule que le courant sanguin dévie plus ou moins, suivant sa vitesse.

Huile de pied de bœuf. On se servait autrefois exclusivement d'huile de pied de bœuf pour le graissage des machines; aujourd'hui on l'a remplacée en partie par des huiles végétales plus lubrifiantes et coûtant sensiblement moins cher.

I

Indigo n. m. Principe colorant qui s'extrait, par macération, des feuilles vertes de diverses plantes.

Inkoleum n. m. Produit servant à rafraîchir les vieilles encres d'imprimerie.

Interligne n. f. Lamelle de plomb, d'épaisseur variable, que l'on met entre les lignes d'une composition dite *interlignée*.

Interrupteur de pression. Mécanisme qui, dans les machines lithographiques, permet de retirer des pinces, sans arrêter la machine, une feuille mal margée.

Irréductible (L') n. f. Nom donné par MM. Sédard frères, à une pâte à rouleaux qui a la propriété de ne pas se rétrécir.

Italique n. m. Caractère penché à droite, que l'on prétend avoir été inspiré à Alde Manuce par l'écriture de Pétrarque.

J

Jantes n. f. Pièces de bois courbées qui forment la partie extérieure d'une roue ou d'un volant en bois ou en métal, quand ce dernier n'est pas coulé d'une seule venue. Lorsque le volant est d'une seule venue, sa partie extérieure s'appelle *la jante.*

Jatte n. f. Ustensile de bois, en forme de calotte sphérique

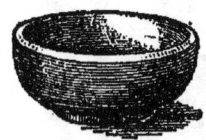

Jatte.

renversée, dans lequel on met de l'eau, des cadrats, des espaces, etc.

Jaunes pour impressions typographiques et lithographiques (Prix des). Le kilo : 7 fr. 50 à 10 fr.; léger foncé et clair, 6 fr. ; de zinc, 7 fr. ; de Naples, brillant rosé et foncé, 12 fr. ; transparent foncé et clair, 18 à 20 fr. ; de cadmium, 50 fr. ; orangé, 6 fr. ; de mars et washington, 8 fr. ; laque jaune, de 15 à 20 fr.

Jet n. m. On appelle ainsi la partie débordante d'un cliché ou d'une lettre qui viennent d'être coulés. C'est dans le jet que se réfugie l'air emmagasiné dans le moule, ce qui évite les soufflures, lesquelles seraient inévitables sans cela et rendraient le produit inutilisable.

ment sur corps les grosses lettres, cadrats, filets, etc.

Jute n. f. Végétal qui entre dans la fabrication de certains papiers.

K

Kaolin n. m. Substance terreuse qui entre dans la fabrication de la porcelaine et dans celle de divers papiers.

Kas n. m. (V. Cas.)

Kinétographe n. m. Appareil inventé par Édison, et qui a pour objet, grâce à un synchronisme parfaitement obtenu, d'enregistrer les sons émis par une personne au moyen d'un phonographe en même temps qu'un appareil photographique enregistre ses gestes et le mouvement de ses lèvres. Cet appareil récepteur est complété par un appareil reproducteur qui consiste en une excellente lanterne à projection, munie d'une source de lumière assez forte, adjointe au phonographe muni de son cornet résonateur.

Kymographion. (V. Cymographe.)

L

Laminoir n. m. Machine à glacer le papier. Le glaçage ou laminage s'opère avant l'impres-

Justifieur.

Justifieur n. m. Appareil qui, dans les fonderies de caractères, sert à justifier, à mettre exacte-

sion, à l'aide de deux plaques de zinc, entre lesquelles on met la feuille, et que l'on fait passer ensuite, une ou plusieurs fois, selon la nature du glaçage, entre deux gros cylindres d'acier.

on décante et on obtient la couleur voulue.

Laveurs n. m. Les laveurs,

Laminoir.

Landson monotype. Machine à composer, d'origine américaine, qui procède de la *Sténotélégraphique*.

Laque n. m. Les laques se préparent avec une solution aqueuse, de matière colorante, dans laquelle on met en quantité déterminée de l'alumine hydratée artificielle en gelée ; on agite et on laisse reposer. Le précipité d'alumine se trouve coloré alors que l'eau de la solution est décolorée :

dans la fabrication du papier, se composent d'une grande pile en bois, semblable à celles des piles blanchisseuses, d'un grand sablier et d'un tambour laveur.

Lelo Gomme. (V. Dextrine.)

Lessiveurs n. m. Appareils de forme et de dimensions variables, chauffés à la vapeur, qui servent à lessiver les chiffons dans la fabrication du papier.

Lettre crénée. Celle dont une partie de l'œil déborde, comme le point des *f*, des *ff* par exemple. Autrefois, le cran de ces lettres se faisait à la lime, au rabot ou au couteau ; aujourd'hui il se fait mécaniquement avec les machines dites à créner.

Lettres de forme. Nom donné autrefois au caractère gothique.

Lettres de somme. On donna ce nom aux caractères gothiques à pointes moins accentuées et à angles moins vifs que ceux des lettres de forme.

Lettres à souche. Celles qui sont destinées à être coupées en deux, après impression, afin qu'il en reste moitié à la souche ou talon et moitié au coupon ou récépissé pour faciliter le contrôle.

Lettres à talon. Syn. de lettres à souche.

Lettres binaires. Nom donné autrefois aux lettres qui comportent une hauteur sur champ, double de celle des lettres dont elles sont flanquées. Cette expression a remplacé pendant quelque temps celle de lettres de *deux points*, qui avaient une valeur de vingt-deux points, le corps onze ou cicéro étant alors considéré comme étalon.

Lettres de deux points. (V. Lettres binaires.)

Lettres dominicales. Celles dont on se servait jadis dans les almanachs pour indiquer le dimanche. On s'en sert encore de nos jours, mais elles portent le nom du corps auquel elles appartiennent et n'ont plus rien de dominical.

Lettres montantes. (V. Lettres binaires.)

Lettre rubriquée. Lettre initiale des chapitres, dans les livres anciens. Elle était ainsi appelée parce qu'elle était colorée en rouge.

Lettres supérieures. Celles qui sont employées dans les abréviations : Mme, Mlle, 1er, 1°, f^{o}, etc.

Lettres torneures ou **tourneures.** Nom donné autrefois aux lettrines qui commençaient les chapitres des manuscrits et des premiers livres imprimés, à cause de la forme contournée que revêtaient certaines lettres.

Lettres verties. Nom donné aux lettres retournées ∀, ᗺ, Ɔ, etc., qui servaient de signature, et s'imprimaient au bas des feuilles quand la série des lettres de l'alphabet était épuisée. Dans la suite, au lieu de retourner ces lettres, on les doubla AA, BB. On prétend que le proverbe : *un bon averti* (A verti) *en vaut deux*, tire de là son origine.

Lettre versale. Majuscule qui commence les vers.

Lettrine n. f. Lettre en vedette qui, dans les dictionnaires, les nomenclatures alphabétiques, annonce un changement de lettre ; elle se met toujours au milieu de la ligne. Lettre de commencement de chapitre, quelle que soit sa grosseur ou sa forme, et que l'on appelle également lettre montante.

Lève-Ligne n. m. Filet de plomb ou de cuivre dont le typographe se sert pour composer *plein*. Il place dans le composteur ce filet, pourvu à chaque extrémité de deux petites oreilles, et le retire, pour le remettre ensuite, au fur et à mesure qu'il a composé une ligne.

Liberty (La). Nom de la première presse à pédale introduite en Europe par les Américains.

Lignomètre n. m. Mesure de longueur typographique, en buis ou en métal, de forme triangulaire ou carrée, qui sert à compter les lignes.

Limes à caractères. Outils

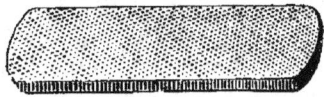

Lime à caractères.

à l'usage des fondeurs; leur prix varie de 20 à 40 fr.

Limes d'apprêt, Limes à émonder. Outils à l'usage des fondeurs en caractères. Prix, 4 fr.

Lime à émonder.

Limographe instantané n. m. Appareil à reproduction qui repose sur le même principe que l'*Autographe instantané* (Voir ce mot). Au lieu de perforer la feuille cirée imperméable avec une plume à molette, on la place sur un plateau dont la surface figure une lime très fine, et l'on écrit avec un poinçon, sous la pression duquel la lime perfore le papier d'une façon très égale. On tend ensuite la feuille sur le châssis et l'on opère comme pour l'autographe instantané. Cet appareil convient spécialement aux personnes qui désirent une écriture très fine.

Lingotier n. m. Casier dans lequel se rangent les lingots.

Lingotière n. f. Boîte en fonte divisée en compartiments carrés, qui sert à fondre la matière en lingots d'égales dimensions, pour faciliter la mise au creuset.

Lingots n. m. Blocs systématiques, mais de longueur variable, dépassant rarement 50 douzes, qui servent à mettre du blanc dans les pages et à garnir les formes. On les appelle également *plombs* et *garnitures*.

Lingots lieurs. Nom donné par MM. Warnery frères à un mode très ingénieux de ligature des pages mises de hauteur. Ces lingots sont formés de lames de plomb et de cuivre entaillées à mi-champ de façon à pouvoir s'encastrer les unes dans les autres. Elles forment ainsi, autour de la page, un cadre très solide qui dispense d'employer la ficelle, et a pour principal avantage de rendre la page immuable tout en empêchant le chevauchage des lignes.

Linotype n. f. Machine à composer inventée il y a quelques années par M. Margenthaler. Elle compose les matrices comme on compose les caractères et fond séparément toutes les lignes, qui constituent ainsi autant de clichés distincts. Cette machine coûte de 40 à 50,000 francs.

Lisse n. f. Nom donné fréquemment aux machines appelées satineuses, laminoirs ou calandres, dans la fabrication du papier.

Litho-conservateur. Produit qui empêche le filage des reports et leur rend les finesses ayant tendance à disparaître. Prix du kilo, 12 fr.

presse à bras; elle est immobile, fixée par des boulons sur le patin, et supporte entre autres la vis et la platine de pression, ainsi que la contre-platine.

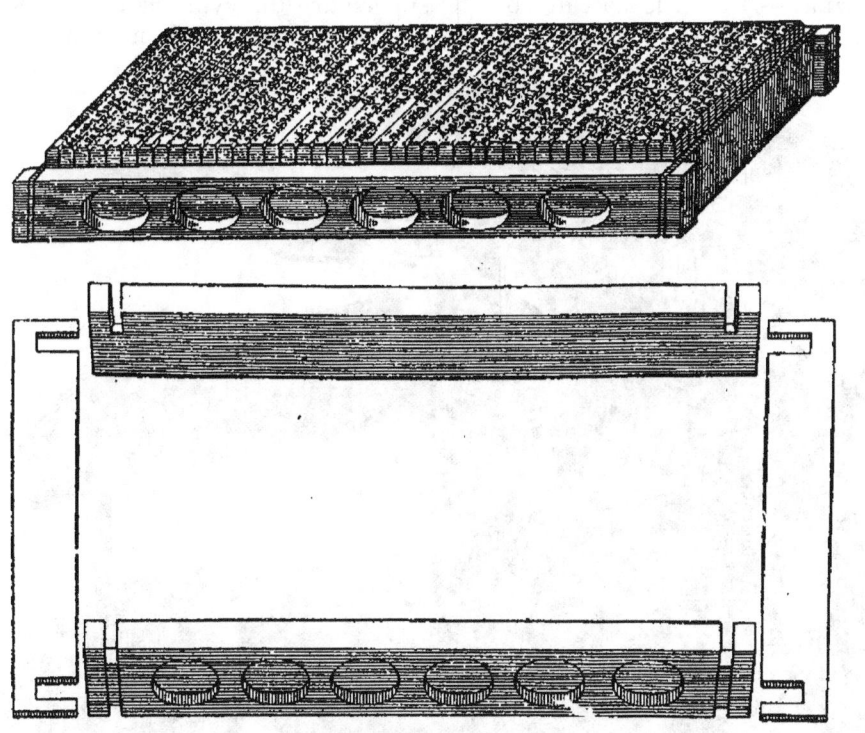

Lingots lieurs.

Livienne n. f. Seconde qualité du papyrus.

Livre-relieur. (V. Biblorhapte.)

Loup. Bâton qui sert à tendre les cordes dans la confection des ballots de papier blanc ou imprimé.

Lyre n. f. Partie massive, d'une seule pièce, de la presse à bras. Son nom lui vient de sa forme qui a quelque ressemblance avec une lyre. A cette pièce se rattache tout le mécanisme de la

M

Macaf n. m. Ancien nom du moins ou tiret.

Machine à battre. Cette machine sert à la reliure industrielle et remplace, comme son nom l'indique, le battage à la main.

Machine à bronzer. Ces machines sont d'invention relativement récente et ne remontent pas à plus d'une trentaine d'années.

Elles ont pour objet de supprimer le bronzage à la main qui se faisait avec un tampon d'ouate et une patte de lapin.

MONTAGE DE LA MACHINE A BRONZER. — Placer le bâti de côté A (figure 1) et faire passer dans le trou central l'arbre du cylindre; placer l'autre bâti B en y faisant passer l'autre extrémité de l'arbre du cylindre.

Relier les deux bâtis par les entretoises C, D, E, F, fixées par les boulons portant les mêmes lettres. Placer l'arbre de commande qui porte les poulies, le volant et un pignon denté engrenant avec la roue du cylindre.

S'assurer que l'arbre de commande est bien parallèle à la transmission, les poulies accessoires étant en face de celle qui doit les commander.

Placer un niveau sur la partie supérieure du cylindre et sur les parties dressées de l'entretoise F et mettre la machine de niveau en plaçant des cales sous les pieds des bâtis.

Sous le cylindre, un arbre traverse les bâtis; il porte d'un côté un pignon engrenant avec la roue dentée du cylindre, de l'autre une poulie R, qui sert à actionner les rouleaux.

Monter l'arbre portant les deux supports du rouleau 3 (figure 2); fixer aux bâtis les deux pièces qui

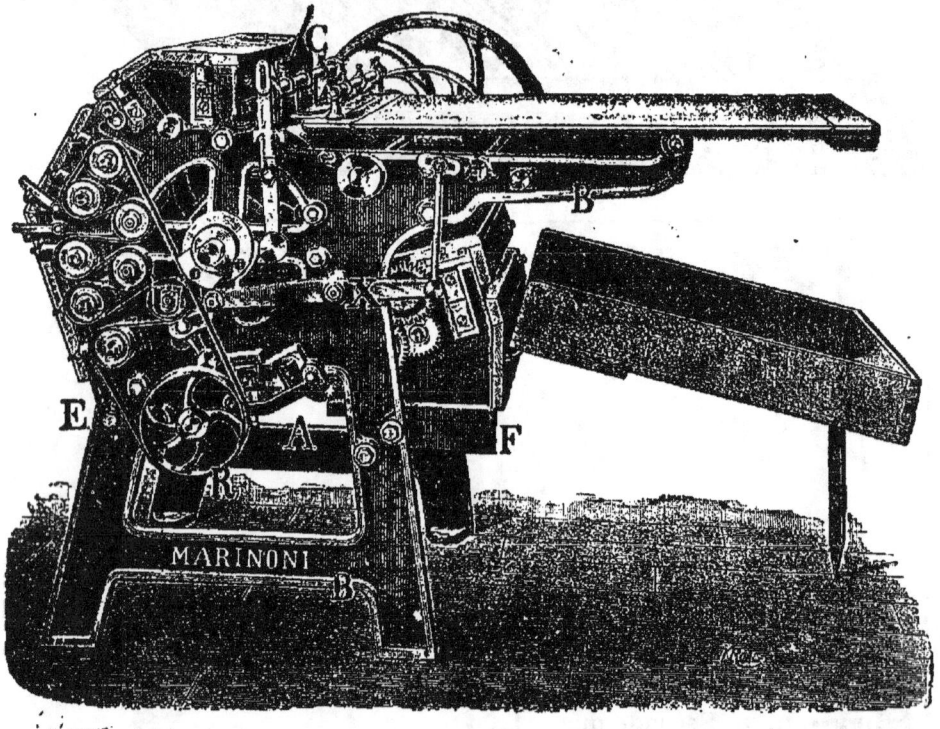

Fig. 1.

supportent la table à marger ; elles sont marquées A et B, comme les bâtis auxquels elles s'attachent.

Monter les coussinets, les mouvements de la table de marge et des taquets. Toutes ces pièces sont repérées. Le même repère se trouve sur chaque pièce, sur le boulon qui la fixe et sur le point du bâti où elle s'attache.

La boîte fixée sur l'entretoise F qui contient les derniers rouleaux est envoyée toute montée.

Sur le bâti A à l'intérieur de la machine, fixer la came S (figure 2) qui fait ouvrir et fermer la pince. Sur le bâti B, fixer les cames L M (figure 3) qui font sortir du cylindre les lames V et les font rentrer ensuite.

RÉGLAGE DES ROULEAUX. — Il est nécessaire que les rouleaux soient bien réglés avant de commencer à bronzer. Le réglage se fait simplement et rapidement au moyen des écrous et vis A fixés aux coussinets B (figure 2). Les rouleaux et les coussinets sont marqués, 1, 2, 3, etc., du côté de la commande : 18, 19, 20, etc., du côté opposé.

Les rouleaux 1, 4, 5, 6, 7, 8 se règlent en plaçant un morceau de papier entre le rouleau et la surface du cylindre, et en approchant le rouleau à chaque extrémité, de façon que le papier tienne un peu sous le rouleau, mais que l'on puisse cependant aisément le retirer.

Le rouleau numéro 1 est le premier rouleau bronzeur ; il porte

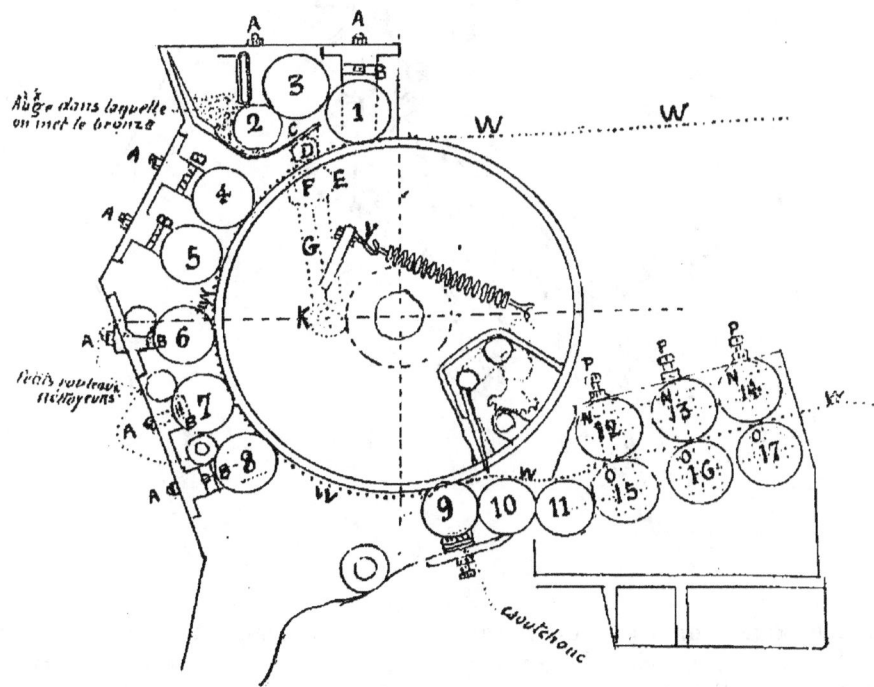

Fig. 2.

un pignon denté qui engrène avec la roue du cylindre. Il est alimenté de bronze par le rouleau preneur 3. Celui-ci est monté dans les fourchettes C fixées sur l'arbre D, à l'extrémité duquel est fixé un levier E. Au levier E est attaché par l'écrou F un levier régulateur G, dont le galet roule sur une came à touche variable H. On augmente ou on diminue la touche pour donner plus ou moins de bronze au rouleau 1. S'il est nécessaire d'avoir une grande quantité de bronze, on l'obtient en enlevant les coussinets de cuivre du fond des fourchettes C et en faisant appuyer de son poids le rouleau 3 entre les rouleaux 1 et 2. Quand on a retiré les coussinets, il faut fixer le levier G à l'extrémité de la rainure, de façon que le galet K ne touche plus la came H. Cette position est représentée figure 3.

Le rouleau numéro 2 est commandé par une petite courroie Z (figure 3) qui passe sur le moyeu de la roue du cylindre et sur la poulie à l'extrémité du rouleau. Elle est du côté de la commande et doit être croisée.

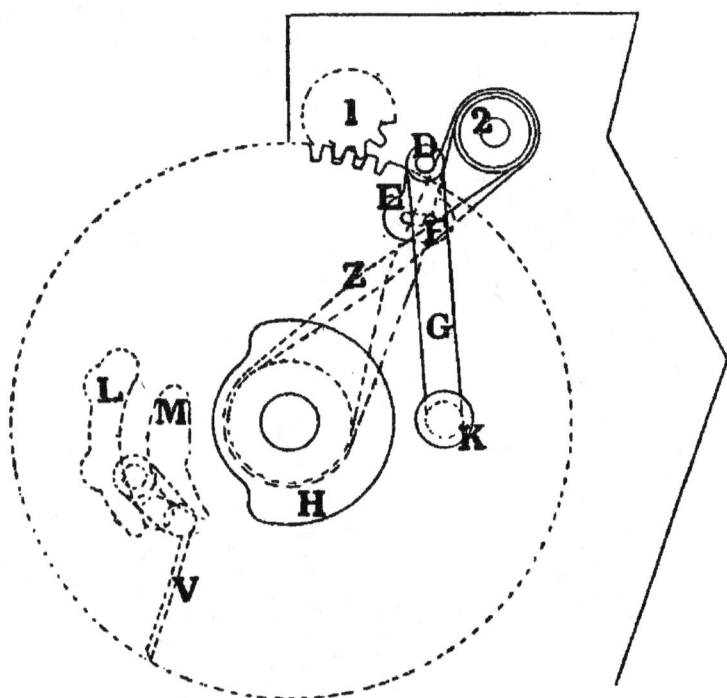

Fig. 3.

Les rouleaux 4, 5, 6, 7, 8 sont commandés par une courroie (figure 1). Ces rouleaux tournent dans le sens opposé à celui de la rotation du cylindre, de façon à faire brosse sur le papier.

L'une des trois petites poulies folles sur lesquelles passe la courroie pour entourer les poulies montées sur les rouleaux, celle marquée U (figure 1), est montée sur une pièce mobile qui permet de tendre cette courroie.

Le rouleau numéro 9 fait pression sur le cylindre; il doit être assez serré pour empêcher le papier d'être ramené en arrière par les autres rouleaux lorsque la pince est ouverte. Il ne faut pas cependant que le rouleau 9 soit trop bridé contre le cylindre.

L'ouverture de la pince se fait un peu après le centre du rouleau 9, et les lames V qui sont sous la pince sortante chassent la tête de la feuille et l'envoient sous les rouleaux 10 et 11, qui servent simplement de soutien à la feuille et n'ont pas été réglés.

Les rouleaux 15, 16, 17 et les coussinets O qui les portent sont fixes. Les rouleaux 12, 13, 14 sont montés dans les coussinets N placés par dessus les coussinets O. Entre les deux coussinets sont placées quatre plaques de zinc qui déterminent l'écartement qu'il doit y avoir entre les rouleaux; s'il est nécessaire d'avoir plus de pression pour mieux épousseter, on retire une des plaques de zinc et l'on serre les vis P.

La feuille, après avoir reçu l'impression au mordant sur la machine à imprimer est placée sur la table de marge et butée contre les taquets d'avant.

Au moment où la pince arrive en présence de la feuille, les cames montées en bout de l'arbre du cylindre (figure 1) agissent, l'une sur le galet de la pièce T, l'autre sur le galet de la pièce K, la table de marge s'abaisse, les taquets de marge font un mouvement en arrière pour laisser passer la feuille, qu'en se fermant la pince emporte. Le rouleau numéro 1 applique le bronze sur la feuille; les rouleaux 4 et 5, garnis de peau de mouton, répartissent sur toute la surface le bronze déposé par le premier. Les rouleaux 6, 7, 8 enlèvent l'excédent de bronze et n'en laissent qu'aux parties qui doivent en garder. Le rouleau 9 maintient le papier quand la pince l'a abandonné; les derniers rouleaux finissent l'époussetage, les supérieurs enlevant le bronze qui pourrait se trouver sur le côté blanc de la feuille. Lorsque celle-ci a quitté la table de marge, les cames agissant sur les galets des pièces T et X relèvent la table et ramènent les taquets dans leur position première; c'est à ce moment qu'il faut marger la feuille suivante. Chaque feuille doit, autant que psssible, passer dans la machine à bronzer aussitôt qu'elle sort de la machine à imprimer.

Il est nécessaire que la pince serre fortement le papier, sans quoi les rouleaux 4, 5, 6, 7, 8 qui tournent en sens inverse, pourraient l'arracher. C'est pour cela que la feuille porte sur de petites plaques en caoutchouc.

A chaque extrémité de la barre portant la pince se trouve un ressort qui la fait se fermer. Ces ressorts sont accrochés après des barres fixées au cylindre; on les tend en vissant plus ou moins le crochet Y (figure 2) de chaque côté du cylindre. Il ne faut jamais pousser la feuille au dernier moment pour la faire prendre par la pince : elle risquerait d'être mal prise. Il vaut mieux laisser le cylindre faire un tour sans feuille.

Il est nécessaire, au début, de mettre une assez grande quantité après avoir été remis dans l'auge, passer plusieurs fois dans la machine. On le tamise quand il devient trop consistant.

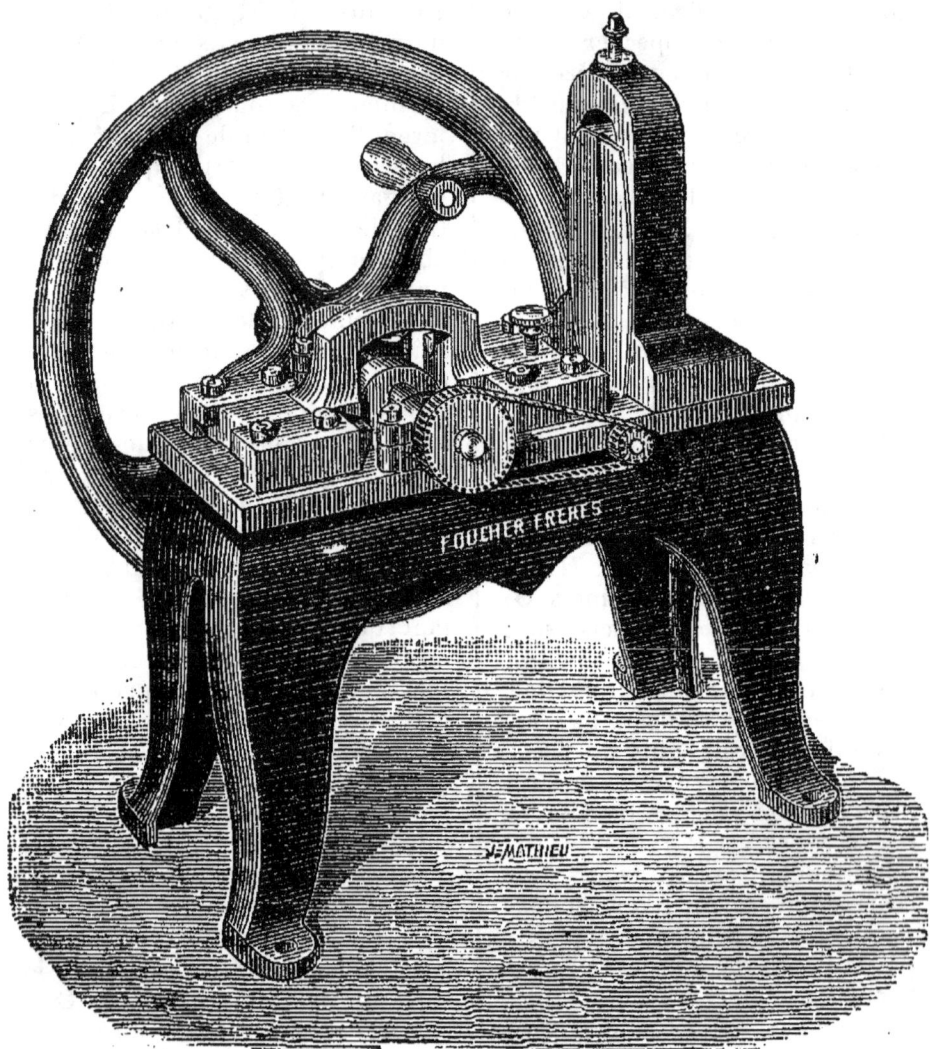

Machine à couper les espaces.

de bronze dans l'auge et de renouveler jusqu'à ce que les rouleaux qui le transmettent en soient bien garnis. Le bronze en excès tombe dans les tiroirs et peut,

Les rouleaux épousseteurs doivent être nettoyés quand ils sont trop chargés de bronze; on les nettoie en laissant tourner la machine, pendant quelques instants, après avoir relevé le rouleau n° 1, de façon qu'il ne dépose plus de bronze sur le cylindre, et on fait tomber la courroie (figure 3) pour arrêter le rouleau n° 2. On peut ensuite les brosser sur la machine même.

Machine à coudre. Remplace, dans la reliure mécanique, le cousage à la main.

faire le cran des lettres *f* et *ff*, dont la boucle supérieure est débordante. On crène également à la main, mais ce travail est long et fort difficile à exécuter convenablement.

Le fondeur Colson avait inventé une machine à créner très ingénieuse mais peu pratique; elle était formée d'une sorte de com-

Machine à couper les espaces.

Machine à couper les espaces. Il y a plusieurs sortes de machines à couper les espaces. Le petit modèle que nous donnons ci-contre sert plus spécialement aux imprimeurs, bien qu'utilisé également par les fondeurs. Quant au modèle avec volant, il est exclusivement un outil de fonderie, bien que les espaces puissent se faire, comme les lettres et les cadrats, à l'aide de la machine à fondre.

poseur dans lequel on plaçait la lettre, qu'un ressort, poussé avec la main, chassait sous un couteau placé verticalement, mais de biais, afin que la lettre ne rencontrât pas une trop grande résistance. Un des rares specimens de cette machine a été donné par M. E. Desormes au musée du Livre.

Machine à écrire. L'invention de la machine à écrire est due à l'Anglais Henri Mill, et remonte à 1714, mais cette décou-

Machine à créner.

Machine à créner. Cette machine, dont l'organe principal est une lime très fine à tailler, sert à

verte ne fut mise efficacement en pratique qu'en 1856 par l'Américain E. Beach. Ces machines, dont les types sont très variables, sont à plaques ou à clavier et impriment directement ou par décalque, au fur et à mesure que l'on fait mouvoir les touches correspondant aux lettres dont on veut faire usage.

le grecquage au poinçon ou à la main.

Machine à endosser. Cette machine n'est en réalité qu'une presse à endosser. Elle se compose d'une table rectangulaire — dont on peut régler la hauteur à

Type de machine à écrire.

Machine à fondre. Les machines à fondre les caractères ont remplacé depuis une trentaine d'années les moules à main dits polyamatypes. Leur importance diffère d'après la fonction qu'elles doivent remplir, c'est-à-dire selon qu'elles doivent fondre de gros ou de petits caractères ou encore des cadrats Les machines ordinaires, système Foucher, peuvent produire de 25 à 30,000 lettres par journée de 10 heures et coûtent de 1,400 à 1,700 fr. Elles marchent généralement au gaz, mais on peut les actionner soit à bras, soit au charbon, voire même à la vapeur.

Machine à grecquer. Remplace, dans la reliure mécanique,

volonté — placée sur un bâti en fonte; le tout est surmonté d'un cadre à charnières de mêmes dimensions que la table, et pourvu d'une vis à chaque extrémité. On met dans ce cadre les livres à endosser, en les séparant par de fortes plaques en tôle, et l'on serre les vis pour maintenir le tout.

Machine à enduire. Sert au couchage, au gommage ou au vernissage du papier; elle peut fournir, avec deux personnes seulement, de 7 à 800 feuilles à l'heure.

Machine à tout faire. Nom donné à la machine à fondre perfectionnée par MM. Foucher frères.

Machine Calendoli. Machine à composer, inventée par le R. P. dominicain Calendoli,

jour. Elle est à clavier et fonctionne par l'électricité, avec le

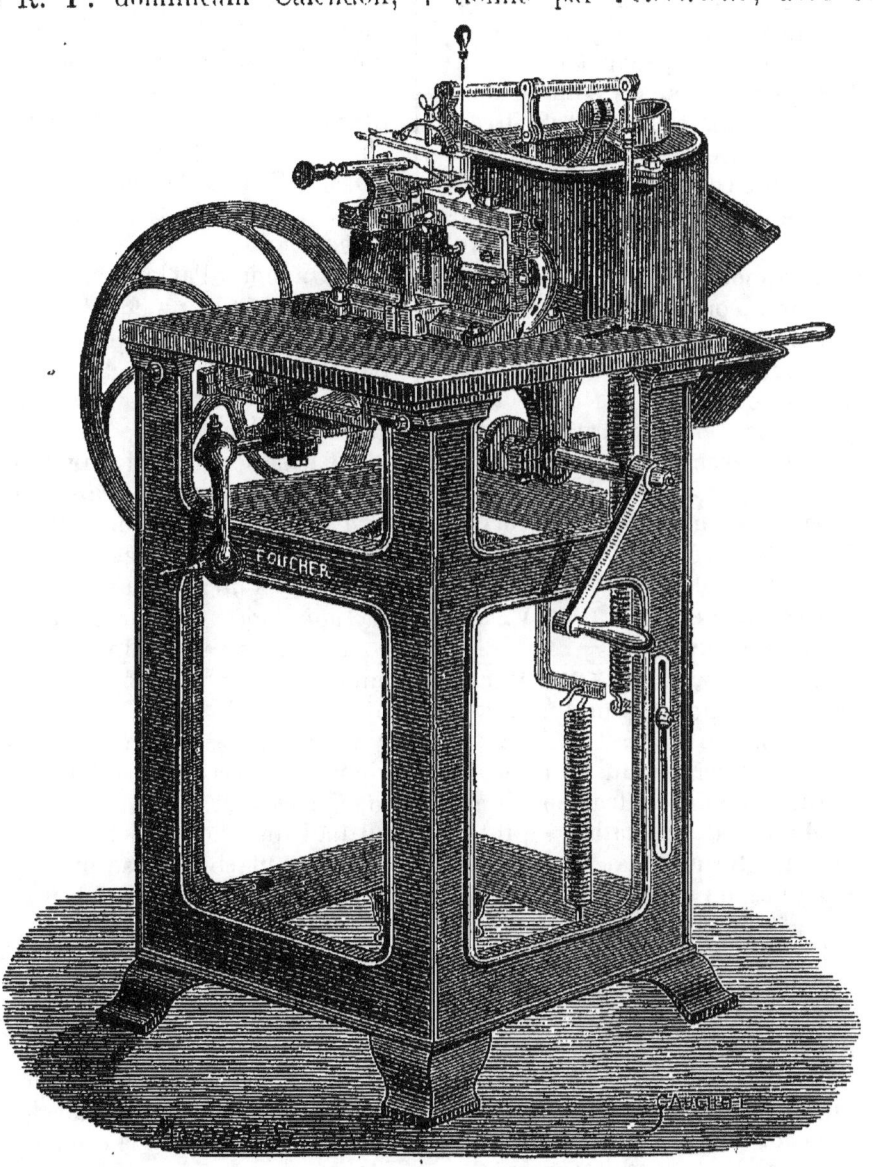

Machine à fondre.

d'où le nom d *dominicaine* qui lui a été donné. Cette machine diffère entièrement de celles qui ont été construites jusqu'à ce

concours d'un pianotypeur. Les lettres sont entièrement différentes de celles des autres machines et ne mesurent que $0^m 006$ de hauteur d'œil ; elles sont pourvues d'un cran et s'enfilent sur une tringle servant à la justification. Ces lettres ne peuvent être utilisées qu'une fois, et, comme dans la linotype, il faut les remettre à la fonte après le tirage. La calendoli peut composer 50,000 lettres par jour, mais pour la faire fonctionner convenablement, il faut trois années de pratique et de sérieuses connaissances en mécanique. En outre une attention des plus soutenues est indispensable si l'on veut éviter les corrections qui ne peuvent se faire que sur le marbre, avec de grandes pertes de temps, ce qui rend à peu près impossible aux auteurs la correction de leurs épreuves si elles doivent être quelque peu chargées.

Machines doubles. (V. Machines à retiration.)

Machines en blanc. Machines à imprimer n'ayant qu'un seul cylindre, ce qui fait qu'elles ne peuvent tirer qu'un seul côté de feuille à la fois, contrairement aux machines à retiration qui en peuvent tirer deux. Parmi les machines en blanc les plus connues, nous citerons l'*Universelle* et l'*Indis ensemble*, du grand constructeur Marinoni, à l'obligeance de qui nous devons les clichés qui figurent ci-contre, ainsi que les instructions pour le montage qui les accompagnent. Grâce aux numéros dont ces clichés sont pourvus, tout conducteur intelligent pourra désormais monter et démonter, sans le secours d'un mécanicien, l'une quelconque de ces machines ou toute autre d'un type semblable.

Universelle avec encrage cylindrique et receveur mécanique. — 1º On place le bâti de fond A parfaitement horizontal, ce dont on s'assure en mettant un niveau sur les parties dressées ou chemins. On trouvera dans les caisses d'envoi de petits coins en bois qui serviront à caler cette pièce.

2º On monte l'arbre manivelle B.

3º Le train de galets C. Le train de galets est placé sur le bâti de fond comme l'indique e dessin ci-contre. Se plaçant du côté de l'arbre B, les galets nºs 1 et 2 se mettent sur le chemin de gauche, les galets nºs 3 et 4 sur celui de droite. Ces galets sont reliés par les entretoises portant les mêmes numéros.

Avoir soin d'observer que la roue dentée du train de galets engrène avec la crémaillère du bâti de fond, de façon que les vides marqués 1 et 2 de la roue viennent correspondre aux dents marquées 1 et 2 de la crémaillère du bâti de fond (fig. 3).

4º Le marbre H se monte sur le train de galets en faisant engrener la crémaillère placée au-dessous avec la roue dentée du train de galets, de telle sorte que les vides 1 et 2 de la roue viennent en face des dents marquées 1 et 2 de la crémaillère du marbre, comme l'indique la figure 3; les dents de la crémaillère placée sous le marbre sont repérées sur le plat des dents.

5º La bielle D qui unit la manivelle B au train de galets C.

6º Les bâtis de côté F.

7º Le cylindre G. Sur l'arbre

Machine en blanc. — (Fig. 1.)

du cylindre, et du côté de la cage du bâti marqué n° 2, on emmanche l'excentrique Y avant de mettre le cylindre dans les coussinets des cages. — A l'autre extrémité du cylindre, la dent fixée

en fer, et fixer les crémaillères de côté du marbre.

8° Les petits bâtis I et en même temps la tringle de pointure P.

9° La table à marger L.

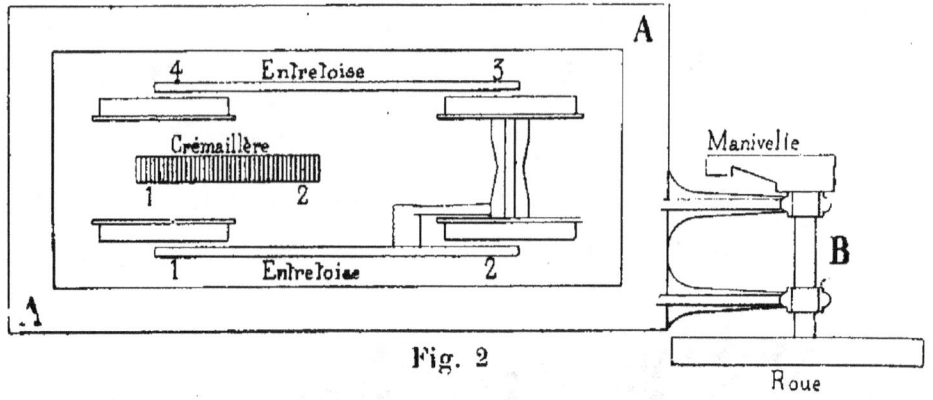

Fig. 2

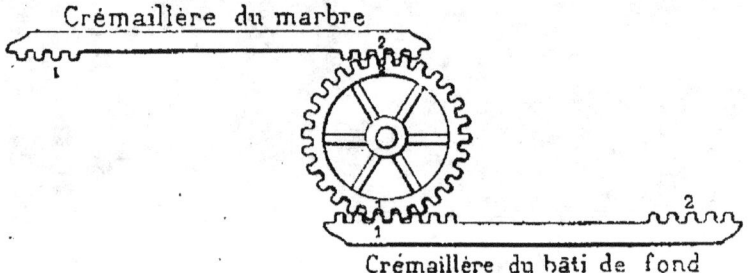

Fig. 3.

sur le bord de la couronne dentée joue dans une fourche en fer articulée sur le bâti de côté. Faire tourner le cylindre pour amener là dent dans la fourche, mettre la manivelle B dans la position du dessin, c'est-à-dire verticale et en haut.

Monter la bielle D sur le train de galets et la manivelle B, relier la fourche au jeu des excentriques de l'arbre B par la grande bielle

10° La table M.

11° La table à recevoir N.

Au point O il y a une entretoise sur laquelle sont fixés deux petits supports qui soutiennent la table L, et, sur ces supports, une barre articulée commande la barre des pointures au moyen d'une bielle à ressort supportée contre le bâti F et munie d'un galet que fait monter la pièce fixée à l'extrémité de la crémaillère du marbre ; cette même pièce fait mouvoir l'excentrique Y qui se trouve maintenu par un ressort près du bâti F; une pièce en forme d'équerre fixée sous la cage du bâti F sert d'arrêt à l'excentrique Y.

l'arbre à manivelle B (fig. 1), le galet de la grande bielle détermine la place que l'excentrique doit occuper sur l'arbre, cet excentrique se met facilement en place sur l'arbre, il est en deux pièces, qu'il suffit de séparer et de relier ensuite.

Pour régler le receveur, il

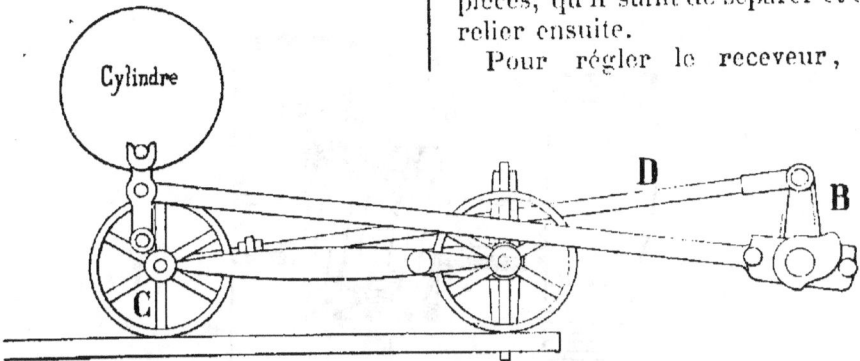

Fig. 4.

On trouvera facilement la place des autres pièces en consultant le dessin.

MONTAGE DU RECEVEUR MÉCANIQUE. — Du côté opposé à la commande se trouve une entretoise E reliant les deux bâtis; c'est sur cette entretoise que se fixent les deux supports de l'arbre de raquette et du rouleau de sortie de feuilles; ces deux supports sont eux-mêmes reliés par une entretoise ronde sur laquelle est monté le secteur denté actionnant le pignon de l'arbre des raquettes. Un ressort à boudin R sert à rappeler le secteur.

Sur le bâti de fond, du côté de la commande, se fixe un levier à chape portant la grande bielle en fer qui est fixée d'autre part au bras du levier du secteur denté. En bout de la grande bielle est un galet; l'excentrique qui actionne la raquette se fixe sur

faut que les cordons soient passés; on tient les boulons de l'excentrique du receveur desserrés, de façon que celui-ci ne tourne pas avec l'arbre.

L'excentrique étant placé sur l'arbre B, de façon que les raquettes se soulèvent et viennent frapper le papier, on le fixe dans cette position : il peut y avoir ensuite à l'avancer ou à le reculer légèrement.

Pour la mise en place des pièces du receveur, bien observer les repères qu'elles portent.

ENCRAGE. — La machine est construite avec une table à encrer cylindrique; cette table possède un mouvement de va-et-vient qui lui est donné par la vis montée sur son arbre, laquelle s'engage dans le demi-écrou fixé à l'un des bâtis de côté.

L'arbre de la table porte une roue engrenant une autre roue

qui engrène elle-même sur la crémaillère de côté du marbre.

Le marbre étant à bout de course du côté du receveur, la roue intermédiaire doit engrener

sur le distributeur, il appuie sur le transmetteur en matière; ce rouleau, plus long que le preneur, appuie lui-même sur la table à encrer.

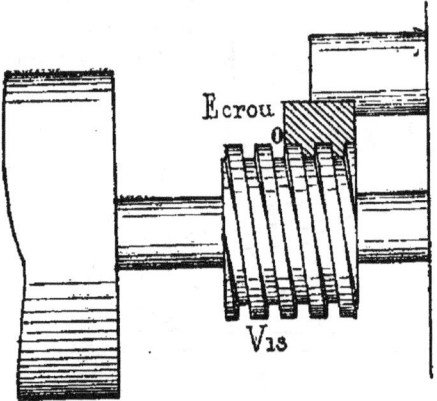

Fig. A.

avec la crémaillère aux dents repérées du chiffre 0 et avec la roue de la table à encrer aux dents repérées du chiffre 1.

En outre, on observera que le filet de vis de la table à encrer marqué 0 doit venir dans la partie de l'écrou qui porte le même repère (fig. A).

On se rendra facilement compte de la disposition des rouleaux, la machine en porte quatre en matière; ces rouleaux se fondent dans le même moule (fig. B).

Le plus court, le preneur, prend l'encre au cylindre d'encrier et la dépose sur le petit cylindre distributeur en fer.

Le distributeur en fer a un mouvement de va-et-vient qui lui est donné par la table circulaire, grâce à une pièce portant deux petits galets qui entrent dans la gorge de deux poulies placées l'une sur la table à encrer, l'autre

Les deux rouleaux toucheurs transmettent l'encre distribuée de la table à la forme. Ils sont montés dans des peignes qui permettent d'en régler la pression sur la forme et sur la table circulaire.

L'encrier est commandé par un excentrique formé par le moyeu de la roue intermédiaire qui engrène avec la crémaillère. Une bielle montée sur ce moyeu est reliée à la pièce montée sur le rouleau d'encrier qui porte le cliquet actionnant ce rouleau.

Le preneur est commandé par un coin placé sous le chemin du marbre; ce coin actionne le galet d'une pièce fixée au bâti et reliée par une bielle au support du preneur.

Une vis, placée sur le dessus de la bielle, permet de régler l'action du preneur sur le cylindre d'encrier.

Le tube en fer envoyé avec la machine sert à faciliter la mise en place des rouleaux ; le conduc-

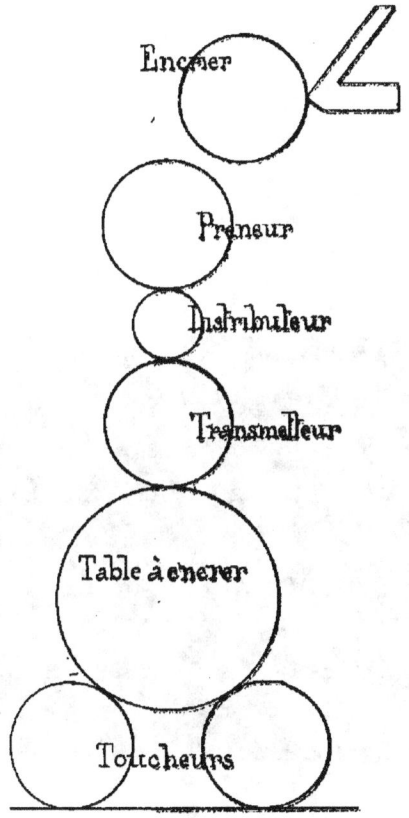

Fig. B.

teur, placé d'un côté de la machine, enfile le bout de l'arbre du rouleau dans ce tube ; un aide, placé de l'autre côté, saisit l'extrémité du tube et amène facilement à lui l'extrémité du rouleau.

PASSAGE DES CORDONS. — N° 1. — Trois cordons. Ils passent sous le cylindre d'impression, sur le rouleau de bois S, sous les tringles X Y et sur la tringle V. Ces cordons sont guidés par des bagues fixées sur la tringle V.

N° 2. — Trois cordons. — Ils passent sur le cylindre, sur le rouleau S et les tendeurs U. Ces cordons et ceux n° 1 ne peuvent être mis que dans les blancs de la forme. Les autres servent à maintenir la feuille.

N° 3. — Cordons larges. — Ils passent sur le cylindre, sur le rouleau S et celui à gorges R.

La tringle V porte une bague en bronze à deux gorges très rapprochées, dans lesquelles passent des cordons qui pressent les feuilles sur les pointures au moment où la rotation du cylindre les amène entre les tringles V et X. Il se produit alors dans chaque feuille deux petits trous qui servent à repérer la retiration. Ces cordons passent sous les tringles X Y, sur le rouleau S et sous le cylindre. Si la largeur du blanc de la feuille ne permet pas d'employer les cordons, on les remplace par des fils ; dans ce cas, le cordon qui passe sur le tendeur U du milieu est remplacé par un fil.

La tringle Y a deux doubles

rainures qui correspondent à la bague en bronze à deux gorges et servent à guider les cordons ou les fils.

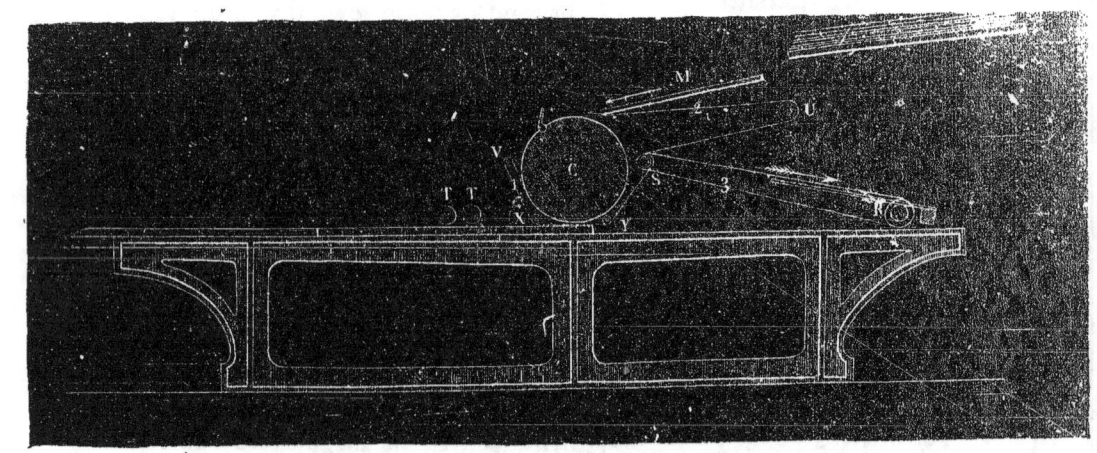

Fig. 5.

Il est très important, lorsque le montage est terminé, de s'assurer que le nivellement de la machine est parfait.

Pour s'assurer que la machine est bien nivelée on fait tourner le volant jusqu'à ce que la manivelle soit horizontale, c'est-à-dire le marbre à bout de course d'un côté, soit, par exemple, d'abord du côté de la réception : on regarde alors si les bandes portent bien sur les galets. S'il n'en était pas ainsi et qu'on aperçût *un jour* entre un des galets et la bande, cela indiquerait que l'un des bouts doit être relevé ; en mettant en travers des bandes une règle avec un niveau on constatera quel est le bout dénivelé et on le remettra au point voulu. On peut

Fig. 6.

aussi s'assurer que les bandes du marbre portent bien sur les galets en mettant entre les bandes et les galets un papier mince; si les bandes portent d'aplomb il n'est pas possible de retirer le papier sans le déchirer.

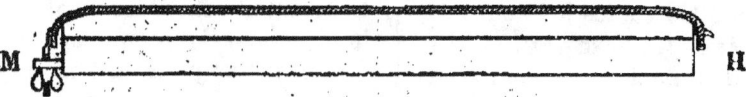

Fig. 7.

On ramène ensuite le marbre à bout de course du côté opposé, soit du côté de l'encrier, et on fait les mêmes vérifications et redressements s'il y a lieu.

Les sangles se fixent — sur les chemins en fer qui sont sur le marbre à côté des crémaillères — d'un côté, dans un crochet qui se trouve à l'extrémité A des chemins en fer, et, de l'autre, sur la pièce en fer L. Quand on a fixé la sangle en H et qu'elle est cousue sur la pièce L, on fait passer la partie taraudée de la pièce L dans le piton M, situé sur le bout du marbre, et on tend la sangle en vissant en même temps l'écrou à oreilles.

Ces sangles sont destinées à soutenir le cylindre dans les blancs. Pour cela, entre la sangle et le chemin on interpose du papier ou du carton mince, le cylindre se trouve ainsi soutenu en sortant de pression, ce qui donne des tirages beaucoup plus nets.

Le montage de l'*Indispensable*, à encrage plat ou cylindrique, étant à peu de chose près le même que celui de l'*Universelle*, nous bornerons là les instructions.

Machine Burg. Machine à composer inventée par l'abbé Burg, curé de Mallkirch (Alsace), et dont l'expérience a été tentée publiquement dans les premiers mois de 1899. Cette machine compose et distribue, paraît-il, tous les genres de caractères. La composition se fait de deux manières : à l'aide de touches, comme dans les pianotypes, ou au moyen d'une bande perforée (?)

Machine Kasteinbein. Machine à composer, à clavier, inventée par l'Allemand dont elle porte le nom.

Machine Lagerman. Machine à composer à laquelle l'inventeur a donné son nom. C'est un engin des plus curieux, quelque peu compliqué, mais admirablement compris. La Lagerman n'a pas de clavier, on jette les lettres au hasard dans un cornet en métal ; un mécanisme spécial leur donne la position qu'elles doivent occuper dans le composteur, ou plutôt dans la galée. Lorsque celle-ci est pleine, on la porte sur la *justifieuse* qui justifie mécaniquement toutes les lignes.

Machine Mackie. Machine à composer inventée en 1870 par l'Anglais dont elle porte le nom. Elle procédait du métier Jacquard et paraît n'avoir eu aucun succès.

Machines à main ou **à cartes.** Ces machines, inventées en 1866 par M. Leboyer, imprimeur à Riom, sont de petites dimensions ; elles se placent sur une table et servent à l'impression des cartes de visite ou de commerce. Elles se meuvent à l'aide d'un levier ou d'un volant, qu'on actionne manuellement ou mécaniquement, et peuvent donner un tirage de 1200 cartes à l'heure.

Machine à composer. Le nombre des machines à composer inventées ou perfectionnées dans les divers pays du monde, est considérable ; nous allons donner ici la nomenclature de celles qui nous sont connues. (V. pour les descriptions les mots *Dominicaine*, **Linotype**, **Monoline**, etc.)

On attribue la première machine à composer à un imprimeur de Lyon, du nom de Ballanche, qui, en 1835, prit un brevet.

En 1837, un M. Bidet prit à son tour un brevet pour un *Compositeur typographe* de son invention, et en 1840, M. Gaubert créa une machine à composer et à distribuer.

M. Napoléon Chaix, alors directeur de l'imprimerie Paul Dupont, prend, en 1844, un brevet pour une machine à composer et à distribuer. Cette machine était à clavier et à plan incliné.

En 1845, M. Young fait breveter une machine à composer. Il est suivi dans cette voie par M. Delcambre, toujours avec une machine à clavier, qu'il perfectionne de 1846 à 1877 et qu'il expose à Paris en 1878. Cette machine pouvait composer de 4 à 5,000 lettres à l'heure, avec l'aide de deux personnes, dont l'une était chargée de la distribution.

En 1846, nouvelle machine à composer et à distribuer de MM. Cannet de Lonjon, Caillaud et Taste.

Sous le nom de *Balistotype*, M. Leblond invente, en 1849, une machine à composer, à corriger et à distribuer. Puis vient M. Dehoul, qui, à la même époque, se fait breveter pour une machine à composer et à justifier.

En 1850, on voit apparaître le *Pianotype* de M. Lefas, ouvrier typographe ; une machine à composer et à distribuer de M. Garat; une autre du même genre de MM. Garnier et Martin. Ce dernier s'associe, en 1852, avec M. Vilain pour l'exploitation d'une série de machines à composer et à distribuer très ingénieusement combinées, mais peu pratiques.

En 1853, M. Caillaud, reprenant l'invention à laquelle il avait collaboré avec MM. Cannet de Lonjon et Taste, fait breveter un nouveau type de machine à composer et à distribuer.

En 1855, on remarque à l'exposition de Lyon la *Composeuse* de M. Gobert et une machine presque identique de M. Sorrenzen.

A la même époque, M. Mittchel expose à Londres une machine, toujours à clavier, qu'il perfectionne en 1857. En 1862, on revoit la machine, également perfectionnée, de M. Young; à cette machine est annexée une distributeuse qui prend une à une, dans une sorte de caisse, les lettres que l'on y a placées et qui glissent sur un plan incliné où s'opère, d'après l'épaisseur des lettres, un premier triage. Le reste de la distribution se fait à la main.

M. Flamm crée en 1863 son *Compositeur typographe mécanique*, et, deux ans plus tard, MM. Alden, Mackay, Singerland et Yeaton se font breveter en Angleterre et en France pour une machine à composer et à distribuer de leur invention. La distributeuse ressemble à s'y méprendre à celle de M. Mittchel.

Presque en même temps, nouvelle prise de brevet par MM. Mackie, Garride et Salmon pour une machine à composer procédant des précédentes, mais plus perfectionnée.

En 1870, machine électrique de M. Singerland, et, en 1872, machine Fraser.

La même année, M. Paige, de Rochester, présente à son tour un type peu différent des précédents. En 1874, M. William Smith produit enfin quelque chose de nouveau. La machine est toujours à clavier, mais elle est pourvue d'un cylindre ayant un mouvement continuel de rotation; ce mouvement sert à projeter les lettres sur les conduits qui les mènent à une table horizontale, également rotative, et dont l'action les chasse dans le composteur.

Même année, machine Millar, que rien de particulier ne distingue; puis machine Hooker et Glowes. Dans celle-ci, le clavier est disposé à la manière d'une casse et c'est l'électricité qui fait sortir la lettre de son tube pour l'amener au point voulu.

En 1875, machine Winder; elle est rotative, et, comme la plupart des précédentes, exige pour les lettres des crans spéciaux.

A peu près au même moment apparaît la machine Richards, dans laquelle le plan rainé est remplacé par une toile sans fin presque horizontale et tournant continuellement dans un sens allant des tubes à caractères au conduit récepteur. Deux courroies, également sans fin, s'emparent ensuite de la lettre pour la diriger vers le composteur.

En 1876, machine Dillies; elle se distingue des autres en ce qu'avec le même clavier on peut composer des caractères étrangers à la casse et placés dans des compartiments supplémentaires. La même année apparaissent les machines Green, de New-York; Kasteinbein, qui voit sa machine adoptée par l'imprimerie du *Times* et l'agence Havas de Paris.

Quelques années auparavant, M. Fraser avait présenté une machine à clavier ayant quatre rangées de touches correspondant à des leviers qui poussent la lettre sur un plan vertical à rainures.

En 1876-77, machine électrique de MM. Augus, Logan et Cie; machines Heinemann, Muller, Hattersley; Eiselé, de Stuttgart; Rosch, de Vienne.

Pour mémoire, citons encore les machines Brown, de Boston; Brackelsberg, que nous avons vue fonctionner en 1883 au cercle de la Librairie, à Paris; Péreira et Albizu, de Madrid; de l'ingénieur suédois Lagerman (V. Machine Lagerman). La *Linotype*, la *Monoline*, la *Dominicaine*; celle de l'imprimeur anglais Wicks; des Américains Dobson et Barlow; de John Roger, instituteur à Lorain (Ohio), à laquelle l'inventeur a donné le nom de *Typographe*, et qui est basée sur le principe de la linotype. Elle donne, paraît-il, de 3,000 à 3,500 lettres à l'heure.

Jusqu'ici, les machines à composer n'ont eu en France aucun succès, et les imprimeurs qui ont tenté de les utiliser n'ont pas dû avoir beaucoup à s'en louer, puisqu'elles ont été presque partout abandonnées.

La raison en est dans la fragilité de leur mécanisme et dans l'impossibilité presque absolue de trouver des hommes réunissant tout à la fois les aptitudes requises pour faire en même temps de bons compositeurs et de bons mécaniciens.

Ajoutons que l'adoption en France des machines à composer aurait pour conséquence le bouleversement des traditions artistiques qui ont fait la gloire de la typographie française, ce à quoi les imprimeurs ne paraissent nullement disposés à vouloir se prêter.

Machines à couper le carton. Elles se composent d'une table et de scies circulaires. Dans les grands ateliers, elles ont remplacé la cisaille.

Machines à double touche. Celles qui sont pourvues d'un second encrier placé derrière le cylindre, à l'extrémité des bâtis.

Machines à gros cylindre. Nom donné aux machines doubles ou à retiration.

Machine à papier. La première machine à papier sans fin fut inventée en 1799 par Louis Robert, ouvrier à la papeterie d'Essonnes, alors dirigée par François Didot. Elle fut exposée en Angleterre en 1801 par Didot Saint-Léger, qui en avait acheté la propriété à Robert; mais peu de temps après, Didot vendit ses brevets à la maison Foudriner, qui dépensa 60,000 livres pour mettre cette machine en état de produire rapidement. Depuis, elle a été considérablement perfectionnée et il en existe des modèles aussi curieux que variés, mais dont le principe est resté le même.

Ces machines, qui remplacent à elles seules tout un atelier de préparation, de manipulations et de fabrication, sont de dimensions colossales et mesurent jusqu'à 30 mètres de long, piles ou cuves comprises. Quant à la largeur du papier qu'elles peuvent fabriquer, elle varie entre 1^{m}60 et 2^{m}80.

Voici la description qu'en donne M. A. Prouteaux dans son *Guide du Fabricant de Papier:*

« Dans quelques usines, les grandes cuves circulaires alimentant la machine sont remplacées par des réservoirs en maçonnerie, où la pâte est agitée par un arbre portant des bras disposés en hélice. Ce système est vicieux; la matière, soulevée par les bras, lorsque la cuve n'est pas pleine, est projetée contre les parois, se sèche et forme autant de pâtons. La pâte est ensuite remontée au moyen d'une pompe et déversée sur le sablier.

« Les sabliers ont des dimensions et des dispositions très variées. Les uns sont courts et très simples; d'autres, au contraire, sont disposés en labyrinthe, de manière à faire parcourir à la pâte le plus long circuit possible. Les lames inclinées, en bois ou en fonte, sont à nu ou recouvertes d'un feutre qui retient plus facilement les parties siliceuses ou impures qui ont échappé à la trituration.

« Les différents systèmes proposés pour l'épuration des pâtes sont nombreux; on peut les classer en douze groupes environ. Dans quelques papeteries anglaises on a placé les appareils d'épuration dans une pièce séparée, de façon que les sabliers et les épurateurs atteignent des proportions inusitées; ceux-ci se composent de deux sortes de plaques : les premières à fentes fines et en nombre suffisant pour que le nettoyage n'arrête pas la fabrication; les secondes, à larges fentes, retiennent seulement les filoches.

« Lorsqu'il s'agit de la fabrication de papiers de luxe, l'épuration des pâtes a une importance capitale; cependant, cette partie de la machine à papier est souvent établie avec une parcimonie trop grande. On emploie aussi, depuis quelques années, pour retenir les filoches, un épurateur cylindrique auxiliaire à lavage automatique.

« Les courroies qui règlent la largeur de la pâte sur la toile métallique et, par suite, du papier sec, sont en cuir ou en caoutchouc. On préfère aujourd'hui celles en caoutchouc pur vulcanisé, de qualité supérieure et d'une seule pièce. L'aspiration de l'air se fait au moyen de pompes spéciales dites pompes aspirantes, ou automatiquement au moyen d'appareils pneumatiques.

« Les rouleaux tendeurs de la toile sont souvent d'un trop petit diamètre; ils fatiguent la toile inutilement. La toile métallique, recevant son mouvement de la première presse coucheuse, entraîne par frottement les rouleaux de tête et de tension; pour obvier à l'usure qui résulte de la résistance de ceux-ci, M. A. Kléber a imaginé de les commander par des poulies spéciales ayant rigoureusement la même vitesse que celle de la presse. Au dire de ce fabricant, dont le nom fait autorité en papeterie, on augmente, par cette modification, la **durée** d'une toile fine de 50 p. 0/0.

« Le nombre de fils par pouce carré indique le numéro de la toile ; nous conseillons d'en faire la vérification au moment même de chaque réception.

« Le nombre des presses humides varie de deux à cinq. Les anciennes machines n'allaient pas au-delà de trois ; la tendance actuelle, justifiée par la pratique, est d'augmenter ce nombre et de regarder le chiffre trois comme un minimum.

« Les feutres sont tendus soit : 1º par des tirettes ; 2º par des rouleaux brisés ; 3º par des rouleaux cannelés en hélice ; 4º par des rouleaux cylindriques portant deux cuirs disposés en hélice, l'un à droite, l'autre à gauche, par rapport au milieu du rouleau.

« Les cylindres sécheurs sont en nombre variable : trois minimum ; cinq moyenne ; huit et dix dans certaines machines. Ce nombre est subordonné à la quantité d'eau à évaporer par unité de temps. Le nombre six nous paraît le plus convenable, dont quatre pour sécher la feuille, et les deux autres pour sécher le feutre. Pour les papiers de force moyenne, on dispose les cylindres sur un, deux, trois étages ; dans ce dernier cas, le cylindre de la partie supérieure sert exclusivement pour sécher le feutre.

« Les dévidoirs sont à diamètre variable. Cette variation s'obtient, soit simultanément pour tous les bras à la fois d'une même poulie, soit isolément en augmentant ou diminuant par chaque bras sa distance du centre.

« La machine à papier, ayant besoin d'une marche parfaitement régulière, doit avoir un moteur spécial : roue, turbine ou machine à vapeur. Lorsque la force motrice disponible est abondante, nous conseillons l'emploi d'une petite turbine alimentée par un réservoir tenant toujours le même niveau, ce réservoir pouvant être placé à une assez grande hauteur, à l'étage supérieur de l'usine, par exemple. Généralement on emploie une petite machine à vapeur sans condensation. La vapeur, après avoir agi comme force motrice, sert ensuite pour le chauffage des cylindres sécheurs.

« On introduit la vapeur de la sécherie de plusieurs manières : soit par un seul cylindre, d'où elle se rend ensuite successivement dans tous les autres, et en suivant une marche inverse de celle de la feuille de papier, soit dans chaque cylindre isolément, soit par groupes de cylindres correspondant au nombre de feutres. Le premier système est le seul méthodique, et nous pensons que son usage prévaudra dans la construction des nouvelles machines.

« MM. Doutrebande et Thiry, constructeurs-mécaniciens de Belgique, bien connus pour les perfectionnements qu'ils ont introduits dans les divers organes de la machine à papier, ont imaginé, il y a déjà plusieurs années, de faire entrer la vapeur et faire sortir l'eau de condensation, ou la vapeur, par un seul tourillon de chaque sécheur. Cette modification offre l'avantage de laisser libre le côté de la sécherie où se tient le conducteur.

» Chaque machine à papier doit être pourvue, soit d'engrenages de changement de vitesse, soit de poulies étagées pour permettre la fabrication des papiers minces et des papiers forts. On admet comme suffisantes trois vitesses : la grande, la moyenne, la petite. Pour faciliter la conduite de la machine, il est bon d'avoir à chaque partie de la transmission des poulies extensibles ou à diamètre variable, ainsi que des tendeurs pour éviter le glissement des courroies sur les poulies. »

Machines à pédale. Nom générique de toutes les machines à imprimer, genre *Minerve*, qui sont actionnées par le pied de l'ouvrier.

La machine à pédale dont nous donnons la figure est l'*Utile*, de Marinoni, elle est envoyée toute montée et contenue dans une caisse. Le volant, placé dans une caisse à part, doit être mis sur son arbre et claveté à gauche de la machine.

Avoir bien soin, dans la délicate opération du montage, de graisser la clavette et de l'enfoncer avec un marteau jusqu'à ce qu'elle résiste, sans cependant frapper trop fort. Le volant ne doit jamais remuer sur son arbre.

Graisser l'articulation de la pédale, — son attache à l'arbre coudé, — les deux parties qui supportent l'arbre coudé, — l'articulation du grand balancier, — les axes des bielles qui commandent le mouvement, — les deux supports de l'arbre du grand balancier, — les supports des mandrins, — les articulations de ces supports et les peignes, — le galet qui donne le mouvement à l'arbre commandant la platine, l'excentrique de commande qui se trouve fixé à l'intérieur de la roue, — la roue et le pignon, — les supports du marbre, — les pignons d'angle qui donnent le mouvement aux disques de la table à encrer, — le support du cliquet, — le support du cylindre d'encrier, — le cliquet qui donne le mouvement au cylindre d'encrier, enfin sans exception, toutes les parties des pièces où il y a frottement.

Mettre les réglettes C en position, en desserrant les écrous et en faisant glisser les réglettes de façon que, dans le mouvement de la platine, elles viennent sur les bords du papier, dans la partie qui fera la marge, pour retenir la feuille et l'empêcher de rester sur la forme. Les réglettes C mises en place, serrer les écrous pour les fixer.

Les tables étant encrées on peut mettre la forme en plaçant sur la machine le châssis qui contient la composition exactement comme celui qui se trouve sur la machine dans la caisse.

Pour mettre la forme sous presse, placer d'abord le rouleau M dans la position indiquée (fig 2) pour éviter d'abîmer ce rouleau sur la forme; amener ensuite la platine dans la position qu'elle a pour la marge, prendre le châssis le placer entre les deux chemins et le faire poser sur les talons qui sont au bas du marbre.

Machine à pédale « l'Utile ». — (Fig. 1.)

de la main droite et tirer e bouton de la main gauche, afin de faire bien lever l'arrêt du châssis,

Tirer la touche D pour soulever le crochet H et placer la forme sur le marbre, en l'appuyant du haut. Lâcher la touche D pour faire baisser l'arrêt H du châssis. Remettre les trois rouleaux dans la position indiquée (fig. 3).

mais il faut avoir soin de les placer en dehors de la portée des réglettes; les capucins de carton servent dans tous les cas de *pe-*

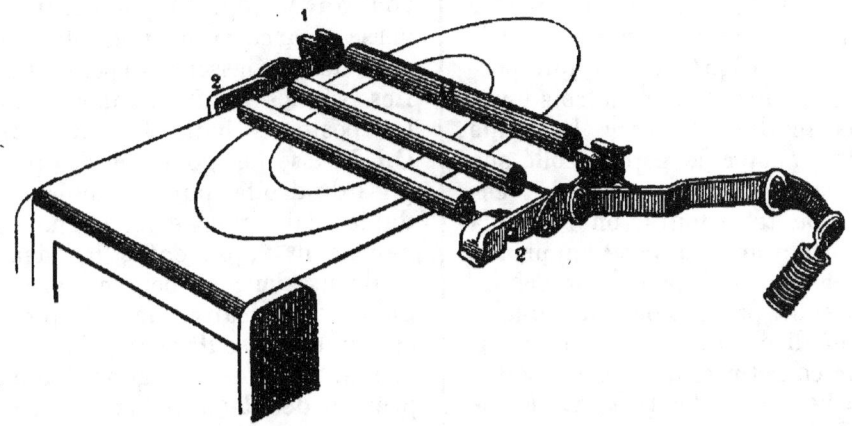

Fig. 2.

Les rouleaux passeront sur la forme, y déposeront assez d'encre pour donner une légère impression qui permettra de coller les

tites marges, les réglettes pouvant alors porter dessus sans crainte de les fausser.

Les capucins ou les taquets

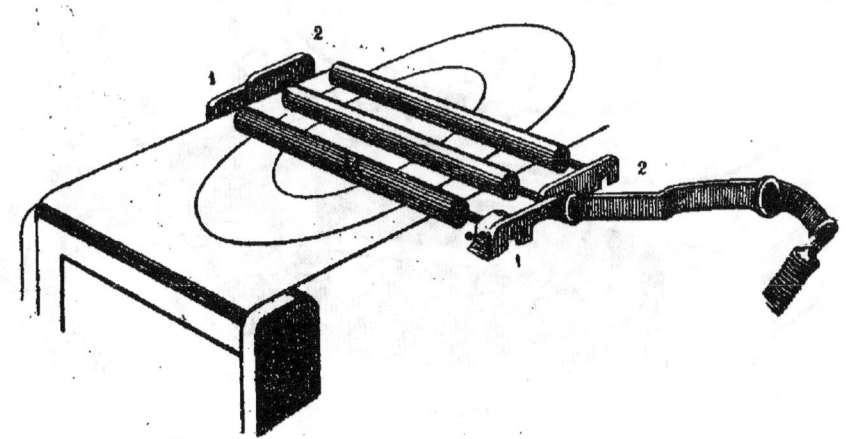

Fig. 3.

capucins à leur place pour régler les marges.

Il est fourni aussi avec la presse de petites épingles qui remplacent très avantageusement les capucins,

étant fixés sur la platine et les réglettes C mises en position pour venir appuyer sur les bords du papier, on amène vers soi la poignée F, qui prend alors la posi-

17.

tion F' indiquée sur le dessin (fig. 1).

On fait tourner la machine, les rouleaux encrent la forme, mais celle-ci ne touche pas la platine tant que la poignée reste dans la position indiquée F', ce qui permet, en faisant deux ou trois tours sans feuille, d'encrer la forme sans maculer le papier collé sur la platine. Après avoir fait ces deux ou trois tours, on remet la poignée dans sa position primitive F'; on marge et on imprime.

Il suffit pour régler le foulage, c'est-à-dire pour en donner ou pour en retirer, de tourner soit à gauche soit à droite la vis à béquille N qui se trouve sur la gauche et agit sur le secteur sur lequel glisse la poignée F (fig. 1).

soulevés, bien entendu, de chaque côté de la presse.

On prend d'abord les deux peignes à une dent 1 portant le rouleau M (fig. 3) que l'on renverse en arrière; puis on retourne sens dessus-dessous les peignes 2. Les peignes 1 et 2 sont alors dans les positions indiquées (fig. 4). On dévisse les goupilles des peignes de droite, puis en soulevant de la main gauche le peigne de gauche n° 2, on enfile les deux rouleaux dans ce peigne; on appuie les rouleaux sur la table à encrer et on soulève le peigne de droite. On visse la goupille, et, prenant des deux mains les deux peignes n° 2, on retourne les deux rouleaux ensemble, sens dessus-dessous; dans cette posi-

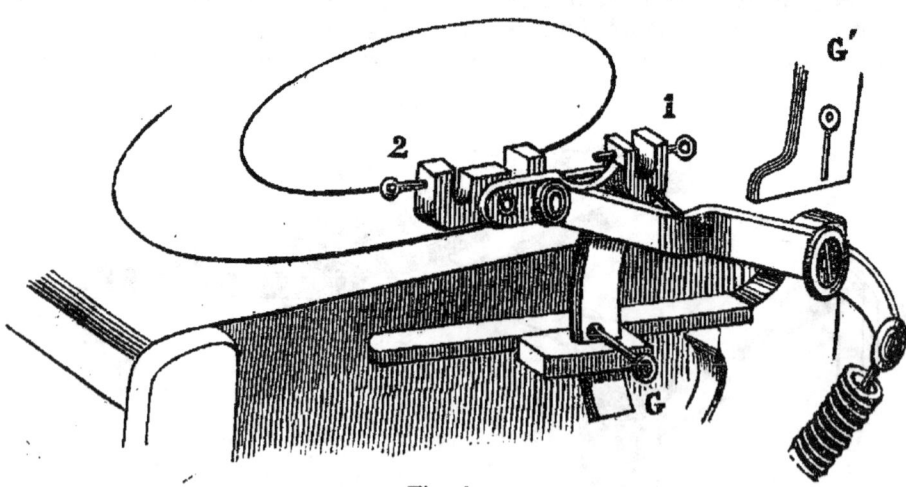

Fig. 4.

Les peignes et les rouleaux (ou mandrins) étant dans la position indiquée (fig. 3), on soulève les leviers en bronze portant les peignes, pour mettre la goupille G (fig. 4) dans le trou du secteur, qui maintient alors les leviers

tion, les trous graisseurs sont dessus.

Mettre ensuite le rouleau M dans les peignes n° 1, visser la goupille, retourner les deux peignes qui, le rouleau M passant par dessus les deux rouleaux déjà mis en place, prend la position indiquée dans la figure 3, c'est-à-dire en avant des deux autres.

Il suffit de voir le mouvement plètement la prise. On verra aussi, par un simple examen du mouvement du cylindre d'encrier qu'il suffit de mettre au repos le

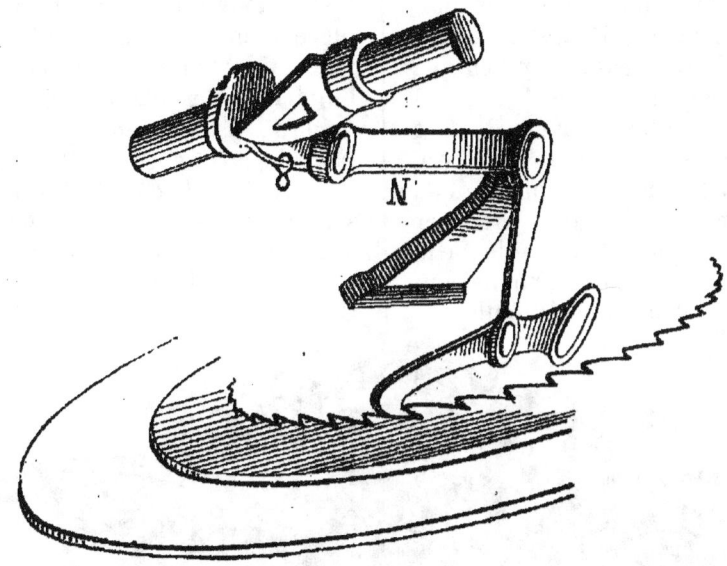

Fig. 5.

du rouleau preneur pour se rendre compte qu'en faisant monter ou descendre les pièces qui le font lever, on augmentera ou l'on cliquet I (fig. 1) qui commande le rochet de l'encrier, pour annuler le mouvement du cylindre d'encrier.

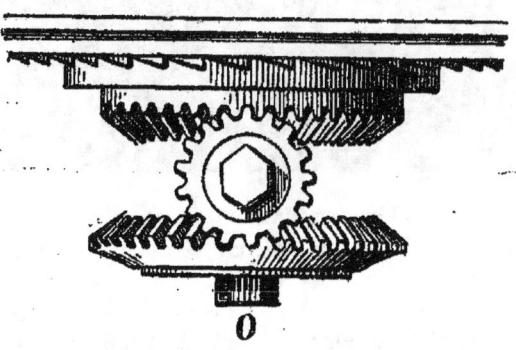

Fig. 6.

diminuera la prise d'encre, et qu'on peut, en baissant suffisamment ces pièces, supprimer com- Dès qu'il y a une irrégularité dans le mouvement des tables, c'est qu'elles ont besoin d'être nettoyées, ce qui arrive après un arrêt un peu prolongé, et ce dont on s'assure en levant la pièce N (fig. 5) et en faisant tourner les tables à la main. Pour les nettoyer facilement, il faut lever les deux tables de dessus la machine ; pour cela, on retire la vis O (fig. 6), on enlève la roue d'angle qui est maintenue par cette vis, on prend la grande table à deux mains près de la table à encrer fixe ; on lève les deux tables à la fois en tournant et détournant peu, si l'on éprouve de la difficulté.

Montage de « l'Active » avec encrage cylindrique. —
1º Le bâti de fond A.

2º Le bâti de côté B ; on met les boulons qui joignent ces deux pièces, mais sans les serrer à fond. Ces boulons ont la tête à l'intérieur des bâtis et l'écrou en dehors ; ils sont marqués sur le bout de la tige B 1, B 2, B 3.

3º Le bâti de côté C (les boulons sont marqués B 4, B 5, B 6).

4º La glissière D fixée avec le bâti de côté B par trois boulons C 1, C 2, C 3, et avec le bâti C

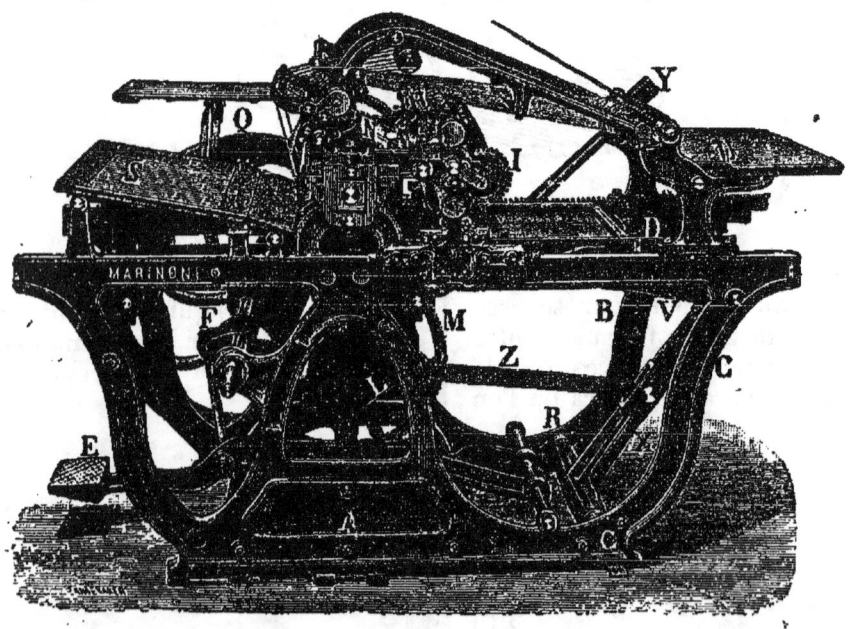

Machine à pédale « l'Active ».

Toutes les machines à pédale ne comportent pas des proportions aussi restreintes que celle dont nous venons de donner le modèle ; il en est de plus importantes, parmi lesquelles l'*Active*, qui se construit avec encrage plat ou cylindrique.

par trois autres boulons C 4, C 5, C 6.

5º Les deux bandes à galets dans la glissière D, en observant de mettre en rapport les chiffres 1, 2, 3, 4, marqués sur le bout de ces bandes, avec les chiffres correspondants marqués sur les bouts des coulisses de la glissière.

6° Le marbre G, en ayant soin de faire correspondre les mêmes chiffres sur le marbre et la glissière. Sur un côté du marbre (côté du bâti B) se trouve la crémaillère G 1, sur l'autre côté C le chemin G 2 ; sur le dessus du marbre, côté de la crémaillère, est en outre fixée une règle carrée servant de chemin.

Le marbre, une fois en place, doit être parfaitement horizontal ; on s'en assure en plaçant un niveau dans le sens de la longueur, puis dans le sens de la largeur et l'on rectifie avec des cales s'il y a lieu.

7° Les deux paliers R, qui se montent au point C et au bas des deux bâtis de côtés B et C.

8° Le grand balancier X dans ces deux paliers, en ayant soin que les repères B et C correspondent aux mêmes lettres sur les bâtis.

9° La bielle V, qui relie le balancier X au marbre G.

10° L'arbre des excentriques L portant une manivelle — deux excentriques pour la commande du temps d'arrêt et un excentrique plus grand pour la commande de la raquette ; quand cet arbre est monté, relier la glissière au bâti de fond par les supports D 1, D 2.

11° La bielle Z, qui relie la manivelle de l'arbre L avec le balancier X.

12° Le vilebrequin F, avec son pignon à joue qui vient en dehors du bâti, la joue étant tournée vers le bâti.

13° La grande roue d'engrenage M, en ayant soin que le point marqué O corresponde exactement avec le point marqué P sur le pignon à joue.

14° Le cylindre N, en ayant soin de placer au préalable sur son arbre, du côté du bâti C, la came des pinces W, la partie la plus longue du moyeu de cette came étant du côté du bâti.

15° La fourchette du temps d'arrêt P, du côté du bâti B. On met cette fourchette en place avant de réunir par leur boulon la manivelle L et la bielle Z en ayant soin de repousser le marbre à fin de course du côté de la raquette. On présente la fourchette de façon que la fourche du haut embrasse la dent d'arrêt du cylindre, et que les galets du bas portent sur les parties cylindriques des excentriques de l'arbre L.

16° La roue à fine denture qui se monte au bout de l'arbre du cylindre, du côté du bâti B et en dehors.

17° Le volant Q sur l'arbre du vilebrequin E, du côté du bâti B.

18° La pédale E.

19° Le balancier Y de la raquette du côté du bâti B et à l'extérieur — son galet est en dehors et porte sur l'excentrique de l'arbre L — la partie dentée est mise en rapport avec le pignon fixé sur le bout de l'arbre de la raquette. — Monter la raquette ; pour le réglage, faire passer une feuille de papier sur les cordons jusqu'à ce qu'elle vienne toucher la barre de butée qui réunit les lames, — faire alors tourner l'excentrique sur son arbre, pour qu'il commence à soulever la raquette, si l'on fait tourner la machine.

20° L'encrier H, sur les pièces de fonte formant chapeau pour les coussinets du cylindre, le rochet étant du côté du bâti B.

La roue dentée à moyeu excentré I, sur un axe porté par le bâti B. — sur le moyeu de cette roue, la bielle J qui s'articule avec une petite bielle J 1, dont l'autre bout se place sur l'arbre du rouleau, — sur l'axe d'articulation de ces deux bielles est fixé le cliquet J 2 qui actionne le rochet de l'encrier.

La roue I engrène avec la crémaillère G 1 d'une part, et avec une roue I 1 portée par la table à encrer d'autre part. Le repère O de la roue I doit correspondre avec le repère O marqué sur la quatrième dent de la crémaillère, lorsque celle-ci est à bout de course du côté de la marge.

Le repère OO de cette même roue doit correspondre avec le repère OO de la roue I 1.

21° Le demi-écrou K 1 sur le bâti C engrenant avec la vis K; cette vis, fixée sur la table à encrer, imprime à celle-ci le mouvement de va-et-vient.

Lorsque le marbre est à bout de course du côté du margeur, les deux repères O de la vis et du demi-écrou doivent se correspondre (fig. 1).

Pour s'assurer que la vis est bien placée, faire tourner doucement à la main jusqu'à ce que le marbre soit à l'autre bout de sa course, c'est-à-dire du côté de la réception, en observant bien que l'épaulement de l'arbre de la table ne vienne pas buter contre le coussinet en bronze du bâti; si la vis n'était pas à sa place, l'arbre viendrait forcer sur l'un ou l'autre des bâtis de côté, ce qui occasionnerait un accident.

22° La table à marger S.
23° La table à recevoir U.

On trouvera facilement la place des autres pièces en jetant un coup d'œil sur le dessin.

Trois cordons n° 1 passent sur le cylindre d'impression, sur le rouleau en bois B, sur les poulies P des tendeurs et sur la tringle n. Ces cordons ne peuvent être mis que dans les blancs pour ne pas écraser la lettre; quand il n'y a

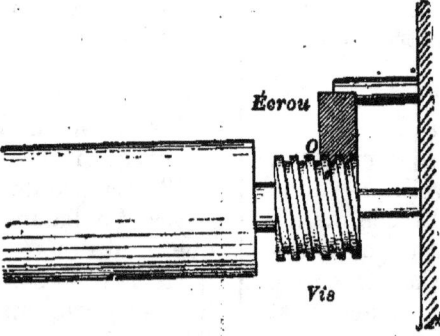

Fig. 1.

pas de blanc, on passe deux faux cordons n° 2 servant à conduire la feuille à la sortie; ces cordons vont de la tringle *a* à la tringle *b*, passent sur le rouleau en bois B et sur les poulies P.

Les cordons larges, n° 3, passent dans les gorges du rouleau

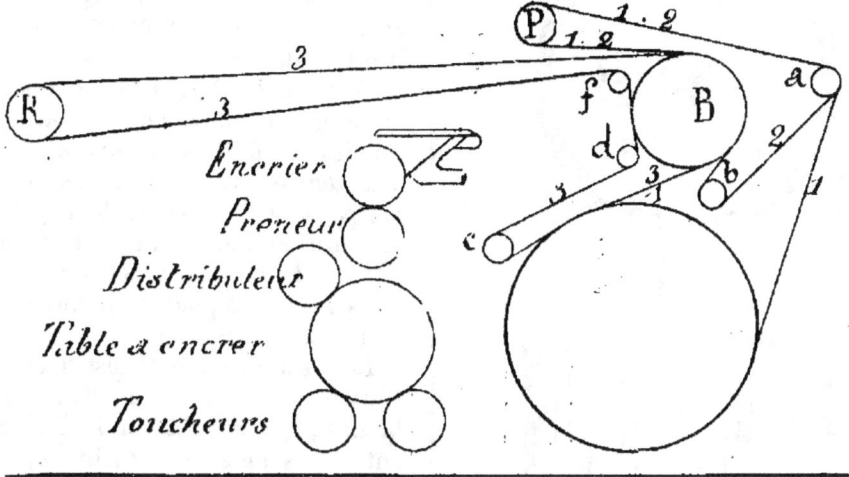

Fig. 2.

R, sur le rouleau en bois B, sur les tringles *c*, *d*, *f*. Il faut autant de ces cordons qu'il y a de gorges au rouleau R.

Pose des sangles sur le cylindre (*fig. 3 et 4*). — Du côté de la commande (fig. 3) et près de la gorge des pinces, la sangle est fixée sur le cylindre au moyen d'une pièce I qui la maintient. La sangle, après avoir entouré la partie imprimante, entre dans une gorge *g* pratiquée au cylindre, passe dans une tige T percée d'un trou à cet effet, et au moyen du cliquet C et de son rochet, on peut enrouler la sangle autour de la tige T.

Côté opposé à la commande (*Fig. 4*). — La sangle, ainsi que de l'autre côté, est serrée à une de ses extrémités, près de la

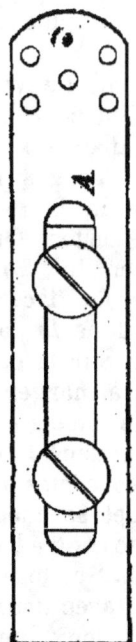

Fig. 3.

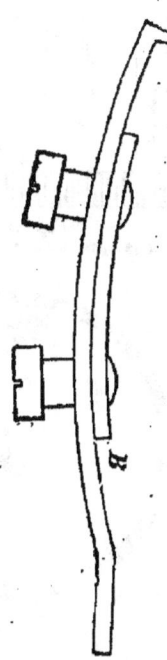

Fig 5.

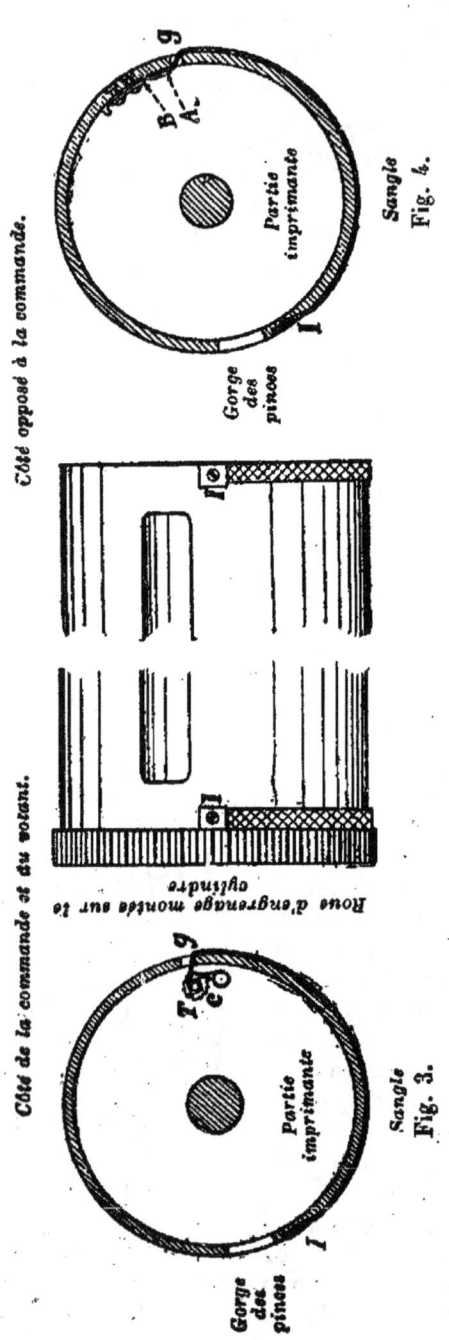

gorge des pinces, par une pièce I; elle entoure ensuite la partie imprimante, rentre dans l'intérieur du cylindre par le trou g, puis est cousue à la pièce A, qui se place aussi à l'intérieur du cylindre (fig. 5).

Cette pièce A, qui sert à tendre la sangle au moyen de la coulisse qui lui est faite, se trouve arrêtée à la tension voulue par les deux vis passant au travers de l'épaisseur du cylindre par deux trous percés à cet effet, et taraudés dans la contre-plaque B, qui leur sert d'écrou (fig. 5).

Les sangles sont destinées à soutenir le cylindre dans les blancs; pour cela on interpose, entre la sangle et le cylindre, du papier ou du carton mince; le cylindre se trouve ainsi supporté partout également et donne des impressions beaucoup plus nettes.

TIRAGE DES CARTES DE VISITE (*fig. 6 et 7*). — Il faut écarter du milieu les cordons allant du rouleau B au rouleau à gorges pour laisser la place de la boîte en zinc qui reçoit les cartes. On la met sur l'encrier en lui faisant entourer la tringle f. Placer les fils pour la sortie dans la partie blanche des cartes. Sur la partie mobile de la table à marger, on fixe un taquet de marge sur lequel on place le ressort R destiné à maintenir les cartes margées. Sous ce taquet se met un taquet double en zinc contre lequel s'appuient les cartes. Sur les côtés de la table on fixe, avec deux taquets de marge, deux petites boîtes en zinc à rebords, destinées à contenir les cartes avant l'impression. | n'a pas été fait en même temps que l'impression.

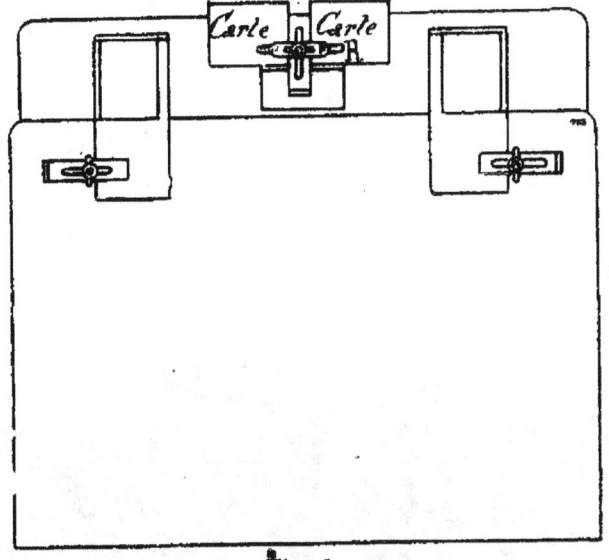

Fig. 6.

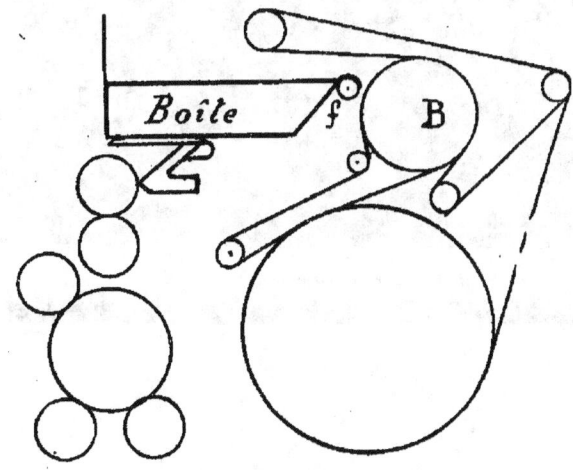

Fig. 7.

Machines à perforer. Ces machines sont de divers modèles et ont pour fonction de perforer les timbres-poste, ainsi que tous les imprimés devant être détachés d'une souche, quand le perforage

Machines à platine. Celles dont la pression est verticale au lieu d'être circulaire. Ces machines ne sont en réalité qu'un perfectionnement des presses à bras.

Machines à réaction. Ces

Machine à retiration. — (Fig. 4.)

machines, dont la création remonte à 1847, sont construites d'après le principe de celles à retiration. Elles sont à deux ou à quatre cylindres et diffèrent des retirations en ce qu'elles donnent un tirage accéléré par la raison que chaque cylindre imprime à lui seul une feuille de papier.

Machines à retiration. Machines à deux cylindres, qui impriment successivement le côté de première et le côté de deux d'une feuille.

MONTAGE DE LA PRESSE A RETIRATION. — La machine se monte, quand cela est possible, sur une fosse, qui a pour but de faciliter la visite des pièces situées en dessous du marbre. Si le sol ne peut être creusé, la machine se pose sur un châssis en bois.

On place d'abord les deux grands bâtis A et B, en mettant le bâti A, celui qui a un palier au milieu, du côté de la fosse du volant. On réunit les deux bâtis par les entretoises, en ayant soin de bien observer les repères de chacune d'elles. Les entretoises sont repérées sur la partie supérieure du côté qui vient sur le bâti de côté A. Outre ces repères, des chiffres en blanc placés sur les entretoises et sur le bâti, indiquent la place qu'elles occupent. Quand les entretoises sont fixées, il faut mettre dessus les grandes coulisses. Celle qui vient du côté du bâti A est marquée 1 et 2, la patte n° 1, venant sur l'entretoise n° 1, la patte n° 2 sur la dernière à droite, quand on est en face de la machine, du côté du bâti A.

Les boulons qui servent à fixer cette coulisse au bâti de côté A sont marqués C 1, C 2, C 3, C 4. Les mêmes marques existent sur les nervures du bâti. Celle qui vient du côté du bâti B, se met en place comme la première; elle se fixe au bâti par les boulons C 5, C 6, C 7, C 8. La coulisse du milieu est marquée 1 à son extrémité qui vient du côté de l'entretoise n° 1, et 2 de l'autre côté.

Quand les coulisses sont en place, on fait le nivellement de la machine. Il est extrêmement important qu'elle soit bien de niveau; des cales en bois sont mises dans les caisses d'envoi et servent à ce travail. Le niveau établi, on met dans chaque coulisse les bandes à galets en ayant soin de mettre les repères en haut.

La coulisse marquée 1 et 2 recevra la bande à galets qui porte les mêmes numéros, en ayant soin de mettre le n° 1 de la bande du côté de la coulisse qui porte ce numéro; de même pour les autres bandes à galets.

On met alors en place :

Le marbre, les 4 montants C 1, C 2, C 3, C 4, en observant les repères, lettres et chiffres qui se trouvent sur ces pièces et sur les bâtis de côté; C 1 et C 2 se mettent sur le bâti A; C 3 et C 4 sur le bâti B.

On met ensuite les ressorts et les pièces qui servent au soulèvement des montants; les cylindres D, le bout de l'arbre le plus long du côté du bâti A; celui marqué 1 à gauche, celui marqué 2 à droite; les encriers E, le côté qui porte l'excentrique du bâti B; la chaise R, le côté O en avant, c'est-à-dire en dehors de la machine; l'arbre du volant et des poulies. Il faut niveler cet arbre avec beaucoup de soin, et, quand il est bien de niveau, sceller la chaise; l'arbre de genouillère, qui porte le pignon de commande, après l'avoir fait passer dans la coulisse de genouillère S, se fixe sur les deux grosses entretoises du milieu. Pour faire passer la genouillère sans démonter le pignon, on retire les deux plaques en bronze de la coulisse.

A la partie inférieure de ces leviers, sont fixées des tiges sur lesquelles passe un ressort butant sur une pièce en fonte réglable par des vis et arrêtée par l'entretoise à l'intérieur de la machine (fig. 2).

Lorsque le marbre arrive à l'extrémité de sa course, il rencontre le tampon supérieur et comprime le ressort dont la pression facilite le changement de direction du marbre. Quand il s'éloigne en sens inverse le tampon du milieu du grand levier vient buter contre la tête d'une vis

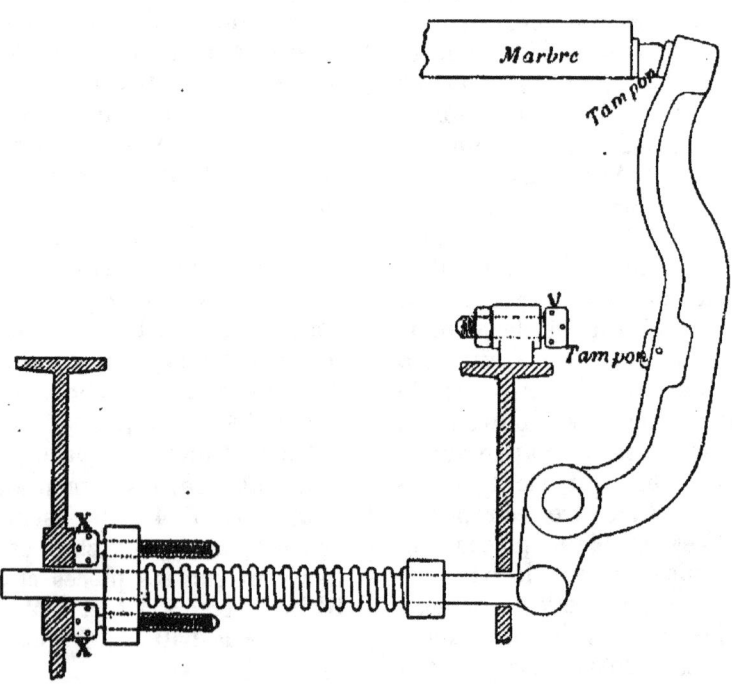

Fig. 2.

La dernière entretoise de chaque ôté porte une tringle ronde sur laquelle sont montés deux grands leviers munis de tampons de cuir.

V montée dans l'entretoise de l'extrémité. C'est cette vis V qui règle le point où le marbre vient frapper le levier et comprimer le ressort. Ce doit être seulement vers l'extrémité de la course que le ressort commence à se comprimer; il doit agir quand le pignon est à cheval sur la dernière dent de la crémaillère et que son galet est sur le point d'entrer dans le croissant. On règle avec les vis X la tension des ressorts.

lons qui servent à le fixer, qu'ils portent un numéro, celui de gauche n° 1, et que ce numéro est à la fois sur le marbre et sur le boulon, de façon que celui-ci puisse être mis exactement à la place qu'il avait à l'atelier. Même observation pour le boulon n° 2.

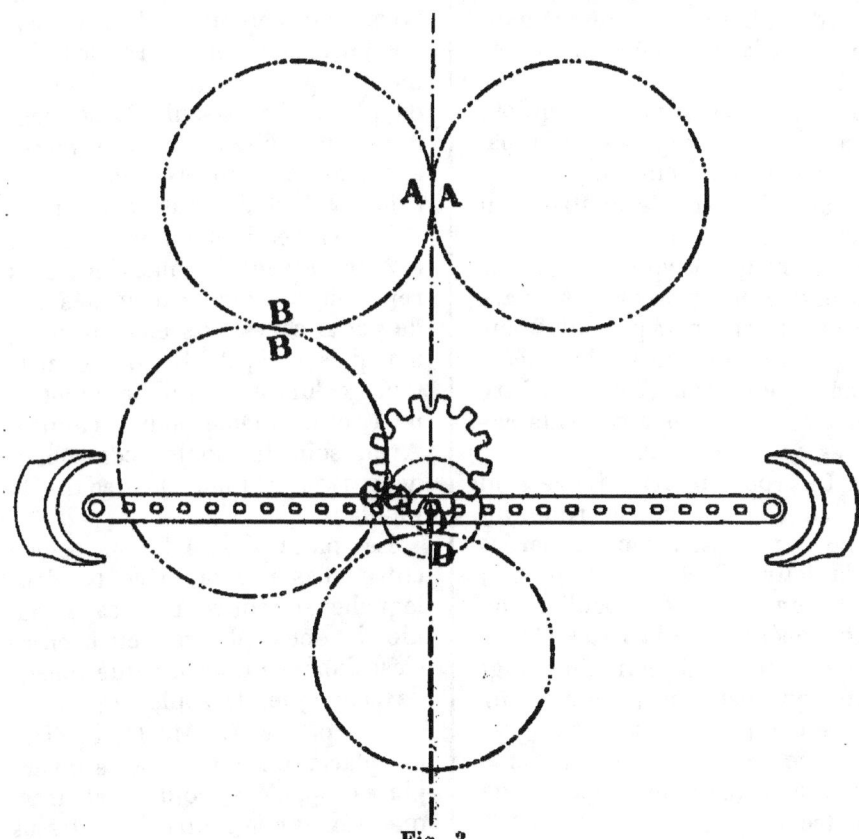

Fig. 3.

Mettre en place : le carré de la genouillère qui sert à réunir l'arbre du volant à l'arbre qui porte le pignon de la crémaillère. Avoir soin de toujours observer les repères qui sont sur ces pièces et sur les vis. Le porte-crémaillère F sous le marbre. Bien observer encore, en mettant les boulons

Il faut enlever l'un des croissants qui se trouvent aux extrémités du porte-crémaillère pour faire engrener le pignon avec la crémaillère, en ayant soin de faire engrener la première dent, de façon qu'elle soit bien en face du galet qui est sur le pignon, *cela est absolument indispensable.*

On remet ensuite le croissant qui avait été retiré du porte-crémaillère et on amène le marbre au milieu de la machine, *le pignon au milieu et au-dessus* de la crémaillère, le vide du pignon qui se trouve en regard du galet étant bien en plein sur la grosse dent du milieu de cette crémaillère. C'est la position représentée fig. 3.

C'est dans cette position qu'ont été mis tous les repères de la machine avant son démontage.

Il faut observer de mettre bien exactement :

1° La roue marquée n° 1 sur le cylindre dont l'arbre est marqué n° 1 ; celle marquée n° 2 sur le cylindre qui porte le même numéro, en ayant soin de faire engrener ces roues aux dents repérées de la lettre A ;

2° La roue intermédiaire qui doit engrener avec la roue du cylindre n° 1 aux dents repérées de la lettre B et avec le pignon monté sur l'arbre des poulies aux dents repérées de la lettre C ;

3° Le petit pignon de vingt dents qui est aussi monté sur l'arbre des poulies et doit engrener avec la roue de cent dents marquée H aux dents repérées de la lettre D.

Il faut avoir beaucoup d'attention pour faire engrener le pignon et la roue H aux dents marquées D ; en changeant les dents qui engrènent ensemble, on changerait le soulèvement des cylindres.

L'arbre qui porte la roue de cent dents est monté sur un support en fonte ayant trois paliers et qui se fixe sur le bâti A, en bas et au milieu.

Le deuxième support de cet arbre est marqué L ; il se joint aux deux entretoises du milieu. Sur ce support sont fixés un axe et une bascule M. Ces deux pièces ont été emballées montées pour faire voir comment elles doivent être placées ; on devra les démonter pour pouvoir les mettre en place. La bascule M soutient dans leur milieu les deux pièces appelées entretoises mouvantes, celles J 1 et J 2 sur la figure 4.

Les entretoises mouvantes J 1, J 2 traversent la machine ; elles reposent à leurs extrémités sur de petits coussinets en bronze P, marqués 1, 2, 3, 4, qui se mettent, celui n° 1 sur le montant n° 1, et de même pour les autres. Avoir soin de monter ces coussinets avec la joue en dedans du montant.

Les pièces J 1, J 2 sont reliées entre elles par la pièce N, dans laquelle se trouve une cage munie de deux plaques en bronze ; c'est dans cette cage que tourne l'excentrique de soulèvement.

Les pièces L, M, N, J, étant en place, on met ensuite quatre pièces appelées rotules et marquées K sur la figure 4 au-dessus des pièces J.

Le mouvement des pinces des cylindres est produit par quatre cames montées sur une pièce appelée porte-cames. Le porte-cames est articulé dans sa partie inférieure ; il est actionné par deux ressorts qui se mettent sur le bâti B et par une came faisant corps avec une roue dentée.

Cette roue de cinquante-quatre dents est commandée par un pignon monté sur le cylindre n° 2

Il faut de même, pour la roue et le pignon qui doivent être placés sur le cylindre n° 1, que

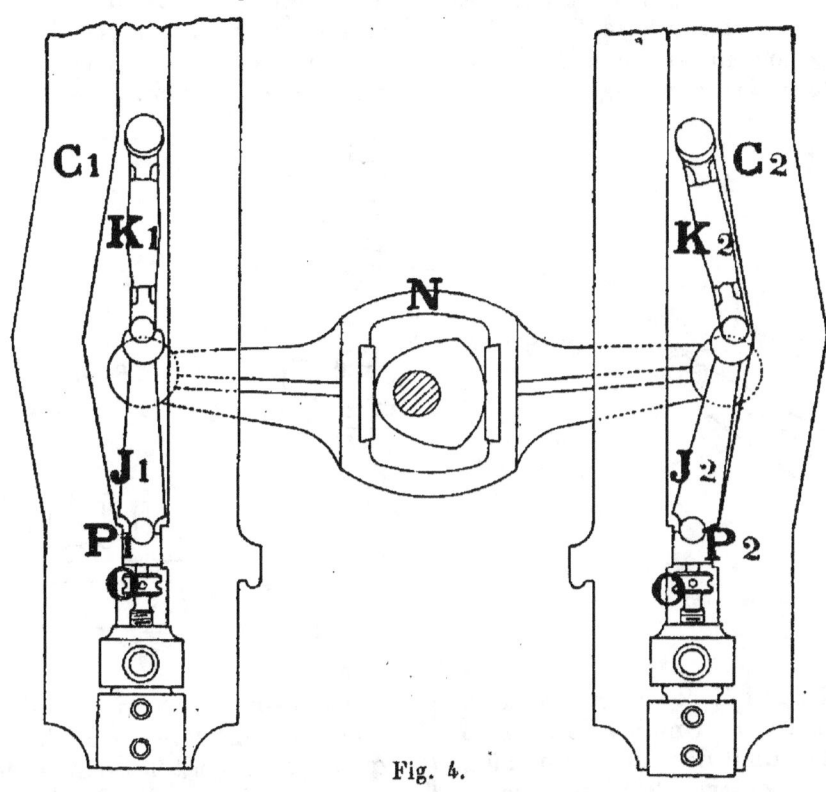

Fig. 4.

du côté du bâti B. Avoir soin de faire engrener la roue et le pignon aux dents marquées E, le marbre étant toujours *au milieu* de la machine, *le pignon au-dessus* de la crémaillère, et les roues des cylindres engrenant, comme il est dit plus haut, aux dents repérées de la lettre A. Sur le pignon et sur le bout de l'arbre se trouve le même numéro 2; il faut que ces deux numéros se correspondent, c'est-à-dire que les deux chiffres soient en face l'un de l'autre, comme l'indique la figure 5.

les chiffres soient bien en face l'un de l'autre, et que la roue et

Fig. 5.

le pignon engrènent aux dents repérées de la lettre F. Un trait indique la position par rapport à la roue de la came montée sur son moyeu.

Le foulage se règle par les vis O, fig. 4. En faisant tourner ces vis dans un sens ou dans l'autre on fait monter ou descendre les coussinets en bronze P, sur lesquels portent les pièces J qui font soulever les montants.

de l'entablement du bâti. Dans le cas où le ressort ne rappellerait pas suffisamment les pinces, avoir soin de le tendre en tournant la barre M (fig. 7), dans le sens indiqué par le rochet qui se trouve à son extrémité.

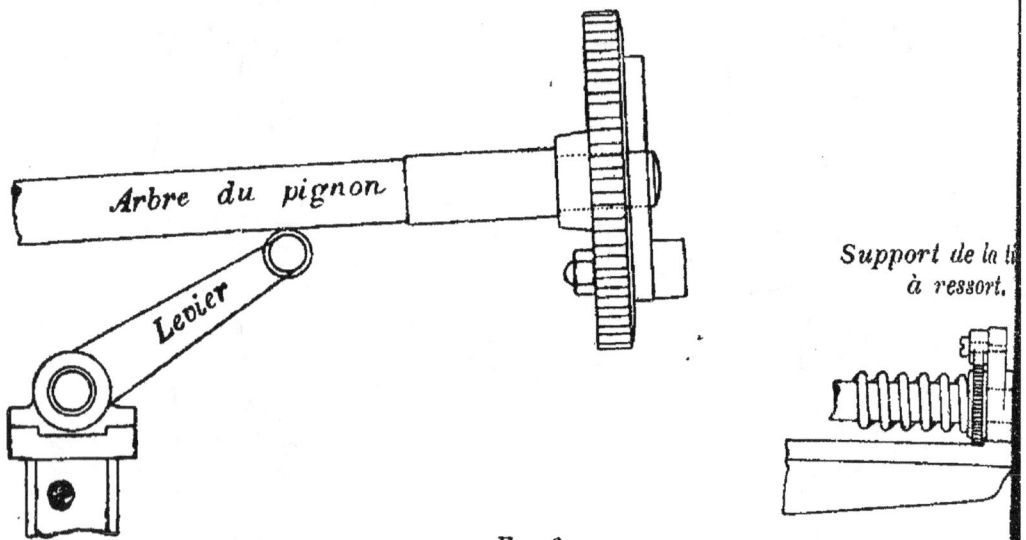

Fig. 6.

La tige qui porte deux ressorts à boudin et au milieu de laquelle est fixé un levier muni d'un galet, sert à soulever le pignon de la crémaillère pour faciliter le passage dans les croissants; il faut régler la tension des ressorts pour qu'ils soulèvent le pignon et le tiennent en l'air, mais sans que la tension de ces ressorts soit assez forte pour soulever le pignon jusqu'en haut de la coulisse.

A chacun des quatre coins du marbre sont des entailles, dans lesquelles se placent quatre pièces en fer repérées 1, 2, 3, 4, qui servent à guider le marbre pendant sa course, ces pièces glissant le long de la partie dressée

HABILLAGE. — On recouvre les cylindres d'une toile de fond, sur laquelle se collent les feuilles de mise en train, et d'un blanchet en casimir mince, qui se met par dessus les feuilles de mise en train.

La toile de fond se coud, à l'une de ses extrémités, sur une des tringles à blanchet (tringle en fer plat), portant des trous servant à coudre la toile, et d'autres trous plus grands, entrant dans les picots P, qui se trouvent dans le cylindre (fig. 7); la toile se pique à son autre extrémité sur une tringle R, portant des pointes; cette tringle est munie d'un rochet qui sert à tendre la toile de fond ; il faut avoir soin de la fixer de façon à ce qu'elle ne fasse aucun pli.

Quand la toile de fond est bien

Lorsque les feuilles de mise en train sont collées, on place le blanchet, qui se coud comme la toile sur une tringle plate ; cette

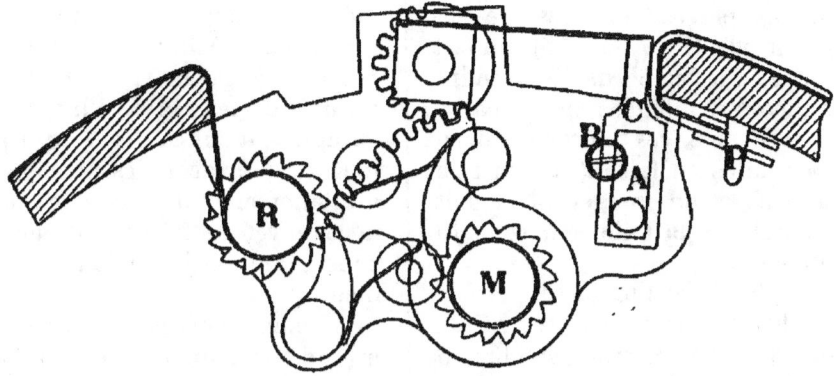

Fig. 7.

tendue, on y colle les feuilles de mise en train, qui doivent avoir une épaisseur telle que lorsque le blanchet est ramené sur ces

tringle porte, comme celle de la toile, des trous plus grands servant à faire rentrer cette tringle dans les grands picots P fixés à

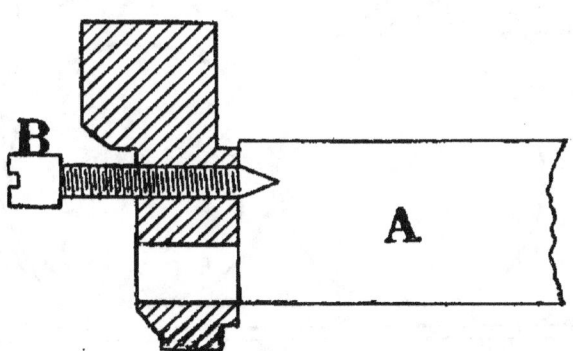

Fig. 8.

euilles, l'épaisseur totale de la toile, des feuilles de mise en train et du blanchet soit égale à la saillie des cordons des bouts des cylindres sur le milieu de ceux-ci. Ces cordons ou parties en saillie des bouts des cylindres doivent toujours servir de guide pour l'habillage.

l'intérieur du cylindre (fig. 7). Le blanchet se tend à la main et l'autre extrémité se fixe sur la toile de fond par des épingles qui doivent naturellement se placer toujours dans la partie excentrée et en dehors de la partie qui reçoit l'impression.

Pour mettre en place la toile et

les blanchets, il faut faire arriver les cylindres dans une position telle que le galet qui se trouve à l'extrémité de la tringle des pinces porte sur une came et fasse ouvrir les pinces; on desserre ensuite la vis B (fig. 7 et 8) qui fait appuyer sur les bords du cylindre les pièces C montées sur la barre A. On écarte ces pièces du bord du cylindre en faisant tourner la barre A, et on met en place soit la tringle de la toile, soit celle du blanchet.

On place ensuite la sangle sur les chemins en fer qui sont de chaque côté du marbre. A chacun des quatre coins est une pièce portant une petite tige avec des pointes sur laquelle se pique la sangle, et qui sert à la tendre.

La marge de côté se règle, comme aux machines en blanc, par le taquet de côté qui est fixé sur la table; la marge de tête se règle par les taquets de devant qui sont indiqués fig. 9.

Ces taquets T' sont mobiles sur la tringle O, on les déplace pour arriver à la marge convenable en faisant tourner chaque taquet sur la tringle O, puis quand ils ont été mis bien exactement sur la même ligne à la position qui correspond à la marge nécessaire, on finit de les régler, s'il y a lieu, en agissant sur la vis V, qui permet de déplacer les taquets simultanément et de la quantité nécessaire, si faible soit-elle, en conservant toujours leur alignement.

A chaque cylindre correspond un marbre, un encrier, un rouleau preneur et des rouleaux distributeurs et toucheurs. Le rouleau preneur doit s'abaisser sur la table à encrer au moment où celle-ci se présente en dessous de l'encrier. Si cela ne se produit pas, c'est que l'excentrique de prise d'encre monté sur le rouleau est mal réglé.

Pour le bien régler, il suffit

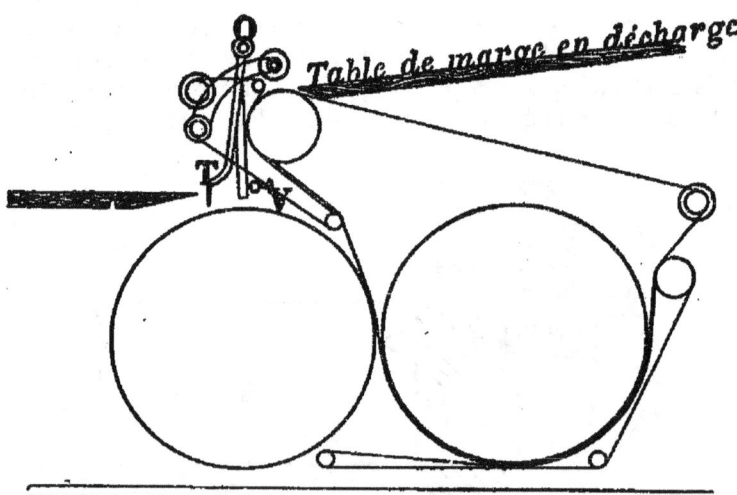

Fig. 9.

d'amener la table à encrer en dessous de l'encrier, comme l'indique la figure 10, dégrener la roue d'angle du rouleau d'avec came actionnant l'abattant de la table de marge. La place de la came est déterminée, comme il est dit plus haut, par un trait fait

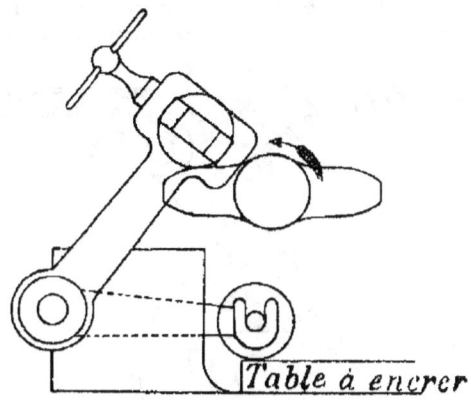
Fig. 3.

son pignon, faire tourner le rouleau d'encrier à la main, de façon à amener la came dans la position indiquée par le croquis, c'est-à-dire les deux pointes sur une ligne horizontale, puis engrener sur la came et la roue. Si ce mouvement se trouvait déréglé et qu'on ne puisse retrouver le repère, il faudrait desserrer les vis V et R (fig. 11 et 12 du levier A et de la came B). Voici ce qu'il

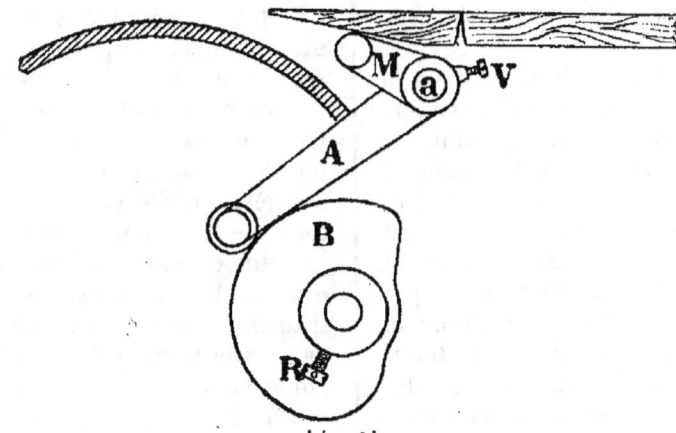
Fig. 11.

à nouveau la roue d'angle avec son pignon.

La roue de 54 dents qui engrène avec le pignon monté au bout du cylindre n° 1 porte la

y aurait à faire pour trouver leur position exacte :

1° Pour arrêter le levier A sur la tringle A, faire tourner la came B, de façon que le galet du levier appuie sur la partie haute de la came, comme l'indique la fig. 11 : en appuyant sur la manivelle M, on soulève l'abattant de telle sorte qu'il soit *dans le prolongement de la table*. L'abattant soulevé,

mouvement de la table se trouve réglé.

MARGE EN DÉCHARGE. — Les feuilles de décharge se placent sur la table indiquée, figure 9 (table de la marge en décharge) ;

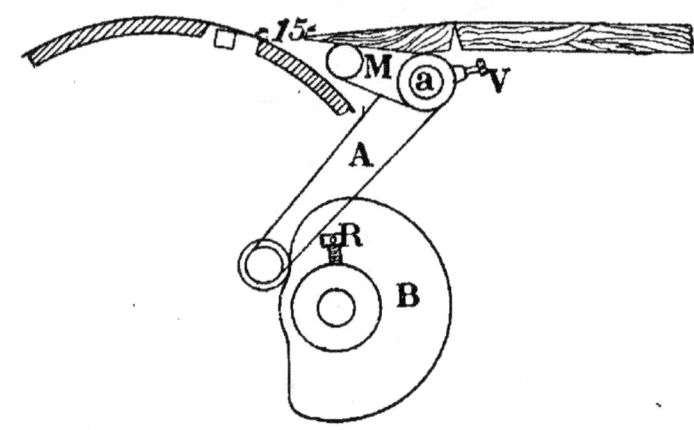

Fig. 12.

le galet du levier A appuyant sur la partie haute de la came, on serre une fois pour toutes la vis V, qui arrête le levier sur la tringle A.

2° En tournant la machine à la main, on amène le cylindre sur lequel se fait la marge dans la position qu'il occupe au moment où les pinces viennent de se fermer, c'est-à-dire quand elles sont à environ 15 $^m/_m$ du bord de la table (fig. 12). Il faut alors que l'abattant soit dans sa position la plus basse ; pour cela on fait tourner la came B, qui est mobile, sur la roue dentée qui la porte, jusqu'à ce qu'elle soit comme l'indique la figure 12, c'est-à-dire *le galet du levier A appuyant sur la partie basse de la came ;* cela fait, on serre la vis R, qui fixe la came à la roue dentée, et le

elles sont margées sur le cylindre en bois qui se trouve à l'extrémité de la table. Des boules de caoutchouc, montées sur une tringle mobile, s'abaissent sur la feuille et la font s'engager entre les cordons qui passent sur le rouleau de bois et dirigent la feuille sur le premier cylindre, de manière qu'elle vienne, au second tour, se superposer sur la feuille imprimée, mais sans recouvrir les pinces. La décharge, lorsque la transmission de la feuille se fait, passe sur le deuxième cylindre et empêche ainsi l'encre de la première impression de se déposer sur le blanchet du second cylindre.

Les décharges sortent en même temps que les feuilles imprimées et sont mises à part pour être employées de nouveau. Il faut avoir soin, pour obtenir une belle impression, de ne pas employer des feuilles de décharge chiffonnées et plissées ; les plis marqueraient à l'impression. Ces feuilles se margent sans taquets : on colle simplement sur la table des guides en papier qui suffisent au margeur pour engager convenablement les feuilles.

Les cordons de la marge en décharge qui passent sur le deuxième cylindre servent aussi à la sortie des feuilles ; quand on imprime sans décharge, il faut donc toujours mettre ces cordons et bien observer qu'ils doivent être **suffisamment** tendus pour faire tourner régulièrement le rouleau en bois sur lequel se margent les décharges.

Quand on imprime des travaux dans lesquels il n'y a des vignettes que d'un seul côté, on les place ordinairement sur le marbre du premier cylindre, afin de faire l'impression de la vignette avant que la feuille n'ait reçu le foulage du côté du texte. On obtient ainsi des vignettes beaucoup plus nettes ; mais il est indispensable, surtout quand le travail est chargé, d'employer les décharges pour empêcher le maculage.

On fait aussi le contraire de ce qui précède quand on veut éviter l'emploi des décharges pour des travaux qui n'ont pas besoin d'être soignés, c'est-à-dire qu'on imprime d'abord le texte et les vignettes à la retiration.

Les boules qui s'abaissent sur la feuille de décharge pour l'engager dans les cordons, sont actionnées par une came faisant corps avec la roue qui engrène sur le pignon monté au bout du premier cylindre. Un levier monté sur la tringle des supports de la barre sur laquelle sont les boules, porte un galet dont on peut varier la position, de façon à donner un peu d'avance ou de retard à la feuille de décharge, par rapport à la bonne feuille.

Variation de registre et de marge. — Un grand nombre de causes peuvent amener des variations de registre. Il est donc bon de voir d'abord les cylindres et de s'assurer si la barre brisée qui est à l'intérieur et porte le ressort faisant fermer les pinces fonctionne bien ; si le ressort de cette barre est suffisamment tendu, sans l'être trop, un excès de tension pouvant produire un ressaut sur les pinces ; si les pinces n'ont pas été déformées, comme cela arrive souvent ; si, en s'ouvrant, elles ne buttent pas sur la barre des pinces de l'autre cylindre ; s'il n'y a pas de plat aux galets des manivelles des pinces et si leurs axes ne sont pas desserrés ; si, dans le mouvement du cylindre, la manivelle, l'axe du galet ou le galet ne frottent sur rien, un frottement pouvant produire l'ouverture des pinces ; si la manivelle n'a pas été dégoupillée et n'a pas tourné sur la barre ou s'il y a du jeu de la manivelle sur la barre des pinces ; si les pinces prennent bien sur toute la longueur de la feuille ; si les cylindres ne sautent pas ; si le mouvement de descente se fait sans secousse ; si les ressorts R (fig. 13) qui supportent les pièces du sou-

18.

lèvement sont suffisamment tendus, sans quoi les cylindres vacillent, de l'écrou pour ne pas rendre trop dur le mouvement d'abaisse-

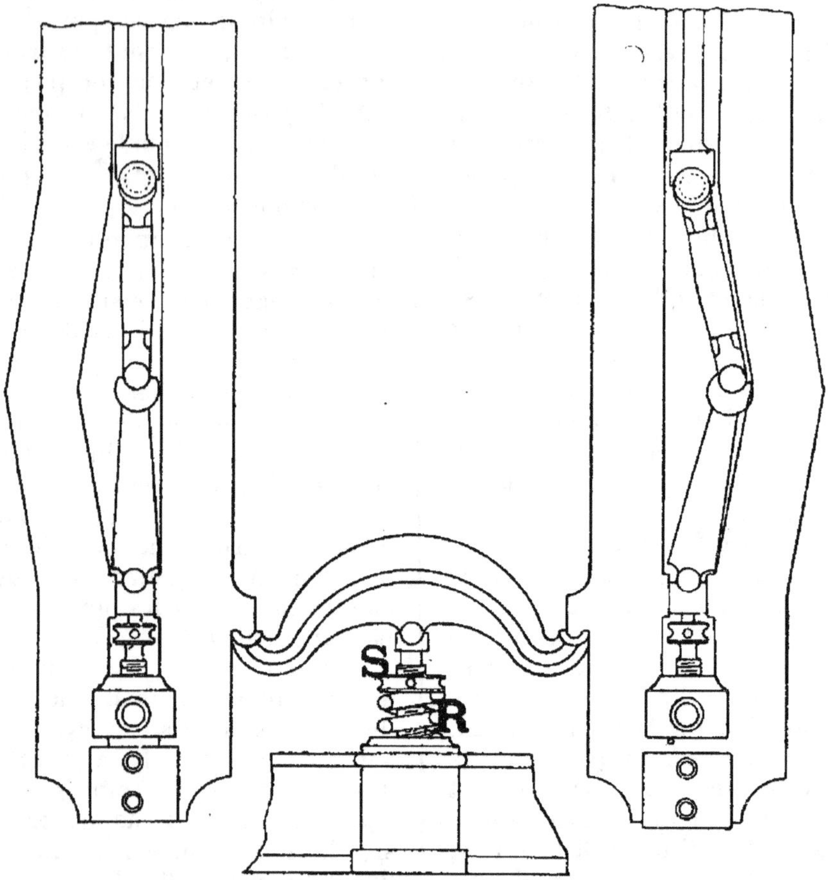

Fig. 13.

le registre et la marge varient. Ces ressorts se tendent au moyen de la clé représentée figure 14, ment des cylindres. Bien s'assurer aussi si les clés du volant, du pignon, de la poulie fixe, des roues

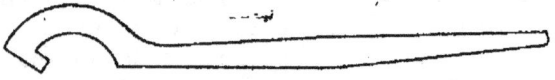

Fig. 14.

qui s'adapte dans les trous de l'écrou S (fig. 13). Il faut que le ressort soit bien tendu, mais on doit éviter de forcer le serrage des cylindres, du pignon de crémaillère sont bien serrées, ainsi que les goujons du carré de la genouillère, et si la roue intermédiaire ne remue pas sur son axe.

Il suffit que la clé de l'une seulement des pièces ci-dessus soit desserrée pour produire des variations de registre ou de marge.

Pour que les clés de la coulisse cintrée soient parfaitement réglées il faut : quand le pignon est en dessous de la crémaillère, que l'arbre de la genouillère porte bien sur la clé A (fig. 15), mais que le frein B ne fasse qu'effleurer le côté C de cette crémaillère sans s'y appuyer. Il doit être possible de passer du papier mince entre les deux sans que cependant il y ait une plus grande distance que cette épaisseur de papier.

Quand le pignon est au-dessus de la crémaillère, le frein B appuie sur la partie *d* et l'arbre ne fait qu'effleurer la clé E ; il faut aussi pouvoir passer un papier mince entre cette clé et l'arbre sans qu'il y ait plus de jeu.

DÉPLACEMENT DE L'ENTRÉE DE PRESSION. — L'entrée de pression déterminée sur le marbre ainsi qu'il a été indiqué plus haut, peut être déplacée si c'est nécessaire. Pour cela il faut enlever les sangles qui sont sur les chemins en fer du marbre, amener celui-ci au milieu de la machine,

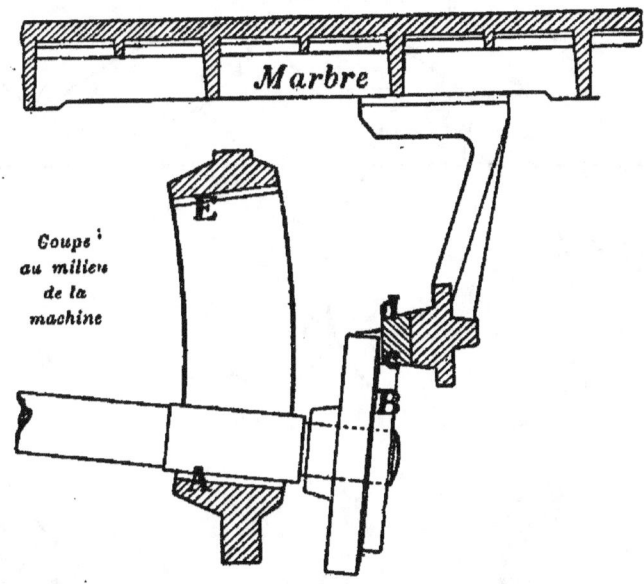

Fig. 15.

le pignon se trouvant au *milieu et au-dessus de la crémaillère*.

La roue intermédiaire engrène alors avec le pignon monté sur l'arbre des poulies aux dents repérées de la lettre C et avec la roue du cylindre n° 1, aux dents repérées B. Enlever cet intermédiaire. Il suffit ensuite de faire tourner avec précaution le volant dans les directions indiquées par les flèches marquées F ou G sur la figure 16, pour rapprocher ou éloigner l'entrée de pression du bout du marbre.

On remet en place l'intermédiaire qui doit toujours engrener avec la roue du cylindre n° 1 (dans le mouvement du marbre les cylindres n'ont pas bougé), aux dents repérées de la lettre B, mais qui n'engrène plus avec le pignon aux dents repérées C.

Dans le cas où le volant a été tourné dans la direction indiquée par la flèche F, c'est-à-dire où l'entrée de pression a besoin d'être rapprochée du bout du marbre, le dégrènement entre les dents du pignon et celles de la roue intermédiaire ne peut être que d'une dent. Dans l'autre sens, le dégrènement peut être d'autant de dents que cela est nécessaire. Le dégrènement d'une dent correspond à

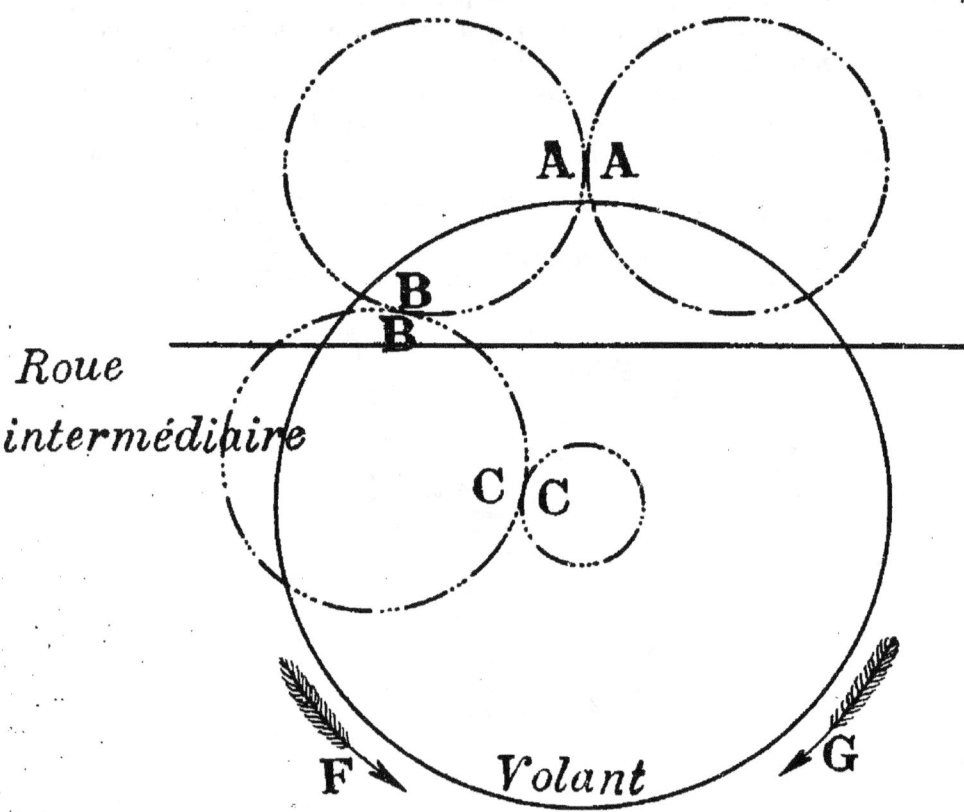

Fig. 16.

environ 18 m/m. Si donc le marbre, étant mis dans la position indiquée ci-dessus, on marque sur le bâti, par un trait, l'endroit de l'entrée de pression (avant de retirer la roue intermédiaire) on a à déplacer le marbre de 18 m/m pour dégrener d'une dent; c'est donc seulement de 18 m/m que l'on peut rapprocher l'entrée de pression du bout du marbre.

IMPRESSION EN BLANC. — On peut imprimer en blanc, soit sur l'un, soit sur l'autre des cylindres, mais pour éviter le maculage, on doit imprimer toujours, quand on veut marcher en blanc, sur le *deuxième* cylindre. On marge les feuilles sur le premier cylindre comme si on devait faire la retiration, la feuille blanche passe du premier cylindre sur le second, reçoit son impression et sort alors imprimée d'un seul côté sans être maculée, exactement comme cela se fait sur une machine en blanc.

Machines à soulèvement. Ces machines, qui ont été inventées par le constructeur Rousselet, consistent dans un mécanisme permettant aux cylindres de se soulever au moment du retour des marbres. Le soulèvement est produit par des excentriques ou des ressorts à boudin.

Machines cylindriques. On appelle indifféremment *machines cylindriques* ou *rotatives* les presses à papier sans fin. Il y a pourtant entre ces deux types de machines une différence sensible : la première appellation devant surtout s'appliquer aux premiers rotative est à la cylindrique ce que la machine à retiration est à la machine en blanc ; il est donc indispensable, pour éviter la confusion, de les désigner par les noms qui leur sont propres.

Machine en taille-douce. Remplace l'ancienne presse à bras et sert à l'impression des planches gravées au burin, à l'eau-forte, en héliogravure, ou par les procédés mécaniques, et en général de toutes les gravures en creux sur métal.

Machines jumelles. On appelle ainsi deux machines en blanc accouplées et qui n'en font plus qu'une seule. Les jumelles ne sont autres que ce que l'on appelle également machines doubles ou à retiration.

Machines March Hoe. Machines cylindriques en blanc qui commencèrent à fonctionner aux environs de 1850. Ces machines comptaient six, huit et dix cylindres d'impression, ce qui nécessitait autant de margeurs. En 1862, M. Hoe prit un brevet pour une rotative à retiration avec deux margeurs seulement ; mais elle n'eut qu'un médiocre succès et

Mandrin.

types, qui comportaient des margeurs, alors que la seconde doit désigner plus spécialement la machine à papier sans fin, perfectionnée, ou plutôt inventée, en 1871, par Hippolyte Marinoni. Nous considérons en effet que la fut bientôt abandonnée par son constructeur.

Machines simples. (V. Machines en blanc.)

Mandrin n. m. Barre de fer ou de bois autour de laquelle on coule de la pâte à rouleaux. Pour que la matière s'attache aux mandrins, ceux-ci sont évidés en spirale ou entourés de cordes très fortement serrées. — Outil de relieur qui sert à emboîter le dos des registres pour leur donner la forme voulue.

corrige et serre les formes. Autrefois, les marbres étaient en pierre ou en marbre, ce qui fait sans doute que ce nom leur est resté. — Le *train*, dans les presses à bras. — Pièce de fonte parfaitement plane reposant sur des bandes

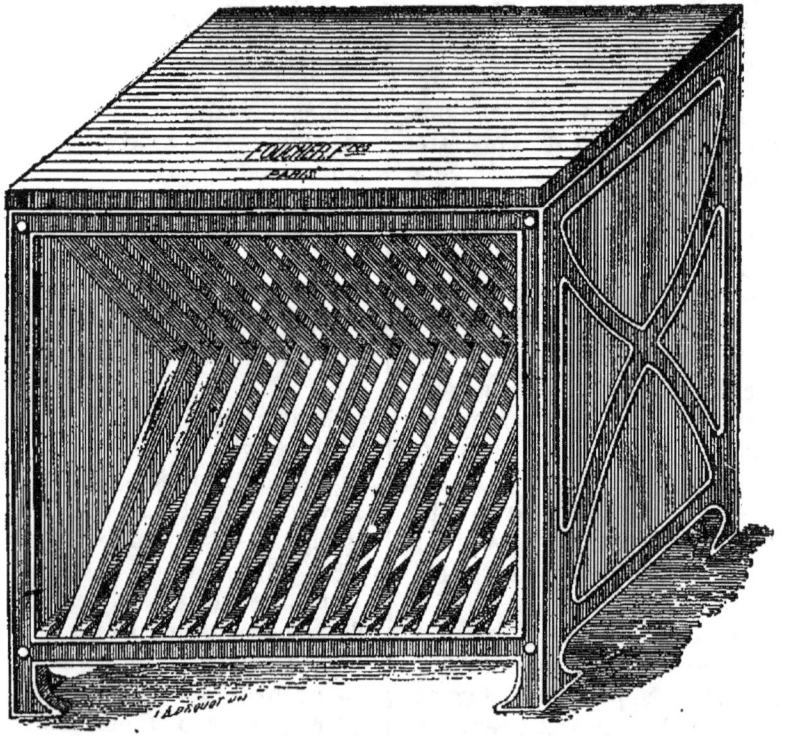

Marbre avec pied.

Manicordion n. m. Nom donné à deux fils de laiton très fins, enroulés chacun sur une bobine séparée, et qui servent à fixer les vergeures, dans la préparation des formes pour la fabrication du papier à la main.

Manivelle n. f. Appareil destiné à faire mouvoir les presses ou machines marchant à bras.

Marbre n. m. Plaque de fonte polie sur laquelle on impose, on

plates ou à galets, et sur laquelle se place la forme dans les machines à imprimer.

Marbres-Presse n. m. Appareils qui remplacent la presse à bras dans l'impression des épreuves. Le modèle que nous donnons ci-contre est un des plus pratiques et des plus employés.

Margéomètre n. m. Tableau en forme de triangle, imaginé il y a une trentaine d'années, par

M. Anthinoüs, conducteur à Caen, pour déterminer la valeur systématique des blancs dans les impositions.

l'endroit qu'elle doit occuper. Dans la retiration, on place le margeur sur la table de marge, du côté opposé à celui qu'il occu-

Marbre-Presse.

Margéomètre Lechap. Cet appareil, imaginé vers 1872 par celui dont il a pris le nom, n'est autre qu'une ingénieuse combinaison du triangle et du barême Maréchal pour la répartition des blancs dans les impositions.

Margeur automatique. Appareil représenté par une équerre mobile, dont on règle la course selon le format que l'on veut imprimer, et qui amène la feuille à pait pour la marge en blanc. Usité surtout pour les travaux polychromes.

Margeur pointeur automatique. Appareil dont le nom indique la fonction. Il n'est utilisé que pour les papiers préalablement perforés à l'aide d'un emporte-pièce. Cet engin a été inventé par M. Vieillemard.

Margeur pointeur Chatenet. Procède du même principe

que le margeur Vieillemard. Ici, les pointures coniques sont fixées dans le cylindre et pénètrent de bas en haut dans les trous de perforage, pendant que des tiges creuses, s'abaissant sur elles, forcent la feuille à s'introduire dans les trous.

Maroquin n. m. Le maroquin, qui sert à la reliure des livres, se prépare exclusivement avec des peaux de bouc ou de chèvre; ces peaux sont fines et molles, tannées au sumac et teintes ensuite.

Maroquin (Faux). Il se fabrique avec des peaux de mouton ou de très minces peaux de veau. Sa préparation est à peu de chose près la même que celle des vrais maroquins.

Marteau à battre. Ce marteau, dont la tête ou platine est carrée, mais arrondie sur les

Marteau à battre.

bords, pour ne pas couper les feuilles, pèse 4 à 5 kilog Il sert aux relieurs pour battre le dos des volumes destinés au brochage ou à la reliure.

Massiquot n. m. Machine à couper le papier, inventée au commencement du second Empire par le mécanicien Massiquot, qui habitait alors rue du Fouarre. C'est donc par erreur que l'on écrit *Massicot*.

Matière n. f. Métal typographique; il est composé d'environ 8 p. % d'étain, 62 p. % de plomb et 30 p. % de régule ou antimoine.

Matière blanche. Nom donné par les fondeurs aux blancs typographiques tels que lingots, cadrats et interlignes; cette matière, n'ayant pas à supporter la pression du cylindre imprimeur, puisqu'elle ne s'imprime pas, contient plus de plomb que la *matière noire*. — Nom donné aux blancs, cadrats, interlignes, etc., destinés à la fonte.

Matrice n. f. Bloc de cuivre rouge sur lequel le poinçon, que l'on enfonce à coups de marteau ou au balancier, a tracé l'empreinte d'une lettre. Quand la matrice a été frappée, elle est justifiée et mise de hauteur, après quoi elle peut être adaptée à la machine à fondre, à sa place res-

Matrice.

Lettre fondue.

pective, pour la production du type de lettre qu'elle représente. Toutes les matrices ne sont pas obtenues par le poinçon; on en fait également par contre-moulage, pour les gros caractères entre autres, à l'aide de la galvanoplastie.

Mélasse n. f. La mélasse sert, concurremment avec la colle-forte ou gélatine, à la confection des rouleaux typographiques, où elle entre dans la proportion de 45 p. %. Toutefois, cette proportion est modifiable, selon que l'on fabrique des rouleaux d'hiver ou des rouleaux d'été.

Membrures n. f. Les membrures sont des ais à endosser, que l'on place aux deux extrémités de la pile dans l'endossage par paquet. Ces ais sont trois fois plus épais que les entre-deux et plus relevés que ceux-ci du côté du mors.

Mentonnet n. m. Saillie d'engrenage qui reçoit d'une came son mouvement mécanique.

Mentonnières n. f. Supports en bois qui servent à atténuer l'inclinaison de la casse par rapport à celle du rang sur lequel elle repose. Cette disposition forme un petit réceptacle dans lequel le compositeur place sa copie et son outillage.

Méreau n. m. Sorte de sceau ou cachet en plomb dont on se servait pour timbrer les documents diplomatiques ou administratifs.

Merveille (La). Machine à pédale, simple, solide et très pratique, construite par M. Poirier.

Mignonne n. f. Ancien nom du corps de sept points. Il y avait alors des sept et demi et même des sept un quart Ces corps hétéroclites ont disparu des imprimeries, sauf pourtant dans certaines vieilles maisons ou quelques-uns subsistent encore.

Minerve (La). Machine à pédale, très pratique et très ingénieuse, créée par M. Berthier. Cette machine peut être, selon les besoins, pourvue d'un receveur mécanique placé à la partie inférieure du bâti.

Mixtion n. f. Mordant employé pour fixer la dorure.

Moins n. m. On appelle ainsi le tiret (—).

Moleskine n. f. Sorte de toile cirée qui sert, concurremment avec le caoutchouc, à l'habillage des cylindres des machines lithographiques.

Molettes n. f. C'est avec les

Molette.

molettes que l'on donne l'œil aux filets tremblés, hachés, ondulés, guillochés, etc. — Outil à l'usage des relieurs et doreurs.

Monoline n. f. Machine à composer inventée par M. Scudder, de New-York. Cette machine n'est autre que la linotype perfectionnée; comme celle-ci, elle compose des matrices, fond des lignes entières et replace les matrices dans les magasins qui leur sont propres. Elle peut composer 5 à 6,000 lettres à l'heure avec un bon pianotypeur, mais, comme pour la linotype, elle oblige à refondre une ligne entière s'il se trouve dans celle-ci une simple coquille ou une virgule oubliée.

Monture de rouleau. Elle est formée d'un arbre léger qui traverse le mandrin du rouleau;

une ou deux poignées, selon que le rouleau est à une ou deux mains, permettent de rouler celui-ci sur la table et sur la forme, dans les tirages à la presse à bras. Il y a des montures simples et à coulisse; avec ces dernières, on peut varier à volonté les dimensions du rouleau.

Mordant n. m. Vernis fort, sur lequel on tire préalablement ce qui doit être couvert d'or, en feuille ou en poudre. Toutes les encres d'imprimerie peuvent fixer les ors, mais en en atténuant la rutilance, qu'au contraire le mordant leur restitue. — Lames de bois en forme de pinces qui ser-vaient à fixer la copie sur le visorium.

Mordants lithographiques et typographiques (Prix des). Terre d'ombre et mordant spécial pour papiers glacés, 6 fr.; pour or en feuille, 4 fr.; jaune, blanc et rouge, 6 fr. le kilog.

Moule à bascule. Moule composé de deux plaques en fonte, dont l'une, celle du dessus, est montée sur des tourillons formant charnière; il sert à couler les interlignes que l'on soumet ensuite à l'opération du rabotage.

Moules à clicher. Ces outils sont à l'usage des stéréotypeurs; leurs formes sont à peu près iden-

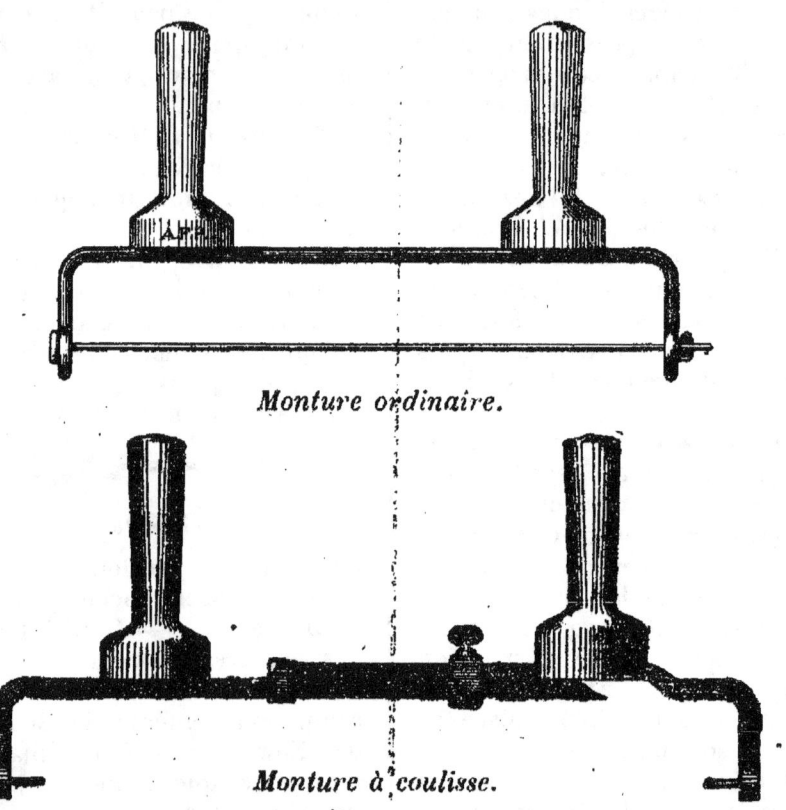

Monture ordinaire.

Monture à coulisse.

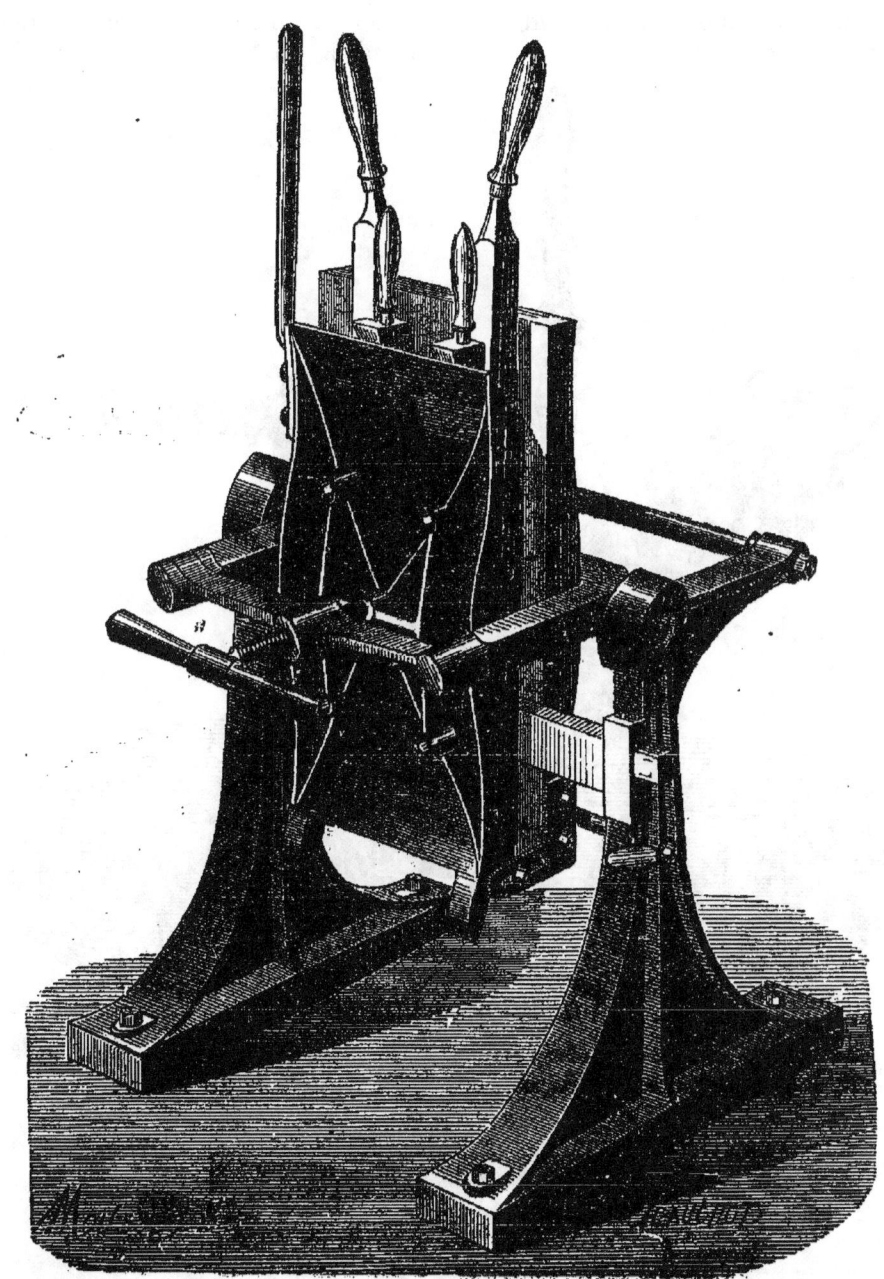

Moule à clicher.

tiques, mais leurs dimensions varient naturellement selon les formats. C'est dans ce moule que se place le flan ou empreinte sur lequel se coule la matière destinée à fournir un cliché,

selon le mode de réglage des bandes. La longueur des interli-

Moule à garnitures.

Moule à deux bandes. On fond, à l'aide de ce moule, deux interlignes à la fois, sur des épaisseurs variant de 2 à 24 points, gnes est de 40 centimètres et le prix du moule de 500 fr.

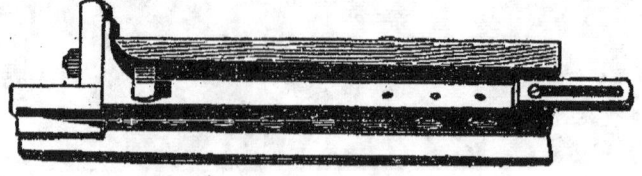

Moule à main à garnitures.

Moule à peigne. (V. Moule polyamatype.)

Moule à refouloir. Moule spécial qui sert à fondre les filets, les grosses vignettes et les gros les platines sont creuses et munies d'ouvertures par lesquelles on fait passer un courant d'eau froide

Moule à interlignes.

caractères. Avant la création de cet appareil, on fondait les vignettes et les gros caractères sur une hauteur de un douze environ et on les soudait ensuite sur un bloc de hauteur.

Moule à refroidisseur. Moule à fondre les clichés, dont qui fait figer instantanément le métal coulé.

Moule Crapot. Moule d'invention anglaise, adopté par les fondeurs parisiens vers 1849.

Moule polyamatype. Inventé par Ambroise-Firmin Didot, il avait l'avantage sur les précédents, de permettre la fonte de plusieurs lettres à la fois. — Ces moules, dont le célèbre graveur Marcellin atteint le degré voulu de perfection.

Moules à main. Ces sortes

Moule à main à interlignes.

Legrand, neveu et successeur de H. Didot, avait acquis la propriété, fondaient d'un seul coup de moules servent surtout à fondre les gros caractères et les caractères d'écriture, bien qu'il y ait

Moules à main.

144 lettres du corps huit, ce qui constituait un progrès énorme sur les appareils qui les avaient précédés des machines pouvant fondre ceux-ci; mais comme ces caractères sont ordinairement peu

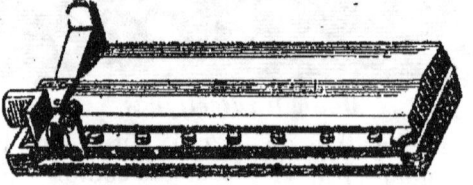

Moule à accolades.

cédés. Ils servirent jusqu'en 1877, époque à laquelle ils furent remplacés presque partout par les machines à lames, qui avaient employés, on les fond plutôt à la main. Leur prix varie, selon la grosseur des corps, dans la proportion suivante : du 6 au corps 10,

36 fr.; du 11 au 16, 42 fr.; du 18 au 24, 48 fr.; du 28 au 36, 55 fr.; du 40 au 48, 65 fr.; du 56 au 72, 75 fr.; du 84 au 96, 90 fr. Dans les moules à main se trouvent compris ceux pour acco-

Moules à cadrats obliques et à **cadrats cintrés.** Ces sortes de moules procèdent naturellement des précédents; mais, en raison de leur emploi restreint, ils sont d'un maniement

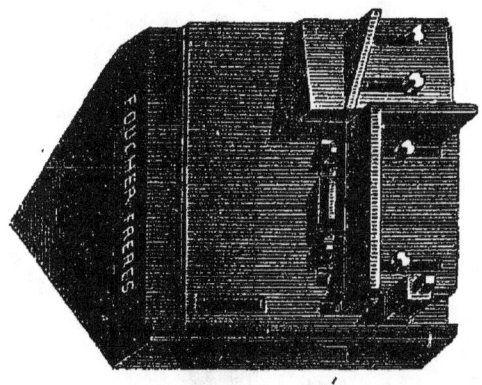

Moules à noyaux pour monter sur matière.

lades, mots entiers, cadrats, interlignes, filets anglais, etc.

Moules à cadrats. Les moules à cadrats sont aussi à main, et leur forme ressemble beaucoup à celle des moules à main dont nous

facile et à combinaison peu compliquée.

Moules à noyaux. Ceux dans lesquels on peut introduire des noyaux ou blocs de métal pour la fonte de certains objets

Moule à pont.

donnons la figure à la page précédente. Ils servent surtout à fondre les cadrats des gros caractères, ceux des caractères courants se fabriquant généralement à l'aide de machines construites spécialement à cet effet.

dans lesquels on veut ménager des ouvertures, tels, par exemple les lingots ou garnitures.

Moules à pont. Ils servent à fondre les caractères creux et ceux dits *à pont*, employés surtout dans les affiches.

Moules à rouleaux. C'est dans ces moules que se coule la matière destinée à produire des rouleaux. Les moules à rouleaux pour machines sont constitués par deux parties, réunies par des agrafes, ainsi que l'indique le modèle ci-contre. Au contraire, les rouleaux pour machines à pédale sont formés d'une seule pièce.

Moulinet n. m. Sorte de roue sans jantes, pourvue de branches en forme de palans, qui sert à manœuvrer le chariot des presses lithographiques à bras et de certaines presses en taille-douce.

Mousseline (Papier). Un des noms du papier de soie.

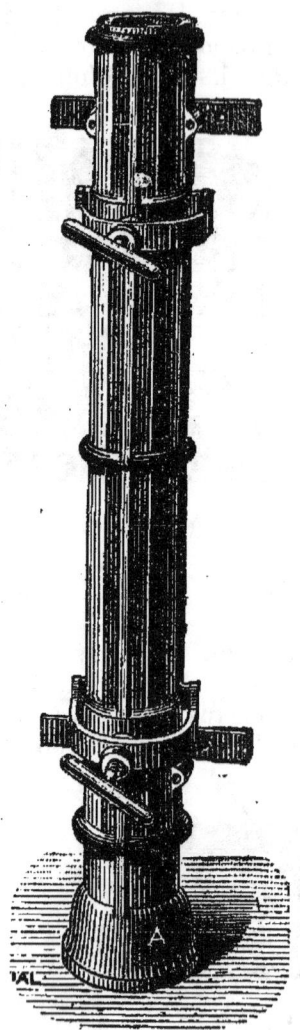

Moule à rouleaux.

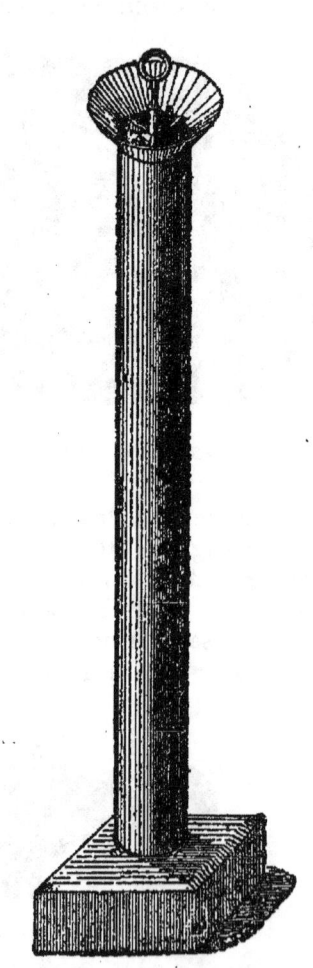

Moule à rouleaux pour minerve.

Moyenne de fonte. Nom donné autrefois au corps cent, qui a disparu de presque toutes les imprimeries.

Mule n. f. Dans la fabrication du papier, planche sur laquelle le coucheur place les flôtres ou feutres.

N

Nageoire n. f. Cuve à l'usage du papetier à la forme.

Nez n. m. Le nez est la partie des machines à fondre les caractères par laquelle passe la matière avant d'aller frapper l'œil de la matrice.

Noir de fumée. S'obtient par la combustion d'huiles minérales, de matières animales, de goudron, etc., dans des conditions déterminées. Le noir de fumée est le principe colorant des encres typographiques et lithographiques.

Noirs lithographiques (Prix des). Noir pour dessin : de 14 à 20 fr. le kilo; noir pour gravure, de 12 à 15 fr.; noir pour écriture, de 7 à 12 fr.; noir pour machine, de 4 à 10 fr.; noir pour zincographie, de 4 à 8 fr.; noir pour report, 16 fr.; noir de fumée non calciné, de 1 fr. 50 à 2 fr.; calciné, 2 à 6 fr.; double calcination, 10 fr.; noirs pour taille-douce, sec léger, 10 fr.; sec fort, 5 à 6 fr.; léger broyé, 12 fr.; fort broyé, 6 à 7 fr.

Noix n. f. La noix est le complément du biseau à crémaillère, sur lequel elle engrène dans le serrage des formes; elle est cylindrique, et sa hauteur d'environ 0^m015; un trou carré, destiné à recevoir la clef, sans laquelle on ne pourrait serrer, la traverse dans toute sa hauteur.

Nosit n. m. Produit utilisé pour la suppression du maculage.

Nullités n. f. Sorte de guillemets dont on se sert dans les tableaux pour remplacer les chiffres absents; leur fonction est d'éviter les blancs qui pourraient faire supposer que le ou les chiffres sont tombés ou ont été cassés dans la forme. Lorsque la somme forme 3 chiffres, la nullité se met sous le dernier; sous l'avant-dernier quand elle en forme 4; au milieu quand elle en forme 5, et ainsi de suite, selon l'importance de la somme que la nullité doit remplacer.

Numéroteurs (Châssis). Appareils d'invention américaine, introduits en France par le mécanicien Trouillet et considérablement perfectionnés par Charles Derriey. Ils s'adaptent aux machines à imprimer, et, grâce à l'ingéniosité de leur mécanisme, numérotent en cours de tirage, sans opération supplémentaire, les actions, obligations ou autres papiers devant porter un ou plusieurs numéros.

Numéroteuses n. f. Machines à imprimer les papiers fiduciaires, actions, obligations, carnets de chèques, etc. Ce nom, ainsi que celui de *numéroteur*, est également appliqué à divers appareils qui s'adaptent aux machines à imprimer ordinaires, près desquelles ils remplissent les fonctions ci-dessus indiquées.

O

Ocre n. f. Les ocres, qui fournissent des couleurs brunes, rouge brun, rouge jaune, etc., sont des argiles naturellement colorées par des oxydes métalliques.

Oreilles n. f. Pièce de fonte, au nombre minimum de quatre, qui se fixent au marbre des presses à bras pour permettre le calage des formes. On dit aussi *cornières*.

Orseille n. f. Matière colorante qui fournit la couleur connue sous le nom de pourpre française. L'orseille s'extrait de certains lichens que l'on fait macérer pendant un mois environ dans une solution ammoniacale.

Outremer n. m. Superbe bleu d'azur qui nous venait autrefois d'Orient. Il se fabrique aujourd'hui en chauffant dans un four à reverbère un mélange de carbonate de soude, de kaolin, de soufre et de carbone artificiel. L'outremer, dont nous venons de donner la préparation, est également connu sous la dénomination de bleu Guimet, du nom du chimiste à qui on le doit.

P

Paige (Machine). Machine à composer, à clavier, d'invention américaine, qui lèverait, dit-on, jusqu'à 24,000 lettres à l'heure. Cette machine compose et distribue.

Paléophone n. m. Mot à mot, *voix du passé*. Appareil dont le plan fut conçu en 1876 par Charles Cros, et qui était destiné à enregistrer les vibrations acoustiques sous forme de traces gravées en creux ou en relief sur une surface plastique, et de reproduire ensuite, au moyen de ces traces, les vibrations ainsi fixées. Cet appareil, dont la description fut déposée sous pli cacheté à l'Académie des sciences, le 30 avril 1877, est antérieur au phonographe d'Edison, qui n'en est que la reproduction, et dont le brevet ne date que du 15 janvier 1878. C'est donc au Français Charles Cros que revient l'honneur de l'invention du phonographe Il est possible que l'Américain Edison ait connu, avant de prendre ses brevets, l'invention de Charles Cros qui avait fait l'objet d'articles très étudiés dans la presse, notamment dans la *Semaine du Clergé* du 10 octobre 1877, sous la signature de l'abbé Leblanc.

Palestine n. f. Caractère d'affiche qui avait une force de corps de 22 points.

Palette à dorer. Outil dont les relieurs se servent pour dorer le dos des volumes.

Palette à pousser les coiffes. Outil d'acier, avec manche de bois, à l'usage des relieurs.

Paniers en gutta-percha.

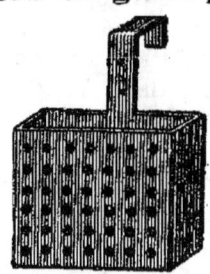

Panier en gutta.

Paniers que les galvanoplastes suspendent aux tringles des cuves, et dans lesquels se met le sulfate de cuivre destiné à la saturation du bain.

Papier à la cuve ou **à la main.** Celui qui n'est pas fait mécaniquement. On ne fabrique plus guère ainsi que des papiers de petit format employés pour le tirage des travaux de grand luxe.

Papier anglais. Nom donné au parchemin végétal, de ce que ce produit a été, pour la première fois, fabriqué en Angleterre. On donne également ce nom à des papiers à lettres de petit format, de fabrication anglaise, qui se distinguent par l'éclat spécial de leur pâte et leur solidité.

Papier antirouille. Ce papier sert à envelopper les aiguilles et autres menus objets d'acier poli craignant la rouille. Il se fabrique à la main ou à la mécanique, avec de la pâte à papier dépourvue d'acide, ou de tout autre agent chimique décolorant, mais dans laquelle on a versé une quantité déterminée de graphite.

Papiers à report (Prix des). Hydrochine : la rame, 70 fr.; la main, 4 fr.; pelure pour chromo, format raisin, 40 fr.; format coquille, 35 fr.; chine épluché, double encollage, 40 fr. le paquet de 96 feuilles.

Papiers buvards. Les papiers buvards colorés, dont tout le monde connaît l'emploi, se fabriquent sans lessivage ni blanchiment, avec des cotonnades propres, rouges ou bleues, ce qui suffit à donner de la couleur à la pâte.

Papier collé. Celui qui a subi une préparation lui enlevant ses propriétés fongueuses. Autrefois, cette préparation se faisait après la fabrication, car on usait moins de papier collé que de non collé. Aujourd'hui, c'est tout le contraire, aussi le collage s'opère dans la cuve et fait partie intégrante de la pâte.

Papier couché. On nomme ainsi celui qui est collé, après fabrication, avec un mélange de colle de peau et de blanc de Meudon, ce qui lui donne une blancheur extraordinaire et un poli remarquable. Ce procédé de collage n'est pas unique, il en existe plusieurs autres, que la plupart des papetiers tiennent secrets. Ces papiers ne doivent pas être trempés avant l'impression; ils évitent le glaçage, étant glacés naturellement. On donne aussi ce nom aux papiers qui ne sont teintés que d'un seul côté.

Papier d'asbeste. Papier incombustible fabriqué avec des fibres d'amiante ou asbeste.

Papier de chiffe. Papier de chiffon. Ce papier, qui coûte très cher, devient de plus en plus rare et ne s'emploie que pour les travaux de grand luxe.

Papier de Chine. Papier mince et très solide, fabriqué avec l'écorce du bambou. Le chine sert à faire les reports et à tirer les épreuves des gravures sur bois. Il se vend par paquets de 96 feuilles, sur le pied de 35 à 40 fr. Les chines fabriqués en France se vendent 26 à 28 fr. le paquet de 100 feuilles.

Papier d'Egypte. Le papyrus.

Papier de Hollande. Nom du papier vergé; il se fabrique à la cuve.

Papier de soie. Très mince, très souple et non collé, il sert aux emballages d'objets délicats et à rouler les cigarettes. C'est lui qu'emploient les clicheurs pour la confection des flans. Sous le nom de papier serpente, il se met dans les livres pour isoler les gravures du texte et empêcher le maculage.

Papier du Japon. Papier velouté, légèrement marbré, très épais et très résistant, qui se fabrique au Japon, avec de jeunes pousses de bambou et différents autres produits.

Papier filigrané. Celui dans lequel on aperçoit, gravé dans la pâte, le dessin nommé filigrane ou filigrame.

Papier glacé. Gélatine mince et transparente dont les lithographes se servent pour faire des calques.

Papier hydrographique. S'obtient en faisant séjourner du papier dans une solution de noix de galle gommée. On saupoudre ensuite, avant dessiccation, avec du sulfate de fer calciné; après quoi l'on peut écrire avec une plume trempée dans l'eau, la réaction chimique qui s'opère produit des traits analogues à ceux que donnerait l'encre ordinaire.

Papier imperméable à l'eau et à la graisse. Le papier que l'on veut préparer doit renfermer de l'hydrocellulose, après quoi on l'imprègne d'une solution de pyroxiline, d'éther acétique ou d'alcool éthylique. Pour donner plus de durée au produit, mettre préalablement le papier à traiter dans un bain contenant 3 à 5 % de cuivre ammoniacal, et laver à grande eau. On lui donne également le nom de papier sulfurisé.

Papier Joseph. Un des noms du papier de soie.

Papier libre. Papier non filigrané, non timbré.

Papiers lumineux. Ces sortes de papiers, qui sont blancs ou teintés, se fabriquent en mélangeant, poids pour poids, de la pâte à papier raffinée avec du sulfure de calcium dissous dans l'eau bouillante.

Papier mâché. Papier trituré mécaniquement, qui acquiert, sous une pression hydraulique considérable, une dureté lui permettant d'être travaillé comme la pierre ou le bois. Dans les travaux en filets ou dans certains ouvrages de fantaisie, pour maintenir la composition, on fait quelquefois usage de papier mouillé, que l'on enfonce dans les vides de la composition; mais on peut s'en dispenser en remplaçant le papier par des cadratins, des cadrats, des espaces ou des interlignes intelligemment disposés.

Papier parcheminé. Ces sortes de papiers se fabriquent comme les autres, mais il entre dans leur préparation des ingrédients d'une nature spéciale dont l'espèce varie selon les maisons qui les fabriquent et les qualités que l'on veut obtenir. L'acide sulfurique dilué jouit entre autres de la propriété de donner au papier que l'on y a fait macérer, la couleur et une partie de la ténacité du parchemin.

Papier pelure. Papier de chiffon, très mince et très résistant, sur lequel on tire les épreuves devant être transportées.

Papier serpente n. m. Nom donné au papier de soie.

Papier sulfurisé. (V. Papier imperméable à l'eau et à la graisse.)

Papier vélin. Papier de luxe qui se fabrique avec du fil de lin. Par extension, on donne également ce nom à tous les papiers non vergés.

Papier vergé. Papier à la forme, connu sous le nom de *papier de Hollande*. Il se fabrique avec du chiffon et tire son nom des vergeures qui se voient dans la pâte.

Papier Whatman. Papier de luxe, très solide, à grain très fin pour l'impression, ou à gros grain pour le dessin.

Paragraphe n. m. Signe typographique représentatif du mot paragraphe (§).

Parangon n. m. Ancien nom du corps de 20 points, que l'on appelait aussi *gros parangon*.

Parchemin n. m. Peau de mouton, de brebis ou d'agneau préparée avec de l'alun en dissolution.

Parchemin pour impression. Lorsqu'on veut tirer sur parchemin, il est bon d'enlever à celui-ci sa raideur naturelle ; à cet effet, on le place pendant plusieurs heures entre des feuilles humides de papier épais et bien lisse, qui lui donnent la moiteur indispensable à une belle impression.

Parchemin végétal. Nom donné au papier ordinaire non collé que l'on a traité par l'acide sulfurique ou une solution de chlorure de zinc, qui lui donnent l'apparence et presque la solidité du parchemin.

Parenthèse n. f. Petit signe en forme de demi-lune ( ) qui sert à isoler une incidence ou un mot quelconque dans un membre de phrase. — Les sourcils, dans l'argot typographique.

Parisienne n. f. Ancien nom du corps cinq.

Paroir n. m. Pierre ou marbre sur lesquels on pare, à l'aide d'un couteau spécial, les peaux destinées à la reliure.

Passe-partout n. m. Composition gravée ou fondue, au centre de laquelle se trouve une ouverture permettant d'y intercaler du texte.

Pâte à flans. Mélange de colle de pâte et de blanc d'Espagne, utilisé par les clicheurs pour la confection des flans.

Pâte à papier. Mélange de bois et de chiffons triturés, de chiffons seuls ou de bois seul, qui a subi toutes les opérations voulues avant de servir à la fabrication du papier.

Pâte à registre. Nom donné à une pâte spéciale à la confection du papier destiné aux registres ; elle est presque entièrement faite avec du chiffon et doit fournir un produit épais, très résistant et ne buvant pas l'encre d'écriture.

Pâte à rouleaux. Cette pâte est un mélange de colle-forte et de mélasse, préparé au bain-marie, à une température de 80 à 85°, dans la proportion en poids d'environ 45 p. % de mélasse contre 55 p. % de colle-forte. La pâte à rouleaux fut inventée en 1819 par le docteur Gannal; elle se composait alors de sucre et de colle-forte, ce qui n'empêcha pas les imprimeurs de la préférer aux balles en peau de veau. Nous donnons ci-contre le prix des différentes pâtes à rouleaux :

Pâtes blondes, pour rotatives, le kilo : extra-forte pour toucheurs et preneurs, 3 fr. 75; forte pour toucheurs et distributeurs, 3 fr. 40; extra-faible pour refonte, 2 fr. 75. — Pour machines à labeurs, pâte blonde forte, 2 fr. 75; moyenne et faible, 2 fr. 40; extra-faible pour refonte, 2 fr.; pâte jaune, 2 fr. 75; moyenne et faible, 2 fr. 40.

Pâte caillée. On dit que la pâte est caillée, dans la fabrication du papier, quand elle s'agglutine par suite de l'écoulement de l'eau qu'elle contenait.

Passe-partout.

Pâtes chimiques. On donne ce nom, dans la fabrication du papier, aux pâtes obtenues en traitant, à l'aide de produits chimiques, la cellulose de bois. Ces pâtes sont inférieures aux pâtes mécaniques en ce que, malgré les lavages qu'on leur fait subir, elles renferment toujours une certaine quantité d'acide en suspension.

Pâte d'été. On appelle ainsi la pâte à rouleaux destinée à faire un service d'été. Cette pâte contient une proportion de colle-forte supérieure à celle de la pâte dite *d'hiver*.

Pâtes demi-chimiques. Ces pâtes sont obtenues en traitant par une cuisson de trois heures à la vapeur d'eau pure, avec température de 160 à 170°, des bûchettes ou des copeaux. Ces pâtes, malgré un lavage complet, restent jaunâtres et servent à fabriquer des enveloppes et des papiers communs de toute nature.

Pâtes mécaniques. Dans la fabrication du papier, on donne ce nom aux pâtes de bois préparées à la manière des chiffons et des textiles. Tous les bois tendres et demi-durs, débarrassés de l'écorce et des nœuds, peuvent être utilisés; on les scie par morceaux de 0^m30 à 0^m35 de longueur, on les défibre sur des meules et on triture à la manière ordinaire.

Patin n. m. Nom donné au support en bois sur lequel repose la lyre de la presse à bras. En raison de sa forme, on lui donne également le nom de *croix*.

Patte ou pied de mouche. Signe typographique (¶) qui servait à indiquer certaines remarques dans des ouvrages spéciaux.

Peignes n. m. Saillies réservées dans le bâti des machines à imprimer, de chaque côté de celles-ci, à l'endroit où se trouvent les rouleaux distributeurs. Ces saillies sont ouvertes par le haut, et c'est par l'ouverture que s'introduit la tige des rouleaux dont il vient d'être question.

Peignes mobiles ou à levier. Peignes que l'on adapte aux machines pour l'emploi des rouleaux chargeurs et qui, indépendamment du mouvement rotatoire donné à ces derniers par les toucheurs, impriment aux chargeurs un mouvement de va-et-vient.

Peille n. f. Nom des chiffons destinés à la fabrication du papier.

Perforeuses n. f. Machines destinées à perforer les étiquettes, les timbres-poste, etc., afin de pouvoir les détacher du groupe sans le secours des ciseaux.

Perle n. f. Corps de quatre points. — Interligne de quatre points à l'imprimerie Nationale. — Petites vignettes bordures de trois ou six points.

Perrotine n. f. Presse à imprimer les étoffes, en plusieurs couleurs, inventée par M. Perrot, de Rouen.

Pèse-acide n. m. Sorte d'aréomètre que les galvanoplastes

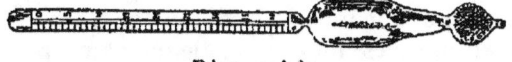

Pèse-acide.

plongent dans le bain pour s'assurer du degré de ce dernier.

Petit canon n. m. Ancien nom d'un caractère de la force de vingt-six points.

Petit parangon n. m. Nom donné autrefois au corps de dix-huit points.

Petit-qué n. m. Ce nom, anciennement donné au point virgule, vient de ce que ce signe remplaçait le mot latin *que* dans les manuscrits et les incunables.

Petit romain n. m. Le corps neuf. Bien que cette expression soit très ancienne, on s'en sert encore dans un grand nombre d'imprimeries.

Petit texte n. m. Nom que l'on donnait au corps de sept points et demi, lequel n'a subsisté que dans les imprimeries où l'on conserve d'importants travaux établis avec ce caractère.

Philosophie n. f. Ancienne dénomination du corps dix.

Phonautographe n. m. Nom donné par Léon Scott, en 1857, à une sorte d'oreille artificielle qu'il avait imaginée dans le but de recueillir et de fixer les vibrations sonores en en réalisant l'inscription graphique.

Phoroglucine n. f. Produit à base d'acide phénique, employé comme réactif dans la fabrication des pâtes à papier, et qui permet de reconnaître facilement la présence du bois dans ces dernières.

Pianotype n. m. Machine à composer pourvue d'un clavier assez semblable à celui des pianos.

Picots n. m. Pointures mobiles qui se placent dans la forme et se vissent dans des blocs spéciaux que l'on enchâsse dans la garniture. Dans la retiration in-8°, on les met au milieu de la forme, de façon à tomber exactement dans le pli du papier ; dans la retiration in-12, on les fait tomber dans le pli des têtes, à égale distance des bords du papier.

Pièce de cran de la force du corps. Pièce mobile de la machine à fondre, fixée dans deux joues, et qui sert à régler la force du corps, suivant l'épaisseur des lames.

Pièce d'estomac. Grosse pièce carrée en fonte qui sert à maintenir l'armature de la presse à bras et à empêcher l'écartement. Elle est située derrière la boîte coulante, embrasse dans son échancrure supérieure le contour saillant de cette boîte et s'encastre dans les trois nervures de la contre-platine.

Pied de biche. Avant l'apparition du gaz, chaque compositeur possédait un pied de biche, qui faisait partie du saint-jean. Il se plaçait à cheval sur quatre cassetins, dans la partie où ceux-ci se réunissent, et servait à supporter la lampe.

Pied de mouche. (V. Patte.)

Pierre à battre. Bloc carré de marbre ou de liais, sur lequel le relieur bat les volumes avant de les relier ou de les brocher.

Pierre-Émeri. La pierre-émeri sert aux fondeurs pour frotter les caractères afin d'en enlever les bavures. Ces pierres coûtent de 25 à 30 fr. On emploie également une pierre-émeri pour dresser extérieurement les matrices.

Pierre Ollaire. (V. Talc.)

Pignon n. m. Sorte de gros ardillon claveté, dont les fonctions sont multiples, et qui sert surtout à arrêter le mouvement des crémaillères ou à le leur donner, selon le cas.

Pile n. f. Cuve en fonte servant au lavage des chiffons défilés, dans la fabrication du papier.

Pinces n. f. Petit outil à deux branches avec lequel les typographes exécutent les corrections sur le plomb. — Tiges de bronze gorge du cylindre pour les empêcher de porter sur la pierre.

Pierre-Émeri.

adaptées sur un arbre léger, en fer ou en acier, placées à proximité du cylindre des machines à imprimer, et dont la fonction est de saisir et de maintenir la feuille jusqu'à ce que les cordons de sortie s'en emparent.

Pince-Nerfs n. m. Sorte de tenailles à mordaches aplaties, à l'usage des relieurs.

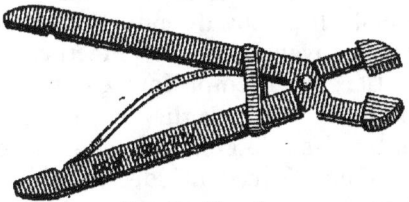
Pince-Nerfs.

Pinces noyées. Disposition spéciale aux machines lithographiques pour leur permettre de tirer à plein papier ; elle consiste à dissimuler les pinces dans la

Piston n. m. Sorte d'emporte-pièce dont se servent les clicheurs pour faire des corrections dans les clichés. Le diamètre des pistons varie selon l'importance et la grosseur des corps sur lesquels on travaille. — Le piston de la machine à fondre refoule la matière dans le moule, par un conduit en téton appelé nez. Ce piston est en fonte, évidé en cylindre ; il reçoit la matière par un orifice latéral, et est muni d'un clapet.

Plaques à noyaux. Ces plaques sont employées par les fondeurs et les clicheurs pour fondre des blocs creux de tous formats. Elles sont disposées de manière à permettre à peu près toutes sortes de combinaisons.

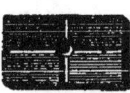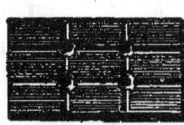
Plaques à noyaux.

Plaque du nez. Lame de fer qui s'adapte au nez de la machine à fondre pour régler la sortie de la matière. Elle est creusée d'une petite cavité qui épouse la forme du nez et d'un petit orifice correspondant à celui du nez. Elle a pour objet d'éviter le crachement au moment de la projection de la matière.

plieuses est très variable, et l'on peut dire que chaque constructeur en possède un qui lui est propre, quoique procédant tous d'un même principe.

Plioir n. m. Petit instrument en forme de coupe-papier à l'usage des brocheuses. Les plioirs sont en

Plioir.

Plateau n. m. Galée en zinc, à double équerre, dont on se sert pour prendre et glisser sur le marbre les pages de grandes dimensions que ne pourrait supporter un porte-page.

Platine n. f. Dans la presse à bras, pièce de fonte, carrée ou rectangulaire, parfaitement lisse à sa partie inférieure, et qui, abaissée sur la forme par l'action du barreau, produit l'impression ; la platine est fixée par des boulons à la contre-platine. Dans les machines dites à pédale, la platine tient lieu de cylindre par rapport aux machines qui en comportent ; c'est la platine qui, dans ce cas, doit supporter l'habillage. — On donne aussi le nom de platine à la tête du marteau à battre des relieurs.

Plieuses mécaniques ou **automatiques.** Ces plieuses se composent d'un jeu de raquettes, de lames tranchantes, de cordons et d'appareils divers que l'on peut adapter aux rotatives et qui plient les feuilles au fur et à mesure de leur sortie après l'impression. Le mécanisme des

buis, en os, et quelquefois en ivoire.

Plombagine. Appelée également graphite ou mine de plomb. Substance minérale noirâtre, contenant de 90 à 95 % de carbone, avec 4 à 10 % de fer et des traces d'alumine, de silice, de magnésie et de chaux. La plombagine sert aux galvanoplastes pour plombaginer les moules en cire ou en gutta-percha, opération sans laquelle le dépôt de cuivre ne saurait convenablement s'effectuer.

Lorsque l'empreinte est plombaginée, on l'agite légèrement entre les doigts, afin de faire tomber l'excédent de graphite, lequel ne manquerait pas d'occasionner des creux dans l'œil de la lettre ou sur la gravure. Après quoi, on prend un soufflet que l'on actionne sur l'empreinte pour compléter l'opération.

Plomb n. m. Le plomb est la base des caractères d'imprimerie, dans lesquels il entre dans une proportion de 60 à 65 %.

Plombs n. m. On nomme ainsi des blocs de matière d'imprimerie que l'on coule entre le cylindre de l'encrier et le couteau de celui-ci, de façon à prendre exactement leur empreinte ; ceci fait, on ajuste à la lime la matière fondue, dans laquelle on a préalablement introduit, avant le refroidissement, un piton qui sert à enlever les plombs à volonté. Ces blocs servent aux conducteurs à ramasser l'encre dans les parties où elle est nécessaire et à l'éloigner des points où elle est inutile. On désigne également sous ce nom les lingots ou garnitures.

Pochon n. m. Les pochons sont de grandeur variable ; ils

Ces signes revêtent diverses formes, parmi lesquelles celles de croix d'évêque (†) ; signe égalité placé verticalement (||) et pied de mouche (¶).

Poignées n. f. Nom donné par les clicheurs à des chiffons de molletons dont ils se servent pour prendre les clichés à leur sortie du moule, c'est-à-dire non encore refroidis.

Poinçon. (V. le *Dictionnaire de Gravure, Lithographie et Procédés.*)

Poinçon à endosser. Outil de relieur, formé d'un manche

Pochon.

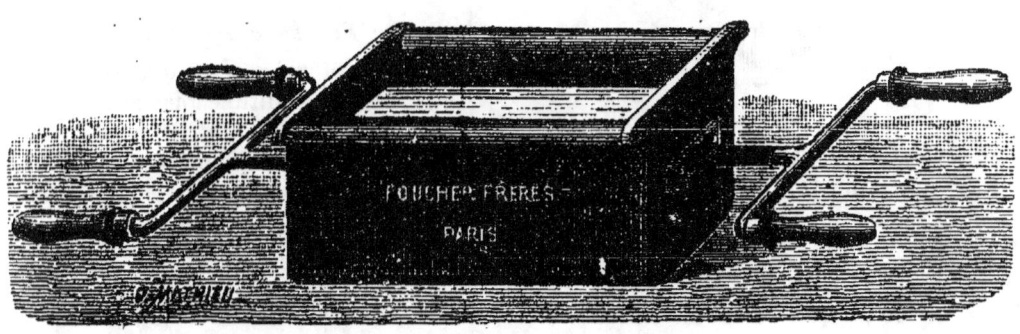

Pochon à deux manches pour journaux.

servent aux fondeurs et aux clicheurs pour verser la matière dans les moules et valent de 3 à 20 fr.

Pochoir n. m. Nom donné aux patrons à découper à l'usage des coloristes. On poche soit avec une brosse, soit avec un pinceau.

Poignards n. m. Signes qui, dans les ouvrages en anglais, remplacent nos appels de note.

en bois, dans lequel est introduit un fer dit en langue de carpe.

Poinçon à endosser.

Poinçon à piquer. Est à l'usage des brocheurs et relieurs.

Pointe n. f. Petite tige d'acier, très pointue, pourvue d'un manche en bois, avec laquelle les typographes corrigeaient sur le plomb avant l'emploi des pinces. On ne s'en sert plus que dans quelques rares imprimeries.

Pointe.

Pointe à justifier. Cet outil sert à mettre les matrices de profondeur d'œil ; l'aiguille qui en constitue l'organe principal descend au moyen d'une vis faisant rappel, pendant qu'un contre-écrou règle et donne la profondeur exigée. Prix : 16 francs.

Pointe à rabaisser. Lame d'acier aiguisée en pointe et à quatre faces. Elle sert à couper le carton sur l'ais dit à rabaisser.

Pointe à rogner. (V. Couteau à rogner.)

Pointe à rogner.

Pointillé n. m. Filets ou blocs de plomb ou de cuivre, dont l'œil représente des points, utilisés pour l'établissement des réglures. — Perforage obtenu en même temps que l'impression ou autrement et qui permet de détacher un coupon d'une souche.

Pointographe n. m Appareil que l'on adapte aux presses typochromo, et dont la fonction est d'assurer un repérage parfait en empêchant toute oscillation du cylindre.

Points carrés. Autrefois les points de conduite étaient fondus sur cadratin, d'où le nom de points carrés.

Points de conduite ou **de suspension.** (V. Gros points.)

Pointure automatique Taesch. Est un perfectionnement des margeurs automatiques Vieillemard et Chatenet. Cet appareil fonctionne concurremment avec des taquets de marge. Ici, les pointures sont également ajustées dans le cylindre, mais les trous ne sont point percés à l'avance dans le papier.

Pointure n. f. Petits ardillons qui perforent la feuille lors de l'impression du côté de première ; ils ont pour objet d'assurer le repérage dans la retiration en empêchant la feuille de se déplacer, ce que les pinces sont insuffisantes à assurer. Lorsqu'on

Pointure ordinaire.

tire le côté de seconde, on doit enlever la pointure placée à l'arrière du cylindre et la remplacer par une pointure mobile exactement remise au même endroit. Cette pointure mobile déborde légèrement sur la table de marge ;

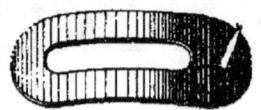

Pointure à coulisse.

grâce aux ouvertures réservées à cet effet dans ladite table, elle apparaît et disparaît mécaniquement en temps voulu. Pour obtenir un repérage aussi parfait que possible, le pointeur doit se servir des trous préparés par le tirage en première. Les pointures se fixent sur le cylindre, dans lequel elles se vissent ou sur lequel on les colle (*V. Punaises.*) Sous le nom de *picots*, elles se mettent aussi, selon les cas, dans les garnitures de la forme, où elles se vissent sur de petits blocs en cuivre servant spécialement à cet usage.

Pointures pour presse à bras. Ces pointures sont repré-

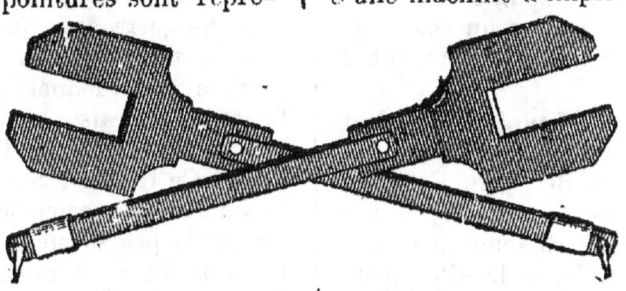
Pointures pour presse à bras.

sentées par des tiges de fer de deux ou trois points d'épaisseur et sont généralement à coulisse, ce qui permet de diminuer ou d'augmenter la longueur de la tige selon la grandeur du format. On appelle également pointures à coulisse de petites bandes d'acier, légèrement cintrées, de 0m 03 à 0m 04 de longueur, dans lesquelles on fait glisser à volonté des pointures ordinaires que l'on visse ou colle sur le cylindre des machines à imprimer.

Porcelaine n. f. Nom donné à un carton très glacé, sur lequel se tirent des cartes de visite, des menus et autres bibelots du même genre.

Portants n. m. Pièces sur lesquelles roule la table à encre d'une machine à imprimer.

Porte-Came n. m. Pièce d'une machine qui supporte une came.

Porte-Moule n. m. Bâti en fonte sur lequel se placent les moules à main servant à la fonte des caractères, interlignes, etc.

Porte-Matrice. Partie de la machine à fondre qui sert de support à la matrice, dans laquelle se forme l'empreinte de la lettre.

Porte-Page n. m. Support constitué par plusieurs épaisseurs

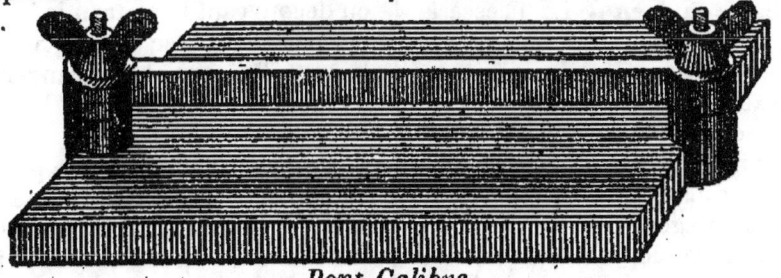
Pont-Calibre.

Pont-Calibre n. m. Instrument de précision destiné à calibrer la hauteur des lettres.

de fort papier, sur lequel on met les paquets et les pages de dimensions non exagérées.

Porte-Presse. Sorte de caisse qui supporte la presse à rogner et dans laquelle tombent les rognures, au fur et à mesure que le couteau les détache du volume.

Porte-Seau. Support adapté au bâti de la machine à fondre, et sur lequel repose un réservoir d'eau destiné à alimenter les tubes réfrigérants.

Potassium lessive. Produit concentré, fabriqué par la maison Sédard frères, de Lyon. Employé pour le lavage des formes, le potassium lessive se vend en pains, à raison de 2 fr. 80 le kilo, pouvant fournir 120 litres de liquide.

Pot à colle. C'est dans ce pot que le relieur prend la colle-forte dont il enduit le dos des volumes à relier. Pour devenir liquide, cette colle doit être chauffée au bain-marie.

Poudre de savon. (V. Talc.)

Preneur n. m. Nom du rouleau qui prend automatiquement l'encre après le cylindre de l'encrier pour la déposer sur la table et la mettre à la disposition des distributeurs.

Presse à bras. La presse à bras, qui fut le premier engin dont se servirent les imprimeurs pour exécuter leurs travaux, avait la forme d'un pressoir ; elle se manœuvrait à l'aide de palans que l'on introduisait dans des alvéoles *ad hoc* ménagées dans le tambour situé à la partie inférieure de la vis de pression. Cette vis était en bois, et toutes les parties mobiles de la presse étaient reliées au corps de celle-ci par des nerfs de bœuf, remplacés plus tard par des cordes. Josse Bade fut un des premiers imprimeurs connus qui apporta quelques modifications à la presse dite de *Gutenberg*, dont il ne reste d'ailleurs aucun spécimen. La presse de Josse Bade resta en fonction, sans transformations apparentes, jusqu'en 1809 ; elle était en bois ainsi que le marbre sur lequel reposait la forme, et, en raison de sa légèreté, son maniement était fort incommode. Ce fut lord Stanhope, qui, à la date indiquée ci-dessus, construisit la presse en fer à laquelle il donna son nom, et qui fut introduite en France en 1814. Depuis, les mécaniciens français l'ont améliorée, et le constructeur Coisne fut un de ceux qui lui firent subir les plus appréciables modifications, sans toucher toutefois à son principe fondamental, qui n'a pour ainsi dire pas varié.

Presse à chariot. Cette presse est employée par les stéréotypeurs et galvanoplastes pour le séchage des empreintes et le doublage des galvanos. Le déplacement de la platine supérieure, en découvrant le plateau inférieur, permet de verser le métal dans la coquille sans la déranger, ce qui évite les coulisses et les soufflures.

Presse à copier. La presse à copier se compose d'un marbre en fonte et d'une platine qu'une vis fait descendre pour donner la pression, le tout monté sur un meuble en bois. Elle sert à prendre sur un registre *ad hoc*, au moyen d'encre communicative, copie des lettres

dont on veut garder le double.
Presse à deux coups. An-cienne presse à bras, dont la platine n'avait que la moitié de la dimension du marbre, ce qui obligeait à imprimer la moitié de la feuille en tirant un premier coup de barreau, puis à faire

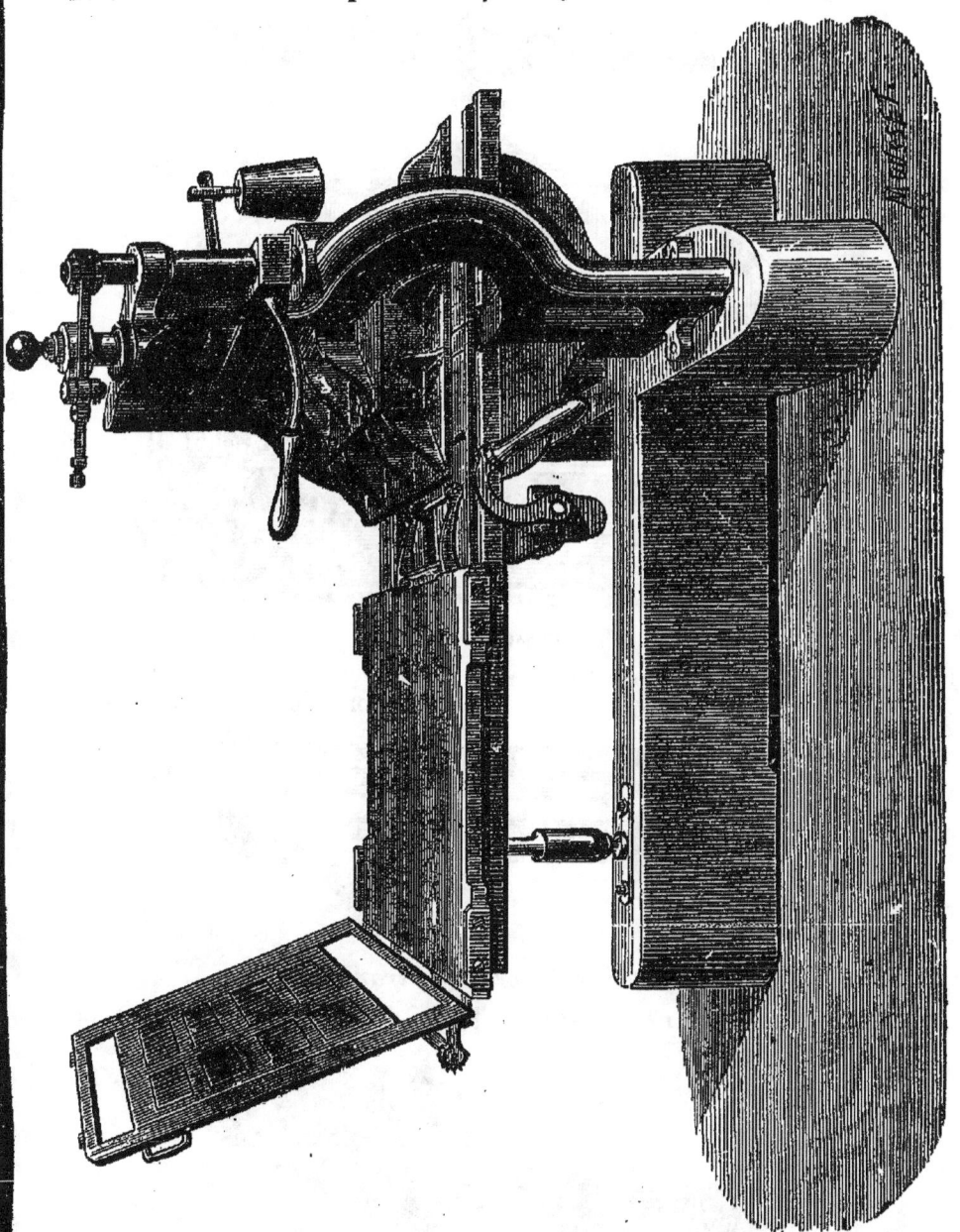

Presse à bras.

avancer le train de la presse et à | **Presse à dorer les dos.**

Presse à copier.

donner un second coup pour imprimer l'autre partie. | Outil dont les relieurs se servent pour dorer les dos des volumes et

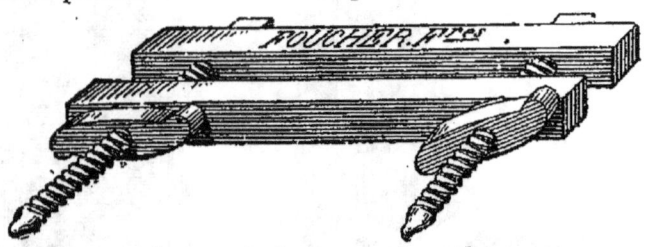
Presse à dorer sur tranches.

Presse à dorer sur tran- | qui leur permet, comme dans la

Presse à dorer les dos.

ches. Outil de doreur dont le nom indique l'emploi. | presse à dorer sur tranches, de travailler plusieurs volumes à la fois.

Presse à endosser. Les relieurs utilisent cet engin, pour l'endossure des volumes, dont ils mettent plusieurs exemplaires dans la presse.

Presse à empreintes. Cette remplace la presse à endosser, dont elle ne diffère que par certains accessoires.

Presse à satiner. La presse à satiner se compose de deux ou quatre montants, dans lesquels

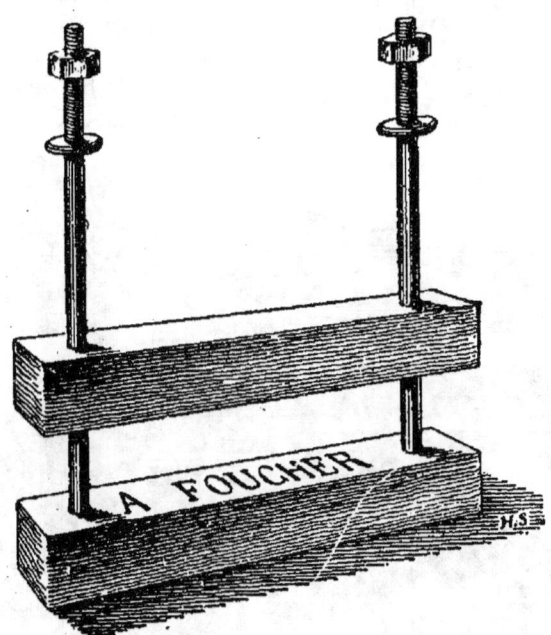

Presse à endosser.

presse est à l'usage des galvanoplastes, qui s'en servent, comme son nom l'indique, pour prendre des empreintes à la cire ou à la gutta-percha. Elle est employée également pour le séchage des empreintes et le doublage des galvanos.

Presse à nerfs. Nom donné à la presse à bras primitive, en raison des cordes ou nerfs de bœuf qui fixaient la vis de pression à la platine.

Presse à rogner. Sert aux relieurs pour rogner les volumes. Dans les petites maisons, elle

glisse le plateau destiné à opérer la pression, et que l'on actionne à bras ou hydrauliquement. Ces presses, ainsi que le fût sur lequel elles reposent, et le sommier qui les couronne, doivent être construites très solidement, en raison de leur fonction qui est d'enlever le foulage laissé par l'impression.

Presse humide. Nom donné aux cylindres entre lesquels passe la feuille de papier, quand, après avoir traversé les caisses d'aspiration, elle quitte la table de fabrication.

Presse Teillac. Du nom de son inventeur. Elle est construite de telle sorte qu'elle peut indistinctement tirer en typo et en lithographie.

Presse typogène. Appareil dû à Cardon de Troyes (1850) et qui permettait de fabriquer des caractères mixtes à corps en alliage fusible, et à œil de cuivre.

ricaine *la Liberty*, mais lui est sensiblement supérieure.

Pulp-Engine n. m. Nom anglais de la raffineuse centrifuge. Voici, d'après le *Guide du fabricant de papier* de M. A. Prouteaux, la description de cet appareil : « Il consiste en une meule en fonte de 0^{m}80 de diamètre sur 0^{m}08 d'épaisseur, calée sur un

Presse à rogner.

Presse typographique. Celle qui sert à tirer les compositions en relief. On comprend donc sous ce nom toutes les presses de ce genre.

Progrès (Le). Machine à pédale construite par MM. Pierron et Dehaître. Elle se rapproche quelque peu de la machine amé-

arbre horizontal faisant 300 tours à la minute. En regard des deux faces de cette meule tournante, se trouvent deux autres meules fixes, dont l'une est conique concave, l'autre conique convexe, de façon que le vide entre les deux premières va en diminuant du centre à la circonférence, et, entre les deux secondes, de la circonférence au centre. La matière entre par le centre de la meule fixe concave et sort un peu au-dessus de la meule convexe. De plus, la première face de la meule tournante, et celle en regard de la en résulte que l'intervalle, entre ces différentes faces, pouvant être aussi faible que possible pour le déplacement longitudinal de la meule tournante et de l'une des meules fixes, le défibrement de tous les boutons de la pâte sera complet. »

Presse hydraulique à satiner.

meule fixe, sont toutes deux armées de 500 lames d'acier disposées en rayon ; la seconde face de la même meule tournante, et celle en regard de la meule fixe, sont armées l'une et l'autre de 300 lames d'acier, disposées de la même manière et noyées dans la fonte au moment de la fusion ; il

Punaise n. f. Nom donné à une pointure fixée sur un petit carré de tôle très mince, que l'on colle sur la feuille de mise en train pour remplacer les pointures fixes. Celles-ci, que l'on est obligé de visser sur le cylindre, ont en effet l'inconvénient de perforer l'étoffage, ce qui met calicots et blanchets promptement hors de service. Les punaises se fixent à l'aide de bandelettes de papier que l'on colle en croix, à cheval sur la punaise.

R

Rabots n. m. Les rabots servent aux fondeurs pour raboter les gros caractères dont la fonte

Presse à empreintes, à sécher et à doubler les galvanos.

Q

Queue de morue. Brosse à poils semi-ras dont les clicheurs

Queue de morue.

se servent pour étendre la pâte sur les feuilles destinées à constituer les flans.

laisse à désirer, et aux clicheurs

Rabots ordinaires.

pour mettre les clichés d'équerre

ou leur donner le biseau sur lequel doivent reposer les griffes dans les clichés montés sur blocs. Ces outils sont en fonte.

Rabot à biseauter.

Râcle n. m. Nom que donnent quelques conducteurs au couteau de l'encrier.

Raffineuse n. f. Machine à raffiner les pâtes à papier.

Raffineuse centrifuge continue. (V. Pulp-Engine.)

Rahmenschneider. (V. Vignette.)

Rais ou **Rayons** n. m. Bras de bois ou de fonte qui réunissent le moyeu aux jantes d'une roue ou d'un volant.

Ramasse-Pâte n. m. Appareil composé de deux grands cylindres munis de toiles métalliques, dont la fonction est de ramasser les débris de pâte à

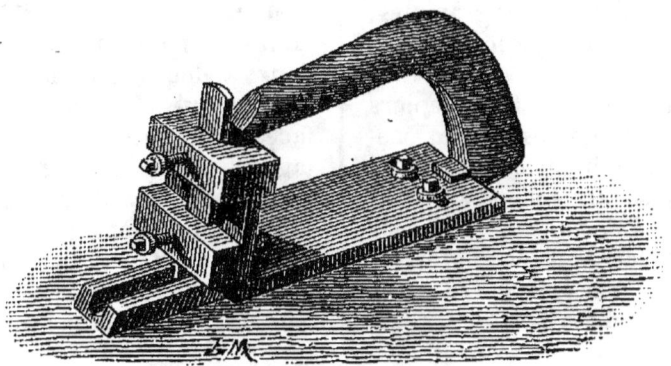

Rabot ordinaire à caractères.

Râclette n. f. Outil en forme de couteau à mastiquer, qui sert aux imprimeurs typographes et lithographes pour râcler l'encre lorsqu'on veut nettoyer la table au noir.

papier, qui séjournent au fond des réservoirs, avant de lâcher les eaux pour qu'elles fassent retour

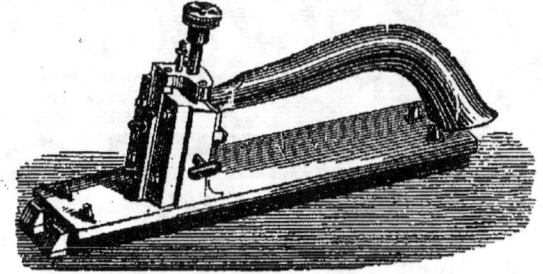

Rabot mécanique à caractères.

à la rivière. Cet appareil peut ramasser jusqu'à 1,300 kilos de pâte en 24 heures.

20.

Rame n. f. Réunion de 500 feuilles de papier. Le papier se vend au poids, par rame. Le poids d'une feuille de papier s'obtient sans calcul lorsqu'on connaît le poids de la rame ; il suffit de doubler en grammes le poids en kilos de cette dernière. Si une rame pèse 10, 15, 18, 20 kilos, la feuille de papier pèsera 20, 30, 36, 40 grammes. Il suffit donc, par opposition, de peser une feuille pour avoir le poids de la rame, lequel correspond en kilos à la moitié du poids en grammes ; d'où, si la feuille pèse 20 grammes, la rame pèsera conséquemment 10 kilos.

Ramette n. f. Les papiers d'écriture, dénommés format écolier, format ministre, blancs ou crayonnés, se vendent en ramettes, comportant 125 feuilles. — Châssis à imposer, carré ou rectangulaire, non traversé par une barre.

Ramette de clichage. C'est très solides ; le serrage s'opère avec des vis et une clé à écrou qui actionnent des barres rectangulaires de métal faisant fonction de biseaux.

Rang n. m. Le rang est l'établi sur lequel travaille le compositeur ; il est incliné et sert de support à la casse. Les rangs sont généralement pourvus, à l'intérieur, de tasseaux en bois sur lesquels le compositeur glisse les casses dont il a la libre disposition, le *jeu de casse*, comme on dit en terme de métier.

Rangs à dos d'âne. On donne ce nom aux rangs adossés deux à deux et dont les compositeurs qui les occupent se font face. Cette disposition a l'avantage de tenir moins de place que les *rangs simples*, mais si la lumière ne vient pas également des deux côtés, le compositeur qui ne la reçoit pas du côté gauche est soumis au contre-

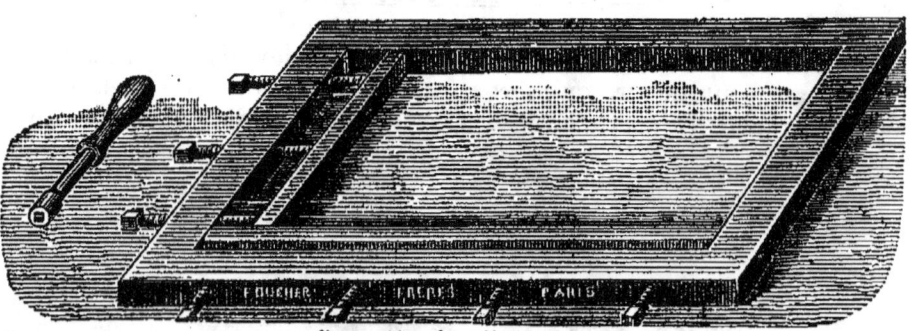

Ramette de clichage.

dans les ramettes de clichage que s'imposent les compositions que l'on veut mouler. Ces ramettes, qui n'ont qu'un point ou un demi-point de moins que la hauteur de lettre, sont très épaisses et jour, ce qu'il est important d'éviter.

Raquette n. f. Appareil composé de lamelles de bois, sur lesquelles la feuille imprimée est amenée par les cordons. La raquette est située à l'arrière des machines et rabat automatiquement la feuille sur la table de réception.

proportion de 25 à 30 %. C'est un poison violent, qu'il faut éviter de respirer ; comme il s'évapore facilement, on devra avoir soin

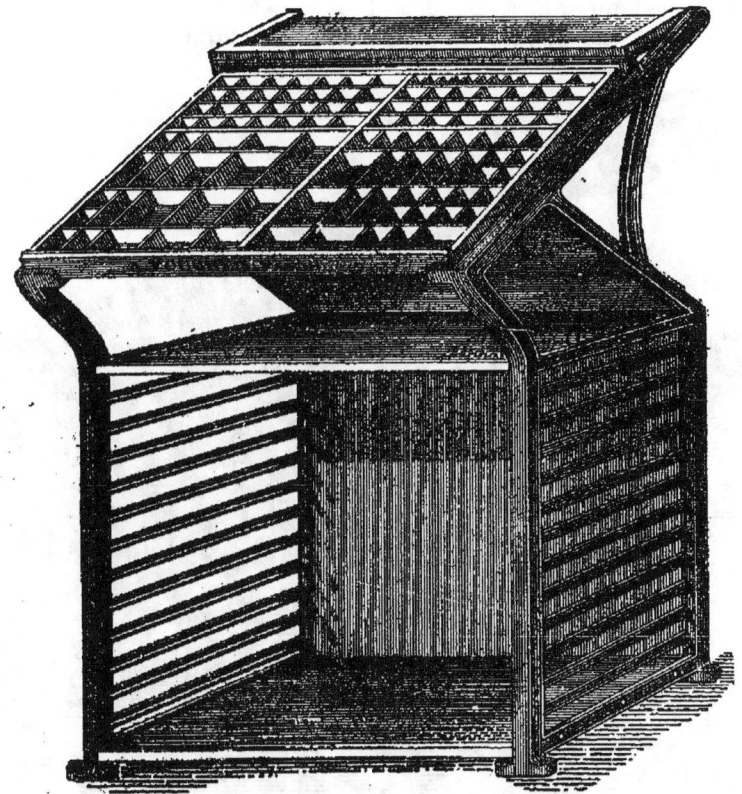

Rang simple avec rayon, galée attenante et casse.

Receveur mécanique. (V. Raquette.)

Réglette n. f. Petite règle de bois qui sert au metteur à déterminer la hauteur des pages. La réglette porte une encoche à son extrémité : c'est cette encoche qui indique la hauteur de la page. La réglette normale doit comprendre le folio et la ligne de pied.

Régule d'antimoine. Le régule d'antimoine entre dans les caractères d'imprimerie dans la

de fermer la chaudière tant que l'on ne sera pas obligé de la tenir ouverte.

Repère (Ligne de). Ligne tracée sur le marbre d'une machine pour indiquer le point extrême où peut venir le texte d'une composition sans risquer d'être écrasé par les pinces. — Lignes tracées sur la pierre lithographique pour indiquer à l'imprimeur à la presse à bras l'endroit où il doit marger sa feuille.

Répons n. m. Signes qui indiquent les répons dans les livres de liturgie (fu), ils servent aussi en numismatique pour marquer le revers des monnaies et des médailles.

Ressort du chassoir. Pièce de la machine à fondre qui sert à fixer le chassoir, par l'intermédiaire de petits galets.

Ressort du porte-matrice. Dans la machine à fondre, ce ressort sert à fixer le porte-matrice dans la coulisse.

Retauxgraphe n. f. Machine à composer et à distribuer, inventée par M. Retaux, d'Abbeville. Cette machine, admirablement combinée, est néanmoins peu pratique et n'a pas été adoptée par l'industrie typographique.

Rochet n. m. Roue dentée en forme de scie, destinée à maintenir un cliquet.

Rogne garnitures.

Rogne n. m. Coupoir qui, dans les fonderies, sert à couper, sur leur largeur, les interlignes fondues par le moule à refouloir et qui sont un peu plus larges que celles fondues au moule à main. Prix : 120 fr.

Rognoir. (V. Fût.)

Romprie n. f. Nom donné à un mécanisme dont la fonction est de couper le jet de la lettre, dans les machines à fondre.

Rompures. En fonderie, parties de métal qui se détachent de la lettre pendant la fonte.

Rosaniline n. f. Sel d'aniline qui sert à fabriquer les rouges magenta, solférino et d'aniline, ainsi que le violet Hofmann.

Rotatives n. f. Les rotatives sont des machines à tirage accéléré, pouvant donner jusqu'à 24,000 et même 56,000 exemplaires à l'heure. Primitivement affectées aux journaux, elles servent aujourd'hui aux labeurs tirant à grand nombre. Sur ces machines, les formes sont remplacées par des clichés ou des galvanos cylindriques vissés sur les cylindres ; la mise en train, qui ne pouvait se faire sur les *réactions*, se fait parfaitement sur les *rotatives*, dont on compte aujourd'hui jusqu'à treize variétés, savoir :

Rotatives pour journaux de tous formats, avec ou sans plieuse. Elles peuvent être disposées pour plier séparément des journaux de quatre, six, huit, dix, douze, seize et trente-deux pages. Les suppléments sont encartés et pliés mécaniquement (fig. 1) ;

Rotatives doubles, triples ou quadruples pour journaux, avec plieuse mécanique ;

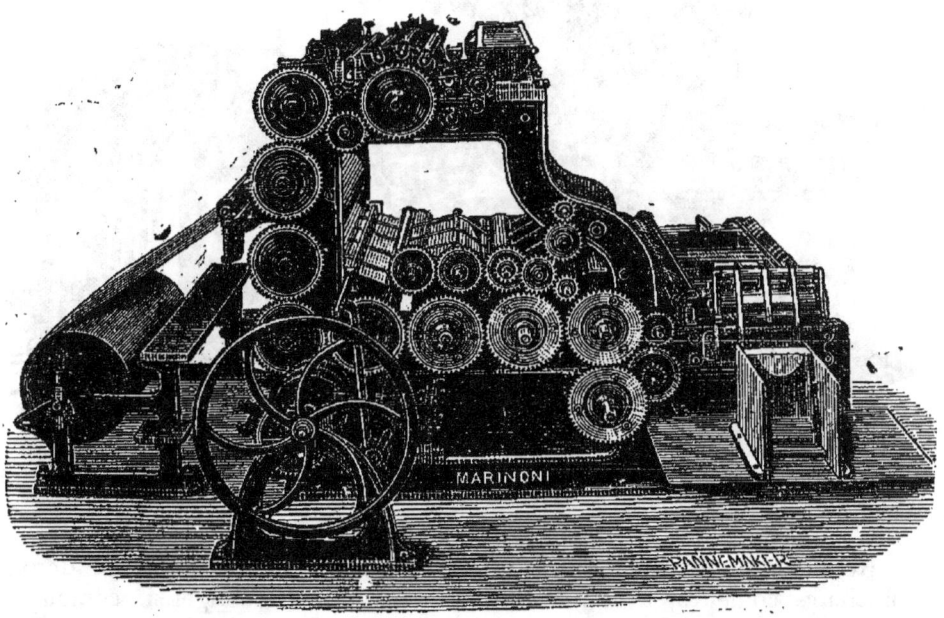

Fig. 1.

Rotatives pour journaux de quatre et six pages avec plieuse et appareil de collage. *(Système Figaro)* ;

Rotatives chromotypographiques pour journaux ou labeurs illustrés, imprimant quatre, cinq, six couleurs et plus avec retiration ;

Rotatives avec addition pour le

collage des feuilles, la réglure, le brochage et la piqûre sur la machine même ;

Rotatives imprimant en blanc à une ou plusieurs couleurs ;

Rotatives imprimant en blanc et en retiration à une ou plusieurs couleurs (fig. 2) ;

retournement mécanique du papier. L'impression se fait en retiration avec un cliché de chaque page. Les feuilles se plient mécaniquement. La machine comporte un cylindre d'impression, un de clichés et un encreur ;

Rotatives à format variable,

Fig 2.

Rotatives imprimant à une ou plusieurs couleurs, avec numéroteur ;

Rotatives avec plieuse, dite à retournement de papier, disposées pour imprimer et plier des journaux de quatre, six, huit, dix, douze, seize et trente-deux pages ;

Rotatives à journaux, avec ou sans plieuse, imprimant en retiration sur un seul cylindre de clichés. Nouvelle application de

imprimant en noir ou en deux, trois, quatre, cinq et six couleurs, faisant la retiration pour les labeurs et périodiques illustrés, avec ou sans bobine de décharge ;

Rotatives à format variable, avec cylindre d'impression et de réception, à pinces, évitant le maculage des cordons. La machine s'établit avec ou sans plieuse, avec ou sans bobine de décharge ; un appareil nettoyant le blanchet après chaque feuille évite le maculage. On imprime tous les formats inférieurs au format maximum pour lequel elle est établie ; côté ; bobine ; cames d'accumulateur, de distribution, de raquette ; compteur ; couteau d'en-

Rotative avec plieuse et receveur mécaniques.

Rotatives construites pour le tirage des ouvrages illustrés. Les feuilles coupées au format sont, comme dans la machine plate à retiration, transmises par des pinces du premier au second cylindre d'impression. Les cylindres de sortie de feuilles sont également munis de pinces. La machine se construit avec ou sans plieuse, avec ou sans bobine de décharge, avec ou sans appareil évitant le maculage. On peut varier les formats de centimètre en centimètre. (*L'Imprimerie.*)

Rotative (Principales pièces de la). Arbres de commande, de preneur, d'encrier, etc., axes de roues ; bâtis de fond, de crier ; cylindres de blanchet, de clichés, d'encrier, de table à encrer, coupeur, plieur ; disque coupeur ; encrier ; galets de came, de raquette, d'accumulateur, etc.; leviers de raquette, de prise d'encre ; plaque d'encrier ; peignes distributeur, preneur, toucheur, transmetteur ; roues dentées de cylindres, dentées intermédiaires ; rouleaux distributeur, preneur, toucheur, transmetteur ; scie ; séparateur ; support d'encrier ; tendeur de cordons ; tringles ; volant.

Rotative sans clichés. Machine rotative inventée par M. Schmauder, conducteur-typographe, et qui peut imprimer jusqu'à 50,000 exemplaires par jour sur caractères mobiles. Cet engin est de construction toute récente et il n'en existe actuellement qu'un très petit nombre de types.

Rouelles n. f. Nom donné, dans certains ateliers, aux bouchons qui servent de supports dans les tirages à la presse à bras.

Rouge d'Angleterre. Oxyde de fer cristallisé, à qui l'on donne également le nom de colcotar, et qui est très employé comme colorant.

Rouges typographiques et lithographiques (Prix des). Carmin, le kilo, 60 fr. à 90 fr.; laque anglaise, 50 fr. à 80 fr.; laque carminée, 20 fr.; laque rose, 15 fr.; laque grenat, 15 à 18 fr.; laque brune, 15 fr.; laque de garance extra-claire, 30 fr.; laque de garance extra, 110 fr.; laque de garance ordinaire, de 30 à 50 fr.; laque brillante, 13 fr.; laque du Levant, 20 fr.; laque cerise, 15 fr.; laque géranium, 20 à 35 fr.; rouge solférino, 18 fr.; rouge transparent, 20 fr.; rose de Paris, 25 fr.; nacarat et ponceau, 15 fr.; rouges d'Alger et pourpre, 12 à 13 fr.; de Perse, 18 à 25 fr.; purpurin, 12 à 18 fr.; écarlate, 20 à 25 fr.; sénégal, 12 fr.; asiatique et égyptien, 18 à 20 fr.; lincoln, de 5 à 15 fr.; vermillon ordinaire, 12 fr.; vermillon carminé, 30 fr.; vermillon imitation, 12 fr.

Rouleau à endosser. Nom donné à une machine dont les relieurs se servent pour l'endossure.

Rouleaux n. m. On compte quatre sortes de rouleaux, savoir : le *preneur*, qui prend l'encre sur le cylindre de l'encrier et la dépose sur la table ; les *distributeurs*, qui l'égalisent et la distribuent ; les *toucheurs*, qui la prennent sur la table pour la porter sur la forme ; les *chargeurs*, rouleaux supplémentaires que l'on superpose dans certains cas soit aux toucheurs, soit aux distributeurs. (V. Pâte à rouleaux.)

Rouleaux cavaliers. Rouleaux chargeurs.

Rouleaux à main. Ces sortes de rouleaux sont utilisés pour les

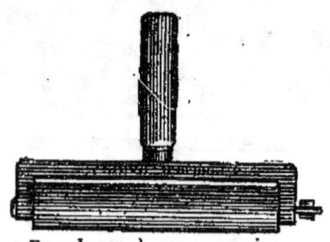

Rouleau à une main.

tirages à la presse à bras. Ils sont à une ou à deux mains, c'est-à-dire qu'ils ont une ou deux poignées pour faciliter leur maniement.

Roulette. n. f. Petit instrument de relieur qui sert à pousser les filets dorés.

S

Sabliers n. m. Appareils épurateurs de la pâte à papier ; ils ont des formes variables : les uns sont simples, les autres en forme de serpentin, de manière à faire parcourir à la pâte un long circuit. Ils sont pourvus de lames en bois inclinées, quelquefois recouvertes d'un feutre, qui retient mieux les impuretés ou les matières siliceuses mal triturées. Le sablier est situé en haut de la machine à papier ; il est alimenté par une pompe à jet continu qui lui fournit pendant la fabrication la quantité de pâte nécessaire.

Sabon. Nom donné à un ancien caractère allemand qui porte le nom de son inventeur ; il le créa à Francfort-sur-le-Mein en 1550. On l'appelle encore *Grobe fraktur*.

Sabot n. m. Autrefois on suspendait à la tête de chaque rang un vieux sabot dans lequel on mettait les caractères destinés à la fonte. Tous les samedis, un homme de conscience passait avec une caisse dans laquelle il vidait le contenu des sabots. Aujourd'hui on porte directement la fonte à la caisse, ce qui n'en vaut peut-être pas mieux.

Sang-Dragon n. m. Substance colorante d'un rouge vif, plus particulièrement extraite du *calamus rotans*, petit palmier qui croit dans les Indes orientales.

Saint-Augustin n. m. La *Cité de Dieu*, de saint Augustin, ayant, paraît-il, été composée dans le corps treize, celui-ci garda le nom de saint-augustin, qu'il partagea plus tard avec le corps douze. Aujourd'hui, on dit simplement du douze, du treize.

Sangles n. f. Bandes de chanvre à tissu très serré, que l'on place de chaque côté du cylindre des machines, et que la rotation fait porter sur les supports au moment où se produit l'impression. Les sangles ont pour objet d'amortir le choc que produirait le brusque contact des parties métalliques du cylindre et des supports, ce qui occasionnerait du papillotage et du doublage.

Sans-Pareil n. f. Nom par lequel on désignait quelquefois le corps appelé diamant.

Sans-Pareille (La). Machine à pédale perfectionnée, construite par M. Wibart.

Satineuse n. f. Un des noms du laminoir.

Scellements n. m. Dans le montage des machines, on est souvent obligé de procéder à des scellements ; nous allons indiquer les méthodes les plus employées : 1º les tire-fonds, quand il s'agit de fixer sur un cadre en bois ; 2º le ciment, mélangé de sable de rivière ; 3º le plâtre, mélangé de grenaille de fer ou de grenaille de fonte ; 4º le mastic de fonte, qui sert pour les joints des tubulures et se compose de 20 parties de limaille de fonte non oxydée, une partie de sel ammoniac, et une 1/2 partie de fleur de soufre, le tout délayé dans de l'urine et bien battu pour obtenir un mastic homogène ; 5º le soufre et le plomb. Ce dernier scellement est préférable quand il se fait dans un endroit où l'huile doit tomber en grande quantité. Les trous seront toujours creusés en forme de cône renversé.

Schwabacher. Nom donné à un genre de caractères allemands, dont on attribue l'invention à Pierre Schœffer.

Scie à grecquer. Sert à

entailler le dos des volumes pour y loger les ficelles destinées à maintenir les feuilles.

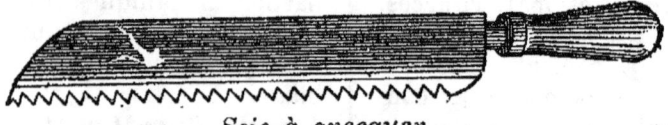
Scie à grecquer.

Sciure de bois. La sciure de bois, tamisée et mélangée à la potasse, est quelquefois employée pour le lavage des rouleaux.

Sébiles n. f. (V. Jattes.)

Sécheurs (Cylindres). Dans la fabrication du papier, cylindres traversés par un courant d'air chaud, sur lesquels le papier encore humide et entraîné par des feutres sans fin, se sèche définitivement avant d'être mis mécaniquement en bobine. Le nombre des cylindres sécheurs n'est pas inférieur à trois par machine, mais il peut aller jusqu'à dix.

Séismographe. Appareil enregistreur des oscillations de la masse terrestre.

Sédanoise n. f. Ancien nom du corps de quatre points et demi. Ce corps, comme le nom qu'il portait, ont disparu.

Selle n. f. Dans la fabrication du papier, plan incliné sur lequel le leveur met les feuilles qu'il vient de retirer des flôtres.

Servante n. f. Support fixé au plafond ou dans un mur, sur lequel on appuie la frisquette quand elle est déployée, dans les tirages à la presse à bras.

Siccato-Dorure n. m. Poudre organique qui empêche l'adhésion des bronzes et des poudres colorées sur les tirages insuffisamment secs. On l'étend sur les feuilles à l'aide d'un blaireau, puis on enlève l'excédent de poudre avec un tampon de coton cardé et ensuite avec un second blaireau. On peut alors imprimer et poudrer l'or ou les couleurs qui ne s'attachent plus sur les impressions protégées par le siccato. Prix du kilo, 6 fr.

Signes typographiques. On emploie en typographie un assez grand nombre de signes, dont les uns représentent des figures emblématiques ou conventionnelles pour désigner des objets ou des formules, et les autres sont tout simplement une forme admise d'abréviations diverses. Nous donnons ci-après la liste des signes les plus employés avec leur valeur correspondante.

Signes planétaires.

☉ Le Soleil

☿ Mercure.

♂ Vénus.

♀ La Terre.

♂ Mars.

♃ Jupiter.

♄ Saturne.

♅ Uranus ou Herschell.

♆ Neptune.

☾ La Lune.

⚳ Cérès.

⚴ Pallas.

⚴ Vesta.
⚵ Junon.

Phases de la lune.

● Nouvelle lune.
☽ Premier quartier.
☾ Pleine lune.
☾ Dernier quartier.

Signes du zodiaque.

♈ Le Bélier.
♉ Le Taureau.
♊ Les Gémeaux.
♋ L'Écrevisse ou Cancer.
♌ Le Lion.
♍ La Vierge.
♎ La Balance.
♏ Le Scorpion.
♐ Le Sagittaire.
♑ Le Capricorne.
♒ Le Verseau.
♓ Les Poissons.

Zoologie et botanique.

♂ Mâle. — En botanique, indique une plante bisannuelle.
♀ Femelle.
☿ Hermaphrodite.
♂ ⊕ ☉ Neutre. — En botanique, le dernier signe ☉ indique une plante annuelle.
O Dépourvue de calice, en parlant d'une plante. — Sans organe, en parlant d'un individu.
∞ Organes de même nature en nombre indéfini.
5 Arbuste.
5 Arbre.

5 Sous-arbrisseau.
5 Arbrisseau.
☉ Plante annuelle.
① Plante monocarpienne, fructifiant une seule fois.
② Plante monocarpienne, fructifiant une fois, la 2ᵉ année.
⑧ Plante monocarpienne, ne fleurissant pas la première année et mourant après la floraison.
♃ Plante rhizocarpienne, ligneuse, à racine vivace et à tige annuelle.
♄ Plante caulocarpienne, ligneuse, fructifiant plusieurs fois.
⌣ Plante grimpante.
G Plante grimpante à droite.
⊃ Plante grimpante à gauche.
△ Plante toujours verte.
⊙ Indique que l'auteur a décrit d'après nature.
† Indique un sujet mal connu.

Médecine.

G Grains.
G vi 6 grains.
℥ Once.
℥ vi 6 onces.
ʒ Dragme ou gros.
ʒ vi ou vj 6 dragmes ou gros
Ə Scrupule.
Ə vi ou vj 6 scrupules.
ß Demie.
ʒ Demi-once.

℔ Livre.
℔ vi 6 livres.
℞ Recipe ou prenez.
ãã De chaque.

Mathématiques.

+ plus.
− moins.
= égale.
± plus ou moins.
× multiplié par.
< plus petit que.
> plus grand que.
≤ plus petit que *ou* égal à.
≥ plus grand que *ou* égal à.
∶ est à *et* divisé par.
∷ comme.
√ racine *ou* radical.
∫ somme *ou* intégrale.
∞ infini.
≡ équivalence *ou* congruence.
℮ extraction du résidu.
∸ progression arithmétique.
⸪ progression géométrique.

Géométrie.

⊥ Perpendiculaire.
Egalité.
∥ Parallèles.
∠ Angle.
⌐ Angle droit.
Angles égaux.
∨ Angle des courbes.

△ Triangle.
▭ Rectangle.
□ Carré.
◇ Losange.
○ Cercle.
° Degré.
′ Minute.
″ Seconde.
‴ Tierce.

Signes divers.

℣ Verset.
℟ Répons.
£ Livre sterling.
$ Dollar.
₰ 1000 reis portugais *ou* milréis.
♯ Livre tournois.
λ Denier.
ſ Sou.
℔ Livre poids.
⚡ Télégraphe.
✉ Poste aux lettres.
Poste aux chevaux.
Chemin de fer.
¶ Pied de mouche.
& Et, etc.
ƺ Signe de rappel.
₧ Piastre argentine.
₣ Piastre forte argentine.
ⓡ Réal.
@ Arrobe (poids de 25 livres en Espagne).
N.C. Notable commerçant.
J Justice de paix.
M Canton de milice, en Belgique.

Ⓐ   Arrondissement judiciaire.
⚑   Chef-lieu d'arrondissement.
✕   Garnison ou gendarmerie.
⚓   Station sur voie navigable.
▣   Hameau.
c/m   Centimètre cube.
m/c   Mètre cube.
m/m   Millimètre.
%   Pour cent.
‰   Pour mille.

Décorations et médailles.

✻   Légion d'hon. (Chevalier).
✻   O.   —   (Officier).
✻   C.   —   (Command.).
✻   G. O.   —   (Grand Off.)
✻   G. C.   —   (Grand'Croix).
✻   Mérite militaire.
✻   Décoration de Juillet.
✻   Croix de Saint-Louis.
✠   — de Malte.
▣   Médaille militaire.
▣   Officier d'Académie.
▣   I   — de l'Instr. publique.
Ⓞ   Médaille d'or.
Ⓐ   — d'argent.
Ⓑ   — de bronze.

Lettres accentuées.

ā ē ī ō ū   Lettres longues.
ă ĕ ĭ ŏ ŭ   — brèves.
ā ñ ō   — tildes.

Signet n. m. Petit ruban mobile que l'on colle sur la tranchefile des livres pour que le lecteur puisse marquer l'endroit où il en est resté.

Silicate de potasse. Combinaison d'acide silicique avec la potasse comme base. On s'en sert pour couvrir les fonds de carton auxquels le silicate donne la dureté de la pierre.

Sommier n. m. Traverse en bois ou en fonte qui relie, à leur partie supérieure, les montants de certaines presses, comme celles à satiner, par exemple.

Soufflet n. m. Cet outil sert à chasser la poussière qui s'accu-

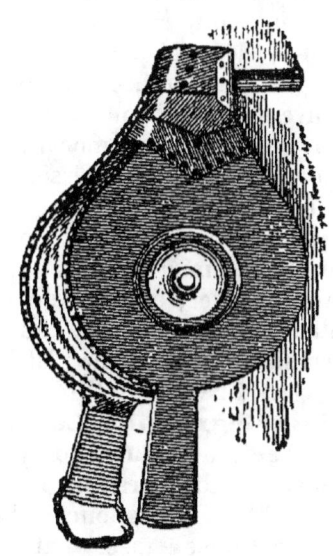

Soufflet de typographe.

mule dans les casses; il est pourvu d'un bec, comme le montre le dessin ci-contre.

Sparte. (V. Alfa.)

Spatule à encre. Sorte de couteau de vitrier, large et flexible, dont les conducteurs se servent pour mettre et retirer l'encre des encriers.

Sphygmoscope n. m. Appareil servant à enregistrer les variations de pression du sang.

Celles-ci sont transmises par une ampoule élastique, en doigt de gant, au fond de laquelle le courant sanguin vient frapper à l'aide d'un tube, dont l'air qu'il contient, alternativement comprimé et dilaté, va inscrire sur un tambour à levier les variations de la pression.

Sphygmographe n. m. Appareil enregistreur des pulsations artérielles. Dans cet appareil l'artère, par ses pulsations, met en mouvement un ressort d'acier élastique, lequel soulève un levier grêle et long, qui amplifie le mouvement et l'enregistre sur un papier qu'un mécanisme d'horlogerie fait progresser le long du levier.

Stanhope (Presse). Nom donné à la première presse typographique en fer, du nom de son inventeur, lord Stanhope, qui la construisit en 1809 ; elle fut introduite en France en 1814.

Sténotélégraphie (La). Machine à l'aide de laquelle on peut imprimer un discours en même temps qu'il se prononce. Les sons phonétiques s'inscrivent sur une bande de papier pour être reproduits ensuite typographiquement en orthographe phonétique. Cette machine a été exposée à Lyon en 1894 par son inventeur, M. Cassagne.

Stil de grain. Nom donné à une laque produite par les baies desséchées du nerprun.

Styrax, Storax n. m. Substance résineuse, que l'on croit exsudée par un ébénier de l'Asie Mineure. Certains lithographes emploient le styrax dans la fabrication des encres de conserve et de report.

Sulfate de fer ou **Couperose verte**. Est employé en lithographie et en photographie.

Supports n. m. Nom donné aux trois tringles de cuivre qui traversent horizontalement la cuve galvanoplastique dans toute sa longueur. Ces supports sont, à chaque extrémité, reliés entre eux par un demi-cercle percé de 3 trous formant triangle, de façon que les tringles qui les traversent soient parallèles et que l'une d'entre elles domine les deux autres d'environ 0m 20. Les tringles basses, qui sont très rapprochées des flancs de la cuve, supportent les moules, tandis qu'au support le plus élevé sont accrochés les diaphragmes contenant l'eau acidulée dans laquelle les zincs sont plongés. — Vieux clichés ou galvanos que l'on met de chaque côté d'une page liée, lorsqu'on veut en faire épreuve à la presse à bras, et dont l'objet est d'empêcher les lettres de se coucher sous la pression de la platine.

Supports de papillotage. Ces supports, qui ne sont employés que dans les tirages à la presse à bras, sont fabriqués avec des bouchons que l'on coupe à hauteur de lettre et que l'on intercale dans les garnitures. On en fait également en forme de petits rouleaux de papier que l'on colle sur la frisquette ; ils ont pour objet d'empêcher la feuille de toucher la forme avant que ne s'exerce la pression. Les supports en liège sont de beaucoup préférables aux supports en papier.

T

Table à encre. Table de chêne ou de hêtre, sur laquelle les imprimeurs à la presse à bras prennent, avec le rouleau, l'encre qu'ils distribuent ensuite sur la

Table à encre.

forme. Les machines à imprimer, sauf les rotatives, sont également pourvues d'une table à encre.

Table à encrer. Cette table se trouve à la partie supérieure des machines ; c'est sur elle que le preneur dépose l'encre venant de l'encrier, et que les rouleaux distributeurs sont chargés d'étaler sur la table.

Table de fabrication. Nom donné, dans la fabrication du papier, à la toile métallique sans fin sur laquelle se répand la pâte. Cette toile est animée d'un constant mouvement de va-et-vient qui, tout en égalisant la pâte, la débarrasse d'une partie de l'eau qu'elle contient en excédent.

Talc n. m. Silicate hydraté de magnésie, est employé par les clicheurs pour saupoudrer les empreintes à leur sortie de la presse à sécher, afin d'empêcher l'œil du flan d'adhérer à la lettre. Les lithographes et les conducteurs typographes s'en servent également.

Tambour. (V. Cylindre de registre.)

Tampon n. m. Morceau d'étoffe imbibé d'encre spéciale et placé dans une boîte pour permettre d'imprimer à l'aide d'un timbre en métal ou en caoutchouc.

Taquet de marge. Coulisseau en fer ou en cuivre qui se visse sur la table de marge, et le long duquel on appuie la feuille pour la marger régulièrement. On fait également des taquets de marge en papier que l'on colle aux endroits voulus.

Taquoir n. m. Petit bloc de bois prismatique sur lequel on frappe avec un marteau pour égaliser la hauteur des lettres, dans une forme que l'on va serrer.

Tarot n. m. Feuille de papier dont on recouvre le dos des cartes à jouer.

Tas n. m. Marteau à repous-

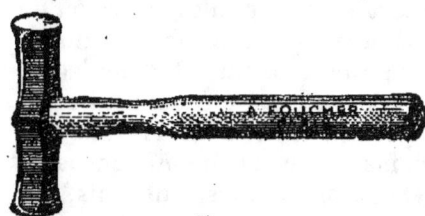

Tas.

ser à l'usage des galvanoplastes, clicheurs, zincographes, etc.

Teintes mercantiles. Nom

donné aux encres de couleurs avec lesquelles on imprime, principalement en lithographie, les travaux courants commerciaux et industriels qui comportent des dessins et des teintes plates. Ces encres coûtent naturellement moins cher que celles destinées aux ouvrages de luxe.

Télégraphe. Nom générique des appareils servant à transmettre la pensée par des signaux à grande distance. Ce mot fut créé pour désigner l'appareil imaginé par Chappe, qui reçut du gouvernement révolutionnaire le titre d'*ingénieur télégraphe*. Aujourd'hui, les télégraphes transmettent la pensée au moyen de courants électriques qui se propagent dans de longs fils métalliques, réunissant un manipulateur et un récepteur. Les télégraphes sont aériens, souterrains, sous-marins ou sans fil. On les distingue, au point de vue de la manipulation, en télégraphes à cadrans ou à lettres, télégraphes écrivant (Morse), imprimant (Hugues, Baudot), électro-chimiques (Bain), sans fil (Marconi).

Téléphone haut parleur. Cet appareil, également nommé *microtéléphone*, n'est autre qu'un téléphone pouvant tenir dans le creux de la main, et dans lequel le récepteur a été supprimé. Il reproduit fidèlement la voix humaine, avec son intonation naturelle, ainsi que les sons émis, par exemple, par un instrument de musique quel qu'il soit. Cette invention, qui ne date que de 1899, est due à M. Germain, ingénieur des postes et télégraphes. (V. le mot *Téléphone* à notre *Supplément général*.)

Télescripteur. Appareil permettant d'écrire à distance avec la même facilité qu'on le pourrait faire à l'aide d'une machine à écrire. Il se compose, au départ, d'une machine à écrire reliée par des fils électriques à un appareil de réception sur lequel se trouve reproduit le système graphique de la machine à écrire.

Templet n. m. Liteau de bois qui sert à fermer une des entailles du métier à coudre les livres.

Ténéotique adj. et n. Sorte de papier fabriqué avec des déchets de papyrus.

Térébenthine (Essence de) n. f. Est employée par les lithographes pour le nettoyage des pierres empâtées, et, par les conducteurs, pour le lavage sous presse des formes encrassées. Son principal avantage est de s'évaporer rapidement.

Terres et couleurs de fer (Prix des.) Rouge de mars, le kilo : 8 fr. ; rouge minéral ; sienne, naturelle ou calcinée ; italie, naturelle ou calcinée ; jaune de Florence ; rouge de Venise ; ombre, naturelle ou calcinée ; terre de Cassel ; brun minéral ; brun van dyck, 6 fr.

Têtières n. f. Garnitures formant la marge des têtes de pages. Griffes de tête dans l'imposition des clichés montés sur les blocs.

Textiles n. f. Les textiles ou autres produits le plus communément employés pour la fabrication du papier sont : l'agave, de Cuba ; le chanvre ; le chanvre blanc de Haïti ; le chanvre de Manille ou abacca ; le chanvre des Indes ; le coton ; la diss d'Arabie ; l'aloès ; le genêt d'Espagne ; le houblon ; l'herbe à ouate ; le chanvre du Bengale ou jute ; la bourre du dattier ou lifa ; le chanvre de Chine ou mâ ; le lin ; la mauve ; le mûrier ; l'ortie de Chine ; le lin de la Nouvelle-Zélande ou phormium ; le fil de faux aloès ou pite ; le sapin ; l'alfa ou sparte d'Algérie ; le tilleul ; le yucca ; la paille des céréales et des légumineuses. Certains de ces produits fournissent exclusivement la fibre ligneuse ; pour d'autres, au contraire, c'est la feuille qui est utilisée, ainsi que les racines, voire même les aiguilles des pins et des sapins.

Thermométrographe. Thermomètre enregistreur.

Thorne (Machine) Inventée par l'Américain qui lui a donné son nom, cette machine comprend un composeur et un distributeur que l'on peut faire fonctionner alternativement ou simultanément. L'italique, les petites capitales et les cadrats sont enlevés mécaniquement lors de la distribution. La Thorne peut composer et distribuer 10,000 lettres environ à l'heure, mais nécessite le concours de trois ouvriers.

Tige du piston. Tige qui, dans la machine à fondre, commande le mouvement du piston au moyen d'une came.

Tirant n. m. Lame de fer forgé, longue et plate, qui relie l'arbre du barreau à la vis de pression dans les presses à bras. C'est à l'extrémité du tirant, vers la partie droite de la presse, que se trouve placée la vis servant à régler le foulage.

Tour n. m. Machine à l'usage des galvanoplastes qui s'en servent pour mettre d'aplomb le talon des galvanos quand ceux-ci viennent d'être doublés.

Tourillons du cylindre. Les tourillons sont constitués par les deux extrémités de l'arbre du cylindre : ils reposent sur les coussinets, dans lesquels ils se meuvent quand le cylindre qu'ils supportent opère sa rotation.

Traçoir n. m. Lame non tranchante, à pointe émoussée, qui sert, après avoir été légèrement chauffée, à tracer les traits que doivent suivre les roulettes, dans la dorure sur cuir.

Train n. m. L'ensemble des pièces d'une presse à bras qui supportent le marbre, y compris celui-ci.

Train du fourneau. Support mobile reposant sur le bâti de la machine à fondre et permettant de faire avancer et reculer le fourneau.

Traits de plume. Blocs de plomb fondus à la manière des vignettes, qui représentent des traits de plume simples ou entrelacés.

Timbres en caoutchouc. Pour faire un timbre en caoutchouc, on commence par établir la composition en caractères typographiques. On prépare ensuite une pâte faite de kaolin et de gélatine, que l'on recouvre d'une mousseline fine ; après quoi on retourne, sur la composition, cette pâte qui a pour support une plaque de fer; on porte sur une presse spéciale dont le dessous est chauffé, et l'on soumet à une première pression.

Tour.

La mousseline, ayant pour objet d'empêcher la pâte de pénétrer à pic dans les blancs de la forme, on la retire pour opérer une seconde pression chargée de donner l'empreinte définitive, que l'on fait sécher ensuite, soit au four, soit à l'air libre.

Quand toute trace d'humidité a disparu, on recouvre cette empreinte d'un morceau de caoutchouc ordinaire et l'on porte sur la presse chaude où s'opère une nouvelle pression pour l'obtention du relief, et où se produit la vulcanisation. Cette dernière est très importante, car si la chaleur n'est pas suffisante, le caoutchouc reste à l'état mou et s'aplatit à la moindre pression. L'excès de vulcanisation produit l'effet contraire, c'est-à-dire qu'il durcit le caoutchouc, le rend cassant et impropre à l'impression.

M. Léon Roger a très avantageusement remplacé la pâte de kaolin et de gélatine par le flan dont se servent les clicheurs, qui est plus pratique et donne des résultats identiques, sinon supérieurs à ceux obtenus par l'emploi de la pâte.

Trempeuse n. f. Appareil avec lequel on trempe, avant l'impression, les papiers non glacés. Il se compose d'un tuyau de métal, percé de petits trous, que l'on fait mouvoir d'avant en arrière et d'arrière en avant, s'il y a lieu, au-dessus du papier que l'on veut tremper. Le seul mouvement de l'appareil suffit à ouvrir ou à fermer la conduite d'eau.

Treuil n. m. Le rouleau autour duquel s'enroulent les cordes motrices de la presse à bras. — Appareil qui sert à monter et à descendre les formes dans certaines imprimeries.

Triangle n. m. Margéomètre imaginé par M. Maréchal d'après celui de M. Anthinoüs.

Triangle Grat. Tableau triangulaire dressé par M. J. Grat, d'après ceux de MM. Anthinoüs et Maréchal, pour déterminer les blancs d'une garniture.

Trieuse de pâté. Appareil très pratique, inventé par M. Dodivers, de Besançon, pour le triage du pâté. Il se compose d'une boîte comportant dix tiroirs, dans lesquels tombent les lettres, que l'on fait glisser le long d'un conduit créné selon les différentes forces de corps. Quand la lettre est arrivée au cran correspondant à sa force de corps, on fait mouvoir un ressort qui lui ouvre le passage et la fait disparaître dans le compartiment qui lui est propre.

Tringle du blanchet. Sorte de règle plate, percée de trous, sur laquelle est cousu le blanchet de fond. Elle se fixe, dans la gorge des pinces, sur la tringle tendeuse, en s'encastrant dans les ardillons ou picots disposés à cet effet.

Tringle tendeuse. Pièce de fer carrée, située dans la gorge des pinces, et qui va d'une extrémité à l'autre du cylindre. Elle est pourvue d'ardillons destinés à maintenir la tringle du blanchet, qu'elle a pour fonction de tendre, à l'aide d'une vis sans fin engrenant sur un pignon goupillé après la tringle, ou, dans les machines en blanc, à l'aide d'un encliquetage placé sur le côté gauche du cylindre, et que l'on actionne avec une clef à béquille.

Triple-Canon. Ancienne dénomination d'un corps de soixante-six points, avec bas de casse, dont on se servait pour les affiches.

Trismégiste n. m. Ancien nom du corps de trente-six points.

Truelle n. f. Nom sous lequel on désigne quelquefois le composteur.

Tubes réfrigérants. Tubes de cuivre adaptés au chassoir et au porte-matrice de la machine à fondre, et qui ont pour fonction d'amener l'eau froide qui sert à faire figer plus rapidement la matière.

Tympan n. m. Le tympan est la partie de la presse à bras qui se rabat sur la forme avant de tirer le barreau pour opérer l'impression. Il se compose d'un cadre rectangulaire en fer méplat, sur lequel se colle une toile de même nature que celle qui recouvre le cylindre des presses

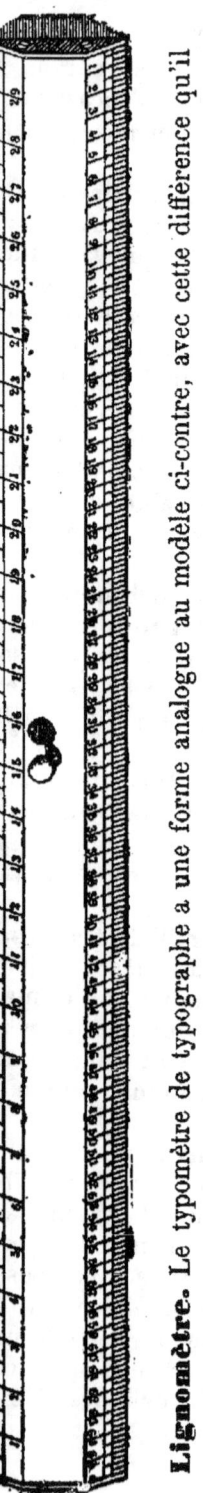

Lignomètre. Le typomètre de typographe a une forme analogue au modèle ci-contre, avec cette différence qu'il est *plat* et à *une seule face divisée*, au lieu d'avoir, comme le lignomètre, plusieurs faces à divisions.

mécaniques. Derrière cette toile, à l'intérieur du tympan, on fixe, avec des épingles, un blanchet destiné à amortir l'effet de la pression. Ce blanchet est en outre maintenu par le petit tympan — lui-même pourvu d'une toile semblable à celle précédemment décrite — qui s'encastre dans le grand tympan, où il est maintenu : à sa partie supérieure par deux languettes qui se glissent entre la toile et le cadre du grand tympan ; à sa partie inférieure par un talon sur lequel agit une vis à oreilles. C'est dans les charnières qui surmontent le haut du tympan que s'emboîtent celles de la frisquette, que l'on fixe à l'aide de deux tiges de fer appelées *couplets*.

Types royaux. Nom donné aux caractères grecs gravés par Claude Garamond sur l'ordre de François Ier en 1536.

Typewriter n. m. Nom sous lequel les Américains désignent les différents types de machines à écrire.

Typo-duplicator n. m. Appareil qui reproduit en caractères typographiques les épreuves des machines à écrire ; comme pour l'*Autographe* et le *Limographe instantané* on se sert d'une feuille cirée, mais la perforation se fait avec les caractères de la machine ; ce sont les marteaux de cette dernière qui remplacent la plume à molette dans l'autographe et la lime dans le limographe. Cet appareil peut aussi être adapté à la reproduction de l'écriture à la main.

Typothèque n. m. Meuble

dans lequel les fondeurs en caractères conservent les poinçons et les matrices.

Typomètre n. m. Mesure de longueur typographique en forme de règle plate. D'un côté se trouvent les *points*, subdivisés par 6 et par 12, et de l'autre, sur la même face, les centimètres subdivisés en millimètres.

Typomètre de fondeur. Outil qui sert à calibrer les gros caractères, lingots, etc.

Varlope.

Vase poreux.

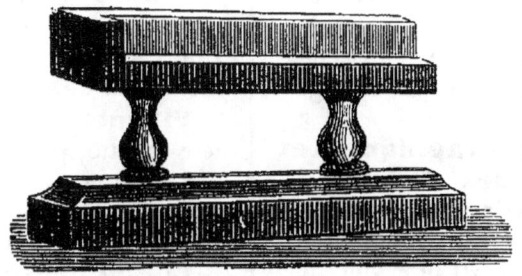

Typomètre de fondeur.

Typoscrit n. m. Caractère typographique imitant ceux de la machine à écrire.

Typotheter n. m. Nom sous lequel on désigne quelquefois la machine à composer de l'ingénieur suédois Lagerman.

V

Vaches n. f. Nom donné autrefois aux deux nerfs de bœuf fixés de chaque côté du coffre de l'ancienne presse à bras et qui s'arrêtaient à l'extrémité de la presse ; ces nerfs remplaçaient les cordes actuelles du rouleau.

Varlope n. f. Rabot de grande dimension à l'usage des clicheurs.

Vases poreux. Les diaphragmes à l'usage des galvanoplastes. C'est dans les diaphragmes, préalablement remplis d'eau acidulée, que se suspendent les plaques de zinc chargées d'actionner les piles galvanoplastiques.

Vélin n. m. Parchemin fabriqué avec la peau d'un veau mort-né ou celle d'un veau de lait. Le vélin servait beaucoup autrefois comme couverture de livres. La plupart des elzévirs étaient reliés en vélin.

Véloscripteur. Appareil ayant pour objet de permettre d'écrire sur une bande de papier continue sans avoir à manœuvrer le chariot comme on est obligé de le faire avec les machines à écrire. Cet appareil, qui peut se fixer sur une machine à écrire ordinaire, dont on a enlevé le chariot, est surtout employé pour la transcription des copies destinées à l'imprimerie et, dans les maisons de banque, pour la transcription des cours.

Vermillon n. m. Poudre colorante, d'un rouge très vif, obtenue par la combinaison du mercure et du soufre.

Vernis lithographiques et typographiques (Prix des.) Extra-fort, le kilo : 4 fr. ; fort, 3 fr. 50 ; moyen, 3 fr. ; faible, 2 fr. 50 ; extra-faible, 2 fr. ; siccatif, 3 fr.

Verset. Le verset est représenté en typographie par le signe ci-contre : ℣

Verts typographiques et lithographiques (Prix des.) Ordinaire, le kilo : 8 à 9 fr. ; solide, 20 à 30 fr. ; printemps, 12 fr. ; éméraldine, 18 à 20 fr. ; viridine, claire ou foncée, 12 fr.

Vignettes n. f. Ornements généralement fondus au moule à main, qui servent à décorer certains ouvrages typographiques. Les principaux types de vignettes sont : les grecques, les néo-grecques, les Louis XV, les moyen-âge, les renaissance, les fleuries ou florales et les vignettes bordure. La décoration typographique désignée sous le nom de vignette est ainsi appelée, parce qu'elle se composait, primitivement, de branches de vigne. En Allemagne, les graveurs sur bois qui exécutaient ce genre d'ornement, étaient appelés *graveurs de cadres* ou *Rahmenschneider*.

Vignettes cintrées. Ces vignettes jouent, dans la composition des travaux de ville, un rôle identique à celui des cadrats cintrées. (V. ce nom au *Supplément*.)

Vignettes parlantes. Nom donné par M. E. Desormes aux vignettes dessinées d'après l'examen microscopiques des sujets animés ou inanimés.

Violets typographiques et lithographiques (Prix des.) Magenta, le kilo : de 15 à 20 fr. ; hofmann, 20 fr. ; violéine ordinaire, 25 fr. ; violéine solide, 30 fr. ; laque violette, 20 fr.

Violon n. m. Nom donné à une longue galée en bois ou en zinc, servant plus particulièrement à la mise en pages.

Virgule n. f. Sorte de noix, à tête aplatie, percée en hexagone, qui s'adapte au sommet de l'arbre du barreau et à laquelle est fixé l'anneau du tirant.

Vis de pression. Pièce verticale qui, dans la presse à bras, sert à provoquer l'impression. Elle est placée dans la boîte coulante et reliée à la platine qu'elle actionne quand l'imprimeur tire le barreau.

Vis de pression de l'encrier. Ces vis sont placées sur le même plan que celles de rappel, dont elles diffèrent par la longueur, qui est moindre ou plus accentuée, selon la méthode adoptée par les constructeurs. Elles appuient sur le couteau, qu'elles éloignent quand on les serre seules, et qu'elles immobilisent quand l'encrier est définitivement réglé.

Vis de rappel. Elles font partie de l'ensemble des vis désignées sous le nom de vis de réglage de l'encrier. Les vis de rap-

— 375 —

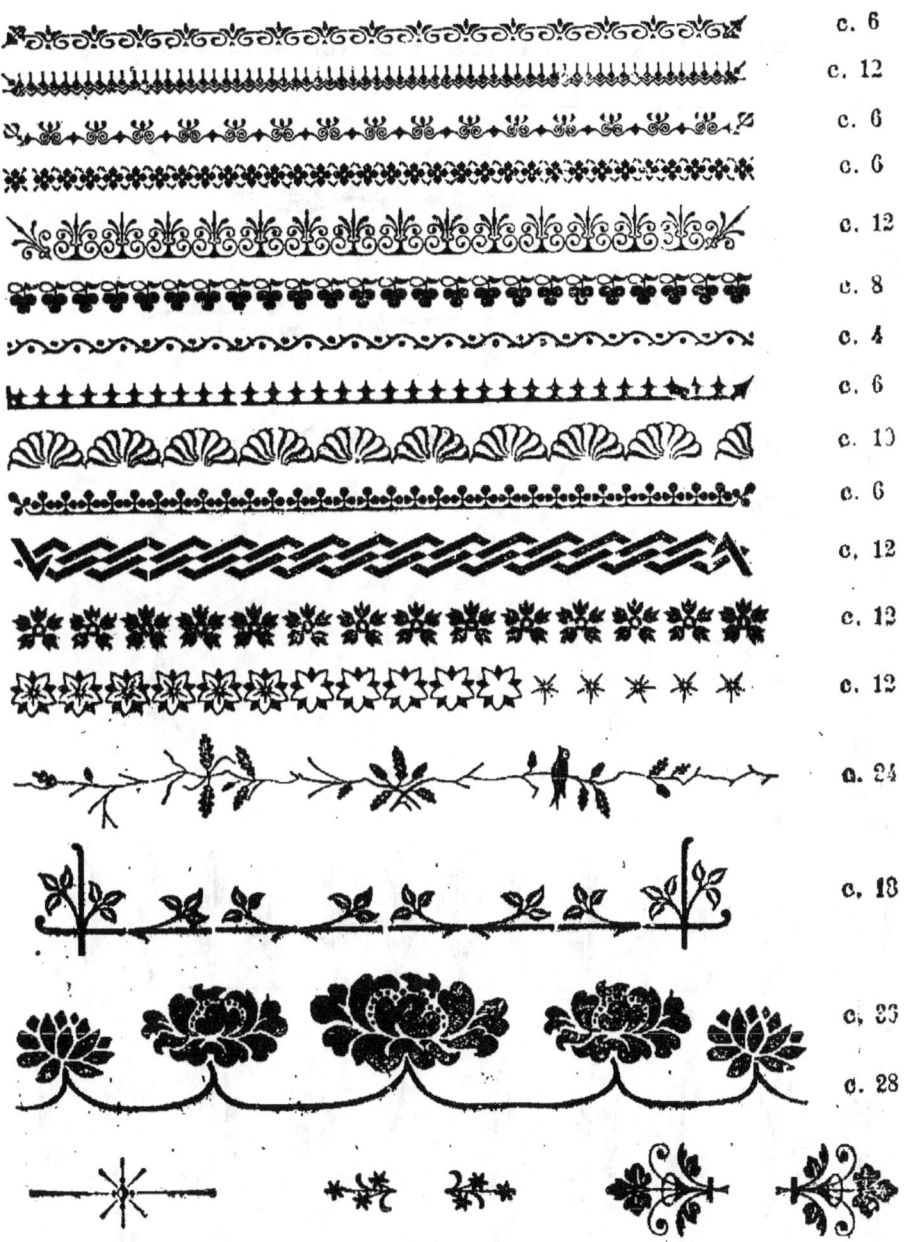

Ces vignettes ont été gravées par M. Ch. DOUBLET qui nous les a obligeamment fournies.

Nouvelles Vignettes Palmes azurées

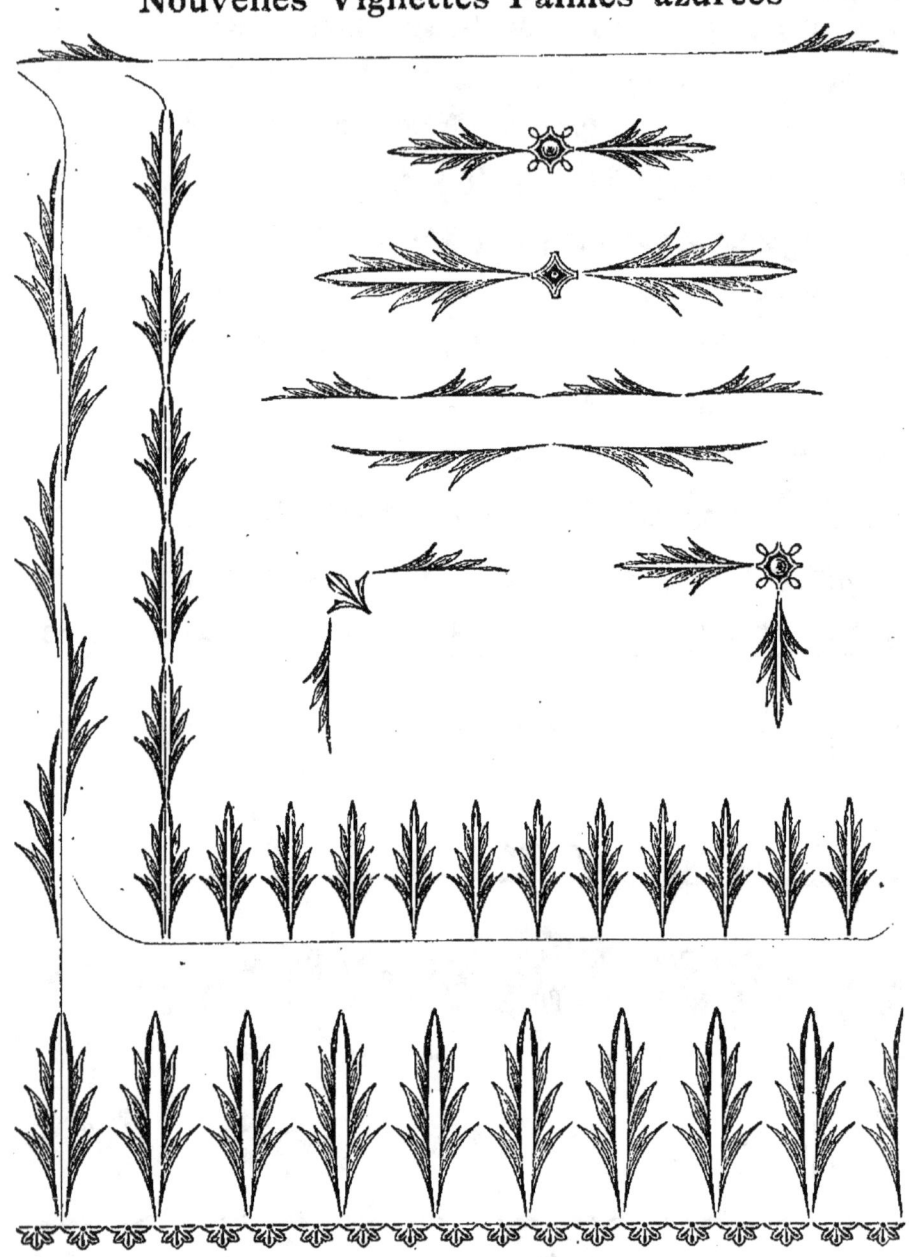

Ces Vignettes ont été gravées par M. Ch. DOUBLET,
qui nous les a obligeamment fournies.

Vignettes d'Art à Combinaisons

Ces Vignettes ont été gravées par M. Ch. DOUBLET,
qui nous les a obligeamment fournies.

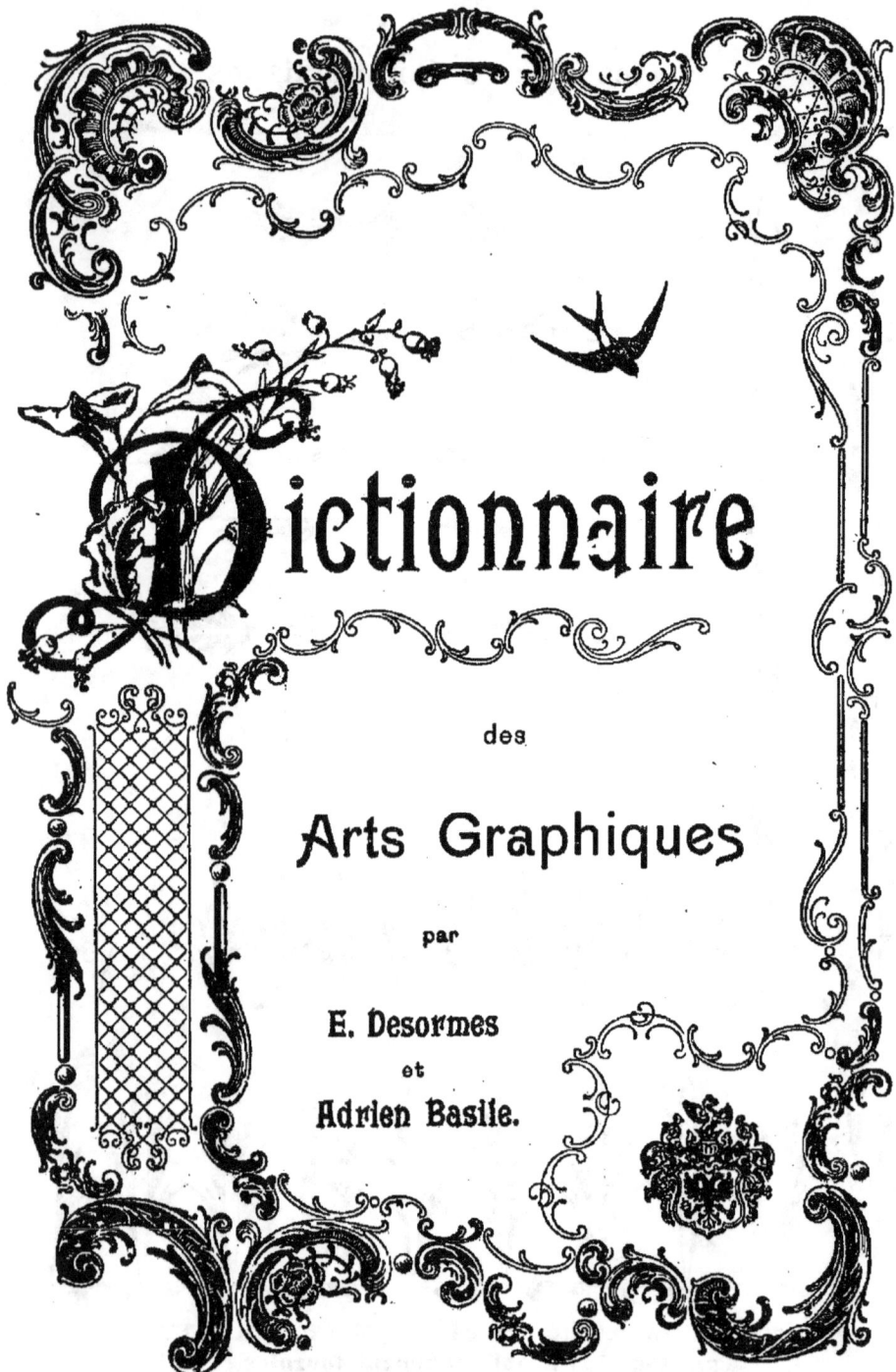

Dictionnaire

des

Arts Graphiques

par

E. Desormes

et

Adrien Basile.

Ce spécimen de vignettes Rocaille nous a été obligeamment offert par la Maison NEBIOLO & Comp. - Turin.

REVUE ILLUSTRÉE

Les Joies de l'Hiver

L'Hiver va refleurir :
Les fleurs des lauriers vont mourir,
Mais les fleurs des rosiers vont naître.
Plus de jasmin qui s'enchevêtre à ma fenêtre...
Mais les oranges, ces fleurs d'or,
Et les citrons, ces fleurs d'or pâle,
Éparpilleront dans leurs arbres leur trésor...
C'est, aujourd'hui, l'été qui râle :
Mais le printemps ne peut périr...
Un hiver printanier nouveau va refleurir !

La chaleur sera moins croulante ;
La lumière, moins aveuglante.
La brise restera la caresse indolente,
Toujours de baisers, encor de parfums,
Qui souffla sa fraîcheur aux soirs d'été défunts
Et va souffler sa tiède haleine d'hivernage
Aux matins renouveaux de l'hiver inconnu...
L'immuable printemps reste du cousinage,
Et le décembre en fleurs sera le bienvenu.

JULES MÉRY.

Monte-Carlo, novembre 1896

Composition établie avec les " Fleurettes " de la Fonderie
Allainguillaume & Cie, à Paris. — Texte en Égyp. maigrettes Corps 5

Vignettes Grimpantes

Vignettes imitées des Vieilles Éditions

Vignettes imitées de Fournier

Nouvelles Vignettes-Annonces

Vignettes Rustiques

Vignettes Louis XV

Vignettes Écossaises

Vignettes Modernes

Vignettes Chinoises

Vignettes Rubans

Vignettes Rocailles

Nouvelles Vignettes Noires

Vignettes Assyriennes

Ces Vignettes nous ont été obligeamment fournies par la Fonderie Mayeur (Allainguillaume & Cie, Successeurs) à Paris pel sont situées derrière le couteau de l'encrier, en dehors de celui-ci ; elles servent à rapprocher le couteau du cylindre encreur pour ne laisser passer que juste la quantité d'encre nécessaire.

Visorium n. m. Petit appareil pourvu à son extrémité inférieure d'une pointe ou d'un pied de biche, dont les compositeurs se servaient pour tenir leur copie. Le visorium, dont la forme rappelle celle des porte-menus de restaurant, a presque partout disparu des imprimeries.

X

X n. m. Assemblage de barres de bois disposées en forme d'X dans certains pieds de marbre. Les X sont établis de telle sorte que l'on peut glisser entre eux une forme sur champ, laquelle tient peu de place et ne court aucun risque de mise en pâte.

Xylonite n. f. Nom donné à une sorte de papier parcheminé obtenu en plongeant du papier blanc, pur fil ou coton, dans une solution d'acide chlorhydrique ; on lave soigneusement et l'on traite par un bain d'alcool camphré.

Z

Zincs n. m. Les plaques de zinc servant à la galvanoplastie auront un centimètre environ d'épaisseur ; elles ne seront pas trop larges pour que leurs bords

Plaque de zinc pour pile.

ne puissent pas toucher ceux des vases poreux. A chaque extrémité, et bien au milieu de la plaque, sera percé un trou assez grand pour y introduire un crochet en cuivre rouge de $0^m 003$ à $0^m 004$ de diamètre, permettant de suspendre les zincs à la tringle du milieu. Quand les plaques, qui ne doivent pas toucher le fond du vase, et que l'on immergera complètement, seront rongées d'un côté, on les retournera du côté non encore attaqué.

Zylonite n. f. Matière assez semblable au celluloïde, employée en Amérique pour couvrir certains livres de poche.

SUPPLÉMENT GÉNÉRAL

ABL

Abluer v. Faire reparaître les anciens caractères d'un palimpseste en le lavant à l'aide des produits destinés à cet usage.

Accumulateur n. m. Pile dont le principe a été découvert par Grove, en 1843, et qui est constituée de telle sorte que, lorsqu'elle est traversée par un courant inverse de celui qu'elle produit, les corps qui la composent sont ramenés à l'état primitif. La pile est alors susceptible de fournir une nouvelle somme d'énergie électrique. Un accumulateur est donc, à proprement parler, une pile qui peut être régénérée indéfiniment. Depuis quelques années, on remplace, dans les ateliers galvanoplastiques, les piles ordinaires par des accumulateurs.

Addenda n. m. Note complémentaire placée à la fin d'un ouvrage.

Album n. m. Recueil de gravures, de dessins, de photographies, etc.

Aldine (Edition). Se dit des

ALU

ouvrages exécutés par les Alde Manuce.

Allonyme adj. Se dit de tout écrit paru sous le nom d'un autre.

Alphabet de la mort. Alphabet dessiné par Hans Holbein, et dont chaque lettre représente un sujet macabre.

Alphabets d'enfants. (V. Kinderalphabete.)

Alphabets rustiques. (V. Bauernalphabete.)

Aluminium n. m. Métal blanc, très léger, que l'on emploie depuis quelque temps pour la fabrication de certains objets indispensables aux typographes : galées, lingots, etc. La lithographie s'en sert également pour remplacer les pierres, et la gravure a fait, avec des planches d'aluminium, des essais qui ont donné d'excellents résultats.

Aluminographie n. f. Art de graver sur aluminium.

Aluminoglyphie ou **Aluminoglyptie** n. f. Art de graver en creux sur aluminium.

Aluminoglyptotypie n. f.

Art de graver en relief sur aluminium.

Amalgamation n. f. Action d'amalgamer.

Amalgame n. m. On donne ce nom à des corps ayant le plus souvent l'aspect métallique, et qui se forment grâce à la propriété qu'a le mercure de s'unir avec la plupart des métaux, soit à l'état d'alliage, soit à l'état de combinaison définie.

Amalgamer v. Enduire de mercure un métal quelconque, comme par exemple, les anodes en zinc que l'on va mettre dans le bain galvanoplastique.

Amende n. f. Le nombre des imprimeries dans lesquelles on inflige des amendes pour infractions au règlement est relativement restreint. A l'imprimerie Nationale, l'amende est appliquée aux retards à raison de 0 fr. 25, quelle que soit l'heure à laquelle on entre après l'appel du matin ou du soir. Le maximum des amendes est de 6 fr. Ce taux est réservé à l'ivresse, à un pugilat entre ouvriers, à la perte d'une copie, etc. Le produit des amendes est versé à la caisse des retraites.

Anglaise n. f. Sorte d'écriture cursive à déliés très minces et à pleins peu épais. Elle offre l'avantage d'être d'une exécution rapide, mais a l'inconvénient d'être peu lisible.

Annonces légales ou **judiciaires.** Publication, dans les feuilles périodiques désignées par les préfets, de certains actes (jugements, ventes judiciaires, etc.), qui est ordonnée par la loi.

Annotation n. f. Note exécutée sur un texte.

Annuaire n. m. Ouvrage publié annuellement et qui donne les renseignements professionnels, commerciaux, etc.

Anonyme adj. Se dit de tout écrit dont l'auteur ne se nomme pas ; s'applique à l'auteur lui-même.

Anopistographe adj. et n. Se dit de ce qui ne porte rien d'écrit ou d'imprimé au verso.

Anthographie n. f. Art d'exprimer sa pensée au moyen des fleurs, d'après le langage qu'on leur prête.

Aoulas n. m. Planchettes de bois qui, dans le Soudan africain, servent de cahiers et de livres aux élèves des écoles musulmanes.

Apocryphe adj. Se dit de tout ouvrage dont l'auteur est inconnu ou supposé, et l'autorité douteuse.

Apographe n. m. Copie d'un autographe.

Appendice n. m. Supplément placé à la fin d'un ouvrage.

Arbre de la machine à fondre. Cet arbre, qui actionne la machine, porte diverses pièces qui jouent un rôle actif dans le fonctionnement de celle-ci : Ce sont : le cône de transmission, qui met la machine en mouvement au moyen d'un embrayage et d'un débrayage ; les cames du chassoir, du porte-matrice, du levier de la lame, du piston ; la came qui règle la descente de la lettre dans le composteur et la coupe du pied dans la filière.

Argyroglyphie ou **Argyroglyptie** n. f. Art de graver en creux sur argent.

Argyroglyptotypie n. f.

Art de graver en relief sur argent.

Argyrographe n. m. Copiste qui ornait de lettres d'argent les manuscrits.

Argyrographie n. f. Art d'écrire ou d'imprimer en lettres d'argent

Armes des Imprimeurs. En 1466, selon les uns ; en 1468 ou 1470, selon d'autres, l'empereur d'Allemagne, Frédéric III, conféra à Jean Mentel ou Mentelin, imprimeur à Strasbourg, avec des lettres de noblesse, des armes parlantes qui sont, depuis, devenues celles des imprimeurs.

Ces armes portaient la devise : *Virtutem mente coronat*. Elles étaient figurées par un écu allemand portant une aigle de face, aux ailes éployées, tenant dans l'une des serres un visorium et dans l'autre un composteur, emblèmes des typographes. Le chef de l'écu, orné de feuilles d'acanthe, portait un casque royal surmonté d'une couronne, sur lequel un griffon de profil tenait en ses serres deux balles ou tampons à encrer, emblèmes des imprimeurs. Les imprimeurs parisiens avaient pour armes un livre d'argent, ouvert, et portant trois fleurs de lis, sur champ d'azur. Néanmoins ce sont les armes de Mentelin, qui, bien que d'origine allemande, servent de nos jours d'armes parlantes aux imprimeurs français.

Article n. m. Tout sujet traité dans un écrit périodique, revue, journal, etc.

Autogravure n. f. Nom sous lequel on comprend tous les procédés de gravure chimique en creux.

Autoricide adj. et n. Qui mutile les livres.

Avant-Propos n. m. Exposé rapide dans lequel l'auteur fait connaître le but ou la substance de son ouvrage. L'avant-propos se place toujours après la préface.

Avertissement. Syn. de note de l'auteur.

B

Babuinare v. lat. Tracer ou peindre des figures dans les marges des manuscrits.

Barométrographe n. m. Baromètre enregistreur.

Bâtarde n. f. Genre d'écriture qui tient de la ronde par l'épaisseur de ses pleins et de l'anglaise par la pente donnée aux caractères.

Bâtarde du Louvre. Genre de bâtarde créé au XVIIIe siècle par le graveur Luce.

Bauernalphabete ou **Alphabets rustiques.** Nom donné à des alphabets formés de caractères qui étaient entourés de paysans dansant ou s'amusant. Ces alphabets, d'origine allemande, datent du XVIᵉ siècle.

Beelden mackers. Nom donné aux faiseurs d'images, dans la corporation de Saint-Jean-l'Evangéliste, à Bruges, en 1454.

Beeldeken Printers. Nom donné autrefois en Hollande aux imprimeurs d'images de saints.

Bengali n. m. (V. Dévanâgari.)

Bibliatores. Nom donné, au moyen-âge, aux marchands de livres écrits, qui étaient en même temps écrivains et copistes. On les appelait encore *stationarii*, et, s'ils avaient fait des études, *clerici*.

Bibles des pauvres ou **Biblia pauperum.** Ce nom est donné à des manuscrits bibliques ornés de miniatures, dont quelques-uns remontent au XIIIᵉ siècle, et aux premières bibles imprimées par Gutenberg et autres prototypographes. Elles paraissent avoir reçu ce nom, non parce qu'elles étaient destinées aux personnes pauvres, mais parce qu'elles devaient servir de guides, dans leurs prédications, aux ecclésiastiques inférieurs. Ce mot *pauperes* désignait au moyen-âge aussi bien les pauvres laïques que les ecclésiastiques inférieurs des couvents et des ordres. Les chartreux et les bénédictins s'appelaient eux-mêmes *pauperes Christi*.

Bibliopola. Nom donné aux vendeurs de livres imprimés, dans les éditions des Junte (1500).

Billet de naissance, de **mariage**, de **décès.** Carte ou lettre que l'on adresse généralement sous enveloppe non fermée, afin de faire part d'une naissance, d'un mariage ou d'un décès.

Block-Books. Nom donné par les Flamands aux livres xylographiques ou tabellaires qui forment la transition entre les images xylographiques imprimées et la typographie.

Boîte à déchets. Boîte à coulisse, adaptée à la machine à fondre, et dans laquelle tombent les déchets qu'on remet à la fonte.

Bordereau n. m. Le relevé des comptes d'un typographe, qu'il soit en conscience ou aux pièces. Cette expression est commune à la plupart des corps de métier.

Bouquet de lettres. Réunion de plusieurs lettres destinées à être substituées à d'autres dans un cliché où une place a été préparée à cet effet. Lorsqu'on veut fixer un bouquet de lettres pour faire une correction dans un cliché, on met le bouquet dans une *justification*, l'œil au fond, on soude ensemble les queues des lettres et l'on introduit ensuite la partie utile dans le trou qui lui est destiné.

Breve n. m. Nom donné autrefois à des ouvrages graphiques composés d'une simple feuille de papier ordinaire, sur laquelle étaient figurés des dessins à la plume et des lettres qui servaient à l'usage de la maison et de l'école.

Brouillon n. m. Travail écrit destiné à être remis au net. La copie même de ce travail.

Bulletin n. m. Écrit ou imprimé sur lequel on rend compte de choses intéressant le public : bulletin hebdomadaire, bi-mensuel, etc.

Buse du tuyau. Pièce cylindrique sur laquelle s'adapte le tuyau d'échappement de la fumée du fourneau, dans la machine à fondre.

C

Cadrats obliques. Ces cadrats, dont on appréciera toute l'utilité par le spécimen que nous en donnons ci-contre, ont été créés il y a quelques années par le fondeur Ch. Doublet. Ils permettent de faire tenir, dans toutes les positions, le texte que l'on intercale entre eux ; il se trouve ainsi maintenu d'une manière immuable, si l'on a soin d'emplir ensuite comme il convient, par des cadrats ordinaires, les blancs réservés dans les cadrats obliques.

Calendrier n. m. Pancarte, carte ou opuscule contenant l'indication des jours et des fêtes de l'année.

Depuis quelques années, les maisons de commerce et les grands industriels font établir de superbes calendriers en chromolithographie et en chromotypographie qui sont de véritables œuvres d'art. La maison Ch. Lorilleux et Cie, s'est particulièrement distinguée dans ce genre de productions qu'elle offre gratuitement, chaque année, à ses clients.

Camée. Pierre précieuse gravée en relief, l'opposé d'intaille.

Canzleischrift. Nom donné aux lettres cursives allemandes ou caractères de chancellerie.

Caoutchouc factice. Cette substance peut économiquement remplacer la gutta-percha pour le moulage des galvanos. On fond ensemble six parties de cire blanche, deux parties d'asphalte, deux parties de stéarine, une partie de suif, et l'on ajoute au mélange un peu de plâtre très fin et assez de noir de fumée pour colorer la masse. On coule cette matière, presque figée, sur les planches qu'on désire mouler, et qui, au préalable, ont été huilées.

Casse n. f. Pour faciliter leur tâche aux débutants dans la typographie, nous donnons ci-dessous un modèle de la casse française et un modèle de casse grecque, indiquant la répartition des caractères dans les cassetins. (V. p. 233.)

Cassitérographie n. f. Art de graver, de ciseler sur étain. Cet art se dit encore stannogravure.

Cartæ identatæ, Cartæ partitæ n. f. pl. Nom latin de l'endenture.

Carte de commerce. Carte ouverte, contenant l'indication sommaire des produits vendus par la maison dont elle porte le nom.

Carte de visite. Carte sur laquelle on inscrit ou fait imprimer ses noms et qualités.

Catalogue n. m. Livre, bro-

Combinaisons Multiples de Cadrats Obliques

CADRATS OBLIQUES

FANTAISIES

VIGNETTES

PASSE - PARTOUT

BLANCS

POINTILLÉS

GUTENBERG

TÉLÉPHONE

Ces Cadrats obliques ont été fondus par M. Ch. DOUBLET
qui nous les a obligeamment fournis.

chure, contenant la nomenclature des produits d'une maison.

de toute autre matière utilisée à cet effet.

Casse dite parisienne.

Cellulose n. f. Principe ternaire existant dans tous les végétaux ; c'est la cellulose qui fournit les éléments nécessaires à la fabrication du papier, qu'elle provienne des chiffons, du bois, ou

Cendrier n. m. Tiroir dans lequel tombent les détritus de la combustion, dans les machines à fondre munies d'un fourneau à charbon.

Chalcoglyphie ou **Chalco-**

— 390 —

Casse grecque (Haut de casse.)

La casse grecque de l'imprimerie Nationale est la plus compliquée de celles qu'il nous a été donné d'observer. Elle ne contient pas moins de *trois cent vingt-neuf cassetins*, sur lesquels *neuf* seulement sont inoccupés ; aussi faut-il une habitude des plus grandes pour se reconnaître dans cet amas de lettres, dont la classification, quelque peu irréfléchie, ne laisse pas d'occasionner aux compositeurs de sérieuses difficultés.

Casse grecque (Bas de casse.)

Cette grande quantité de cassetins tient à la richesse exceptionnelle de la fonte, qui veut que tous les accents ou esprits soient fondus avec chacune des lettres susceptibles de les recevoir ; ceci dit bien entendu pour les grandes capitales, puisque le bas de casse est accentué dans toutes les fontes. La casse dont nous donnons ici le modèle est celle qui se trouve dans le *Guide pratique* de M. Théotiste Lefèvre, et qui a été presque partout adoptée pour les fontes ordinaires.

glyptie n. f. Art de graver en creux sur cuivre.

Chalcoglyptotypie. Syn. de chalcotypie. (V. page 153.)

Chassoir n. m. Pièce de la machine à fondre qui sert à fermer le moule et à chasser la lettre lorsqu'elle est fondue.

Chiffre n. m. Caractère de convention pour lire une écriture secrète. — Monogramme, initiales d'un nom.

Chirographe n. m. ou **Charte chirographaire** n. f. ou **Charte-Partie.** Charte en haut ou sur le côté de laquelle se trouvent des caractères coupés par le milieu, la charte étant détachée d'une autre formant double ou souche.

Chirologie, Chirologique n. f. Art d'exprimer avec les doigts la pensée au moyen de signes figuratifs conventionnels, qui n'est autre que le langage des muets.

Chromatique n. f. Étude des couleurs; adj. qui se rapporte aux couleurs.

Chromatisme n. m. Production de la couleur, coloration.

Chronique n. f. Nom donné, dans une publication périodique, à un article d'une certaine étendue ayant un caractère d'actualité.

Chroniqueur n. m. Auteur de chroniques. Celui qui fait la chronique d'un journal

Chronogramme, Chronographe n. m. Date fournie par les lettres d'une phrase ou d'un vers servant d'inscription.

Chrysoglyptotypie n. f. Art de graver en relief sur or.

Chrysographie. Art d'écrire ou d'imprimer en lettres d'or.

Circulaire n. f. Lettre imprimée ou autographiée, adressée à plusieurs personnes, et traitant exactement du même sujet.

Ciripagus n. m. Nom donné, dans certains manuscrits du XIVe siècle, à des artisans qui taillaient dans des lames de cuivre, de fer, de bois, des images, de l'écriture qu'ils reproduisaient, sans qu'il soit cependant possible de certifier s'il s'agit de véritable gravure et d'impression, ou de découpage au patron ajouré. Cette dernière hypothèse, si l'on considère certains vieux missels *dessinés* de cette manière, nous paraît la plus vraisemblable.

Ciseau à échopper. Est à l'usage des clicheurs.

Clerici. (V. Bibliatores.)

Cliché froid. (V. p. 73.)

Cliché grésillé. (V. Grésillé.)

Cœcographe n. m. Machine à écrire, à l'usage des aveugles, qui n'est autre que le *nitographe* de Julien Leroy, modifié par M. Bataille.

Cœcographie n. f. L'art d'écrire dans l'obscurité, à la manière des aveugles.

Collation n. f. Confrontation d'une copie avec l'original.

Collationner v. Confronter, comparer un texte imprimé avec la copie manuscrite. — Chez les brocheurs et les relieurs, s'assurer que les feuilles pliées ont été convenablement assemblées.

Colombienne (Presse). Presse en fer, inventée vers 1797 par l'Américain Clymer. Cette presse fut importée en Angleterre en 1817, à peu près à la même époque où lord Stanhope faisait construire celle à laquelle il a donné son nom.

Commentaire n. m. Eclaircissements, remarques sur un ouvrage, un texte, pour en faciliter la compréhension.

Communiqué n. m. Note d'allure officieuse adressée à un ou plusieurs journaux par l'autorité administrative, et qui a pour objet de rectifier un fait quelconque.

Compas d'épaisseur. Est employé par les clicheurs et les galvanoplastes pour s'assurer de la hauteur exacte des clichés ou des galvanos, et pour prendre les mesures de circonstance.

Composteur n. m. Les machines à fondre sont pourvues d'un composteur, qui s'adapte à la pièce de cran, et sur lequel s'alignent les caractères fondus.

Compte rendu n. m. Livre, brochure, fascicule, dans lequel on rend compte des actes, des opérations d'une société, d'une assemblée, etc. Le compte rendu *in extenso* est celui qui donne en entier, sans commentaires, tout ce qui s'est passé ; il est opposé à compte rendu *analytique*.

Confique, Coufique, Cufique, Nom donné à l'écriture arabe antérieure au ive siècle, par opposition à l'écriture arabe actuelle, dite *neski*. La première expression paraît être le résultat d'une erreur typographique, inconsciemment perpétuée. (V. Coquilles, au *Supplément*.)

Copie de lettres n. m. Livre sur lequel on décalque les lettres dont on veut conserver le double. Il est obligatoire pour toutes les maisons de commerce.

Coquilles n. f. Certaines coquilles typographiques, reproduites par erreur, ont donné lieu à de véritables bévues littéraires. C'est ainsi que l'écriture arabe du ive siècle, dite cuphique, cufique ou co fique, est parfois désignée sous le nom d'écriture confique. Il y a incontestablement eu retournement de l'*u*, le mot coufique venant de la ville de *Coufa, Koufa*, où cette écriture a probablement été d'abord en usage. Pareil fait, entre autres, s'est produit pour le mot *clifoire*, désignant une seringue que les enfants fabriquent avec du sureau. Dans les anciens glossaires, on trouve *clissouère*, *esclissouère*, *éclissoire*, *clissoire*, pour seringue, de même que *esclisser*, pour lancer un petit jet d'eau. Tous ces mots viennent de *clidaire*, dont on a fait clisser, esclincer et glisser. *Clisoire*, est devenu le mot *clifoire, cliffoire*, par suite de l'inadvertance d'un typographe qui a employé des *f* à la place des *s*, ces lettres affectant encore, à la fin du xviiie siècle, une forme à peu près identique.

Coulée n. f. Sorte d'écriture liée et penchée, qui tient de la bâtarde et de l'anglaise.

Coulée n. f. Les clicheurs se servent de ce mot pour désigner l'opération qui consiste à verser dans le moule la matière en fusion.

Coupon n. m. Titre d'intérêts joint à une action, une obligation ou à un titre de rente. Les coupons se placent généralement sur le côté droit de l'action ou de l'obligation.

Couteaux pour la frotterie. Couteaux de la machine à fondre qui ont pour fonction de former le talus sur l'épaisseur de la lettre.

Creta n. f. Argile dont on se servait pour sceller les documents avant que la cire ne fût employée à cet usage.

Critique n. m. Celui qui écrit des critiques.

Critique n. f. Censure, discussion d'un écrit ou d'un ouvrage quelconque.

Crustarii n. m. Artisans qui pratiquaient, chez les anciens Romains, un genre de damasquinure en creusant des dessins au burin sur un métal donné, et en remplissant les traits par d'autres métaux.

Cryptogrammes n. m. Nom donné aux clefs qui servent à déchiffrer les écritures secrètes.

Cursive n. f Se dit d'une sorte d'écriture courante et rapide.

D

Dactylolalie n. f. Art de converser, par des signes figuratifs digitaux, à la manière des muets.

Décapage n. m. Opération galvanoplastique qui consiste à plonger rapidement les pièces à ouvrer dans un bain d'acide azotique ordinaire, puis dans un mélange du même acide, de sel marin et de suie, et enfin à les laver à l'eau pure, pour enlever l'irisation produite par le dérochage. Le décapage a pour objet de mettre en état les métaux destinés à être plongés dans les bains galvanoplastiques, comme les anodes, par exemple.

Dédicace n. f. Hommage d'un livre offert à quelqu'un ; elle s'exprime par une épître ou inscription imprimée, ou faite à la main, qui se place en tête de l'ouvrage.

Délié n. m. En calligraphie, partie fine d'une lettre, qui s'exécute dans le mouvement ascendant de la plume.

Départ n. m. A l'imprimerie Nationale, on désigne ainsi l'heure à laquelle partent les épreuves pour les administrations ou les ministères. Il y a, tous les jours, deux départs, à 9 heures et à midi. En conséquence, le metteur en pages chargé d'un travail, quel qu'il soit, doit livrer celui-ci à l'heure exacte pour laquelle il est demandé. A 9 heures 5 ou à midi 5, le travail est refusé par le prote, et le fait de manquer un départ constitue un quasi-délit que les protes, responsables des engagements pris par les bureaux de l'imprimerie, pardonnent difficilement à l'ouvrier qui a failli à sa promesse.

Dérochage n. m. Opération qui consiste à plonger les pièces galvanoplastiques dans un bain d'acide sulfurique étendu d'eau, puis à les laver à l'eau distillée, avec une brosse dure, pour enlever la couche d'oxyde de cuivre formée à leur surface par le recuit.

Deutsche fraktur. Nom

donné au caractère gothique allemand, dont Albert Dürer, à l'aide de figures quadrangulaires, avait posé les règles de la forme fondamentale.

Dévanâgari n. m. Alphabet sanscrit composé de 15 lettres, et qui se lit de gauche à droite. Cette écriture a été remplacée par le bengali.

Dialegmatique n. f. Science des signes servant à la transmission des idées, des sentiments, des passions.

Dialogue n. m. Composition littéraire dans laquelle deux interlocuteurs prennent alternativement la parole.

Diarium n. m. Mention journalière et fidèle de tout ce qui se passe. Le *diarium* le plus connu est celui de Burchard, écrit au xv⁰ siècle.

Diatribe n. f. Ecrit, discours violent et injurieux, critique amère.

Diplôme n. m. Charte, titre, acte public émanant d'un souverain, d'une université, d'une école, etc. La composition des diplômes, qui se fait en gravure, en lithographie ou en typographie, demande beaucoup d'art et de soins.

Diptyques n. m. Livres formés de deux tablettes, qui servaient chez les Romains à inscrire le nom du consul, ceux de sa famille, ainsi que ses dignités. — Double catalogue des vivants et des morts dans l'Eglise chrétienne.

Disquisition n. f. Recherche curieuse, examen critique, verbal ou écrit.

Documents n. m. pl. Toutes pièces servant à établir la réalité d'un fait, la véracité d'une doctrine.

Domino n. m. Nom donné, au xviii⁰ siècle, à une sorte de papier qui servait à couvrir les coffres et les cartons, et sur lequel, au moyen de planches de bois ou de patrons découpés, on avait imprimé ou peint différents dessins de personnages, de fleurs et d'ornements.

Dominotiers. Nom donné, au xvi⁰ siècle, aux artisans qui fabriquaient le papier appelé domino. — Premier nom des graveurs sur bois, après celui de xylographes.

Donat n. m. Nom donné aux ouvrages du grammairien latin Donat, qui vivait au iv⁰ siècle, et qui sont, avec la Bible, les premiers livres imprimés. Les donats étaient exécutés en xylographie et non avec des caractères mobiles.

E

Eburnéographie, Eburnéogravure. Art de tailler, de graver l'ivoire.

Ecriture n. f. Art de représenter la pensée par des caractères de convention.

Ectype n. f. Copie d'une inscription, empreinte d'une médaille.

Ectypographie n. f. Genre d'impression qui donne des épreuves sur lesquelles les lettres, imprimées en relief ou en saillie, permettent aux personnes privées de la vue, de lire au moyen du toucher. Ecriture des aveugles.

Edition diamant. Celle qui

est imprimée en très petits caractères.

Egyptologue n. m. Savant qui traduit les anciennes inscriptions égyptiennes appelées hiéroglyphes.

Electrolyse, Electrolysation n. f. Nom donné par Faraday à la décomposition des corps composés, par le courant électrique. La galvanoplastie et ses applications reposent sur cette propriété.

Electrolyte n. m. et adj. Sous ce nom, Faraday désigne les corps susceptibles d'être décomposés par le courant électrique. Les sels servant à la galvanoplastie sont électrolytes.

Embossage n. m. Nom donné au procédé d'impression qui consiste à obtenir des reliefs sur carton ou sur papier. Les ouvriers qui le pratiquent portent en Angleterre le nom de *embossers*.

Emendanda n. m. Correction à exécuter dans un texte.

Emendateur n. m. Correcteur d'un texte.

Encre pour dessins sur pierre. Desmadryll aîné donne les formules ci-dessous pour cette encre : 1° cire vierge pure, 40 ; mastic en larmes, 10 ; gomme-laque, 28 ; noir de fumée, 9. 2° suif, 16 ; cire, 10 ; savon, 16 ; gomme-laque, 14 ; noir de fumée, 5. Lemercier donne la composition suivante : cire jaune, 2 ; suif, 1 1/2 ; savon blanc de Marseille, 6 1/2 ; gomme-laque, 3 ; noir de fumée, 1 1/2.

Endenture n. f. Contrat dont le double et l'original étaient écrits sur une même feuille de parchemin, que l'on séparait par une section *en dentures*, et dont le rapprochement attestait l'authenticité des deux parties.

Epitre n. f. Lettre en vers sur un sujet philosophique ou satirique — Lettre missive chez les anciens.

Epitre dédicatoire. Epitre qui précède une dédicace ; la dédicace elle-même, quand elle revêt une forme étendue.

Ex-dono n. m. Indication que l'on rencontre sur certains livres ; elle signifie que ceux-ci ont été donnés.

Exemplaire n. m. Brochure, volume provenant d'une œuvre quelconque : cet ouvrage a été tiré à 2,000 exemplaires.

Escriptor de libros. Nom donné autrefois en Espagne aux copistes et dessinateurs de lettres pour ouvrages manuscrits ou imprimés.

Expurgation n. f. Se dit principalement des ablations que fait subir aux livres la Congrégation de l'Index.

F

Factum n. m. Pl. ums. Mémoire que publie une personne pour attaquer ou pour se défendre. Pamphlet littéraire ou politique.

Facture n. f. Tableau des quantités et des prises de marchandises achetées que le vendeur remet à son client. Les factures se font généralement dans le format in-16, in-8° ou in-4° carré.

Faire-part. (V. Lettres de

naissances, etc.). La lettre de faire-part n'implique pas une invitation.

Fascicule n. m. Nom donné aux parties des ouvrages qui paraissent en livraisons.

Fédération des travailleurs du livre. Association syndicale comprenant tous les ouvriers du livre, et qui rayonne sur toutes les villes de France. Elle a, comme son nom l'indique, pour objet de défendre les intérêts des syndiqués faisant partie de la Fédération et préalablement rattachés à un syndicat ouvrier. La fondation de cette puissante association, dont le siège est à Paris, rue de Savoie, remonte à 1881, et c'est M. Auguste Keüfer qui, depuis cette époque, en est le délégué.

Fiche de travail. Sorte de bordereau sur lequel le typographe inscrit, dans certaines imprimeries, le temps passé sur les travaux qui lui sont confiés. Si ces fiches étaient régulièrement et consciencieusement établies, elles rendraient de grands services à la comptabilité des imprimeries ; mais le contrôle exact du travail étant matériellement impossible, nous considérons les fiches comme inutiles, quand elles ne sont pas nuisibles. Dans le bâtiment, ces fiches prennent le nom de *bons d'attachement ;* là, elles sont précieuses en ce que, pour le travail du dehors, le client marque lui-même l'heure d'arrivée et de départ de l'ouvrier.

Figuerssnyders n. m. Nom donné autrefois en Hollande aux tailleurs ou graveurs de planches et de figures sur bois.

Filière n. m. Nom donné, dans la machine à fondre, à la partie dans laquelle s'enlève le talus sur la force de corps et se fait la coupe du pied. La filière est essentiellement constituée par deux couteaux pour dégager l'œil du caractère, et d'un couteau pour faire la gouttière de pied.

Financiers. Nom donné à des caractères gravés à Paris, en 1640, par le maître écrivain Pierre Moreau.

Florente littera. Initiales anciennes composées de fleurs et de festons, dont l'invention est attribuée à Erard Ratdolt, à Venise, au xve siècle.

Formschneider n. m. Tailleurs de moules ou graveurs sur bois, qui, en Allemagne, gravaient les cartes sur des planches de bois ou de métal.

Fouillis éclaboussés ou **giclés.** Dans la gravure à l'eau-forte des rouleaux servant à imprimer les étoffes ou les papiers peints, on donne ce nom à un procédé qui consiste à obtenir des figures en aspergeant de vernis le rouleau puis en l'attaquant par un acide. Toutes les parties couvertes de vernis sont respectées par l'acide, et les autres, au contraire, attaquées.

Frakturschrift. Nom donné à de grandes et belles lettres en gothique allemande, ornées de paraphes, dont on attribue le dessin à Albert Dürer, et la mise en vogue à Paul Fischer, de Nuremberg.

Frotton n. m. Sorte d'estompe à l'usage des dessinateurs.

G

Galipot n. m. Matière résineuse produite par le pin maritime, dont les graveurs se servent pour enduire les plaques métalliques qu'ils ont à graver.

Gazette n. f. Journal, feuille volante où étaient relatés les faits quotidiens. Nom d'un certain nombre de journaux. Personne bavarde qui colporte les nouvelles sans les contrôler.

Gélatine n. f. On utilisa la gélatine pour prendre des empreintes destinées à la galvanoplastie au début de la découverte de celle-ci.

Giay ban. Papier commun, à grain grossier, employé au Tonkin.

Giay hoa ma. Papier satiné, dont on fait usage au Tonkin; il est généralement teint à l'aniline.

Giay thi. Papier de luxe tonkinois, à gros grain, de teinte grisâtre, exclusivement employé pour les compositions littéraires et les examens des lettrés.

Glycérine lithargirée. Fut utilisée pendant quelque temps pour la prise des empreintes galvanoplastiques.

Gothique n. f. Genre d'écriture attribué aux Goths, et qui est encore employé pour les titres, certains manuscrits, et pour le caractère typographique allemand.

Gouge n. f. Ciseau en forme de demi-lune, à l'usage des clicheurs et de tous les corps d'état qui travaillent le bois.

Gouttière à déchets. Petite gouttière métallique adaptée à la machine à fondre, et de laquelle tombent les déchets produits par l'action des couteaux.

Gouttière du jet. Gouttière de métal, par laquelle, dans la machine à fondre, se produit la descente des *rompures*.

Graffiti n. m. Inscription gravée à l'aide d'un style sur un monument.

Graphophone. (V. Phonographe.)

Graveur n. m. Artiste qui s'occupe de gravure.

Graveurs de cadres. (V. Vignettes.)

Gravures tachées. Prendre du talc ou de la magnésie et l'étendre soit sur du papier blanc dit *filtre*, soit directement sur les taches. On mouille ces produits avec de l'eau oxygénée qu'on laisse séjourner pendant quelques heures et l'on enlève à l'aide d'un pinceau. Si les taches subsistent, on renouvelle l'opération.

Grésillé (Cliché). On dit d'un cliché qu'il est grésillé, lorsqu'il a été coulé trop chaud, ce qui produit, dans certaines de ses parties, une infinité de petites vésicules qui obligent à renouveler l'opération.

Grobe fraktur. (V. Sabon.)

Grosse n. f. Expédition, copie d'une minute, ainsi appelée de ce qu'elle était écrite en gros caractères.

Guide n. m. Titre d'une foule d'ouvrages ayant pour objet de donner des renseignements aux voyageurs et aux touristes.

H

Hémérologie n. f. Art d'établir les calendriers, de les faire concorder.

Hémérologue n. m. Auteur qui s'occupe des calendriers, de leur établissement, de leur concordance.

Hémotachomètre. (V. Hémodromographe, p. 268).

Heiligen Printers. (V. Beelden Printers.)

Histotypie n. f. Art d'imprimer sur les étoffes, sur les tissus. Le mot stromatypie est encore employé dans ce sens.

Holzdruckers. Nom donné aux imprimeurs sur bois dans la corporation de Saint-Jean l'Evangéliste, à Bruges, en 1454.

Horismologie. (V. Orismologie.)

Hyalotypurgie n. f. Art de fabriquer des caractères typographiques en verre.

Hydroplastie n. f. Nom de tous les procédés galvanoplastiques qui ont pour base la mise au bain, avec ou sans l'action de la pile.

Hypogramme n. m. Nom donné, chez les anciens Grecs, à des feuilles de métal et d'ivoire dans lesquelles des chiffres ou des lettres étaient percés à jour; on les reproduisait par une application de couleur ou d'encre. Les hypogrammes servaient à peindre des monogrammes employés comme signatures, des initiales, et même des livres entiers. Les hypogrammes ne sont donc, en somme, que les patrons découpés dont se servent les coloristes.

Hypomnème n. m. Nom donné aux mémoires, gloses, commentaires, dans l'antiquité.

I

Ichniographie n. f. Description des figures, plans, etc.

Ichnographie n. f. Art de tracer des plans et des figures techniques.

Iconoclaste n. m. et adj. Destructeur d'estampes, de gravures, d'images.

Iconographie n. f. Description d'images, de portraits; collection de ces objets.

Iconomane adj. et n. Celui qui a la manie de collectionner les images, les estampes, dont il s'exagère généralement la valeur.

Iconophile n. m. et adj. Amateur éclairé d'estampes, de gravures, etc.

Iconophobe n. m. et adj. Qui a horreur des gravures, des images.

Idéographie n. f. Représentation immédiate des idées par des signes graphiques.

Illuminés adj. Se disait, au moyen-âge, des livres *enluminés*.

Imprécations n. f. Malédictions mises par les vieux auteurs dans leurs préfaces contre ceux qui altéreraient le texte de leurs livres.

Impression sans encre. Mode d'impression qui, d'après le *British colonial Printers* de Londres, ne demanderait aucune espèce de matière colorante pour la reproduction des gravures ou des caractères. Il suffirait pour cela de faire subir à une plaque de cuivre une certaine préparation et de la mettre ensuite en contact avec du papier, de la soie, du linge, du parchemin, etc., qui auraient eux-mêmes subi une préparation dont les produits chimiques constitueraient la base; on pourrait donc, selon la nature de ces produits, donner à l'impression telle nuance que l'on désirerait.

Impressions tabellaires. Celles qui se faisaient sur des planches gravées, avant l'invention de l'imprimerie.

Imprimerie (Invention de l'). L'opinion générale est que l'inventeur de l'imprimerie fut Jean Gutenberg, de Mayence, né en 1400, mort vers 1468. On n'est pas d'accord sur son nom. On trouve, en effet, différents arrêts de justice, relatifs à ses procès, avec cette mention : « Jean, dit Gensfleisch, autrement dit Gutenberg, de Mayence ». D'autres prétendent que le véritable nom de l'inventeur de l'imprimerie est : « Gutenberg de Sorgeloch, dit Gensfleisch ». D'après l'acte de 1459, découvert par Bodman, le vrai nom serait : « Henn (Jean) Gensfleisch, de Sulgeloch, dit Gudinberg ».

Pour mener à bien sa découverte, le *grand secret*, Gutenberg, qu'on trouve établi à Strasbourg en 1434, après avoir, en 1420, quitté sa ville natale pour cause de troubles civils, eut pour commanditaires André Dritzehn et l'orfèvre Dunn. N'ayant pas réussi à Strasbourg, Gutenberg retourna à Mayence, où il eut pour associés Fust et Schœffer. L'association fut bientôt dissoute et un procès s'ensuivit. Fust et Schœffer abandonnèrent alors au père de la typographie leur vieux matériel et montèrent un atelier rival dans la ville même de Mayence.

Jean Fust, Faust ou Fuest, mort, croit-on, en 1466, fut l'associé de Gutenberg, il aurait été le premier à imprimer à Mayence avec des types en cuivre, qu'il trouva le moyen de remplacer par des types en plomb, vers 1450. On croit que Fust enseigna son art à Jean Mentel ou Mentelin de Strasbourg, ce qui aurait donné lieu à l'opinion que Strasbourg fut le berceau de l'imprimerie. Cette opinion est d'autant plus acceptable que, comme nous l'avons dit plus haut, Gutenberg s'y occupa déjà de son secret vers 1434.

Quant au troisième associé, Pierre Schœffer ou Scheffer, originaire des environs de Mayence, on le regarde comme un étudiant qui voyageait et copiait des manuscrits. On suppose que Gutenberg et Fust se trouvèrent en relations avec lui, soit qu'il eût préparé des manuscrits pour le premier, soit qu'il eût donné des leçons à la fille du second. Initié à leur art, après la rupture de la société de Gutenberg et Fust, il continua à travailler avec ce dernier, dont il avait épousé la petite-fille. En 1490, il imprima le *Psalmorum Codex*, le premier livre où l'on trouve des notes de plain-chant. La date de sa mort n'est pas certaine ; mais on pense qu'il est décédé vers 1502 ou 1503.

L'origine de l'imprimerie a donné lieu à de nombreuses controverses ; plusieurs peuples ont réclamé l'honneur de sa découverte pour leurs nationaux. La concordance approximative des dates semble indiquer que, chez la plupart des nations où se produisait alors cet éveil de la vie intellectuelle, précurseur de la Renaissance, on se préoccupait des moyens de reproduire rapidement la pensée. C'est ainsi que les Hollandais revendiquent l'invention de l'imprimerie, qui, selon eux aurait été découverte à Harlem, entre 1420 et 1425, par Laurent Coster ou Koster (1370-1430). D'après leurs dires, ce serait Coster qui aurait tiré les premières épreuves en caractères mobiles.

Les Belges attribuent la découverte de l'imprimerie, vers 1450, à un Français d'origine, Jean Brito, *meester*, ou maître de la *Gilde*, corporation des libraires et bouscrivers de Bruges.

Les Italiens regardent comme le véritable inventeur de l'imprimerie Panfilo Castaldi, de Feltre, dans les commencements du XVe siècle, et qui aurait eu, le premier, l'idée de faire des caractères mobiles, primitivement fondus en verre à Murano.

L'imprimerie fut introduite à Paris en 1469 ou 1470, par Guillaume Fichet, prieur de Sorbonne, qui, de concert avec le cardinal Bessarion et Jean Heynlin, dit Jean de la Pierre, fit établir, dans la Sorbonne même, un atelier dont la direction fut confiée à Ulrich Gering, qui eut pour premiers compagnons Martin Krantz ou Crantz, et Michel Friburger.

Imprimeur marron. On donne ce nom à des sortes de courtiers qui vont solliciter la clientèle et portent ensuite chez un imprimeur, moyennant un tant pour cent, le travail obtenu. Ces courtiers, pour dérouter la critique et aussi pour laisser croire qu'ils sont véritablement imprimeurs, possèdent généralement une petite machine à pédale et quelques casses de caractères, ce qui leur permet de mettre leur nom au bas des imprimés, qu'ils font même très souvent exécuter à l'étranger lorsqu'ils ont une certaine importance.

Index n. m. Table alphabétique abrégée d'un livre ; supplément à celui-ci. — Catalogue des livres condamnés par la Congrégation du Saint-Office ou Congrégation de l'Index.

Indiction n. f. Système chronologique dont il est nécessaire d'avoir la clef pour la lecture des inscriptions depuis le VIe siècle, et des textes d'histoire depuis Constantin.

Instructions n. f. Ouvrage contenant les explications qu'une autorité donne à ses subordonnés pour les éclairer sur l'exercice de leurs fonctions.

Instruments n. f. pl. Nom sous lequel on comprenait autrefois les chartes et autres documents publics.

Intaille n. m. Pierre précieuse gravée en creux ; l'opposé de camée.

Isagogue n. m. Préliminaires d'un ouvrage.

Irisdruck. Nom donné par les Allemands à l'impression polychrome irisée, imitant les couleurs de l'arc-en-ciel.

J

Joues de la pièce de cran. Ce sont deux pièces métalliques, en forme de guides à coulisses, qui, dans la machine à fondre, sont destinées à empêcher la déviation de la force de corps.

Journal n. m. Ouvrage quotidien ou périodique qui fait connaître les nouvelles politiques, littéraires, etc. Livre sur lequel les commerçants sont obligés, par la loi, d'inscrire jour par jour les opérations de leur commerce.

Juntines (Editions). Se dit des ouvrages imprimés par la célèbre famille des Junte ou Giunta, de Florence.

Justification n. f. Sorte de composteur dont se servent les clicheurs pour préparer les bouquets de lettres dans la correction des clichés.

K

Kinderalphabete ou **Alphabets d'enfants.** Alphabets allemands du XVᵉ siècle, formés de grands caractères d'impression ornés de dessins représentant des enfants.

Klan ban. En Extrême-Orient, planches à imprimer, qui, nous ne saurions expliquer pourquoi, sont presque toujours gravées des deux côtés.

Klochnewis. Nom donné aux artistes calligraphes chez les Persans.

Kutsch. Réglette dont on se sert pour mesurer les distances sur les planches topographiques.

L

Laissez-passer n. m. Autorisation écrite de laisser sortir que l'on délivre dans certaines imprimeries, entre autres à l'imprimerie Nationale, aux ouvriers qui ont besoin de quitter l'atelier avant l'heure réglementaire. Le laissez-passer est généralement signé du prote et doit être remis au préposé par le titulaire.

Laminæ interrasiles. Nom donné, chez les anciens Romains, à des plaques de métal ou d'ivoire, dans lesquelles étaient découpées à jour des signatures qu'on appliquait au bas des édits et des actes, en passant dessus un tampon ou un pinceau imprégné de couleur.

Lapicide n. m. Nom donné par certains auteurs aux graveurs de l'antiquité ou stélégraphes, qui nous ont laissé des inscriptions sur des colonnes, tables de pierre ou de marbre.

Lapidaire n. m. Appareil utilisé pour polir les plaques de cuivre servant à faire les matrices.

Letra blanca ou **Lettres blanches.** Nom donné par les anciens graveurs espagnols à des lettres gravées en creux, de sorte qu'elles s'imprimaient en blanc sur fond noir.

Lettres bourgeoises. Caractères d'imprimerie imités des anciens missels manuscrits; ils servirent à l'impression des livres de scolastique, et notamment à celle de la *Somme* de saint Thomas, ce qui leur fit donner encore le nom de *lettres de somme*.

Lettre d'invitation. On donne quelquefois ce nom aux lettres de mariage et de décès, lorsque l'on convie à assister au mariage ou aux obsèques de quelqu'un. Ce nom convient mieux que celui de *faire part*, qui s'applique plus spécialement aux lettres ne comportant pas d'invitation, mais seulement une information.

Lettres de règles de civilité. Lettres bâtardes gravées par Garamond, parce qu'elles servirent à composer la *Civilité puérile et honnête pour l'instruction des enfants*.

Lettres à souche. Celles qui, dans un imprimé, sont destinées à être coupées par le milieu pour constituer le témoin de la partie qui reste adhérente et que l'on nomme talon.

Lettres rubriquées. Initiales employées dans les anciens ouvrages et qui étaient imprimées avec de l'encre rouge appelée *rosette*.

Lettres onciales. Se dit des lettres, voire même du texte des anciens manuscrits, quand elles étaient en majuscules et richement ornementées. Elles furent en usage jusqu'au IXe siècle.

Lettres Saint-Pierre. Nom donné par les Flamands aux grands caractères gothiques imités des anciens missels manuscrits.

Lettrine n. f. Grosse lettre, souvent enluminée, qui ornait les manuscrits du moyen-âge et que l'on voit encore aujourd'hui commencer un chapitre dans certains ouvrages. — Lettre placée au milieu de la ligne et qui indique un changement de lettre dans les dictionnaires.

Levier du porte-lame. Levier de la machine à fondre, qui sert à faire monter et descendre la lame suivant les épaisseurs des lettres. Il s'arrête contre une butée.

Levier du piston. Levier qui, dans la machine à fondre, règle le mouvement du piston.

Lipogrammatique adj. Se dit des ouvrages dans lesquels les auteurs affectaient de ne pas se servir de certaines lettres de l'alphabet.

Librarius. Nom donné aux vendeurs de livres imprimés, dans les éditions de Bologne (1477) et de Trévise (1480). C'est de là qu'est venu le mot *libraire*.

Lithochalcographie n. f. Transport sur pierre du dessin des vieilles estampes.

Lithographie n. f. Autrefois, on donnait ce nom aux ouvrages qui traitaient des pierres.

Lithotypargie n. f. Art de fabriquer des caractères typographiques en pierre.

Livre n. m. Volume, exemplaire détaché d'un ouvrage : un beau livre, ce livre est illustré. Division d'un ouvrage employée par les anciens auteurs, qui réunissaient souvent plusieurs livres sous une même couverture. Dans ce cas, cette division est supérieure au chapitre : (*Livre* II, *chapitre* IV), et son équivalent est le *tome*, quand on s'en sert dans une circonstance analogue.

23.

Livres tabellaires. Les livres tabellaires ou livres xylographiques, forment la transition entre les images xylographiques imprimées et la typographie. On les divise en deux classes, ceux qui contiennent du texte seul, et ceux qui sont composés d'images et de texte.

Livres xylographiques. (V. Livres tabellaires.)

M

Machines à coudre au fil métallique. Ces machines sont à l'usage des brocheurs; elles piquent la brochure sur le côté, à un ou deux millimètres du dos, ou par le milieu, selon les cas. Les bouts des fils métalliques sont coupés et repliés mécaniquement en laissant entre eux un léger espace. Tout récemment, on a inventé pour la reliure une machine du même genre, qui emploie le fil végétal et coud à deux points. Les bouts sont couchés à découvert sur le dos du volume, où ils sont aussitôt collés par les moyens ordinaires.

Machine Schmauder. (V. Rotative sans clichés.)

Magazine n. f. Ouvrage périodique anglais dans lequel sont traités un grand nombre de sujets variés.

Manière n. f. Nom donné, en gravure, aux différentes combinaisons de taille et de points imaginées pour obtenir l'effet et le ton du coloris.

Manière brillante. Celle dans laquelle les contours du dessin sont solidement marqués par des traits fins, avec hachures serrées, doublement croisées dans les ombres.

Manière criblée. Procédé de gravure au ciseau et au poinçon qui devait être plutôt le résultat d'un travail de pointes et de ciseaux que d'échoppes et de burins.

Manière facile ou **franche.** Elle se distingue par la légèreté du travail et des hachures semées à deux ou trois rangs et entremêlées de points.

Manière fine. Celle dans laquelle les contours sont bien marqués, les hachures serrées, irrégulières, triplement ou quadruplement croisées dans les ombres, et finissant vers les lumières par de petits traits courbes.

Manière frettée ou **treillée.** Les tailles, moelleuses dans cette manière, se croisent en forme de treillis avec des entretailles composées de points réguliers faits au burin.

Manière à hachures parallèles. Celle dans laquelle on ne se sert que d'un seul rang de tailles placées parallèlement et reproduisant le modelé, selon le sens des objets qu'elles doivent représenter.

Manière hardie. Dans ce procédé, les contours sont produits par des hachures; les muscles et draperies sont fortement accusés, les hachures se perdent finement dans les lumières au moyen d'une rangée de tailles; il y a deux rangs de tailles dans les parties ombrées.

Manière lancéolaire. Celle où les contours sont fortement tracés, les hachures simples, peu serrées, avec des traits fins entre deux, placées diagonalement. Les tailles se fondent dans les lumières par des traits très déliés.

Manière pointillée. Elle s'exécute au moyen de points et de petits traits faits au burin.

Manière sablée. Procédé de gravure imitant le crayon et appelée encore *gravure dans le genre du crayon* ou *gravure à la roulette*, du nom de l'instrument qui sert à obtenir le pointillé.

Manivelle du fourneau. Manivelle qui, dans la machine à fondre, sert à faire avancer ou reculer le fourneau.

Matériel n. m. A l'imprimerie Nationale, on donne le nom de *Matériel* au magasin que l'on nomme *Réserve* dans toutes les autres imprimeries.

Matière à clicher. La matière à clicher n'a pas absolument la même composition que celle des caractères. Elle se compose de : plomb, 85 ; étain, 3 ; régule d'antimoine, 12. On procède à la fusion dans l'ordre suivant : d'abord le plomb, puis le régule quand le plomb est au rouge cerise, et enfin l'étain. Il faut avoir soin d'agiter lorsqu'on coule, pour éviter le phénomène de liquation ; il est également utile d'avoir une cheminée à hotte pour que les vapeurs d'antimoine ne se répandent pas dans la pièce où l'on opère.

Matière faible. Alliage qui sert pour la fabrication des blancs, interlignes et gros caractères. Il est formé de 84 parties de plomb pour 16 d'antimoine.

Matière forte. Elle sert pour les caractères, et sa composition est la suivante : plomb, 62 ; antimoine, 30 ; étain, 8 ; ces proportions peuvent être modifiées et tous les fondeurs ne les ont pas adoptées.

Matière fusible. (V. Métal de Darcet.)

Mémoires n. m. pl. Écrit dans lequel l'auteur retrace les principaux événements de sa vie ou de son temps.

Menu n. m. Note détaillée de tout ce qui compose un repas. Les menus se font en gravure, en lithographie, en typographie, etc. Il en est qui constituent de véritables œuvres d'art.

Mercure n. m. Substance métallique fluide, appelée aussi *vif-argent*, dont les galvanoplastes se servent pour amalgamer les zincs avant de les mettre dans les vases poreux placés dans le bain électrolytique.

Métal de Darcet. Métal créé par le chimiste Darcet, et qui est un alliage de bismuth, de plomb et d'étain. Ce métal est très fusible, et l'on s'en sert pour le moulage d'objets que l'on voulait reproduire par la galvanoplastie.

Métal de Speuce. Sulfure de fer, plus dur que le soufre, que l'on utilisa pour prendre des empreintes destinées à la galvanoplastie.

Métallschnitt. Nom donné par les Allemands à la gravure sur métal, au ciseau et au poinçon, et qui correspond à ce que nous appelons manière criblée.

Météorographe n. m. Appareil dû au P. Secchi, et qui enregistre à la fois tous les phénomènes météorologiques, sauf les phénomènes électriques, en regard les uns des autres, sur un même tableau, de manière à mettre en évidence leurs relations réciproques

Microscopiques ou Myopes. Nom donné à des caractères très petits, gravés et fondus en 1827 par Henri Didot. Ils servirent à l'impression in-64 des *Maximes de Larochefoucauld*. Ces caractères, qui constituent un chef-d'œuvre de gravure et de fonte, n'avaient que deux points et demi, ce qui n'a jamais été fait depuis.

Microtéléphone. (V. Téléphone haut parleur.)

Minute n. f. Original d'un acte quelconque, ainsi appelé parce qu'il était écrit en caractères *menus*.

Modisten. Nom donné aux calligraphes allemands du XVIe siècle, qui reproduisaient les beaux modèles de lettres dessinées par les artistes d'alors, notamment Albert Dürer.

Moko n. m. Signe distinctif de leur race, que portent, gravé sur le front, certaines peuplades australiennes ; ce signe a la valeur d'une véritable inscription graphique, car, dans certains cas, deux individus se font exécuter sur le corps le même tatouage, comme témoin d'un engagement réciproque pris entre eux et qui les lie jusqu'à la fin de leur vie.

Molybdotypie n. f. Nom sous lequel on désigne encore le procédé connu sous le nom de plombotypie.

Monogramme n. m. Caractère, figure emblématique se composant des principales lettres d'un nom.

Monographie n. f. Livre, brochure, article qui ne traite que d'un seul objet.

Morrionodécalcographie n. f. Art d'orner les porcelaines au moyen de sujets décalqués. Ce procédé a été imaginé en 1789 par deux Anglais, Potter père et fils. Leur système consistait à décalquer, sur les pièces à orner, l'impression qu'on voulait leur confier, puis à protéger ce décalque par la couverte, qui, en se vitrifiant à la cuisson, formait émail. Ce procédé est encore en usage aujourd'hui.

Morrionotypie n. f. Impression directe sur porcelaine.

Moule multiplicateur. Appareil à fondre les caractères, dû à Marcellin Legrand, et au moyen duquel on pouvait fondre de 120 à 160 lettres d'un seul coup.

Myographe n. m. Appareil enregistreur des mouvements musculaires élémentaires.

Myopes. (V. Microscopiques.)

Myssaltype. Nom donné par les Allemands à de grands caractères d'imprimerie, que les prototypographes avaient imités des modèles manuscrits des missels.

N

Naipe n. f. Nom donné, en Italie et en Espagne, aux XIVe et XVe siècles, à des cartons ornés de dessins qu'on regarde comme les premières cartes à jouer.

Neski n. m. Nom donné au caractère dont les Arabes se servent aujourd'hui, par opposition à l'ancien caractère appelé cuphique, cufique, coufique ou confique.

Nitographe n. m. Machine à écrire à l'usage des aveugles, imaginée par Julien Leroy en 1817.

Note de l'auteur. Exposé dans lequel l'auteur appelle l'attention sur certains points particuliers de son livre. Elle tient lieu d'avant-propos et se met après la préface. Explication donnée par l'auteur dans le cours d'un ouvrage.

Notice n. f. Écrit abrégé sur un sujet quelconque.

Nouvelles à la main. Gazettes manuscrites où l'on enregistrait les bruits qui couraient dans Paris, avant l'invention de l'imprimerie et la création des journaux.

Nuctographie, Nyctographie n. f. Art d'écrire sans voir les traits que l'on forme.

O

Ocre n. m. Terre argileuse colorée par du tricarbonate de fer (ocre jaune), ou par du peroxyde de fer (ocre rouge). Les fondeurs et les clicheurs s'en servent pour saupoudrer les moules afin d'obtenir pour le métal la matité désirable. Dans l'opération du clichage, on remplace l'ocre par une feuille de papier fort que l'on colle sur la partie de la platine du moule à fondre qui se rabat sur les équerres.

Opus mallei. Nom par lequel le moine Théophile, dans son ouvrage sur les arts, aux XIIe et XIIIe siècles, désigne le travail qui consistait à découper, dans des plaques de métal, à l'aide du ciseau et du marteau, des ornements ou figures qu'on reproduisait en passant, avec un pinceau, de l'encre ou de la couleur à travers la partie évidée.

Opus punctile n. m. Nom donné, aux XIIe et XIIIe siècles, à un travail au pointillé, qui consistait à dessiner des figures d'hommes, d'animaux ou de fleurs sur une lame de cuivre, à champlever autour, et à battre doucement sur un perloir avec un petit marteau, de manière à obtenir des figures en relief formées de petits points. Les champs étaient rendus mats par l'action du feu ou d'un vernis à l'huile de lin. Les *opus punctile* sont devenus très rares et conséquemment très recherchés des collectionneurs.

Orismologie n. f. Explication des termes techniques usités dans une science, un art.

Osmométrie n. f. Art de mesurer la diffusion des liquides et des gaz à travers les diaphragmes poreux. Cette expression peut trouver son application en galvanoplastie.

P

Pamphlet n. m. Satire politique formant une petite brochure.

Pampos n. m. Caractères péruviens symboliques, tracés à manière des hiéroglyphes, avec des plumes d'oiseau.

Panier à coins. Il est d'usage, pour en faciliter le transport, de mettre dans un panier les coins en bois destinés au serrage des formes.

Pantoglyphie n. f. Procédé de gravure en relief imaginé par

Carez, de Toul, en 1827, et qui consistait à obtenir une matrice de gravure en attaquant une substance plastique étalée sur une plaque de métal, et en prenant ensuite, sur ce moule des clichés par les procédés stéréotypiques.

Papier chiffré. Nom donné au papier à lettres qui porte, soit au milieu, soit sur le côté gauche, un monogramme ou des initiales représentant le nom de la personne qui se sert de ce papier.

Papier gâté. On appelle ainsi le papier qui a subi un accident en cours de tirage : correction oubliée ou mal faite par le correcteur de tierces, feuilles mal margées, etc., ce qui oblige à recommencer le tirage. Dans la plupart des imprimeries, l'ouvrier à qui pareil accident arrive, subit une réprimande ou une amende qui n'excède jamais 5 à 6 francs; à l'imprimerie Nationale, il paie la totalité du papier gâté, quel que soit le chiffre auquel sa valeur s'élève.

Pâte Faber. Pâte utilisée pour la confection des clichés cylindriques. Elle se compose de 6 parties d'amidon, 6 de colle gélatineuse, 3 de blanc d'Espagne, 14,5 d'eau et 4/5 de glycérine. Cette pâte se prépare au bain-marie, en détrempant préalablement l'amidon dans 6 parties d'eau bouillante; on ajoute ensuite la colle amollie par un séjour de quelques heures dans l'eau claire, puis on verse doucement le blanc d'Espagne, broyé d'avance, avec la glycérine, et l'on agite avec une spatule, tout en versant les 8 parties d'eau bouillante qui doivent compléter le mélange. On passe le tout au tamis et on laisse reposer pendant 12 ou 15 heures.

Périodiques adj. et n. Se dit des ouvrages, revues, etc., qui paraissent à des dates déterminées.

Phonographe. Appareil enregistreur de la voix, dû à Graham Bell, selon les uns, à Edison, selon d'autres ; mais dont le véritable inventeur est le Français Charles Cros. (V. Paléophone, page 334.) Le phonographe se compose essentiellement d'un cylindre, animé d'un mouvement hélicoïdal, et recouvert d'une feuille d'étain, sur laquelle une membrane armée d'un style imprime les vibrations produites par la parole. En ramenant le cylindre à sa position primitive, le style, retombant dans les sinuosités qu'il a tracées, fait vibrer la membrane, qui reproduit les sons imprimés sur la feuille d'étain. Sous le nom de *graphophones*, on vend, de nos jours, des phonographes munis de cylindres tout préparés, sur lesquels sont enregistrés des airs de musique, des discours, etc., que ces appareils reproduisent à volonté.

Pilori n. m. Pilier ou poteau auquel on attachait ceux qui étaient condamnés autrefois à l'exposition publique. On condamnait au pilori non seulement les personnes, mais encore les écrits. Les ouvrages ainsi exposés étaient surmontés d'un écriteau indiquant le motif de la condamnation.

Pistolet n. m. Petit instrument utilisé par les graveurs au trait pour tracer les courbes.

Placet snyders (V. Figuers snyders.)

Pleins n. m. En calligraphie, parties épaisses de l'écriture, qui s'exécutent dans le mouvement descendant de la plume, par pression des doigts sur celle-ci.

Polytypie n. f. Nom primitif du clichage (1806).

Première conscience. Le premier ouvrier d'une équipe d'hommes à la journée; il vient directement après le chef de conscience.

Premier alphabet. Nom donné au XVIIIe siècle, par le graveur Luce, à des lettres dont il était l'auteur. Ces lettres étaient si petites qu'on ne pouvait les lire sans microscope.

publié périodiquement par les maisons de commerce et qui donne le prix actuel de leurs marchandises.

Prospectus n. m. Feuille imprimée que font distribuer les commerçants pour indiquer la nature de leurs produits.

R

Rapport n. m. Compte rendu d'une mission, fait par celui qui a été chargé de la remplir.

Rapporteur n. m. Demi-cercle divisé en 90 degrés à droite et 90 degrés à gauche, qui sert à indiquer la valeur de l'anglage

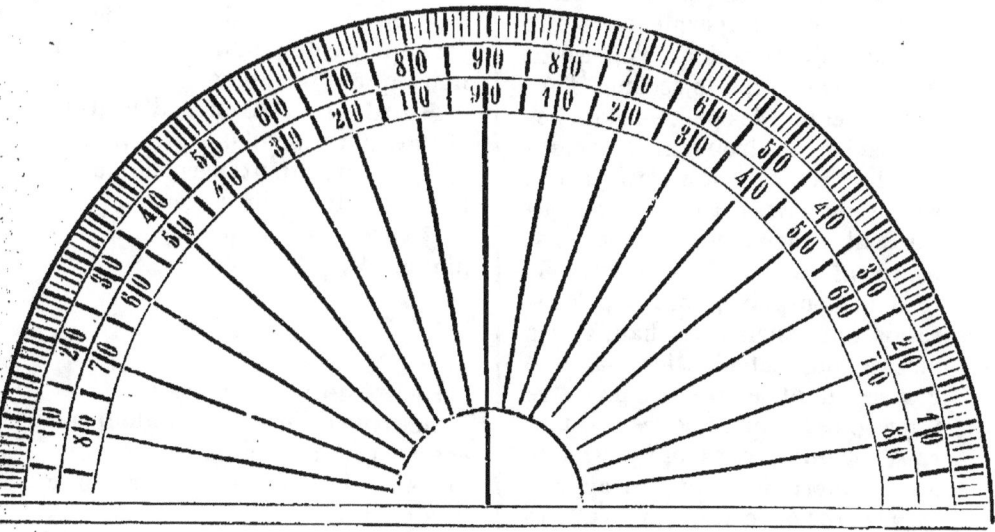

Rapporteur

Presse colombienne. (V. Colombienne.)

Printers. Nom donné aux imprimeurs qui faisaient partie de la société de Saint-Luc, à Anvers, et de Saint-Jean l'Évangéliste, à Bruges, au XIVe siècle.

Prix-courant n. m. Tableau

dans les coupoirs biseautiers. Le rapporteur est tracé sur le marbre du coupoir et les divisions y sont indiquées par une flèche mobile qui s'arrête, à l'aide d'une vis, à l'endroit voulu. Pour qu'un rapporteur soit pratique, il faut que la flèche puisse jouer dans une rainure suffisamment ouverte pour donner tous les angles. Or, dans beaucoup de coupoirs de ce genre, la flèche ne peut se mouvoir au-dessous de 45 degrés, ce qui oblige à faire à la lime les *anglets* des figures autres que celles du carré, de l'hexagone et de l'octogone, inconvénient qui ne devrait exister dans aucun coupoir.

Rayons X. On pourrait, paraît-il, se servir des rayons X comme mode d'impression. D'après l'inventeur, M. Stang Kolle, de New-York, il suffirait pour cela de placer au-dessus d'un bloc renfermant plusieurs rames de papier sensible, une plaque revêtue de caractères tracés avec une encre imperméable aux rayons; l'impression s'opérerait d'elle-même, sans le secours d'aucune machine, les parties blanches du papier se trouvant traversés par les rayons, alors que celles représentant les caractères se trouveraient exactement reproduites.

Recuit n. m. On désigne sous ce nom, en galvanoplastie, l'opération qui consiste à chauffer les pièces pour détruire les matières grasses dont elles ont pu être imprégnées dans le cours des travaux auxquels elles ont été soumises antérieurement. On appelle *cuivre recuit* celui qui s'effrite entre les doigts par suite d'un trop long séjour dans le bain ou d'une action trop intense de la pile.

Registre n. m. Nom donné par les clicheurs-galvanoplastes au moule à fondre.

Répertoire n. m. Table alphabétique des matières contenues dans un ouvrage, un registre, etc.

Réserve n. f. On nomme ainsi, dans les imprimeries, le magasin tenu par le chef de matériel, et dans lequel se rangent les sortes supplémentaires, filets, cadrats, espaces, en un mot tout ce dont on peut avoir besoin et qu'il serait imprévoyant de laisser à la discrétion des ouvriers. — A l'imprimerie Nationale, atelier dans lequel on garde toutes les formes conservées pour le compte de la maison ou des ministères; le nombre de ces formes est de 55,000, représentant un poids total de 2,000,000 de kilos de caractères.

Revue n. f. Écrit périodique s'occupant de choses spéciales ou d'ordre général, dont le format est plutôt celui d'un volume ordinaire que d'un journal.

Ronde n. f. Genre d'écriture en caractères ronds, à gros pleins, et qui s'exécutent perpendiculairement à la réglure.

Rune n. m. et adj. Syn. de runique. (V. p. 203.)

S

Sauteuse. (V. Scies.)

Sceau n. m. Cachet dont on revêt certains actes, soit en tête de ceux-ci, soit pour corroborer la signature.

Scies circulaire, à ruban, sauteuse, etc. Scies dont se servent les clicheurs et les galvanoplastes pour séparer les clichés ou réduire leurs dimensions.

Scriptorium. Endroit des couvents où travaillaient les copistes.

Scytale n. f. Chiffre qu'employaient les Lacédémoniens pour écrire des lettres mystérieuses.

Servi litterarii. Anciennement, à Rome, les esclaves employés comme copistes.

Signe n. m. Autrefois, croix, monogramme ou tout autre signe que l'on mettait au bas d'un acte, tandis que la signature ou souscription était le nom propre du signataire.

Sidéroglyphie ou **Sidéroglyptie** n. f. Art de graver en creux sur acier ou sur fer.

Sidéroglyphotypie n. f. Art de graver en relief sur acier ou sur fer.

Sigillaire adj. Qui se rapporte au sceau : empreinte sigillaire.

Solace n. m. Nom que l'on donnait autrefois à l'amende infligée par le chapelain d'une chapelle typographique à celui qui avait contrevenu au règlement.

Solacier n. m. Celui à qui le chapelain avait infligé un solace.

Souche n. f. Partie des feuillets d'un registre qui restent attachées à la reliure quand on a enlevé la contre-partie dont le libellé de la souche constitue le témoin.

Souscription n. f. Tout ce qui se trouve ajouté au bas d'une lettre, d'un écrit quelconque, comme par exemple la signature. Son opposé est *suscription*.

Spécimen n. m. Titre généralement donné aux catalogues dans lesquels les fondeurs en caractères présentent des compositions exécutées avec les types fabriqués par leurs maisons. — Modèle de composition remis par un imprimeur à un client pour lui donner une idée de la manière dont le travail sera exécuté.

Stationnaires n. m. Les libraires et papetiers à la fin du XIIIe siècle.

Stationarii. (V. Bibliatores.)

Stéarine n. f. Substance solide des graisses de mouton et de bœuf, que l'on utilisa pendant quelque temps à la prise des empreintes galvanoplastiques.

Stélégraphe n. m. Graveur sur colonnes, tables de marbre, de pierre, etc. Ce nom vient de stèle, monolithe ayant la forme d'un cippe ou d'un fût de colonne.

Stélégraphie n. f. Art de composer et d'exécuter les inscriptions sur colonnes, stèles, etc.

Stannogravure n. f. Art de graver, de ciseler l'étain. On désigne encore cet art sous le nom de cassitérographie.

Steinbilder. Sorte de transports de lithographies ou de gravures, sur plaques minces de pierres calcaires, au moyen d'un procédé chimique. Les images ainsi produites, qui rappellent les lithophanies, se fabriquaient particulièrement à Munich.

Sténochromie n. f. Art d'imprimer des dessins dans lesquels il entre plusieurs couleurs.

Stéréographie n. f. Art de représenter les objets en relief sur une surface plane.

Stromatypie n. f. Art d'imprimer sur les tapisseries.

Supplément n. m. Adjonction faite à un dictionnaire, soit dans l'ouvrage même, soit en un volume séparé.

Suscription. (V. Souscription.)

Syllographie n. f. Partie d'acte détachée d'un document syllographique.

Syllographique adj. Se dit d'actes des ixe et xe siècles, écrits sur parchemin et portant au milieu une inscription en majuscules, que l'on coupait en deux, pour donner à chaque partie contractante une moitié de l'acte.

T

Tablel n. m. Ancienne tablette pour écrire.

Tablettes n. f. pl. Plaques de bois enduites de cire, sur lesquelles on écrivait à l'aide d'un style. Feuilles de parchemin que l'on portait sur soi pour prendre des notes.

Tabliaux n. m. Anciennes tablettes à écrire.

Taille-douce n. f. Art de graver directement au burin sur métal des dessins ou de l'écriture. Les planches ainsi obtenues.

Tarifage n. m. A l'imprimerie Nationale, épreuves spéciales que le typographe qui a exécuté un travail, compté par lui d'après le tarif particulier de cet établissement, porte au bureau du prote pour les faire viser par le comptable. C'est d'après ces épreuves que s'établit, pour les hommes aux pièces, le bordereau hebdomadaire.

Tatouage n. m. Art de tracer sur la peau d'un individu des dessins, des inscriptions, en pratiquant des piqûres au moyen d'une aiguille chargée de substances colorantes, qui, en se fixant dans le derme, assurent la perpétuité du dessin. Cependant, dans ces derniers temps, certains physiologistes, entre autres le docteur Variot, sont arrivés à faire disparaître les tatouages. Le tatouage est en honneur chez les peuples sauvages Chez nous, cette habitude tend à disparaître, quoique certains ouvriers, acrobates forains, matelots, disciplinaires, soldats d'Afrique, etc., s'y adonnent encore. Les malfaiteurs y renoncent, parce que le tatouage constitue un signe d'identité pour ainsi dire indélébile. Au temps de la Révolution et des guerres du premier Empire, le tatouage fut fréquent dans l'armée française. Les soldats charmaient les loisirs des camps en se traçant sur les bras des souvenirs, devises, emblèmes révolutionnaires ou belliqueux. Témoin le fait suivant :

Un jour, Bernadotte, la couronne au front, assis sur le trône royal de Suède, recevait une députation de la noblesse suédoise, lorsqu'il fut frappé d'une congestion cérébrale Un médecin s'approcha de lui, lui arracha son manteau et allait lui faire une saignée au bras quand le roi revint à lui.

— Pas ici ! s'écria-t-il.

Lorsque Bernadotte et le médecin furent seuls :

— Jurez-moi que, tant que je vivrai, vous ne raconterez pas ce que vous allez voir.

A l'endroit où la lancette devait faire son œuvre, sur la peau de l'ancien sans-culotte, se trouvait un tatouage. C'était un bonnet phrygien, surmontant une guillotine avec cette légende : « *Mort aux nobles et aux rois !* »

Tatouer v. Faire des tatouages.

Téléphone. Appareil servant à transmettre à distance, par l'action d'un courant électrique, la voix émise devant une plaque vibrante de transmission, rattachée par un fil à une autre plaque vibrante réceptrice. Le téléphone a été inventé, presque simultanément, en 1876, par les Américains Bell et Gray et perfectionné par Edison.

Tome n. m. Ce nom signifie volume ; mais il ne s'emploie que dans les ouvrages faisant plusieurs volumes : tome II, tome VI. Dans les ouvrages anciens, on trouve quelquefois, réunis sous une même couverture, deux ou trois tomes ; dans ce cas, ils constituent de simples divisions, comme les *chapitres* et les *livres*.

Typhlographie n. f. Art de l'écriture à l'usage des aveugles.

Typométrie n. f. Art de composer et d'imprimer, au moyen de types mobiles, les cartes géographiques, les dessins mathématiques et géométriques, ceux des plans de machines et de constructions, de sujets d'histoire naturelle, et même des portraits.

V

Verlichter. Nom donné aux coloristes qui faisaient partie de la confrérie de Saint-Luc, à Anvers, en 1442.

X

Xylocristal n. f. Ce mot désigne plutôt un procédé qu'une matière spéciale. L'inventeur Bouvais l'a employé pour désigner un genre d'enseignes établi ainsi : Les lettres sont découpées à la scie dans des planches et fixées sur un ais formant fond. Elles sont peintes, puis dorées et vues par transparence à travers une glace protectrice, peinte généralement en noir ou en imitation de marbre. L'avantage du xylocristal est de faire des enseignes inaltérables, remplaçant avantageusement les marbres ou pierres gravées qui subissent l'influence des intempéries.

Xylotypie n. f. Art d'imprimer avec des planches gravées sur bois.

Xylophanie n. f. Images obtenues par la taille de plaques de bois peu épaisses et qui, regardées par transparence, offrent l'aspect de dessins à l'encre de Chine ou d'épreuves photographiques. C'est un travail analogue à celui des lithophanies, avec cette différence que celles-ci s'obtiennent par moulage.

TABLE DES MATIÈRES

	Pages
Préface	7
Note des auteurs	9
Dictionnaire de technologie générale	14
Dictionnaire de gravure, dessin, lithographie et procédés divers	145
Dictionnaire du matériel et de l'outillage	211
Supplément général	383

Angers, imprimerie LACHÈSE et Cie, 4, chaussée Saint-Pierre.

29 janvier 45

www.ingramcontent.com/pod-product-compliance
Lightning Source LLC
Chambersburg PA
CBHW052122230426
43671CB00009B/1083